Main Idea로 푸는 잠언

HOLMAN Old Testament Commentary

Proverbs

General Editor · Author Max Anders

A division of PAIDION MISSION
Translated and Published by Permission
Originally published in the U. S. A.
HOLMAN Old Testament Commentary
Proverbs

Main Idea로 푸는

잠언

맥스 앤더스(Max Anders) 책임 편집 · 지음 | 윤홍식 옮김

디모데

내 삶에 생명과 기쁨을 안겨주고
좋은 아빠가 되게 해준
우리 아이들 타냐와 크리스에게 이 책을 바칩니다.
이 책을 완성하기까지
학문적인 연구를 도와주었던 존 베치틀 박사에게
감사드립니다.

맥스 앤더스

추천의 글

요즘, 여러 사람들에게 읽히며 회자되는 목사님들의 설교나 글을 읽어보며 많은 생각을 하게 됩니다. 그 글들의 대부분은 성경보다는 성경 이후의 얘기나 성경보다 더 멋지게 말하려는 흔적들로 가득 차 있습니다. 그러한 글들이 처음에 쓰여질 때는 물론 성경에 근거를 두었겠지만 그 글에 영향을 입은 사람들은 성경은 없고 텍스트가 된, 성경과는 전혀 다른 모습의 인간상들을 만들어낼 가능성이 높아집니다.

변하지 않는 것이 있습니다. 사람은 변하지 않습니다. 그리고 하나님은 변하지 않습니다. 그러나 주위를 보면 변화되는 것들을 센스 있게 기록해놓은 것들로만 가득해서 변하지 않는 인간의 영혼, 그 깊숙한 곳의 문제들이 전혀 해결되지 않은 채 남아 있습니다.

영혼을 찔러 쪼개는 유일한 도구는 하나님의 말씀입니다. 그러므로 교회가 다시 성경의 근거를 마련하고 그 토대 위에 말씀을 세우는 작업을 놓쳐서는 안 됩니다. 이것은 이미 했다고 해서 무관심할 것이 아닌, 중단없이 계속되어져야 하는 것입니다. 제 이야기를 하자면, 제 속에 변하지 않는 모습을 봅니다. 하나님 말씀에 불순종하는 데 익숙한 제 모습입니다. 신앙 생활을 시작할 때 말씀 공부를 충분히 하면 어느 날엔가는 하나님의 말씀으로 풍성한 삶을 살 것이라 기대하며 오늘까지 달려왔습니다. 그러나 요즘 하나님 말씀에 불순종하는 변하지 않는 제 모습을 보며 경악합니다. 이런 제게 오직 주의 말씀이 은혜로 임할 때, 제가 그 말씀 앞에 순종하는 모습을 봅니다.

우리는 다시 성경을 보아야 합니다. 그 말씀이 무엇을 말하고 있는지 깊이 추적해야 합니다. 이 책, 「Main Idea 시리즈」는 하나님의 말씀에 순종하고자 하는 사람들에게 바른 길잡이이자, 말씀을 깊이 사랑하는 사람들에게 좋은 영향을 줄 책이라고 생각합니다. 또한 성경을 자신의 생각과 형편에 맞추어 해석하려는 것이 아니라 성경이 말하는 진정한 뜻을 찾는 사람들에게 큰 도움이 될 것입니다.

홍정길*(남서울은혜교회)*

우리 시대는 정보의 홍수 시대라고 할 만합니다.
문제는 이 홍수 속에서 우리가 향방 없이 떠밀려 내려가고 있다는 것입니다.
정보의 부재가 문제가 아니라 정보의 향방이 문제입니다.
우리 시대의 설교와 성경 공부가 동일한 위기에 직면해 있습니다.
이 책은 이런 위기를 돌파하는 예지를 제공합니다.
성경 텍스트의 메인 아이디어는 바로 메시지의 향방이어야 합니다.
저는 그래서 이 책이 모든 진지한 성경학도들과 설교자들을 위한
다윗의 물맷돌이기를 기도하며 추천하는 바입니다.

추천의 글

이 책은 명료한 요약, 명료한 주석, 명료한 적용, 명료한 결론이 명료하게 나타나 있습니다.
거기에 명료한 예문은 설교자의 구미를 돋구기에 가히 매력적입니다.
이 책의 매력에 중독되는 것이 오히려 한국교회 강단의 축복일 것을 예언하고 싶습니다.

감사와 기대를 담아
이동원(지구촌교회)

이동원

Contents
차 례

Main Idea로 푸는 잠언

Contents
차 례

Main Idea 로 푸는 잠언

하나님의 말씀과 하나님의 백성들과의 관계는 물과 물고기의 관계만큼이나 절실하고 심각한 관계다. 하나님을 사랑하는 사람들은 성경을 통해 말씀하시는 하나님의 음성을 듣기를 갈망한다. 그 이름이 목사든, 전도사든, 선교사든, 교사든 하나님의 말씀을 가르치는 모든 일꾼들 또한 영적으로 굶주린 사람들에게 하나님의 말씀으로 풍성한 양식을 공급함으로 그들이 영적인 활력을 갖게 되기를 갈망한다. 그래서 하나님의 말씀을 보다 쉽게, 보다 재미있게, 보다 분명하게 가르칠 수 있도록 인도해줄 자료를 구하지만 쉽게 찾아볼 수 없는 것이 현실이다. 성경을 가르치는 사람에게는 책임이 있다. 누구를 가르치든, 어느 본문을 가르치든 성경

본문 구성

들어가는 글_ 대표적인 그리스도인 작가들이 쓴 주옥같은 글을 인용함으로 각 개인과 그룹 모임을 하나님의 말씀으로 끌어들이는 토론으로 유도한다.

본문 이해_ 한 절 한 절을 쉽고 명쾌하게 해설한다.

Main Idea

메인 아이디어_ 각 장의 내용과 가르침을 요약하여 한눈에 파악하도록 돕는다.

결론_ 성경의 원리를 요약하고 그것이 삶과 연결되도록 다리를 놓는다.

에 대한 흥미를 자극하고, 성경에 대한 지식을 확대하며, 구체적으로 순종할 수 있는 성경의 원리를 발견하고, 발견한 진리를 삶에 적용함으로 그들의 삶에 변화가 일어나도록 해야 한다.

본서는 구약 성경을 공부해가는 동안 이러한 역동적인 결과를 얻어낼 목적을 가지고 특별한 틀로 구성하였다.

이 작은 도구가 성경을 보다 더 쉽게, 더 분명하게, 더 정확하게 배우고 가르치기를 원하는 모든 하나님의 종들의 손에 들려짐으로 성경에서 막 튀어나온 듯한 건강한 하나님의 백성들을 세우는 성령의 도구로 쓰여지길 기도한다.

발행인 양승헌

삶의 적용_ 현재의 삶과 성경의 진리를 연결하도록 돕는다.

기도_ 각 장에서 발견한 원리와 적용의 실행을 위해 기도할 수 있도록 돕는다.

티칭 가이드

티칭 가이드_ 성경 교사들을 돕기 위한 성경 교수 계획을 제시한다.

심층 연구_ 더 깊은 지식을 원하는 사람들을 위해 낱말과 어구와 주제에 대한 보다 깊은 연구로 인도한다.

잠언 서문

저자와 연대

잠언은 일반적으로 잠언 22장 17절에서 24장 34절의 지혜자의 말과 30장 그리고 31장의 내용을 제외한 거의 모든 내용을 솔로몬이 지었다고 추정하고 있다. 이 세 부분에 대해서는 그가 지혜자의 말들을 모아 편집했을 가능성은 있지만 직접 쓴 것은 아니라는 주장이 대체적으로 받아들여지고 있다. 우리는 누가 그것을 기록했는지, 또 그 저자에 대해서도 아는 바가 전혀 없다. 그들이 아굴과 르무엘이라고 알려져 있긴 하지만 그들이 어떤 사람인지에 대해서는 잘 알 수 없다. 어떤 학자들은 르무엘이 솔로몬의 또 다른 이름이라고 생각하지만 다른 학자들은 그렇게 생각하지 않는다. 또 어떤 학자들은 31장에 아라비아어의 영향을 받은 부분이 있다고 믿기 때문에 르무엘이 아라비아에서 온 사람이라고 주장하기도 한다.

솔로몬은 기원전 971-931년에 이스라엘을 다스렸다. 잠언은 그가 하나님으로부터 마음이 돌아서기 이전인(왕상 11:1-11) 초기 통치 기간 동안에 쓴 것으로 보인다. 왜냐하면 잠언이 하나님께 완전히 헌신된 마음을 보여주고 있기 때문이다. '지혜자의 말' 은 이보다 더 이전인, 구체적이지 않은 어느 시기에 쓰여진 것으로 보인다. 잠언의 내용은 히스기야 시대 이전에 혹은 잠언 25장 1절에서 "이것도 솔로몬의 잠언이요 유다 왕 히스기야의 신하들의 편집한 것이니라" 고 말한 것처럼 히스기야 시대 이후에 완전한 형태로 구성되었다. 히스기야는 기원 전 715-686년에 이스라엘을 다스렸다.

잠언의 목적

열왕기상 4장 30절은 솔로몬이 다른 어떤 사람보다도 더 지혜로웠다고 말한다. 잠언의 내용은 짧은 경구 내지는 핵심들을 모아서 만든 모음집으로 사람들에게 중요한 진리를 전파하기 위해 기억하기 쉬운 형태로 구성되었다. 히브리어로 지혜라는 말은 '삶의 기술' 이라는 의미다. 잠언의 목적은 독자들에게 하나님의 관점을 가지고 살아가는 데 필요한 기술을 전해줌으로써 지혜로운 자들이 더 큰 행복을 얻게 하는 데 있다. 지혜는 하나님에 대한 두려움에서 시작된다(이것은 공포가 아니라 경외심, 즉 존경의 의미다). 그리고 지식과 이해, 판단, 분별, 순종을 담고 있다. 잠언은 다음세대들의 성공적인 삶을 돕기 위해 주로 지혜로운 자와 어리석은 자의 차이를 비교하는 방법을 사용하고 있다.

잠언을 이해하는 방법

잠언은 지혜 문학이기 때문에 특별히 주의해서 해석해야 한다. 잠언은 일반적인 진리를 말하지만 때로는 모든 상황에서 문자 그대로 실현되기를 의도한 것이 아닐 수도 있다. 예를 들면, 잠언 22장 29절은 이렇게 말한다. "네가 자기 사업에 근실한 사람을 보았느냐 이러한 사람은 왕 앞에 설 것이요 천한 자 앞에 서지 아니하리라." 그러나 자기 사업에 근실한 모든 사람이 문자 그대로 왕 앞에 서는 것은 아니다. 더욱이 오늘날에는 왕도 그리 많지 않다. 하지만 잠언의 이 내용이 가리키는 더 큰 진리는 만약 어떤 사람이 자기 일에 전문가가 된다면, 그가 다른 사람들의 인정을 받고 보상을 받게 될 것이라는 점이다. 이것은 일종의 설명법의 예로서 잠언을 해석할 때 항상 사용되는 이해 방법이다. 그렇게 생각하지 않는다면 이 책은 실현 가능성 없는 헛된 약속들로 가득 찬 책일 뿐이다.

잠언은 축약된 진리의 체계로 최대의 감화를 주기 위해 마련된 것이다. 다음과 같은 속담이 있다. "하루 하나의 사과는 의사를 필요 없게 만든다." 하지만 하루에 사과 하나를 먹는다고 해서 말 그대로 의사가 필요 없게 되는 것은 아니다. 그것은 잘 먹으면 건강을 유지할 것이라고 말해주는 간결하면서도 오래 기억에 남는 말일 뿐이다. 일반적으로 진리를 축약한 말은 너무 간단해서 그 내용에 관계된 잠재적 예외 사항들을 다 설명하기가 어렵다. 하지만 그렇다고 해서 잠언이 진리와 관련된 모든 잠재적 예외 사항들을 다 설명하려고 한다면 간결할 수도 없고, 오래 기억에 남지도 않을 것이다.

그래서 다음과 같이 말하는 것은 터무니없는 이야기가 된다. "하루에 하나씩 사과를 먹고 다른 신선한 과일들을 먹는다고 해서 항상 의사가 필요 없는 것은 아니지만 대체로 건강에는 매우 좋은데, 이는 설익은 사과나 살충제가 씻겨지지 않은 사과를 먹지 않는 경우에만 해당된다." 이런 식의 잠언은 간단 명료함을 잃어버리게 된다.

동일한 원리가 히브리어로 쓰여진 잠언에도 해당된다. 그것은 때로 모든 상황에 관련된 모든 진리를 나타내려고 하지 않고, 이전에 나타난 진리에 대해서도 모든 것을 다 말하고 있지 않다. 여기에는 모든 상황에 적용되어 문자 그대로 실현돼야 한다고 주장한다면, 항상 진리일수만은 없는 그런 일반적인 진리도 포함되어 있다.

그러므로 잠언은 약속이 아니라 진리에 대한 일반적인 설명이다. 그것은 하나님께 받은 구체적인 약속의 의미보다는 성공적인 삶을 살기 위한 전반적인 지침서와 같은 의미로 이해되어야 한다. 예를 들면, 잠언 22장 6절은 이렇게 말한다. "마땅히 행할 길을 아이에게 가르치라 그리하면 늙어도 그것을 떠나지 아니하리라." 그러나 많은 경우, 부모들이 마땅히 가르쳐야 할 방식으로 자녀를 가르쳤음에도 불구하고 그 자녀들이 자라 신앙을 버리고 말았다.

나는 네 딸을 둔 교계에서 유명한 한 목사님을 알고 있다. 그와 그의 아내는 모든 면에서 아주 훌륭하고 모범적인 신앙인이었다. 세 딸 또한 부모와 같은 모범적인 그리스도인으로 자라났다. 하지만 넷째 딸은 신앙심이 없었다. 그 딸이 신앙을 버린 이유는 분명하지 않다. 분명한 것은 그것이 "주의 교양과 훈계"(엡 6:4)로 양육하고자 노력하였던 그 부모의 어떤 심각한 잘못으로 인한 결과가 전혀 아니라는 것이다. 이와는 반대로 신앙이 없는 다른 크리스천 가정에서 자라난 자녀들 가운데서 신앙을 선택하는 경우도 있다. 그렇다면 이것은 잠언 22장 6절 말씀을 신뢰할 수 없음을 의미하는 것인가?

그렇지 않다. 그것이 의미하는 바는 잠언의 내용을 포괄적인 약속으로 보아서는 안 되고 일반적인 진리로 이해해야 한다는 것이다. 교회 역사 속에서 우리는 부모가 확실한 신앙 가운데 살아갈 때 그들의 자녀 역시 그리스도인이 되는 경우가 많다는 것을 알 수 있다. 미국의 대다수의 그리스도인들은 기독교 가정에서 태어나고 자라서 18번째 생일을 맞기 전에 그리스도를 영접한다. 그것이 바로 잠언 22장 6절이 지적하고 있는 일반적인 진리이다. 만약 솔로몬이 이 시대에 살고 있다면, 그는 아마 이 잠언의 내용이 예외 조항이 없는 절대적인 원리로 받아들여지기를 원한 것이 아니었음을 설명할 것이다.

또한 잠언은 문자 그대로 실천하는 것을 목적으로 쓰여진 것이 아니다. 잠언 6장 27-29절을 읽어보면 다음과 같은 말이 나온다. "사람이 불을 품에 품고야 어찌 그 옷이 타지 아니하겠으며 사람이 숯불을 밟고야 어찌 그 발이 데지 아니하겠느냐 남의 아내와 통간하는 자도 이와 같을 것이라 무릇 그를 만지기만 하는 자도 죄 없게 되지 아니하리라."

고든 피(Gordon Fee)와 더글라스 스튜어트(Douglas Stuart)는 자신들이 쓴 「성경을 어떻게 읽을 것인가?(How to Read the Bible for All Its Worth, 성서유니온)」라는 책에서 그 부분에 대해 이렇게 설명하고 있다.

누군가 이렇게 생각할지도 모른다. "이제 마지막 윤리 기준은 불투명해졌다. 예를 들어, 우편배달부가 편지를 배달하면서 다른 남자의 아내와 우연히 손이 닿기라도 한다면 어떻게 되는가? 그는 처벌을 받아야 하는가? 또한 육체적 접촉이 없었다고 해서 마음으로 간음을 행한 사람들은 모두 그 죄에서 벗어나게 되는가?" 이러한 해석은 요점을 빗나간 것이다. 잠언은 비유적인 어법을 사용하여 어떤 것을 구체적이기보다는 개략적으로 묘사하는 경향이 있다. 당신이 잠언에서 얻어야 할 요점은 간음하는 것은 불을 가지고 장난치는 것과 같다는 것이다. 결국 하나님은 이 점을 주목하실 것이다. 이생이나 내생에서 간음하는 자들은 그것으로 인해 고통을 받을 것이다. 끝 부분의 '만지기만 하는' 이란 구절도 만약 성령으로 영감된 말씀이 왜곡되어 해석되지 않는다면, 비유적 표현으로 이해되어야만 한다(고전 7:1 참고). 그러므로 우리에게 도움이 되도록 잠언의 내용을 받아들이기 위해서는 문자적으로 엄격하게 받아들이거나 지나치게 광범위하게 해석해서는 안 된다.

잠언은 문화적으로도 현대의 의미로 해석되어야 한다. 잠언에는 우리가 문화적으로 정확히 이해하지 못하면 이해할 수 없는 내용들이 있다. 예를 들어, 잠언이 임금에 대해서 말할 때 우리는 왕정 시대를 살지 않았기 때문에 이해하지 못할 수 있다. 그러나 우리 삶 가운데서의 지도자의 의미로 왕을 받아들인다면 그 내용은 분명한 진리가 될 것이다. 그러므로 우리가 "마음의 정결을 사모하는 자의 입술에는 덕이 있으므로 임금이 그의 친구가 되느니라"(잠 22:11)는 말씀을 읽을 때 임금이라는 말을 삶 가운데서의 지도자의 의미로 대치할 수 있는 것이다. 그렇다면 이 말씀은 다음과 같이 해석된다. '우리가 진실한 마음으로 덕 있는 말을 한다면 우리는 정직하고 덕이 있는 말에 대개 좋은 인상을 갖는 지도자들과 여러 책임자들에게 좋은 인상을 심어줄 수 있을 것이다.'

잠언은 오래 기억하도록 하기 위해 이미지를 많이 사용한다. 가끔 잠언의 내용은 우리 마음 속에 어떤 그림을 만들어낸다. 그래서 그 근본적인 진리를 오래 기억하게 된다. 우리는 그 그림을 이해하고 그 속에 담긴 상징적인 진리를 깨달아야 한다. 잠언 20장 26절에서 우리는 "지혜로운 왕은 악인을 키질하며 타작하는 바퀴로 그 위에 굴리느니라"는 말씀을 읽게 된다. 여기서도 물론 지혜로운 왕이 악인을 키질하며 타작하는 바퀴로 그 위에 굴리는 일이란 없다. 만약 어떤 중한 벌을 반드시 내려야 한다면 그는 다른 방법을 사용할 것이고, 또 중한 벌을 내릴 필요성이 없다면 그 사람 위에 타작하는 바퀴를 굴린다는 것은 너무나 잔인한 방법이다. 요점은, 지혜로운 왕은 악을 발견했을 때 그냥 못 본 체하고 넘어가지 않는다는 것이다. 그는 자신의 왕국에서 악을 소멸하기 위해서 필요한 조치를 취할 것이다.

물론 이러한 원리는 지도력 분야에 적용된다. 회사의 사장이나 학교의 교장 그리고 팀의 감독은 자신이 다스리는 '나라'에서 악을 제거할 수 있는 모든 조치를 취할 수 있는 능력이 있고, 또 지혜로운 자라면 그 능력을 사용할 것이다.

결론

그 외에도 다른 많은 예들을 들 수 있지만 지금까지 언급한 것으로도 기본 원리를 설명하는 데는 충분할 듯 싶다. 잠언에서는 종종 문자적으로 받아들여서는 안 되는 내용들이 나타난다. 그것들은 많은 비유적 표현들을 사용하고 있고, 기본 진리를 가리키는 일반적인 원리들을 제시하고 있다. 잠언의 현격한 대비와 강한 확신 그리고 의사 소통의 진리에 대한 분명한 확증을 통해서 우리는 지혜로운 삶을 위한 강력하고도 시기적절한 인도를 받을 수 있다.

장, 절에 따른 잠언의 목차(이 주석에 실린 각 장의 내용들에 대한 목차)

잠언에 대한 일반적인 구성 체계가 있지만 이 책에서는 각각의 내용들이 종종 무작위로 배열되어 있는 경우가 있다. 이 점은 잠언서를 연구할 때 부딪히는 새로운 어려움이 된다. 왜냐하면 비슷한 내용을 한 번에 연구하는 것이 더 도움이 되기 때문이다. 그래서 이 주석서에서는 성경에 나와 있는 순서대로 잠언서를 살펴보기보다는 31개의 주제별 연구로 모든 잠언의 내용을 재배열하였다. 이 새로운 구성 체계는 이 책의 목차 부분에 잘 나타나 있다. 다음은 잠언의 일반적인 순서와 이 책의 내용이 수록되어 있는 각 장에 대한 소개이다.

잠언 구절	이 책에서의 장별 구분	잠언 구절	이 책에서의 장별 구분
잠언 1:1-7	1장	잠언 6:16-19	20장
잠언 1:8-9	27장	잠언 6:20-35	4장
잠언 1:10-19	20장	잠언 7:1-27	5장
잠언 1:20-33	7장	잠언 8:1-36	6장
잠언 2:1-22	2장	잠언 9:1-6	7장
잠언 3:1-2	10장	잠언 9:7-9	10장
잠언 3:3-4	15장	잠언 9:10-18	7장
잠언 3:5-8	8장	잠언 10:1	27장
잠언 3:9-10	23장	잠언 10:2	21장
잠언 3:11-12	11장	잠언 10:3	13장
잠언 3:13-24	2장	잠언 10:4	25장
잠언 3:25-26	29장	잠언 10:5	26장
잠언 3:27-28	24장	잠언 10:6-7	12장
잠언 3:29-32	20장	잠언 10:8	10장
잠언 3:33-35	13장	잠언 10:9	13장
잠언 4:1-27	3장	잠언 10:10	14장
잠언 5:1-23	4장	잠언 10:12	15장
잠언 6:1-5	26장	잠언 10:13-14	9장
잠언 6:6-8	26장	잠언 10:15	23장
잠언 6:9-11	25장	잠언 10:16	12장
잠언 6:12-15	14장	잠언 10:17	11장

잠언 구절	이 책에서의 장별 구분	잠언 구절	이 책에서의 장별 구분
잠언 10:18	19장	잠언 12:11	26장
잠언 10:19-21	18장	잠언 12:12	12장
잠언 10:22	13장	잠언 12:13-14	18장
잠언 10:23	9장	잠언 12:15	10장
잠언 10:24-25	13장	잠언 12:16	17장
잠언 10:26	25장	잠언 12:17	22장
잠언 10:27	8장	잠언 12:18-19	19장
잠언 10:28-30	12장	잠언 12:20	21장
잠언 10:31-32	18장	잠언 12:21	12장
잠언 11:1	21장	잠언 12:22	19장
잠언 11:2	16장	잠언 12:23	18장
잠언 11:3	14장	잠언 12:24	25장
잠언 11:4	23장	잠언 12:25-26	15장
잠언 11:5-10	12장	잠언 12:27	25장
잠언 11:11	18장	잠언 12:28	12장
잠언 11:12-13	19장	잠언 13:1	10장
잠언 11:14	10장	잠언 13:2-3	18장
잠언 11:15	26장	잠언 13:4	25장
잠언 11:16-17	15장	잠언 13:5	21장
잠언 11:18-20	12장	잠언 13:6	13장
잠언 11:21	13장	잠언 13:7	16장
잠언 11:22	27장	잠언 13:8	23장
잠언 11:23	12장	잠언 13:9	12장
잠언 11:24-26	24장	잠언 13:10	16장
잠언 11:27	13장	잠언 13:11	21장
잠언 11:28	23장	잠언 13:12	29장
잠언 11:29	27장	잠언 13:13	10장
잠언 11:30-31	13장	잠언 13:14-16	9장
잠언 12:1	11장	잠언 13:17	28장
잠언 12:2-3	12장	잠언 13:18	11장
잠언 12:4	27장	잠언 13:19	29장
잠언 12:5-8	12장	잠언 13:20	15장
잠언 12:9	16장	잠언 13:21	12장
잠언 12:10	15장	잠언 13:22-23	24장

잠언 구절	이 책에서의 장별 구분	잠언 구절	이 책에서의 장별 구분
잠언 13:25	12장	잠언 15:1-2	18장
잠언 14:1	27장	잠언 15:3	8장
잠언 14:2	8장	잠언 15:4	19장
잠언 14:3	18장	잠언 15:5	11장
잠언 14:4	26장	잠언 15:6	12장
잠언 14:5	22장	잠언 15:7	18장
잠언 14:6	9장	잠언 15:8	14장
잠언 14:7	15장	잠언 15:9	12장
잠언 14:8	9장	잠언 15:10	11장
잠언 14:9	11장	잠언 15:11	14장
잠언 14:10	29장	잠언 15:12	11장
잠언 14:11	12장	잠언 15:13	29장
잠언 14:12	8장	잠언 15:14	9장
잠언 14:13	29장	잠언 15:15	24장
잠언 14:14	13장	잠언 15:16	23장
잠언 14:15	9장	잠언 15:17	15장
잠언 14:16-17	17장	잠언 15:18	17장
잠언 14:18	9장	잠언 15:19	25장
잠언 14:19	12장	잠언 15:20	27장
잠언 14:20	23장	잠언 15:21	9장
잠언 14:21	24장	잠언 15:22	10장
잠언 14:22	13장	잠언 15:23	18장
잠언 14:23	25장	잠언 15:24	9장
잠언 14:24	9장	잠언 15:25	16장
잠언 14:25	22장	잠언 15:26	13장
잠언 14:26-27	8장	잠언 15:27	21장
잠언 14:28	28장	잠언 15:28	18장
잠언 14:29	17장	잠언 15:29	14장
잠언 14:30	16장	잠언 15:30	29장
잠언 14:31	24장	잠언 15:31	10장
잠언 14:32	29장	잠언 15:32	11장
잠언 14:33	9장	잠언 15:33	8장
잠언 14:34	12장	잠언 16:1	8장
잠언 14:35	28장	잠언 16:2	14장

잠언 구절	이 책에서의 장별 구분	잠언 구절	이 책에서의 장별 구분
잠언 16:3-4	8장	잠언 17:11	28장
잠언 16:5	16장	잠언 17:12	9장
잠언 16:6	15장	잠언 17:13	13장
잠언 16:7	13장	잠언 17:14	19장
잠언 16:8	24장	잠언 17:15	22장
잠언 16:9	8장	잠언 17:16	23장
잠언 16:10	28장	잠언 17:17	15장
잠언 16:11	21장	잠언 17:18	26장
잠언 16:12-15	28장	잠언 17:19-20	19장
잠언 16:16	9장	잠언 17:21	27장
잠언 16:17	29장	잠언 17:22	29장
잠언 16:18-19	16장	잠언 17:23	21장
잠언 16:20	8장	잠언 17:24	9장
잠언 16:21	18장	잠언 17:25	27장
잠언 16:22	9장	잠언 17:26	22장
잠언 16:23-24	18장	잠언 17:27-28	18장
잠언 16:25	8장	잠언 18:1	16장
잠언 16:26	25장	잠언 18:2	8장
잠언 16:27-28	19장	잠언 18:3	13장
잠언 16:29	20장	잠언 18:4	8장
잠언 16:30	14장	잠언 18:5	22장
잠언 16:31	27장	잠언 18:6-7	18장
잠언 16:32	17장	잠언 18:8	19장
잠언 16:33	8장	잠언 18:9	25장
잠언 17:1	20장	잠언 18:10	8장
잠언 17:2	27장	잠언 18:11	23장
잠언 17:3	14장	잠언 18:12	16장
잠언 17:4	18장	잠언 18:13	18장
잠언 17:5	15장	잠언 18:14	29장
잠언 17:6	27장	잠언 18:15	9장
잠언 17:7	28장	잠언 18:16	24장
잠언 17:8	21장	잠언 18:17	22장
잠언 17:9	19장	잠언 18:18-19	20장
잠언 17:10	10장	잠언 18:20-21	19장

잠언 구절	이 책에서의 장별 구분	잠언 구절	이 책에서의 장별 구분
잠언 18:22	27장	잠언 20:5	9장
잠언 18:23	23장	잠언 20:6	15장
잠언 18:24	15장	잠언 20:7	12장
잠언 19:1	18장	잠언 20:8	28장
잠언 19:2	9장	잠언 20:9	16장
잠언 19:3	8장	잠언 20:10	21장
잠언 19:4	23장	잠언 20:11	14장
잠언 19:5	19장	잠언 20:12	9장
잠언 19:6-7	23장	잠언 20:13	25장
잠언 19:8	9장	잠언 20:14	14장
잠언 19:9	22장	잠언 20:15	9장
잠언 19:10	16장	잠언 20:16	26장
잠언 19:11	17장	잠언 20:17	21장
잠언 19:12	28장	잠언 20:18	10장
잠언 19:13-14	27장	잠언 20:19	19장
잠언 19:15	25장	잠언 20:20	27장
잠언 19:16	10장	잠언 20:21	21장
잠언 19:17	24장	잠언 20:22	20장
잠언 19:18	11장	잠언 20:23	21장
잠언 19:19	17장	잠언 20:24	8장
잠언 19:20	10장	잠언 20:25	17장
잠언 19:21	8장	잠언 20:26	28장
잠언 19:22	19장	잠언 20:27	14장
잠언 19:23	8장	잠언 20:28	28장
잠언 19:24	25장	잠언 20:29	27장
잠언 19:25	10장	잠언 20:30	11장
잠언 19:26	27장	잠언 21:1	28장
잠언 19:27	10장	잠언 21:2-3	14장
잠언 19:28	22장	잠언 21:4	16장
잠언 19:29	13장	잠언 21:5	17장
잠언 20:1	17장	잠언 21:6	19장
잠언 20:2	28장	잠언 21:7	20장
잠언 20:3	19장	잠언 21:8	13장
잠언 20:4	25장	잠언 21:9	27장

잠언 구절	이 책에서의 장별 구분	잠언 구절	이 책에서의 장별 구분
잠언 21:10	15장	잠언 22:15	11장
잠언 21:11	9장	잠언 22:16	24장
잠언 21:12	13장	잠언 22:17-21	1장
잠언 21:13	24장	잠언 22:22-23	24장
잠언 21:14	21장	잠언 22:24-25	17장
잠언 21:15	22장	잠언 22:26-27	26장
잠언 21:16	13장	잠언 22:28	21장
잠언 21:17	25장	잠언 22:29	26장
잠언 21:18	12장	잠언 23:1-3	28장
잠언 21:19	27장	잠언 23:4-5	23장
잠언 21:20	26장	잠언 23:6-8	14장
잠언 21:21	13장	잠언 23:9	10장
잠언 21:22	8장	잠언 23:10-11	21장
잠언 21:23	18장	잠언 23:12	9장
잠언 21:24	16장	잠언 23:13-14	11장
잠언 21:25-26	25장	잠언 23:15-16	18장
잠언 21:27	14장	잠언 23:17-18	29장
잠언 21:28	22장	잠언 23:19-21	17장
잠언 21:29	20장	잠언 23:22-25	27장
잠언 21:30-31	8장	잠언 23:26-28	5장
잠언 22:1	29장	잠언 23:29-35	17장
잠언 22:2	23장	잠언 24:1-2	15장
잠언 22:3	29장	잠언 24:3-4	9장
잠언 22:4	16장	잠언 24:5-6	10장
잠언 22:5	29장	잠언 24:7	9장
잠언 22:6	11장	잠언 24:8-9	13장
잠언 22:7	23장	잠언 24:10	29장
잠언 22:8	13장	잠언 24:11-12	22장
잠언 22:9	24장	잠언 24:13-14	9장
잠언 22:10	19장	잠언 24:15-16	12장
잠언 22:11	28장	잠언 24:17-18	15장
잠언 22:12	8장	잠언 24:19-20	16장
잠언 22:13	29장	잠언 24:21-22	28장
잠언 22:14	5장	잠언 24:23-25	22장

잠언 구절	이 책에서의 장별 구분	잠언 구절	이 책에서의 장별 구분
잠언 24:26	21장	잠언 26:23-26	14장
잠언 24:27	26장	잠언 26:27	13장
잠언 24:28-29	20장	잠언 26:28	19장
잠언 24:30-34	25장	잠언 27:1	8장
잠언 25:1-7	28장	잠언 27:2	16장
잠언 25:8	17장	잠언 27:3	20장
잠언 25:9-10	29장	잠언 27:4	16장
잠언 25:11	18장	잠언 27:5-6	10장
잠언 25:12	10장	잠언 27:7	23장
잠언 25:13	28장	잠언 27:8-10	15장
잠언 25:14	24장	잠언 27:11-12	29장
잠언 25:15	18장	잠언 27:13	26장
잠언 25:16-17	15장	잠언 27:14	18장
잠언 25:18	22장	잠언 27:15-16	27장
잠언 25:19	15장	잠언 27:17	10장
잠언 25:20	29장	잠언 27:18	26장
잠언 25:21-22	15장	잠언 27:19	14장
잠언 25:23	19장	잠언 27:20	29장
잠언 25:24	27장	잠언 27:21	16장
잠언 25:25	29장	잠언 27:22	9장
잠언 25:26	20장	잠언 27:23-27	26장
잠언 25:27	16장	잠언 28:1	29장
잠언 25:28	17장	잠언 28:2-3	28장
잠언 26:1	13장	잠언 28:4	11장
잠언 26:2	19장	잠언 28:5	22장
잠언 26:3	13장	잠언 28:6	23장
잠언 26:4-11	9장	잠언 28:7	11장
잠언 26:12	8장	잠언 28:8	23장
잠언 26:13	29장	잠언 28:9	11장
잠언 26:14-15	25장	잠언 28:10	20장
잠언 26:16	16장	잠언 28:11	23장
잠언 26:17	20장	잠언 28:12	12장
잠언 26:18-19	21장	잠언 28:13	11장
잠언 26:20-22	19장	잠언 28:14	8장

잠언 구절	이 책에서의 장별 구분	잠언 구절	이 책에서의 장별 구분
잠언 28:15-16	28장	잠언 29:9	9장
잠언 28:17	20장	잠언 29:10	13장
잠언 28:18	13장	잠언 29:11	17장
잠언 28:19	25장	잠언 29:12	28장
잠언 28:20-22	23장	잠언 29:13	24장
잠언 28:23	19장	잠언 29:14	28장
잠언 28:24	27장	잠언 29:15	11장
잠언 28:25	16장	잠언 29:16	12장
잠언 28:26	8장	잠언 29:17-19	11장
잠언 28:27	24장	잠언 29:20	17장
잠언 28:28	12장	잠언 29:21	11장
잠언 29:1	10장	잠언 29:22	17장
잠언 29:2	12장	잠언 29:23	16장
잠언 29:3	5장	잠언 29:24	15장
잠언 29:4	28장	잠언 29:25	8장
잠언 29:5	19장	잠언 29:26	22장
잠언 29:6	29장	잠언 29:27	12장
잠언 29:7	24장	잠언 30:1-33	30장
잠언 29:8	17장	잠언 31:1-31	31장

1장

잠언 1:1-7; 22:17-21

지혜의 근원

“지식은 수평적인 관계에서 생겨나지만 지혜는 위로부터 내려오는 수직적인 것이다.”

- 빌리 그래함(Billy Graham)

1장 1-7절은 잠언의 전체 내용을 소개하면서 주 저자가 누군지에 대해 알려주며 이 책을 통해 지혜와 지식과 통찰 그리고 현명함을 얻으라고 제안하고 있다. 또한 이러한 지혜의 시작점은 바로 하나님을 경외하는 것이라고 강조한다. 그 다음 22장 17-21절은 만약 우리가 잠언 연구에 최선을 다한다면 큰 즐거움을 얻게 될 것이고, 주님에 대한 신뢰가 커질 것이며, 삶의 여러 질문들에 대한 올바른 대답을 얻게 될 것이라고 말하고 있다.

Proverbs

들어가는 글

이 세상에서 가장 지혜로웠던 사람

당신은 이제까지 들은 지혜에 관한 이야기 중에서 가장 놀라운 다음과 같은 이야기를 들어본 적이 있을 것이다. 두 여자가 한 아기를 데리고 왕께 나아와 둘 다 자신이 그 아이의 진짜 어머니라고 주장하였다. 두 여자 다 상대편이 밤중에 자다가 모르고 자기 아기를 등으로 눌렀다고 말했다. 그리고 자기 아기가 질식해 죽은 것을 발견한 뒤에 다른 여자의 아기를 훔쳐다가 그 아기가 자기 아기라고 주장하고 있다는 것이었다.

이 말을 들은 왕은 그 아기를 반으로 잘라서 두 여자에게 각각 반씩 나누어주라고 명령했다. 그러자 첫 번째 여자가 말했다. "저는 좋습니다! 만약 제가 가질 수 없다면 다른 사람도 갖게 할 수 없습니다." 그러나 두 번째 여자는 공포에 질려 울음을 터트리면서 왕에게 그 아기를 상대편 여자에게 주라고 애원하였다.

지혜로운 왕은 이렇게 말했다. "저 아기를 두 번째 여자에게 주어라. 그녀가 진짜 어머니다."

왕이 내린 판결에 대해서 듣고 사람들은 모두 다 놀랐다! 이런 종류의 지혜가 갖는 의미는 사실 굉장한 것이었다. 마치 왕이 그 여자들의 영혼을 꿰뚫어보는 것 같았기 때문이다. 이 사람의 눈을 속일 수 있는 것은 아무것도 없었다! 그 순간은 진정 정직과 고결함이 나타나는 순간이었다!

이러한 지혜로운 판단을 후대에 전해준 왕이 바로 솔로몬이었다. 그는 이 세상에 살았던 사람 중에서 가장 지혜로웠던 사람으로 알려져 있다. 그의 지혜는 하나님께 받은 선물이었다. 그는 왕위에 올랐을 때 하나님께 부귀나 원수들에 대한 승리를 구하지 않고 오직 지혜를 구했다. 하나님은 그 간구를 기쁘게 여기셨고, 그리스도를 제외한 다른 어떤 인간보다 더 뛰어난 수준의 지혜를 그에게 허락하셨다.

이 세상 그 누구보다도 더 지혜로웠던 사람으로 알려진 솔로몬이 바로 잠언서를 기록한 저자이다. 그는 자신이 무엇에 대해 말하고 있는지를 알고 있었다. 그가 말할 때는 바로 귀 기울여 들어야 하는 때이다. 이제 우리는 잠언에 대한 연구를 시작하려고 한다.

솔로몬은 말할 것이고, 우리는 귀 기울여 들어야 한다.

본문 이해

지혜의 근원

Main Idea	지혜는 인간이 이 세상에서 얻을 수 있는 것 중 가장 귀중한 것이다. 그것은 하나님으로부터 온다. 잠언의 말씀에 귀를 기울이고 당신의 마음을 쏟아보라. 그러면 유익을 얻을 것이다.

A. 잠언의 목적(1:1-7)

Supporting Idea	이 잠언의 내용들은 지혜를 얻게 하기 위해 쓰여졌다. 주님을 경외하는 것이 지혜의 시작이다.

1:1. '잠언(proverb)' 을 의미하는 히브리어는 영어의 전통적인 의미보다 더 광범위한 의미를 갖는다. 그것은 '대조' 나 '간단 명료한 말' 이나 '교훈적인 말' 을 의미한다. 이 문맥에서의 '잠언' 이라는 단어는 여러 가지 다른 종류의 통찰력 있는 교훈이나 깨달음을 가리키고 있다.

1장 1절에 솔로몬이 이 책의 저자라고 기록되어 있지만, 솔로몬 이외의 다른 저자가 이 책의 일부를 기록한 것도 분명한 사실이다. 이 책의 모든 내용은 오랜 시간에 걸쳐 모아진 것들이다. 솔로몬의 이름은 이 책에서 세 번 언급되는데, 그때마다 이 책의 내용이 그의 기록임을 말하고 있다. 1장 1절에 그의 이름이 언급되어 있고, 1장 1절부터 9장 18절까지의 내용이 그의 기록인 것으로 보인다. 10장 1절에도 그의 이름이 언급되고 있는데 10장 1절부터 22장 16절까지의 내용을 그가 쓴 것으로 보인다. 25-29장의 내용도 그가 쓴 것임을 25장 1절에서 밝히고 있다.

1:2. 2절은 잠언서를 기록한 이유를 설명하는 것으로 시작된다. 그것은 우선 지혜를 얻고 훈계를 알게 하며 명철을 깨닫게 하기 위함이었다. 이는 분명 너무나 중요한 목표였다! '지혜' 를 의미하는 히브리 단어는 '호크마(hokmah)' 인데, 이는 '삶에 필요한 기술이나 전략' 을 의미하는 것이다. 만약 어떤 사람이 전문적인 목수 일이나 음악적인 일이나 중재자의 일에 숙달되면 그는 삶을 살아가는 데 필요한 기술을 배운 것이 된다. 잠언의 목표는 이렇게 각 사람이 삶의 기술을 습득하는 데 있다.

'훈계' 란 말의 히브리 단어는 '무사르(musar)' 이다. 이는 '도덕적인 훈계, 가르침 혹은 징계' 를 의미한다. 즉, 기술적으로 살 수 있는 방법을 알게 되었다 하더라도 정말 그렇게 살기 위해서는 훈련이 필요한 것이다. 마지막으로 '명철' 을 의미하는 히브리 단어는 '비나(binah)' 인데, 이것은 '분별' 이라는 의미를 가지고 있다.

다시 말해, 잠언의 목표는 독자들이 성공적인 삶을 살아가는 데 필요한 기술을 얻고, 그러한 삶을 살기 위한 훈련을 받으며, '올바른' 길을 구별하게 하는 분별력을 갖게 하는 것이라고 할 수 있다.

1:3. 3절은 요약적인 설명을 더욱 확대하고 훈계의 필요성을 반복적으로 언급하면서 신중을 기하고 있다. 이것은 공평과 정직함에 대한 깊은 이해와 함께 높은 도덕적 기준을 갖는 훌륭한 판단을 나타내는 것이다.

1:4. 솔로몬은 어리석은 자와 젊은 자를 주 대상으로 하여 그들에게 지식과 근신과 분별을 줄 수 있기를 바라고 있다. 여기서 어리석은 자는 훈계를 받지 않고 원초적인 본능에 이끌리는 사람을 가리킨다. 이것은 그가 지성적으로 한계가 있거나 좀 모자라는 사람이라는 뜻이 아니라 삶의 연륜이 짧아 경험이 부족하거나 지혜로 가르침을 받지 못한 사람을 의미한다.

1:5. 잠언의 타깃 독자는 단순히 어리석은 자나 젊은 자로만 국한되지 않고 지혜로운 자와 명철한 자에게로도 확장된다. 그들도 잠언을 통해 유익을 얻을 수 있는 것이다. 우리는 살아가는 동안 지식과 이해와 지혜 가운데 계속 성장해야만 한다. 자신의 상태에 대해서 스스로 만족한다든지 혹은 완전함에 이르렀다고 생각할 수 있는 사람은 아무도 없다.

1:6. 잠언을 배우는 것과 지혜자의 인도를 받는 것 그리고 유익을 구별하는 것의 목표는 잠언과 비유와 지혜자의 말과 그 오묘함을 깨닫기 위한 것이다. 이러한 목표는 잠언

이 의미하는 바가 무엇인지를 깨닫는 것 그 이상이다. 그것은 간단명료한 잠언의 진리를 넘어서는 것이다. 지혜를 전해주는 솔로몬의 방법은 지혜로움이 무엇인가를 제시함으로써 사고를 명료하게 하는 것이고, 사람들이 잠언과 비유와 오묘함을 묵상하고 이해함으로써 자신들의 지혜와 분별력을 더욱 증진시키는 것이었다.

1:7. 이제 솔로몬은 잠언을 기록하는 목적이 무엇인지를 설명하면서 가장 우선적이며 중요한 가르침을 전해주고 있다. 지혜로운 자가 되기 위한 출발점은 바로 하나님을 경외하는 것이다. 하나님을 경외하는 것은 그분을 두려워하는 것이 아니다. 그것은 그분을 공경하며 영광스럽게 하고 자신의 삶 속에서 그분에게 정당한 위치를 올려드리는 것이다. 이 출발점이 분명하지 않다면 결코 올바른 방향으로 나아갈 수 없다. 주님을 경외하는 것은 이처럼 지혜로운 삶을 살아가는 데 있어 기본적인 출발점이 되는 것이다.

이어서 솔로몬은 주님을 경외하기 때문에 지혜롭고 분별력이 있는 사람과 대비되는 어리석은 자에게 초점을 맞추고 있다. 어리석은 자는 지혜와 훈계를 무시한다. 여기서 '무시한다' 는 것은 "말씀을 멸시하고 그 명령을 파괴하는 것" (민 15:31; 느 2:19)이다. 하나님을 멸시하는 자는 결코 지혜로운 사람이 될 수 없으며, 하나님의 말씀을 어기면서 자기 뜻대로 살아가게 될 것이다. 이러한 삶은 많은 문제를 일으킬 것이다. 사람은 심은 대로 거두게 마련이다. 인간은 결코 이러한 하나님의 법칙을 넘어설 수 없다. 이 법칙을 어기면 이 법칙에 어긋난 삶을 살아갈 뿐이다. 솔로몬은 우리에게 잠재적인 선택을 제시하고 있다. 하나님을 경외할 것인가, 아니면 어리석은 자가 될 것인가. 여기에 어떤 중도적인 입장은 없어 보인다.

B. 잠언의 결과(22:17-21)

Supporting Idea	만약 당신이 잠언을 연구한다면 그 말씀으로 인하여 기쁨을 얻게 되고, 주님 안에서 믿음이 더욱 굳건해지며, 삶의 여러 가지 문제들에 대한 해답을 얻게 될 것이다.

22:17. 이제 솔로몬은 지혜 있는 자의 말씀을 들으며 지식을 연구하는 삶을 살아가도록 촉구하고 있다. 이와 같은 솔로몬의 말은 "귀 있는 자는 들으라" (막 4:9)고 말씀하신 예수님의 말씀과 유사하다. 즉, 이 말은 한쪽 귀로 듣고 다른 쪽 귀로 흘러나가게 하지

말라는 뜻이다. 말씀을 받고 곰곰이 생각하고 묵상하여 스스로를 변화시키라는 의미인 것이다.

22:18. 귀 기울여 듣고 마음에 두는 것(17절)의 목표는 유익을 얻기 위함이다. 이 말의 의미는 지혜자의 말을 잊지 않도록 기억하라(네 속에 보존하라)는 것이다. 그렇게 함으로써 그 내용을 인용할 수 있고, 그에 대해서 해박하게 이야기할 수도 있을 것이다(네 입술에 있게 하라). 그것이 마음속에서부터 우리를 변화시키지 않는다면 지혜에 대해 말하는 것이 큰 의미를 갖지 못할 것이다.

22:19. 솔로몬이 이렇게 가르치는 이유는 자기에게 배우는 자들이 하나님을 의뢰하도록 하기 위함이다. 이것은 바울이 한 말을 생각나게 만든다. "경계의 목적은 청결한 마음과 선한 양심과 거짓이 없는 믿음으로 나는 사랑이거늘"(딤전 1:5). 바울과 솔로몬 둘 다 호기심을 충족시키기 위해서가 아니라 삶을 변화시키기 위해서 가르치는 것이다.

22:20-21. 솔로몬은 이제 자신이 기록한 30개의 교훈과 지혜의 말들에 대해서 언급한다. 이것은 진리이고, 신뢰할 만한 것이며, 성실히 배우는 사람에게는 그를 보낸 자에게 대답할 말을 줄 수 있도록 돕는 것이다(아마 그의 선생이나 상전을 의미하는 것으로 보여진다).

Main Idea 복습	지혜는 인간이 이 세상에서 얻을 수 있는 것 중 가장 귀중한 것이다. 그것은 하나님으로부터 온다. 잠언의 말씀에 귀를 기울이고 당신의 마음을 쏟아보라. 그러면 유익을 얻을 것이다.

! 결론

노란 벽돌 길을 따라가라

동화 '오즈의 마법사' 중에서 도로시의 집이 난장이 나라에 내려앉아서 북쪽 나라의 악한 마녀가 죽어 모든 난장이들이 축하잔치를 벌였을 때, 도로시가 정말로 알고 싶었던 것은 '어떻게 집으로 돌아갈 수 있을까?' 하는 것이었다. 난장이들은 오즈의 나라에 가서 그 나라에 있는 마법사에게 그 방법을 물어보아야 한다고 말했다. 그리고 난장이들은 도로시에게 '노란 벽돌 길을 따라가라' 고 말해주었다. 그 노란 벽돌 길은 도로시의 집이 내려앉은 바로 그 지점에서부터 시작되고 있었고, 뱀 꼬리처럼 비비 꼬인 채로 이어져서 결국에는 오즈의 나라에 도달하게 되어 있었다. 그들은 그 길만 따라가면 오즈의 나라에 이르게 될 것이라고 말했다.

오즈의 나라에 이르는 길은 단 하나였다. 그것은 바로 현재 있는 곳에서부터 시작되었다. 그 길을 계속 따라가면 오즈의 나라에 도달할 수 있다. 반대로 그 길을 벗어나면 오즈의 나라에 도저히 갈 수가 없다. 만약 당신이 오즈의 나라에 가고자 한다면 마지막 목적지가 나올 때까지 그 노란 벽돌 길을 계속 따라가야만 한다.

이러한 원리는 의미 있는 삶을 살아갈 때에도 마찬가지로 적용된다. 보람 있는 삶을 살아가기 위한 노란 벽돌 길의 시작점은 하나님을 경외하는 것이다(1:7). 주님을 경외하는 것은 지식의 근본으로, 지혜와 인내와 근신함으로 인도하며(1:2-6), 아름다운 삶을 살아가게 만든다(22:18). 하나님을 경외하는 것으로부터 시작하라. 지식과 지혜와 인내와 근신의 삶에서 이탈하지 말라. 궁극적인 목표에 이르기까지 그 길을 따르라. 그러면 당신은 복 된 삶의 나라에 도달하게 될 것이다. 그것이 바로 잠언서의 교훈이다.

▣ 진리 알기

- 지혜의 삶은 하나님을 경외하는 것과 무관하게 이루어질 수 없다.
- 하나님을 저버리는 사람은 어리석은 자다. 지혜로운 자는 배우기 위해 노력할 것이며, 기꺼이 어떠한 조언이라도 듣고자 할 것이다.
- 지혜로운 말은 항상 처음에는 이해하기가 어렵다. 때때로 그 깊은 의미를 이해하는 데는 노력과 시간과 성숙함이 필요하다.

▣ 적용하기

- 하나님을 경외하라. 당신의 삶 속에서 그분을 영화롭게 하라. 그분께 최우선의 자리를 내어드려라. 당신이 삶 속에서 원하는 모든 것은 바로 이러한 결심 위에 바탕을 둔 것이어야 한다.

• 스스로 지혜를 얻고자 하는 노력에 몰두하라. 지혜는 그것을 얻기 위해 온전히 헌신할지라도 얻기가 쉽지 않다. 더군다나 그 일에 대한 헌신 없이 지혜를 얻는다는 것은 불가능하다.
• 이해하기 어려운 것을 이해하기 위해 힘쓰라. 그러한 노력으로 인해 당신의 이해 수준이 높아지며, 더욱 지혜로워지게 된다.

삶의 적용

로빈훗으로부터 얻는 교훈

1938년 에롤 플린(Errol Flynn)이 전설적인 영국의 영웅이었던 로빈훗으로 등장했던 '로빈훗의 모험' 이라는 영화에서 로빈훗과 그를 따르던 무리들이 셔우드 숲속에서 용맹스럽기로 유명한 리처드 국왕의 둘째 동생인 존 왕자에 대항하여 게릴라 전술을 펼치고 있었다. 리처드 국왕은 성전(聖戰)을 벌이기 위해 십자군을 이끌고 떠나면서 자신이 다스리던 잉글랜드를 둘째 동생에게 맡겼다. 그런데 둘째 동생이었던 존 왕자는 잉글랜드 국민들에게 과도한 세금을 징수하여 그것을 착복하였다. 그래서 로빈은 부자들(존 왕자와 그의 무리들)에게서 돈을 훔쳐 가난한 자들(애초에 세금 명목으로 돈을 착취당했던 일반인들)에게 나누어주었다. 그러자 존 왕자와 노팅험의 군사들이 그를 제거하기 위해 혈안이 되었다.

오랜 기간의 원정을 마친 리처드 왕이 잉글랜드로 돌아올 때 평범한 여행객으로 변장하고 들어왔다. 셔우드 숲속에 있던 로빈훗의 무리들은 리처드 왕을 사로잡았고, 그를 로빈훗에게 데리고 갔다. 리처드 왕은 로빈에게 왕의 십자군에 지원하였는지를 물어보았다. 로빈은 십자군에 지원하지 않았다고 대답하였다. 그 이유는 왕이 악한 존 왕자에게 잉글랜드를 맡기고 떠났기 때문이라고 하였다. "당신은 리처드 왕에게 충성을 맹세합니까?" 허름한 여행객은 그 대답을 듣고자 하였다. "나는 왕을 위해 내 생명을 바칠 것입니다." 로빈은 그렇게 대답했다. 그러자 자신의 충성스러운 호위병들 가운데서 신변의 안전을 확인한 리처드 왕은 겉옷을 벗고 그 속에 숨겨진 왕의 갑옷을 드러내었다. 로빈과 그의 부하들은 자신들이 왕 앞에 있다는 사실을 깨닫고 깜짝 놀랐다. 그리고 즉시 그들은 한쪽 무릎을 굽히고 왕 앞에서 고개를 숙여 절하였다.

존경, 공경, 경외. 이러한 것들은 자신이 누구이며 자신의 왕이 누구인지를 알고 있는 사람들이 나타내는 반응이다.

오늘날의 사람들은 대개 이러한 수준의 존경심을 갖지 못한다. 우리는 너무나 이 세계를 조롱하며 지도자들을 우리 자신의 수준으로 끌어내리기 때문에 그들에 대해서 존경심을 갖기는커녕 기껏해야 손을 들어 부딪치는 하이파이브를 하는 정도에 이르렀다. 또한 우리는 하나님께 대해서도 모든 지혜의 출발점이 되는 경외심을 올려드리지 않게 되었다. 그 결과 우리는 지혜로운 자가 되지 못했다.

오늘날 이 세계에서 존경심이 사라지게 된 원인 가운데 하나는 우리에 대해서 어떤 강력한 권한을 가지고 있는 사람이 아무도 없다는 점이다. 소송과 정치적 견제 체제와 노동 운동 그리고 데모 등이 개인으로서의 우리보다 '우월한' 어떤 사람이 존재한다는 생각을 소멸시키고 있다. 고대 잉글랜드에서의 존경심은, 왕이 생사에 대한 거역할 수 없는 권한을 가지고 있다는 생각에 의해 더욱 강화되었다. 뿐만 아니라 왕은 존경받을 만한 자였기에 존경을 받았다. 일반인들의 풍요로운 삶은 오직 왕에 대한 그의 존경심에 달려 있었다.

동일한 원리가 하나님께 대해서도 적용된다. 그분의 주권은 거역할 수 없는 것이다. 그분에 의해서 사는 것과 죽는 것, 천국과 지옥 그리고 축복과 저주가 결정된다. 만약 우리가 이러한 실체를 경험하게 된다면 하나님을 경외해야 하는 이유를 이해하게 될 것이다. 그분의 손에 우리의 영원한 운명이 달려 있는 것이다. 예레미야는 이에 대해서 말하기를, "여호와의 자비와 긍휼이 무궁하시므로 우리가 진멸되지 아니함이니이다"(애 3:22)라고 하였다. 교리적으로 올바른 사람, 다시 말해 영적 실체를 경험하는 사람은 하나님을 경외하는 자이며, 더 큰 경외심을 갖기 위해서 자신의 이해를 증진시키고자 더욱 노력하는 자이다. 하나님을 경외하는 것은 그 자체만으로도 좋고 의미가 있을 뿐만 아니라 우리를 지혜로 인도하는 노란 벽돌 길의 출발 지점에 들어서게 만든다.

기도

하나님 아버지, 우리로 하여금 지혜는 주님과의 관계에서 얻게 되는 것임을 깨닫게 해주시고, 그것이 이성의 문제가 아니라 마음의 문제임을 알게 해주십시오. 주님의 지혜는 때로 우리의 악한 죄의 성향을 정반대로 바꿔버리기도 합니다. 우리가 주님께 온전히 마음을 드리게 도와주시고, 우리 마음이 주님의 지혜 가운데 분명히 거하게 하시며, 우리의 행동으로 주님께 영광을 돌리게 해주십시오. 아멘.

심층 연구

A. 주님을 경외함

'주님을 경외함' 이라는 표현은 잠언서에서 14번 등장하고 있다. 솔로몬은 말하기를, 그것이 '지식의 근본' (잠 1:7)이고, '지혜의 근본' (9:10)이며, '생명의 샘' (14:27)이자 '지혜의 훈계' (15:33)라고 하였다. 또한 주님을 경외하는 것은 '악을 미워하는 것' (8:13)이고, '삶을 번성케' (10:27) 하며, '견고한 의뢰' (14:26)를 얻게 하고, '악에서 떠나게' (16:6)하며, '생명에 이르는 길' (19:23)이다. 그로 인한 보상은 '재물과 영광과 생명' (22:4)이다.

구약에서 많은 경우 이 단어는 '두려워함' 으로 번역되고 있다. 하지만 이 본문에서는 (하나님을 경외함과 관련하여) 주님을 두려워하는 것을 의미하지 않는다. 반대로 하나님을 우러러보고 순종케 하는 경외심과 신뢰의 태도를 갖는 것을 의미한다. 즉, 우리가 하나님을 중요하게 생각하고 그분이 영광받기에 합당한 분이심을 깨닫는다는 뜻이다. 만약 어떤 사람이 하나님을 경외한다면 그는 하나님이 어떤 분이신가를 알고서 그 위대하심에 올바르게 반응하고 있는 것이다.

B. 지혜

히브리어로 지혜를 의미하는 '호크마(Hokmah)' 는 때로 기술자, 가수, 음악가, 선원, 상담가 그리고 그 외 다른 사람들의 정신적이고, 육체적인 기술을 뜻하는 용어로 쓰인다. 그러나 그러한 경우를 제외하면 대개 잠언에서 나오는 것처럼 삶을 살아가는 데 필요한 도덕적이고 윤리적인 원리들을 적용하는 데 초점이 맞춰진다. 그래서 이 단어를 사용하여 능숙하게 항해하는 선원의 모습이나 금속을 기교적으로 다루는 금속 노동자들에 대해 '능숙하게 일을 한다' 고 말하기도 한다. 이처럼 지혜를 가지고 있는 사람은 그 지혜로 인한 전문 지식을 가지고 인생을 효과적으로 살아간다.

이렇게 살아갈 수 있는 능력은 그가 얼마나 '하나님을 경외하는가' 에 달려 있다. 누군가 자신의 힘으로 지혜로워지고자 한다면, 그가 할 수 있는 최선은 '세상적이고, 정욕적이며, 마귀적' (약 3:15)이 되는 것이다. 그리스도인들이 '하나님을 경외함' 에서 오는 지혜를 따르지 않고 자기 자신의 지혜를 따를 때 만들어낼 수 있는 최선의 지혜란 오직 세상이 줄 수 있는 것과 동일한 것일 뿐이다(세상적인 것). 이러한 형태의 '지혜' 는 때로 왼쪽 뺨도 돌려댄다든지 받기를 원하는 대로 베푼다든지 하는 영적인 진리를 따르지 않는 것이다.

디모데후서 2장 25-26절에 이에 대한 적절한 예가 나타난다. 이 구절에서 우리는 사탄에게 미혹되어 그 악한 뜻을 따르게 된 그리스도인들을 보게 된다. 그들은 진리에 대한 지식이 없었고 더 나아가 자신의 죄에 대해서 회개하지 않았기 때문에 그렇게 된 것이다. 회개하지 않는 것은 그리스도인들을 대적의 손에 취약하게 만드는 사고의 왜곡을 불러일으킨다.

교회에서의 많은 분란들은 하나님을 경외함에서 오는 지혜를 따르지 않고 세상적이고, 정욕적이며, 마귀적인 지혜를 따르고자 하는 그리스도인들 때문에 일어난다.

C. 어리석은 자

잠언서의 많은 내용들은 지혜로운 자를 어리석은 자와 대비해서 설명하고 있다. 지혜로운 사람은 지식과 지혜를 가지고 있지만 어리석은 자는 '지혜와 훈계를 멸시' 한다(잠 1:7). 잠언에서는 세 가지 히브리 단어가 어리석은 자로 번역되고 있다. 첫 번째는 '케실(kesil)' 인데, 이는 생각이 꽉 막힌 완고하고 고집 센 사람을 의미한다. 이렇게 어리석은 자는 다른 사람들로부터 얻는 지식과 조언을 거부하고 자신이 모든 것을 알고 있다고 생각하며 다른 사람의 얘기는 들으려고도 하지 않는다. 이것이 잠언에서 가장 일반적으로 사용되고 있는 어리석은 자에 대한 의미이다.

두 번째 단어는 '나발(nabal)' 인데, 이는 '영적인 감각이 없는 사람' 을 의미한다. 이 단어는 잠언에서 3번 사용되었다. 이 단어는 아비가일의 남편 이름(삼상 25장)과도 동일하다. 그는 자기 부하들을 위해서 식량과 음료를 요청했던 다윗의 부탁을 모욕적으로 거절하였다. 다윗은 그의 태도로 인해서 크게 분노하였고 복수하기 위해서 살육을 계획하였다. 그러나 아비가일이 다윗의 부하들을 위해서 식량과 음료를 준비하였고 그에게 나아가 그의 분노를 달랬다. 그녀는 다윗에게 이렇게 말했다. "내 주는 이 불량한 사람 나발을 개의치 마옵소서 그 이름이 그에게 적당하니 그 이름이 나발이라 그는 미련한 자니이다"(삼상 25:25).

어리석은 자를 지칭하는 세 번째 단어는 '에윌(ewil)'이다. 이는 그 하는 행동이 교만하고 난폭하며 강퍅한 사람을 뜻한다. 이 말은 잠언에서 19번 사용되었고, 다른 성경에서도 7번이나 사용되었다. 이것은 잠언 1장 7절에서도 사용되고 있다. 교만하고 난폭하며 행사에 있어서 강퍅한 어리석은 자는 하나님을 거부하고 그분이 주시는 지혜를 멸시한다. 잠언 1장에서는 하나님을 경외함으로 지혜를 얻는 지혜로운 자와 하나님을 거부함으로 지혜와 훈계를 멸시하는 어리석은 자를 대비시키고 있다.

교안

A. 들어가는 글

1. '이 세상에서 가장 지혜로웠던 사람' 이야기로 시작하라
2. 배경 설명: 솔로몬은 잠언을 기록하는 목적과 주님을 경외함으로 얻는 유익을 기록하고 있다.
3. 적용: 만약 어떤 사람이 성공적인 삶을 사는 법을 배우고자 한다면 그는 하나님을 경외하는 것에서부터 출발해야 한다.

B. 본문 이해

1. 잠언의 목적(1:1-7)
2. 잠언의 결과(22:17-21)

C. 결론: 노란 벽돌 길을 따라가라

토의 질문

1. 당신은 하나님을 경외하면 즉각적으로 지혜를 얻게 된다고 믿는가? 만약 그렇지 않다면 진정한 지혜를 얻기까지 얼마나 오랜 시간이 걸린다고 생각하는가?

2. 당신이 본 것 가운데 어리석은 말과 행동의 구체적인 사례가 있다면 무엇인가? 또 지혜로운 말이나 행동에 대한 좋은 사례가 있다면 무엇인가?

3. 당신은 지혜로운 자와 어리석은 자 중에서 어느 쪽에 더 가까운가? 지혜로운 자 쪽에 더 가까운가 아니면 어리석은 자 쪽에 더 가까운가? 당신이 지혜로운 자가 되기 위해서는 무엇이 있어야 된다고 생각하는가?

2장

잠언 2:1-22; 3:13-24

지혜의 유익

"지혜는 인생에서 최고의 목표를 바라볼 수 있는 힘이자 그것을 향해 나아갈 수 있는 방향이며 그것을 취할 수 있는 가장 확실한 방법을 제시해주는 것이다."

- J. I. 패커(J. I. Packer)

지혜는 정말 고귀한 보물처럼 추구되어야 한다. 만약 지혜를 얻는다면 그 어떤 난폭한 남자나 유혹하는 여자에게서라도 빠져나올 수 있다. 그것은 금보다도 귀한 것이고, 진정한 행복을 가져다준다.

Proverbs

들어가는 글

샘 마기의 화장(火葬)

금을 찾으러 가는 사람들의 행렬은 끊임없이 이어졌다. 로버트 W. 서비스(Robert W. Service)는 자신의 시 '샘 마기의 화장(The Cremation of Sam Magee)' 에서 금을 찾기 위해 알래스카에서 샘 마기와 그의 동료 캡(Cap)이 겪는 괴로움, 추위, 상실감 그리고 외로움 등을 절실하게 그려내고 있다. 샘은 따뜻한 남부 테네시 출신이어서 추위를 너무나 싫어했다. 오직 금광에 대한 소망만이 그가 알래스카에서 금을 찾아다니는 고통스러운 삶을 견딜 수 있게 해준 유일한 힘이었다. 극한의 상황은 그를 짓눌렀고, 그의 마음속 깊이 자리잡고 있던 두려움은 현실로 나타났다. 그는 서서히 얼어 죽어갔다. 그의 동료였던 캡은 그 순간을 이렇게 회상하였다.

> 아, 그가 너무 진지해서 나는 도저히 안 된다고 말할 수가 없었다.
> 그는 괴로운 신음소리를 내며 이렇게 말했다.
> "지독히도 추운 날이구나. 너무나 추워서
> 뼛속까지 얼어붙어버리는 것 같아.
> 하지만 이렇게 죽을 수는 없지. 내가 끔찍이도 싫어하는 것은
> 얼음으로 된 무덤 속에 영원히 묻히는 거야.
> 그래서 자네에게 내 목숨을 걸고 간절히 부탁하네.
> 무슨 일이 있어도 내 시신을 화장해주게."

그래서 절친한 동료였던 캡은 샘의 시신을 썰매에 싣고 말할 수 없는 고생을 하면서 화장을 할 수 있는 곳으로 갔다. 그는 마침내 얼어붙은 호수에서 반쯤 잠겨 있는 오래된 증기선을 발견하였다. 캡은 증기선의 보일러실 안에서 몇 개의 나무판자를 쌓아놓고 샘의 시신에 불을 붙였다. 그러고 나서 그는 밖으로 나와 잠시 주변을 정처 없이 걸었고 그런 다음 다시 돌아와 화장이 완전히 끝났는지를 확인했다. 그는 용기를 내어 보

일러실의 문을 열었고 그곳에서 샘의 잔재가 남아 있는 것을 볼 수 있었다.

샘은 싸늘하면서도 고요히 앉아 있었다.
엄청나게 피어오르는 불길 한가운데서 말이다.
그는 멀리서도 발견할 수 있는 웃음을 띠고 있었다.
그리고 말했다.
“이제 문 좀 닫아주게.
여기는 아주 따뜻한 걸, 하지만 아직도 나는 너무나 두려워.
자네가 나를 세찬 추위 속으로 이끌어낼까 봐 말이야.
내가 테네시의 그 풍요롭던 자두나무 밑을 떠난 이후로
이렇게 따뜻하게 있어본 것은 이번이 처음이군.”

물론 서비스의 시에 담긴 사상은 매우 풍자적이지만 이와 같은 허탈한 조롱 속에서도 우리는 알래스카에서 금을 찾던 사람들의 삶이 얼마나 괴로운 것이었는지를 충분히 이해할 수 있다. 그렇지만 사람들은 부자가 되려는 욕심에 그곳으로 떼지어 몰려들었다. 그들은 부자가 되기 위한 필수적인 대가를 치르기도 하였지만 한편으론 전혀 비상식적인 대가를 치르기도 하였다. 이렇게 금을 찾는 노력은 많은 경우 전혀 소득이 없었고 결코 그렇게 될 수도 없었다.

솔로몬은 말하기를, 만약 당신이 동일한 열정과 헌신 그리고 노력으로 지혜를 찾아 나선다면 반드시 그것을 발견하게 될 것이라고 말한다. 그리고 그것을 발견했을 때 그 가치는 금보다 더 귀한 것이 될 것이다.

본문 이해

지혜의 유익

Main Idea	지혜는 꾸준히 계속해서 찾으면 발견할 수 있고, 일단 발견하고 나면 재앙으로부터 구원을 받을 것이며, 만족을 얻게 될 것이다.

A. 지혜의 조건과 그 결과 (2:1-22)

Supporting Idea	만약 당신이 지혜를 찾기 위해 심혈을 기울인다면 당신은 그것을 반드시 찾게 될 것이다. 그리고 그 지혜를 통해서 하나님을 발견하게 될 것이다. 또한 재앙으로 이끌게 될 난폭한 사람이나 유혹하는 여성으로부터 보호될 것이다. 당신은 그 길의 종착지가 어딘지를 알기 때문에 올바른 길을 선택하게 될 것이다.

2:1-2. 앞에서 솔로몬은 지혜의 경고를 무시하는 자가 당하게 될 재난에 대해서 설명하는 데 한 장을 할애하였다. 이제 2장에서 그는 지혜가 가져다줄 놀라운 축복에 대해서 언급하고 있다. 2장 1-4절에서 그는 세 가지 조건을 열거하고 있는데, 그것은 모두 '만약' 이라는 단어로 시작하고 있다(1, 3, 4절). 첫 번째로 지혜를 구하는 자는 '주의' 를 기울여야만 한다(2:1-2). 그저 흘려듣는 것으로는 충분하지 않다. 아버지는 그의 아들이 지혜에 초점을 맞추도록 하기 위해서 여러 가지 격려의 말을 사용하고 있다. '말을 받으며 그것을 간직하며 귀를 기울이며 마음을 명철에 두라는 것' 이 바로 그것이다. 지혜로운 자는 지혜의 말을 귀로 듣는 것이 아니라 마음으로 듣는 사람이다.

2:3. 지혜를 얻기 위한 두 번째 조건은 그것을 요청하는 것이다. 잠언 기자는 크게 소리치며 계속해서 도움을 요청하는 것을 의미하는 단어를 사용하고 있는데, 이것은 마치 고통 속에서 구원받기를 간청하는 사람의 간절한 부르짖음과 같은 것이다(시 4:1; 막 10:46-48 비교). 지혜를 소리쳐 부를 수 있을 정도로 간절히 원할 때 비로소 우리는 그것을 얻게 될 것이다.

2:4. 지혜를 얻기 위한 세 번째 조건은 그것을 찾기 위해 노력하는 삶을 살겠다고 결

심하는 것이다. 사람들은 종종 숨겨진 보물이나 금, 은을 찾기 위해 온갖 고생을 다한다. 지혜를 찾는 과정도 이와 같은 열심을 필요로 한다.

2:5. 만약 당신이 이 세 가지 조건을 다 이루고 지혜를 얻기 위한 노력에 전적으로 헌신한다면, 당신이 찾고자 하는 것을 찾게 될 것이라고 하나님은 약속하신다. 이 본문은 두 가지 약속을 보여주고 있다. 첫째는 당신이 하나님을 찾게 될 것(2:5-8)이라는 내용이고, 둘째는 그럼으로써 당신이 하나님의 지혜를 얻게 될 것(2:9-11)이라는 내용이다.

지혜를 찾는 자는 원래 찾고자 한 것보다 더 큰 것을 얻게 될 것이다. 왜냐하면 하나님이 바로 그 지혜의 근원이시기 때문이다. 당신이 지혜를 찾기 위해 길을 떠난다면 하나님은 그 여정의 끝에서 당신을 기다리고 계신다. 주님을 경외하는 것과 하나님에 대한 지식, 이 두 가지는 진정한 헌신에 대한 가장 근본적인 요소인데 이것이 바로 잠언 1장 7절에서 서로 연결되어 있다. 우리가 하나님의 주권을 인정할 때 그분께 귀를 기울일 준비가 된 것이고, 그렇게 함으로써 우리는 경험으로 그분을 더 잘 알 수 있게 될 것이다.

2:6-8. 당신은 지혜를 찾고자 할 때 하나님을 발견하게 될 것이다. 왜냐하면 하나님은 바로 지혜를 주는 분이시기 때문이다(약 1:5). 어떤 의미에서 우리는 근실한 노력 끝에 지혜를 발견하게 되지만 다른 의미에서는 하나님이 그것을 아낌없이 주신다고 할 수 있다. 주님은 또한 자기 백성을 위해서 '완전한 지혜를 예비' (잠 2:7)하신다. 히브리어로 '투시야(tushiyyah, 승리)' 는 그러한 지혜가 가져다주는 완전한 지혜와 일반적인 상식 그리고 성공을 일컫는 말이다. 7-8절에서는 정직한 자, 온전한 자, 공평의 길, 성도들의 길을 언급하고 있다. 이는 하나님의 지혜가 간교함이 아니라 거룩함으로 이어진다는 것을 보여주고 있는 것이다. 이러한 신적인 지혜에 몰두하는 자들은 하나님의 보호하심을 경험하게 될 것이다. 주님은 그들의 든든한 방패가 되시고 자기 백성들의 가는 길을 지켜주신다.

여기서 온전한 자(blameless)라는 단어는 온 마음을 다하여 주님을 따르기로 결심하는 것을 의미한다. 그리고 그의 성도들(his faithful ones)에서 사용된 단어는 히브리어 '헤세드(chesedh)' 인데, 이는 하나님이 자기 백성들과 언약을 맺으실 때 그들에게 보여주시는 왕권적인 사랑을 의미한다. 이것이 사람들에게 사용될 때는 진정한 사랑의 마음으로 하나님께 충성하는 자들이라는 의미를 갖는다.

2:9. 지혜를 찾는 노력으로 인한 두 번째 결과는 하나님의 지혜를 통해 선과 악에 대

한 분별을 갖게 된다는 것이다. 도덕적 윤리에 대한 관심은 서로 긴밀하게 연결된 세 가지 단어로 설명된다. 공의는 선과 악에 대한 하나님의 기준을 확증하는 행동을 의미한다. 공평은 '다스린다' 는 단어에서 나왔는데, 이것은 우리가 하나님의 성품과 의로우심을 나타내는 결정을 내린다는 의미이다. 정직은 '올바른, 똑바른' 을 의미하는 단어에서 파생된 것으로서 우리가 공명정대하지 못하거나 도덕적으로 문제가 있는 행동을 하지 않는다는 것이다.

2:10. 처음에 지혜는 인간의 자연적인 본성을 거스르는 것처럼 생각될 수도 있다. 하지만 지혜를 찾고자 하는 자는 곧 그 유익을 경험하게 될 것이다. 그것은 그의 생각의 일부가 되고 내면 깊은 곳에 자리를 잡게 된다. 이전에는 부담스러워 보였던 진리가 이제는 마음에 들게 되는 것이다.

2:11. 이 장의 후반은 악한 의도를 가지고 함정을 파놓은 자들로부터 지혜가 어떻게 그것을 가진 자들을 구원해내는지를 설명한다. 이 설명은 일단 하나님의 지혜는 마치 하나님이 직접 우리를 보호하심과 같이 우리를 보호해준다는 일반적인 내용을 말하는 것에서부터 시작된다(2:7-8).

2:12. 젊은 사람들은 대개 두 가지 위험에 처하게 된다. 하나는 악한 자나 패역한 자(2:12-15), 다른 하나는 성적으로 유혹하는 여자(2:16-19)를 만나는 것이다. 지혜는 당신으로 하여금 이러한 악한 자들을 있는 그대로 보게 하고, 그들의 교묘하게 위장된 허상을 꿰뚫어보게 한다. 그들은 올바른 길에서 떨어져나갔고, 그들의 가치관은 심하게 변형되었으며, 자신들의 악함에 동참케 하기 위해서 사악한 말로 진리를 왜곡시킨다.

2:13. 그들은 정직한 길을 떠나버렸다(문자적으로 말한다면, 이는 2장 8절에 나오는 단어를 동일하게 사용하여 공평의 길이라고도 할 수 있다). 그들은 자신의 죄를 모호함으로 감춰버리고 어두움의 삶의 방식을 받아들이기로 결정한 것이다(요 3:19).

2:14. 악한 자들은 그들의 악한 행동을 통해서 즐거움을 얻으며, 특히 자신들이 선택한 잘못된 삶의 방식을 더욱 즐긴다. 바울은 동일한 유형의 타락을 로마서 1장 32절에서 자세히 기술하고 있다.

2:15. 이러한 속임수에 넘어가는 자들은 얼마 못 가서 방향 감각을 잃게 될 것이다. 그 길은 구부러지고, 그들 자신은 패역하게 될 것이며, 계속해서 오른쪽으로나 왼쪽으로 치우칠 것이고, 다른 사람들도 올바른 길에서 떠나게 만들 것이다.

2:16. 성적으로 유혹하는 여자는 악한 자들 다음으로 찾아오는 두 번째 위험이다. 지혜는 이 위험으로부터 젊은 사람들을 구원한다. 그 여자는 음녀라고 불리는데 문자적으로는 '외부인 혹은 이방 여자' 를 뜻한다. 그 단어가 룻과 같은 이스라엘 사람이 아닌 여자를 일컫기도 하지만(룻 2:10), 이방 문화의 영향을 받은 여자들은 간음에 좀더 쉽게 빠질 수가 있었다. 그녀들은 또한 이방 계집이라고도 불렸다. 이는 외국인이나 유대인 모두 해당하는데 마치 이방인처럼 부끄러움이 없이 행동한다는 뜻이다.

그녀는 외모로 유혹한 것이 아니라 말로 유혹하였다. 그녀의 말은 '호리며' 아첨하고 자존심을 부추기는 것으로 순진한 젊은 남자를 속이는 것이었다.

2:17. 정직한 길을 떠난 악한 자와 같이(2:13), 음녀도 자신의 원래의 결심을 잊어버렸다. 그녀는 소시의 짝(친밀한 짝)인 남편을 버렸다. 그러면서 하나님과의 약속도 저버리기로 결심하였다. 이 구절은 말라기 2장 14절의 결혼 언약을 가리키고 있다. 그리고 더 나아가서 이스라엘 나라와의 하나님의 언약이 간음으로 인해 깨어졌다는 사실도 보여주고 있다.

2:18-19. 음녀에게 미혹된 사람들은 얼마 지나지 않아서 자신들이 끔찍한 실수를 저질렀음을 깨닫게 된다. 음녀의 집은 말 그대로 죽음으로 내려가는 장소이다. 이 말은 음녀와 관계를 갖는 자가 정말 죽게 된다는 뜻이 아니라 그녀의 삶의 방식이 죽음의 방식이라는 뜻이다. 또한 이것은 영적이고 감정적이며 재정적인 죽음을 의미할 수도 있으며, 이러한 상태가 계속 이어진다면 육체적인 죽음에도 이르게 될 것이다.

2:20-22. 지혜를 찾는 자는 옳은 길에 서고자 하기 때문에 이러한 치명적인 위험으로부터 벗어날 수 있다. 그리스도가 산상 수훈에서 보여주신 결론과 같이(마 7:13-27) 마지막 구절은 그 길의 끝에서 기다리고 있는 운명의 결과가 무엇인지를 보여주고 있다. 정직한 자와 완전한 자는 땅에 남아 있겠지만 악한 자는 땅에서 끊어지겠고 뽑혀질 것이다. 이는 마치 나무가 잘리고 뿌리째 뽑혀서 사라지는 것을 의미한다. '땅' 을 의미하는 히브리어 '에레츠(eretz, 창세기 1장 1절에서는 '지구' 로도 번역되었다)' 는 이스라엘 백성들이 하나님께 충성하지 않을 때 약속의 땅에서 추방당할 것이라는 신명기 28장의 언약을 다시 생각나게 만든다.

B. 지혜의 가치(3:13-24)

Supporting Idea	지혜는 돈보다 더욱 가치 있는 것이다. 왜냐하면 그것은 부귀와 영화, 더 나아가서 진정한 행복이라는 선물을 가져다주기 때문이다. 하나님이 온 우주를 창조하실 때 지혜를 사용하셨던 것처럼 그것은 우리에게 지혜를 공급해주고 죄와 두려움에서 우리 자신을 지키게 해준다.

3:13. 이것은 잠언서에서 나타나는 '팔복' 중에서 첫 번째 복에 해당하는 것이다(8:32, 34; 14:21; 16:20; 20:7; 28:14; 29:18). 복이라는 단어는 복수형이고(시 1:1; 119:1) 다음과 같은 의미를 갖는다. '오 축복을 받은 자들이여!' 이 단어는 그 문단의 결론 부분인 잠언 3장 18절에서 다시 나타난다.

3:14-15. 잠언 기자는 마치 상인처럼 자신이 갖게 될 보물의 가치가 얼마나 되는지를 평가한다. 과연 무엇을 취득할 때 가장 큰 유익과 이윤을 얻게 될 것인가? 금과 은은 부인할 수 없는 부귀 영화의 수단이지만 그런 것들은 오직 돈으로 살 수 있는 것만을 줄 수 있을 뿐이다. 그러나 지혜는 돈으로 살 수 없는 것까지도 얻게 한다. 이어지는 구절들은 그러한 유익이 무엇인가를 일일이 나열하고 있다. 15절은 특히 홍옥이나 산호 진주를 가리키는 것 같은데 분명한 것은 뭔가 붉은색의 보석을 의미한다는 것이다(애 4:7). 그중에서도 특히 값비싸고 희귀하며 아름다운 것을 말하고 있다. 그러나 지혜는 이러한 모든 보화들보다도 더 월등한 것이다.

3:16. 지혜는 양 손에 선물을 들고 있는 여자와 같이 그려지고 있다. 그녀의 왼쪽 손에는 부귀와 영화가 있다. 오른쪽 손에는 좀더 좋은 것으로 장수라는 선물이 있다. 그러나 지혜는 이러한 것들보다도 더욱 좋은 것이다.

3:17. 2장에 언급된 멸망으로 가는 길이 가져다주는 혼란스러움과는 달리 지혜의 길은 즐거움과 평강의 길이다. 지혜는 지루함이 아닌 최고의 즐거움의 길을 갈 수 있게 한다. 평강(히브리어로 샬롬, shalom)은 단순히 갈등이 없는 상태가 아니라 하나님의 완전한 축복 속에서 누리는 기쁨과 풍요로움을 의미한다.

3:18. 지혜는 새로움과 성숙을 가져다주는 생명 나무로 묘사되고 있다(11:30; 13:12; 15:4). 창세기 2장 9절에서 나타나는 생명 나무와 요한계시록 22장 1-2절에 나타나는 새롭게 심겨진 생명 나무는 둘 다 나음을 얻게 한다. 이처럼 지혜는 그것을 추구하는 자들

에게 생명을 가져다준다.

3:19-20. 하나님은 창세기 1장에서 세계를 창조하실 때 지혜를 사용하셨고, 이것은 잠언 8장 22-31절에서 더욱 확장된다. 창세기 1장 7절은 궁창의 나뉨을 말하고 있지만, 잠언 3장 20절의 해양이 갈라지게 하셨다에서 사용된 히브리어는 창세기 7장 11절에서 깊음의 샘들이 터진다는 것을 설명할 때 사용된 단어와 동일하다. 하나님의 지혜는 커다란 파괴를 일으키기도 하고 잔잔한 이슬이 맺히게도 한다.

3:21. 새로운 단락은 지혜와 근신을 눈앞에서 떠나지 않게 하라는 아버지의 간절한 외침으로 시작된다. 영어 성경에서는 히브리어에 나타난 이 두 단어의 순서를 바꿔놓음으로써 좀더 부드럽게 이어지게 했지만 결국 나타내고자 하는 의미는 분명하다. 즉, 지혜가 눈앞에서 사라지지 않게 하라는 것이다. 떠나지 않게 하라는 것은 '감시하라' 혹은 '지키라'는 의미로 창세기 2장에서 아담이 동산을 이렇게 '지키라'는 명령을 받았다(창 2:15).

3:22. 21-26절의 핵심적인 생각은 지혜가 당신의 삶을 지켜줄 것이라는 내용이다. 그것은 당신 영혼의 생명이 되며 목에 장식이 될 것이다. '장식(grace)'이라는 말은 때로 '공의로움, 아름다움'으로 번역되는데, 이 구절에서는 생명과 아름다움 둘 다를 약속한다는 뜻이 된다.

3:23. 바른 판단과 분별력이 있는 길은 커다란 안전을 제공해준다. 진실한 사람들이 때로 고통을 겪을 때도 있지만 궁극적인 죄의 결과는 피하게 된다.

3:24. 그 결과 지혜로운 사람은 불안감으로 인해 괴로워할 필요가 없다. 밤은 두려움의 시간이 아니라 편안한 휴식과 재충전의 시간이다(신 28:65-67에는 불면증에 대한 분석이 나타나 있다). 잠언 3장 25-26절에서는 하나님의 지혜를 의지하는 자에게 임하는 평안에 대한 설명이 계속 이어진다.

Main Idea 복습	지혜는 꾸준히 계속해서 찾으면 발견할 수 있고, 일단 발견하고 나면 재앙으로부터 구원을 받을 것이며 만족을 얻게 될 것이다.

결론

솔로몬의 눈을 통해 바라본 인생

솔로몬은 이스라엘의 왕이 되고 나서 얼마 되지 않았을 때 하나님께 지혜를 간구하였고, 하나님은 그것을 허락하셨다. 열왕기상 4장 31절에 보면, 그는 이 세상 어느 누구보다도 지혜로운 사람이라고 하였다. 또한 그의 지혜는 그의 일생의 경험을 통해서 더욱 정교해졌다. 그는 죄로 인해 혼탁해졌던 자기 아버지의 인생을 보았다. 그리고 누이 동생을 농락했던 자기 형을 보았고, 그 일로 인해 그 형을 죽인 또 다른 형도 보았다. 그는 탐욕과 정욕과 폭력의 파괴적인 영향이 무엇인지도 보았다. 그래서 그는 말할 때 자신이 말하고자 하는 내용이 무엇인지를 정확히 알고 있었다.

그는 아버지로서 그의 자녀들이 행복하고 성공적인 삶을 살기를 바랐고, 그들이 이 세상에서 보상을 받고자 한다면 해야만 하는 일과 해서는 안 되는 일이 있음을 알고 있었다. 그는 자기 형제들을 포함해서 다른 젊은이들이 그 인생을 망쳤던 것처럼 자기 자녀들이 그렇게 되지 않기를 바랐다. 이 장에서 그는 특별히 무릎을 꿇고 아들에게 부탁하기를 지혜를 얻고자 노력하라고 신신당부한다. 그는 아들에게 약속하기도 하고, 부탁하기도 하며, 얼르기도 하고, 달래기도 하며 지혜에 대한 올바른 태도를 촉구한다. 그러고 나서 그에게 자신이 할 수 있는 최고의 조언을 한다.

2장 1-4절에 나타난 동사들에 주의를 기울여라. 그 동사들은 '나의 말을 받으며, 간직하며, 귀를 기울이며, 마음을 두며, 불러 구하며, 소리를 높이며, 구하며, 찾으면' 이라고 되어 있다. 이것은 마치 그가 무릎을 꿇고서 이렇게 말하는 것과 같다. "제발, 제발, 제발 너의 인생을 망치지 말아라. 내 말을 들어라. 나는 다 경험해보았고, 다 목격하였고, 다 알고 있단다. 너에게 도움이 되는 것이 있고, 너를 해치는 것이 있다. 부디 지혜롭게 선택하거라. 성숙한 자가 되어라." 그런 다음에 그는 지혜와 성숙한 삶의 원리에 대해서 설명하기 시작한다.

■ 진리 알기

- 하나님은 모든 지혜의 근본이시다.
- 하나님은 인간이 지혜를 얻기를 원하신다.
- 지혜는 반드시 추구되어야 한다.

■ 적용하기

- 재물을 추구하는 것과 같은 동일한 열정과 노력으로 지혜를 추구하라.
- 친구를 사귈 때 지혜의 인도함을 받도록 하라.
- 해롭고 자기 파괴적인 길을 가지 않도록 보호해주는 지혜의 유익을 최대한 누려라.
- 하나님께 지혜를 간구하고 그분의 말씀에 귀를 기울여라.

삶의 적용

하나님의 법을 어김

누군가 말하기를 우리는 하나님의 법을 어길 수 없다고 하였다. 사실 그것을 어긴다 해도 자기 자신의 법을 어기는 것일 뿐이라고 했다. 이 말은 사실이다. 모든 행동은 태도를 구성하고, 모든 태도는 인격을 형성하며, 모든 인격은 운명을 결정짓는다. 갈라디아서 6장 7절은 이렇게 말한다. "스스로 속이지 말라 하나님은 만홀히 여김을 받지 아니하시나니 사람이 무엇으로 심든지 그대로 거두리라."

하나님도 이것을 아시고 우리를 사랑하시기 때문에 주님은 우리가 어떻게 살아야 하며, 무엇을 행해야 하는가를 알려주셨다. 그래서 우리가 악을 뿌리고 악을 거두는 것이 아니라 선을 뿌리고 선을 거둘 수 있게 된 것이다.

우리는 신명기 8장 1-2절에서 다음과 같은 내용을 읽을 수 있다.

> 내가 오늘날 명하는 모든 명령을 너희는 지켜 행하라 그리하면 너희가 살고 번성하고 여호와께서 너희의 열조에게 맹세하신 땅에 들어가서 그것을 얻으리라 네 하나님 여호와께서 이 사십 년 동안에 너로 광야의 길을 걷게 하신 것을 기억하라 이는 너를 낮추시며 너를 시험하사 네 마음이 어떠한지 그 명령을 지키는지 아니 지키는지 알려 하심이라.

그러고 나서 우리는 신명기 8장 15-16절에서 더 많은 것을 보게 된다.

> 너를 인도하여 그 광대하고 위험한 광야 곧 불뱀과 전갈이 있고 물이 없는 간조한 땅을 지나게 하셨으며 또 너를 위하여 물을 굳은 반석에서 내셨으며 네 열조도 알지 못하던 만나를 광야에서 네게 먹이셨나니 이는 다 너를 낮추시며 너를 시험하사 마침내 네게 복을 주려 하심이었느니라.

이 원리 가운데서 우리는 하나님이 우리에게 무언가를 요구하시는 것은, 그분이 우리에게 정말 좋은 것을 주기 원하시고 악한 해로부터 우리를 지키시기 원하시기 때문임을 알 수 있다. 만약 당신이 이것을 믿는다면 하나님의 법에 순종할 것이다. 그렇지 않다면 당신은 순종하지 않을 것이다. 당신의 믿음을 점검하기 원한다면 당신의 순종 여부를 점검해보라. 당신이 별로 순종적이지 않다면, 그것은 하나님의 법을 따를 때 당신의 삶이 더욱 좋아지리라는 것을 믿지 않기 때문이다. 당신이 바라는 삶은 그리스도께 온전히 순종할 때 이루어진다. 그 결과는 지혜의 열매이다.

기도

하나님 아버지, 우리는 솔로몬의 삶을 통해 주님이 지혜를 간구하는 기도를 기뻐하시며, 그 기도에 응답하기 원하신다는 것을 알게 되었습니다. 이제 주님께 우리가 기도합니다. 주님을 더욱 가까이 따를 수 있는 지혜를 주시고, 우리에게 복을 주사 주님을 따를 때 얻는 기쁨을 주십시오. 아멘.

심층 연구

A. 지혜를 따르는 일에 주의를 기울임

우리는 너무나 쉽게 잠언의 시작 부분인 1-9장의 내용에서 가장 중요한 명령을 간과해버린다. 그것은 주의를 기울이라는 명령이다. 모든 중요한 단락은 아버지가 그의 아들에게 주의를 기울이라고 독려하는 것으로 시작된다(1:8; 2:1-2; 3:1, 21; 4:1, 10; 5:1, 7; 6:20; 7:1-3, 24). 어떤 부모들은 이러한 독려의 중요성을 이해할 것이다. 부모들은 자신들이 자녀에게 어떤 경고를 준 다음에 그 자녀가 바로 문제 상황에 빠지게 된 경험이 있기 때문이다. 잠언에 아무리 영감된 지혜가 있다 하더라도 그것에 귀를 기울이지 않으면 아무 유익이 없다.

이 교훈에는 많은 반복이 있지만 귀를 기울여야 할 몇 가지 실제적인 단계가 있다.

첫 번째는 '말에 주의하며' (4:20)이다. 예수님은 자주 '귀 있는 자는 들으라' (마 13:9)고 말씀하시면서 가르침을 끝맺으셨다. 그분은 귀가 있지만 듣지 않으려고 하는 자들에 대해서 훈계하셨다(마 13:13-15). 우리는 적극적으로 들으려고 할 때 잠언으로부터 유익을 얻게 될 것이다.

두 번째는 '귀를 기울이며' (2:2)이다. 누군가의 이야기를 잘 듣고자 한다면 우리는 그에게 최대한 집중하기 위해 몸을 앞으로 숙인다. 이것은 우리가 지혜를 얻기 위해 노력하는 모습을 보여주는 태도다.

세 번째는 '마음을 명철에 두며' (2:2)이다. 이는 겉으로 드러난 태도뿐만 아니라 마음으로도 지혜를 향해 나아가는 것이다. 우리가 말하는 사람에게 전적인 주의를 기울이는 것은, 우리가 그 말에 얼마나 중요성을 두고 있는가를 보여주는 것이다.

네 번째는 들은 것을 마음속에 '간직하라' (2:1; 7:1)는 것이다. 그것은 그 말씀을 정말로 중요하게 생각하고 잊어버리지 않도록 계속 반복하는 것을 습관화하는 것이다. 지혜를 간직하는 사람은 깨달은 것을 잊지 않기 위한 구체적인 적용 방법을 고안해낼 것이다. 이러한 방법으로는 일기 쓰기나 기록을 해두는 습관, 또 다른 사람들과 그 주제에 관해서 지속적으로 이야기를 하는 것 등이 있다. 어떤 경우든지 지혜를 간직하고자 하는 사람은 그 도움의 유익을 그냥 잊어버리지 않고, 어떻게 해서든지 그에 따라 살려고 노력할 것이다.

다섯 번째는 '잊어버리지 말라' (3:1; 4:5; 3:21; 4:21 참고)이다. 지혜는 매우 유익한 것이기 때문에 그것을 깨닫는 사람은 지혜가 자기 인생에서 결코 사라지지 않기를 바란다. 이를 위한 방법으로는 머릿속에서 분명히 기억하고 잊어버리지 않는 것과 더 나아가서 지혜를 삶의 습관으로 삼는 것이 있다. 그래서 7장 3절에서는 우리에게 "마음판에 새기라" 고 말한다. 판에 새긴다는 것은 철판이나 혹은 석판에 절대로 지워지지 않도록 글자를 새겨넣는 것을 뜻한다.

B. 부모와 자녀의 관계

잠언의 초반부는 전체적으로 아버지가 아들에게 주는 교훈의 형식을 띠고 있다. 이러한 원리는 어머니와 딸의 관계에도 적용되지만 구체적인 내용은 부모가 성인이 되기를 준비하는 젊은 자녀에게 주는 교훈이라는 의미를 담고 있다.

어떤 성경 학자들은 1-9장에서 나타나는 아버지와 아들에 대한 언급은 사실 자신의 제자에게 조언을 주고자 하는 현자(賢者)나 혹은 스승에 대해서 말하는 것이라고 추측하기도 한다. 왜냐하면 유대인 선생들은 종종 아버지라고 불리고, 또 자신의 젊은 제자들을 '아들' 이라고 부르기도 하였기 때문이다. 하지만 그렇다고 해서 이 장이 아버지와 아들 간의 대화로 받아들여질 수 없는 것은 아니다.

우리는 잠언의 제일 저자가 누구인지를 알기 때문에 이러한 부성애적인 대화의 이면에는 어떤 가족 관계의 상황이 존재할 수 있다고 추측할 수 있다.

잠언 1장 1절은 솔로몬이 이 모든 지혜로운 대화의 저자임을 말하고 있다. 그는 수천 명의 부인과 후처를 거느리고 있었기 때문에 많은 자녀들을 가르쳐야 했을 것이다. 또한 자신의 뒤를 이어서 왕위에 오른 르호보암에게 이러한 가르침을 주려고 했을 것이라고도 쉽게 짐작할 수 있다. 하지만 역사는 르호보암이 많은 지혜의 조언들로부터 유익을 얻는 데 실패했음을 보여준다. 더욱이 그는 아버지 솔로몬에게 조언을 주던 노인들의 충고마저도 무시해버리고(왕상 12:8), 결국 왕국의 대부분을 잃어버렸다. 이 점에서 우리는 솔로몬이 자기 자신의 지혜를 스스로 따르지 못했던 점(왕상 11:1-14)이 결국 아들도 비뚤어지게 만들었을 것이라고 생각할 수 있다.

잠언 4장은 그 이면에 깔려 있는 가족 간의 상황에 눈을 뜨게 만든다. 솔로몬은 자신의 어린 시절을 회상하면서 그때 자신이 아버지와 어머니로부터 사랑 어린 교육을 받았음을 말하고 있다. 그것은 그의 아버지 다윗과 어머니 밧세바를 언급하는 것으로 보인다. 다윗은 압살롬과 암몬과 같은 장성한 아들에게 적절한 훈육을 하는 데는 실패했지만(삼하 13-18장), 이스라엘 왕으로 미래의 책임을 맡기고자 하였던 솔로몬을 가르치는 데는 혼신의 노력을 기울였던 것으로 보인다(왕상 2:1-4).

고안

A. 들어가는 글

1. '샘 마기의 화장' 이야기로 시작하라.
2. 배경 설명: 솔로몬은 지혜의 의미와 가치에 대해서 설명하면서 그 유익까지도 서술하고 있다.
3. 적용: 만약 당신이 지혜를 얻기를 원한다면 그것이 얼마나 가치 있는지를 알아야만 하며 그것을 얻기 위해서는 그 어떤 노력도 아끼지 않을 준비를 해야 한다.

B. 본문 이해

1. 지혜의 조건과 그 결과(2:1-22)
2. 지혜의 가치(3:13-24)

C. 결론: 솔로몬의 눈을 통해 바라본 인생

토의 질문

1. 당신은 어린 시절의 경험과 가정생활을 통해서 지혜에 관한 어떤 삶의 교훈을 얻을 수 있는가?

2. 당신은 난폭한 사람으로부터 얼마나 쉽게 영향을 받는가? 또 유혹하는 여성에 대해서는 어떤가? 만약 난폭한 사람이나 유혹하는 여성이 당신에게 큰 위험이 되지 않는다면, 무엇이 그러한 위험이 되는가?

3. 당신이 아는 사람 중에 가장 지혜로운 사람은 누구인가? 왜 그 사람을 선택하였는가?

3장

잠언 4:1-27

지혜의 안전함

"지혜로운 사람은 다른 사람의 경험을 통해서 배운다. 일반적인 사람은 자기 자신의 경험을 통해서 배운다. 어리석은 사람은 직접 경험을 하면서도 배우지 못한다."

- 작자 미상

아버지가 그 지혜를 아들에게 전해준다는 것은 아버지에게는 의무요, 아들에게는 특권이다. 생명으로 인도하는 길과 멸망으로 인도하는 길 사이에는 선택이 주어진다. 모든 아버지들은 지혜를 가르쳐야만 하고, 모든 자녀들은 그것을 따라야만 한다.

Proverbs

들어가는 글

지혜의 긴박성

젊은 사람들이, 어른들은 시대에 뒤떨어지고 정말 중요한 것이 무엇인지 모르기 때문에 역사상 처음으로 자기들이 모든 것을 정확히 보게 되었다고 판단하는 것은 어쩌면 자연스러운 현상일 것이다. 모든 세대가 자신들의 전 세대는 잘못되었다고 생각하게 마련이다. 마크 트웨인(Mark Twain)은 자신이 열 여덟 살 때까지는 아버지가 너무나 무식해서 한 번도 아버지에게 순종한 적이 없다고 말했다. 그러나 스물 한 살이 되었을 때는 겨우 3년밖에 지나지 않았는데 아버지가 놀라운 정도로 지혜로워졌다고 생각하게 되었다고 했다. 물론 달라진 것은 아버지가 아니라 그 자신이었다.

젊은 사람들은 절박한 상황에서 지혜를 필요로 한다. 그러나 막상 지혜 앞에서는 순종하기를 거부해버린다. 그럼에도 불구하고 부모는 자녀들에게 지혜를 전수하기 위해 노력해야만 한다. 그 당시에는 그러한 부모의 노력을 자녀들이 고마워하지 않을 수도 있다. 그러나 시간이 흐른 뒤에는 부모의 조언과 충고를 귀중하게 여길 것이다. 솔로몬은 자기 아들들이 지혜에 귀를 기울이기를 간절히 바라면서 말하고 있다. 아마 그 절박함은 자기 가족들에게서 지혜를 발견하지 못했기 때문일 것이다. 그의 형은 누이 동생을 겁탈하였고, 또 다른 형이 겁탈한 형을 살해하였다. 그리고 살인자인 그 형은 아버지를 폐위시키기 위해 죽이려고까지 하였다. 솔로몬은 이런 상황 가운데서 지혜의 필요성을 절감하였고, 지혜가 없으므로 그러한 비극이 일어났음을 알았다.

본문 이해

지혜의 안전함

Main Idea	아버지가 줄 수 있는 선물 중에서 지혜에 대한 갈망을 심어주는 것보다 더 큰 것은 없다. 그로 인해 자녀들이 삶 가운데서 올바른 길에 설 수 있게 된다.

A. 다음세대에 지혜를 전해줌(4:1-9)

Supporting Idea	솔로몬은 지혜 얻는 것을 삶의 목적으로 삼는 것이 얼마나 중요한 것인지를 아버지 다윗으로부터 배웠다.

4:1-2. 이 장은 아버지가 자신의 말에 귀를 기울이라고 그 아들에게 권면하는 것으로 시작된다. 이러한 주위 환기가 잠언의 처음 여덟 장에서 자주 나타나지만 특별히 이 구절은 아들에 대한 아버지의 절실한 마음을 구체적으로 보여주고 있다. 또한 여기서 아들들이라는 복수형을 사용한 것은 솔로몬이 왕위를 이을 아들뿐만 아니라 다른 아들들에게도 지혜에 대한 교훈이 전해지기를 원했음을 보여준다. 그렇지만 10절에서 그는 다시 단수형을 사용하고 있다. 이 아버지는 아들 한 사람 한 사람에게 선한 가르침이라는 선물을 주고자 하였고, 그 아들은 아버지의 가르침을 저버리지 않도록 주의해야만 했다. 여기에서 가르침이라는 것은 히브리어로 '토라(torah)' 인데, 대개 '율법' 으로 번역되며 때로는 하나님이 모세에게 주신 율법을 지칭하는 말이기도 했다(28:9-29:18). 그러나 '나의 토라' 와 같은 구절에서는 '가르침' 이라는 뜻으로 해석되기도 한다.

4절에서 '가르치다' 의 뜻을 갖는 히브리어 단어는 율법이라는 의미의 '토라' 가 파생되는 어근이 되기도 한다.

4:3. 솔로몬은 자신이 어린 아이였을 때 받았던 사랑을 그리고 있다. 그는 다윗의 아들로서 왕의 궁정에서 살았으며 끊임없이 아버지와 유대 관계를 맺으며 자랐다. 어머니 밧세바는 이후에 많은 자녀들을 두었지만(대상 3:5) 처음 몇 년 동안은 솔로몬이

유일한 자식이었다. 분명히 그의 부모는 그를 교육시키는 데 많은 노력을 기울였을 것이다.

4:4. 이 구절에서부터 솔로몬은 계속해서 아버지 다윗의 말을 인용하고 있는데, 이것이 9절까지 진행되고 있다. 솔로몬은 어린 시절 자신의 경험을 들어 왜 자신이 이러한 지혜의 유산을 자기 아들에게 물려주려고 하는지를 보여주고 있다. 다음 구절은 여러 가지 명령들로 가득 차 있다. 우선적으로 아들은 아버지의 말을 온 마음으로 붙들어야 한다. 그 다음으로 이러한 명령들을 지키기 위한 삶을 살아야 한다(신 30:19).

4:5. 아들은 자신의 목표를 정해야 한다. 그것은 지혜를 얻고 그 지혜를 이해하는 것에 초점이 맞춰져 있다. 지혜를 얻고자 한 다윗의 마음이 나중에 솔로몬이 지혜를 구하게 된 동기가 되지 않았는가 추측해볼 수 있다(왕상 3:5-14). 아들은 또한 지혜를 얻고자 하는 노력을 계속 유지해야만 한다. 다시 말해, 그는 삶의 원리를 잊어버리거나 한쪽으로 치우치지 않도록 해야 한다.

4:6. 6-9절에서는 지혜를 자애롭고 친밀한 여성의 모습으로 그리고 있다. 이는 잠언 초반부(1-9장)의 다른 부분에서도 동일하게 나타나는 방식이다. 주변의 여성들이 아닌 지혜라는 여성에게 열정을 쏟는다면 얼마나 유익한 일이겠는가! 6절은 4개의 히브리 단어로 이루어져 있는데, 그 내용은 지혜를 사랑하는 자가 지혜 가운데서 보호되리라는 약속을 보여주고 있다.

4:7. 이 구절은 다양한 방식으로 번역된다. 시작 부분은 창세기 1장 1절에 나오는 동일한 단어로 '지혜의 시작'을 보여주고 있다. 우리는 이러한 의미를 다음과 같이 이해할 수 있다. "지혜의 시작은 바로 지혜를 얻는 것이다!" 지혜를 얻는 첫 번째 단계는 그것을 얻기 위해 노력하기로 결심하는 것이다. 두 번째 부분에는 약간의 언어유희가 있다. "너의 얻은 것을 가져 명철을 얻을지니라." 이 구절의 전체적인 주제는 분명하다. 지혜는 인간이 가질 수 있는 가장 큰 재산이므로 인생에서 그것을 얻는 것을 최고의 목표로 삼아야 한다는 것이다.

4:8. 지혜를 얻기 위해 노력하는 것은 그럴 만한 충분한 가치가 있다. 높이라는 것은 경매에서 구매자가 자신의 매매 호가를 계속 높이는 것처럼 가치를 점점 더 높인다는 뜻이다. 당신이 지혜를 높일 때 지혜가 사람들 가운데서 당신의 위치를 보장하면서 당신을 계속 높일 것이다. 애정을 가지고 지혜를 품으라. 그러면 지혜가 당신을 영화롭게

할 것이고, 다른 사람들이 존경심을 가지고 당신을 대할 것이다.

4:9. 지혜라는 여성과 사랑에 빠지는 것은 분명 당신에게 유익할 것이다. 8절에서 나온 것처럼 그녀는 당신의 머리에 화관을 씌워주면서 영광을 얻게 할 것이다. 당신은 은혜의 표상인 아름다운 관을 쓰게 될 것이다. 또한 그녀는 당신에게 영광의 면류관을 줄 것이다. 이러한 것들은 인생에서 구체적으로 설명되지 않은 축복이므로 당신은 삶 속에서 이러한 축복을 얻을 기회를 놓치지 않기 위해서 정신을 바짝 차려야만 한다. 우리는 이러한 일들이 이 세상에서 대통령 궁에 초대되는 것과 같은 영예나 그런 류의 영광으로 나타날지 모른다고 생각할 수도 있다. 하지만 이 구절은 일상생활의 삶 속에서 좀 더 사소해 보이는 것들 가운데서도 실현될 수 있음을 잊지 말아야 한다.

B. 올바른 길을 선택함 (4:10-19)

Supporting Idea	우리는 생명으로 인도하는 길과 멸망으로 인도하는 길 중에서 하나를 선택해야만 한다. 그렇다면 그중에서 생명의 길을 선택하라.

4:10-11. 아버지는 주의를 기울여야 할 그의 당부를 새롭게 하면서 새로운 부분의 시작을 알리고 있다. 만약 아들이 그 들은 바를 받아들이고 적절하게 사용한다면 그는 인생의 많은 시간들을 즐기면서 살게 될 것이다.

이러한 약속이 욥이 보여준 것과 같은 문제 속에서 고통을 견뎌내는 능력을 보장해주지는 않는다. 하지만 이러한 경고를 받아들이는 아들은 재난이나 신속한 멸망으로 가는 길을 피하게 될 것이다. 11절에서는 인생을 일종의 여행으로 묘사하고 있는데, 그곳에는 올바른 길과 첩경을 선택해야 하는 수많은 순간이 존재한다. 아버지는 어떻게 지혜에 따라 분명하게 구별되는 길을 선택할 수 있는지를 설명하면서 그 아들이 정직한 첩경을 따르도록 인도한다. 이러한 길은 도덕적으로나(2:13) 실제적으로(3:6) 모두 올바르다고 판단되는 길이다. 이제 그 아들은 자신이 나아갈 길을 선택해야만 한다. 10-13절에서는 생명의 길이 어떤 것인지를 설명하고 있다.

4:12. 당신이 올바른 길을 걷고 있을 때는 그 길을 걷는 데 어려움이 없을 것이다. 다시 말해, 죄에 걸려 넘어지는 일이 없을 것이다. 하지만 언제든지 새로운 유혹이 생길 수는 있다. 그렇지만 올바른 길로 열심히 달린다면 장애물은 사라지게 될 것이고, 잘못된 길

로 가지 않게 될 것이다.

4:13. 지혜의 촉구에 대한 올바른 반응은 매우 분명하다. 그것은 당신이 받은 교훈을 굳게 지키는 것이다. 그것을 놓치지 말고 굳게 지키라! 이 명령은 사실 '그녀를 굳게 지키라' 는 인격적인 형태를 띠고 있다. 이는 지혜가 흠모할 만한 여성으로 그려지고 있음을 다시 상기시킨다. 4절과 10절의 강조를 다시금 상기시키면서 솔로몬이 그 아들에게 되새기게 하는 것은 이러한 교훈이 생명 그 자체를 붙드는 열쇠가 된다는 점이다.

4:14-15. 14-17절에서는 지금까지의 논의가 생명의 길에서 사망의 길로 바뀌고 있다. 솔로몬은 악한 자의 길에 대해서 경고하면서 실제적인 주제 그 이상의 문제를 다루고 있다. 위험의 근원은 무지함이 아니라 악이다. 이 두 구절은 주로 여섯 가지의 중요한 명령으로 이루어져 있다. 악의 길로 들어서는 것은 너무나 위험하기 때문에 아버지가 여러 가지 경고를 큰 소리로 외치고 있는 것이다. 그 뒤를 따라 들어가지 말며 동조하지도 말라. 그 주변으로 걸어가지도 말라. 결코 닿지 않는 곳에 머물러 있으라. 그 방향으로 나아가지 않도록 주의하라. 그 길을 향하여 나아가지 말고 그 길에서 벗어나라. 악한 길로 나가는 것은 생각도 하지 말고 원래 가고 있는 방향으로 계속 나아가라.

4:16-17. 그 길이 왜 그렇게 위험한가? 그 길을 따르는 자들은 악인들이기 때문이다. 그들은 도덕적으로 죄를 짓는 것이 의무처럼 되어 있는 완전히 뒤바뀐 세계에서 살고 있다. 그들은 스스로 악을 행하고 다른 사람들을 망가뜨리지 않으면 편안히 잠을 잘 수가 없다. 그들의 쉼 없는 악은 또 다른 천성이다. 그것은 마치 매일 먹는 떡과 술 같은 것이다.

4:18-19. 아버지는 두 가지 길을 비교하여 다음과 같이 요약한다. 하나는 빛의 길이고, 다른 하나는 어두움의 길이다. 의인들의 길은 마치 새벽녘의 서광과 같아서 처음에는 어두움 가운데 시작되지만 점차 밝아져 태양이 떠오르면 결국 한낮의 넓은 길로 행하게 된다.

그러나 악인들의 길은 끝없는 어두움 속에서 점차 꾸불꾸불해져서 자신들을 걸려 넘어뜨리게 하는 것이 무엇인지도 깨닫지 못한다. 빛 가운데서 걷는 것에 관한 비유는 성경에서 자주 찾아볼 수 있다(요일 1:7).

C. 마음을 지킴(4:20-27)

Supporting Idea	만약 마음이 정결하다면 몸의 나머지 부분들도 동일한 상태가 될 것이다.

4:20-22. 아버지는 아들에게 주는 세 번째 교훈에서 그가 하는 중요한 말들에 주의를 기울일 것을 재삼 당부하고 있다. 다음에 이어지는 몇 구절의 내용은 너무나 중대해서 당신 마음속에 깊이 간직해두어야 한다. 그것을 당신의 눈에서 떠나지 않게 하라. 당신의 마음 한가운데서 그것을 지키라. 솔로몬은 4절과 10절 그리고 13절에서 지혜를 통한 생명을 약속하였고 여기에서 다시 그 주제로 돌아온다. 만약 당신이 생명을 원한다면 지혜에 모든 주의를 집중하라. 그렇게 하면 당신은 삶을 즐기게 될 뿐만 아니라 육체의 건강을 누리게 될 것이다. 잠언의 다른 약속들처럼 이것 역시 모든 질병으로부터 완전히 자유롭게 되는 것을 의미하는 것은 아니다. 하지만 많은 질병이 사실은 어리석은 행동으로부터 생겨난다는 것을 보여주고 있다.

4:23. 여기서 매우 중요한 개념이 나타난다. 그것은 말 그대로 모든 지킬 만한 것보다 더욱 마음을 지키라는 것이다. 구약에서 마음은 감정 그 이상의 것을 포함하고 있다. 그것은 전인격적인 부분을 의미할 수도 있고, 한 인간의 내면 전체를 뜻하기도 한다. 그처럼 마음은 삶의 근원이 되는 것이다. 예수님이 말씀하신 것처럼 마음은 말과 행동의 근원이자(눅 6:45), 행동을 다스리는 중요한 열쇠가 된다. 이 구절은 요한복음 7장 38절에서 한 인간의 내면에서 솟아오르는 생명 샘물의 근원에 대한 말씀의 배경이 되기도 한다. 솔로몬은 지금까지 생명에 대해서 가르쳐왔는데, 그에 따르면 마음은 인간의 모든 부분으로 생명이 흘러넘쳐 들어가게 하는 근원이다.

4:24. 일단 마음이 지켜지면 우리의 관심을 외적인 행동으로 돌릴 수 있다. 이어지는 구절들은 특히 입에서부터 시작되는 우리 몸의 각 부분들을 언급한다. 우리는 거짓으로 왜곡되거나 혼란스러움으로 점철된 말을 하지 않도록 노력해야만 한다.

4:25. 길을 걷는 비유로 다시 돌아와 아버지는 아들에게 그의 시선이 똑바로 앞을 향하기를 독려한다. 당신의 시선이 유혹으로 인해 잘못된 방향으로 향하지 않도록 주의하라.

4:26-27. 만약 시선이 흔들린다면 발은 곧 길을 잃어버리게 될 것이다. 마지막 구절

은 악인의 길을 걷는 것에 대해서 경고하고 있다. 평탄케 하다라는 말은 때로 '주의하다, 심사숙고하다'의 뜻을 갖기도 하지만 자신의 길을 주의 깊게 선택하는 장면에서도 쓰일 수 있다. 우리는 주의 깊게 길을 선택할 때 가는 길이 안전한지를 확신할 수 있다. 그러나 그 길을 주의 깊게 생각하지 않아서 좌로나 우로 치우친다면 우리는 곧 심각한 어려움에 봉착하게 될 것이다. 그리고 그곳에는 아무런 유익도 없다!

Main Idea 복습	아버지가 줄 수 있는 선물 중에서 지혜에 대한 갈망을 심어주는 것보다 더 큰 것은 없다. 그로 인해 자녀들이 삶 가운데서 올바른 길에 설 수 있게 된다.

! 결론

당신도 예외가 아니다!

누군가 이렇게 말했다. "다른 사람들의 실수를 통해 배우라. 당신에겐 모든 것을 경험할 수 있는 시간적인 여유가 없다." 이것은 바로 솔로몬이 이 장에서 말하고자 하는 요점이다. "내 말에 귀를 기울여라, 아들아. 나의 교훈을 받으라. 나는 파란만장한 삶을 살았고, 네가 내 말을 따른다면 많은 고난을 피할 수 있게 될 것이다."

물론 문제는 젊은 사람들이 이 말을 믿지 않는다는 것이다. 그들은 자신들이 스스로를 더 잘 안다고 생각한다. 한 소녀가 아기 너구리를 발견하고서 데려다가 집에서 애완동물로 키웠다. 그녀는 수의사로부터 그 너구리가 자라면 통제가 되지 않을 것이고, 언젠가는 난폭해질 것이라는 경고를 받았다. 그러나 그녀는 자기 너구리는 절대 난폭해지지 않을 것이라고 응수하였다. 다른 너구리들은 다 그럴지라도 자기 너구리는 그렇지 않으리라는 것이었다. 그런데 얼마 되지 않아 그 너구리가 갑자기 난폭해지더니 아무 이유 없이 그녀를 공격하였다. 그리고 그녀의 얼굴에 성형 수술이 필요할 만큼의 깊은 상처를 남기고 말았다. 우리는 어리석게도 우리보다 더 많은 경험과 지식과 지혜를 가지고 있는 자들의 경고를 무시한다. 우리가 역사를 무시한다면 그 역사를 반복하는 결과를 피할 수 없게 되는 것이다.

그러므로 우리가 가르치는 위치에 있다면 반드시 다른 사람에게 경고하며 그들이 지혜의 삶을 살도록 촉구해야 한다. 만약 우리가 배우는 위치에 있다면 반드시 그러한 경고를 들어야 한다. 그런 일은 결코 우리에게도 예외가 아닐 것이다! 어리석음은 항상 그 주변을 서성이는 자들로 하여금 혹독한 대가를 치르게 한다.

▣ 진리 알기

- 삶은 원인과 결과의 과정으로 이루어진다. 어떤 행동은 반드시 그 결과를 낳게 되어 있다.
- 지혜는 다른 사람의 말에 귀를 기울임으로써 얻을 수 있다. 우리는 모든 것을 스스로 경험해 볼 필요가 없다.
- 지혜는 자동적으로 생기는 것이 아니다. 그것은 끊임없이 노력하고 간절히 얻고자 하는 자에게 주어진다.

▣ 적용하기

- 어리석은 자가 되지 말라. 다른 사람들의 경험을 통해 배우라.
- 지금 지혜를 따르기로 결심하라.
- 당신이 깨닫는 바를 마음속에 새겨라. 그것으로부터 지혜로운 삶을 살아갈 수 있는 당신의 능력이 배가된다.

삶의 적용

갈림길에서는 하나를 선택하라

철학자로도 명성이 높았던 요기 베라(Yogi Berra, 명예의 전당에 오른 뉴욕 양키즈의 포수로서 독특하고 기묘한 말들을 많이 남겼다)는 이전에 이런 말을 한 적이 있다. "갈림길에서는 하나를 선택해야만 한다!"

맞는 말이다. 하지만 어떤 길을 선택해야 하는가?

솔로몬은 이 장에서 두 가지 갈림길을 제시한다. 하나는 지혜와 조화로운 삶을 위한 길이고, 다른 하나는 어리석음과 멸망으로 가는 길이다. 그는 자기 아들에게 올바른 길로 가라고 간청한다. 우리는 인생 가운데 항상 선택의 상황에 직면하게 되고, 또 끊임없이 이러한 선택을 강요받는다. 여기서 솔로몬은 합리적인 올바른 선택이 무엇인가에 대해 잘 설명하고 있다. 지혜를 선택할 때 우리는 영광과 축복과 성공을 얻게 될 것이다.

만약 당신이 전 세계를 항해하고자 한다면 반드시 나침반의 지침을 따라야 한다. 그 나침반과 같은 것이 바로 하나님의 지혜다. 만약 우리가 하나님의 말씀인 지혜에 철저히 순종한다면 우리는 하나님의 축복을 받으며 전 세계를 자유롭게 항해할 수 있다. 그러나 지혜의 법을 무시하면 어리석음이라는 암초에 부딪쳐 우리 자신과 우리가 사랑하는 사람들이 불필요한 고통과 힘든 시간을 보내게 될 것이다.

이것은 칫솔질을 꾸준히 하면 충치가 생기지 않지만 칫솔질을 꾸준히 하지 않으면 충치가 생기는 것과 같은 원리다. 하지만 칫솔질을 전혀 하지 않을 수는 없고 또 전혀 충치가 생기지 않을 수도 없다. 이러한 종류의 절대적인 인과 관계는 존재하지 않는다. 이와 같이 우리는 하나님의 법도를 무시할 수 없고, 아무런 대가를 치르지 않을 수도 없다. 그러므로 지혜를 구하라. 지혜를 선택하라. 지혜의 길을 걸을 수 있는 사려 깊은 판단을 하라. 당신의 삶과 당신의 영향을 받는 주변 사람들의 삶이 바로 이것에 달려 있다.

기도

하나님 아버지, 주님의 은혜로 우리가 지혜의 사람이 되게 해주십시오. 또 우리가 지혜에 순종할 수 있는 은혜를 주시고, 그것을 품으며 살 수 있게 해주십시오. 그래서 주님이 영화롭게 되고, 우리가 축복을 받으며, 다른 사람들이 우리를 통하여 깨닫게 해주십시오. 아멘.

티칭 가이드

심층 연구

A. 마음

영어에서 '마음(heart)' 은 대개 온몸에 피를 공급하는 육체적인 기관이나 감정의 처소를 의미한다. 그러나 구약에서의 '마음' 은 더 폭넓은 의미를 가지고 있다. 마음은 정서(mood, 삿 16:15)나 슬픔(grief, 느 2:2), 두려움(fear, 창 42:28), 분노(anger, 잠 19:3), 기쁨(joy, 삼상 2:1) 그리고 평화(peace, 창 34:3)와 같은 감정과 연결되어 있다. 또한 마음은 의지의 근원(잠 11:20; 14:14)이자 양심의 본질(사 59:13)이기도 하다. 더욱이 그것은 지성을 의미하기도 한다(잠 3:3; 6:32; 7:7). 몇몇 구절에서는 '지혜(잠 10:8)나 이해(understanding, 신 29:4)의 마음' 이라는 표현도 나타난다. 마음에 대한 히브리적 개념은 사실 한 '인간' 의 모든 내면 세계를 뜻한다고 볼 수 있다. 잠언에는 마음이라는 단어만 50번 정도 나타나고, 성경 전체에서는 마음에 대해 설명하는 더 많은 어휘들을 찾아볼 수 있다.

B. 생명과 사망

잠언의 많은 구절들은 독자로 하여금 지나간 세월의 짧았던 기쁨이나 혹은 고통을 보게 하고, 자기 행동의 궁극적인 결과를 생각하게 만든다. 그것은 바로 생명 아니면 사망이다. 때로 각 구절들은 육체적 삶의 기간을 우선적으로 언급하고 있다(4:10; 3:2; 9:11). 그러나 종종 그 말은 뛰어난 삶의 질을 참조하는 것의 개념을 넘어선다. 그것은 왕의 희색(16:15)에서 오는 사회적 계급과 특권, 탐욕을 피하는 데서 오는 경제적 안정성(15:27)을 언급하기도 한다. 또 지혜의 원리를 따라 살 때 나타나는 육체적인 생명력과 건강이 되기도 한다(14:30). 혹은 의로움을 통해 하나님과의 관계가 돈독해지는 것을 말하기도 한다(10:16).

잠언은 하나님이 자신을 믿는 자들에게 약속해주시는 영원한 삶에 대해서 잠깐 말하는 것이 아니다. 오히려 영생의 진리에 대해 생각할 수 있는 여지를 남기기도 한다. 잠언은 현재의 삶을 위한 지혜의 유익을 강조하고 있고, 성경의 다른 부분들은 다가올 내세의 삶에서 우리를 향한 하나님의 계획을 설명하고 있다.

교안

A. 들어가는 글

1. '지혜의 긴박성' 이야기를 들려주라.
2. 배경 설명: 솔로몬은 모든 사람에게 주어진 선택에 대해 설명하고 있는데, 그것은 지혜를 선택하느냐 아니면 어리석음을 선택하느냐의 문제다. 그리고 그 선택의 결과에 대해 말하고 있다.
3. 적용: 지혜를 선택하느냐 어리석음을 선택하느냐에 따라 그 남은 삶의 질이 결정된다.

B. 본문 이해

1. 다음세대에 지혜를 전해줌(4:1-9)
2. 올바른 길을 선택함(4:10-19)
3. 마음을 지킴(4:20-27)

C. 결론: 당신도 예외가 아니다!

토의 질문

1. 지혜를 무시함으로 혹독한 대가를 치른 경험이 있는가?

2. 지혜를 선택함으로 큰 유익을 얻은 경험이 있는가?

3. 당신은 지금 어리석음의 유혹과 지혜의 부름 가운데서 어떤 결정 앞에 직면해 있는가?

4장

잠언 5:1-23; 6:20-35

안전한 결혼 생활

"성공적인 결혼 생활의 비결은 항상 남편과 아내와 하나님 사이에 삼각관계를 이루는 것이다."

- 세실 메이어스(Cecil Meyers)

하나님은 결혼 생활 속에서 즐거움을 누릴 수 있게 하시고, 부도덕에 대한 유혹을 이겨낼 수 있도록 벽을 세워주신다. 그래서 우리는 결혼 생활의 즐거움을 온전히 누릴 수 있다. 이 부분에 있어서 부모의 말에 귀를 기울여라. 당신이 성적 부도덕의 재난에 빠지지 않도록 그들이 도와줄 수 있기 때문이다.

들어가는 글

남의 것이 더 좋아 보이는 원리

앨런 피터슨(Allan Petersen)은 「남의 것이 더 좋아보이는 원리(The Myth of the Greener Grass)」라는 책을 썼다. 그 책은 비록 오래전에 쓰여졌지만 그 결론은 오늘날에도 그대로 적용된다. 피터슨은 이렇게 말했다.

> 성(sex), 우리 문화는 거의 이 말의 포화 상태에 이르렀다. 그 더러움이 사회 곳곳에서 넘쳐나고 있는 것이다. 책과 잡지와 가판대와 영화관에서 그것은 가히 무차별적으로 살포되고 있다. TV는 가장 강력하고 즉각적인 반응을 가져오는 매체로서 성의 확산에 가속도를 더하고 있다. 성은 그 자체에 여러 가지 등급을 가지고 있다. 그것은 주간에 방영되는 드라마나 토크쇼 아니면 밤중에 방영되는 인터뷰 프로그램 등에서 항상 고려되는 주제이자 필수불가결한 부분이다. 날마다 하루 종일 그러한 메시지는 기관총에서 뿜어져 나오는 탄환처럼 우리에게 쏟아진다. "존재하는 모든 성을 즐겨라. 그것을 놓치지 마라. 다음 번에는 그러한 기회가 주어지지 않는다."

이러한 성적 메시지의 포화 상태로 많은 사람들은 다른 사람의 잔디밭이 더 푸르게 느껴진다. 만약 결혼하지 않은 사람이라면 혼전 성관계가 더 즐거움을 주는 것으로 보일 것이다. 만약 결혼한 사람이라면 현재의 배우자보다 다른 어떤 사람이 더 좋아 보일 것이다. 세상은 간음을 심각한 죄라고 생각하는 것처럼 보인다. 하지만 사실은 그렇지 않다. 주간지나 TV 프로그램에서는 연일 간음이 일반적이라는 메시지를 계속 내어놓고 있다. "모든 사람들이 다 그렇게 합니다"라는 생각이 도덕적 기준이 되어버린다. 그리고 그에 대한 통계가 보여주는 결과를 오늘날 우리 사회가 경험하고 있다.

그러므로 혼전 성관계와 간음에 대한 경고가 솔로몬에 의해서 우리 시대에 주어진다는 것은 이전보다 더 우리 삶 속에 중요한 의미를 갖는다. 여전히 성경이 가르치고 그 해석에서 보여주는 바와 같이 부도덕은 결코 옳은 것이 아니다. 그것은 항상 더 악한 결과를 가져온다. 솔로몬의 시대로부터 오늘날에 이르기까지 솔로몬의 경고에 귀를 기울이는 자는 지혜롭게 될 것이다.

본문 이해

안전한 결혼 생활

Main Idea	금지된 관계가 짧은 순간 즐거움을 줄 수는 있다. 하지만 그 결과로 인한 오랜 시간의 괴로움은 너무나 고통스러울 것이다. 당신의 배우자에게 충실하라. 그러면 진정한 만족을 얻게 될 것이다. 또한 하나님도 기뻐하실 것이다. 당신은 부도덕함으로 인한 고통스러운 결과를 결코 피할 수 없을 것이다.

A. 간음의 위험성(5:1-14)

Supporting Idea	남성은 부도덕한 여성과의 만남을 경계해야만 한다. 그것은 사망으로 이르는 길이기 때문이다. 그 길의 끝에서 당신은 멸망에서 구원해낼 수 있었던 다른 사람의 조언을 무시한 것을 후회할 것이다.

5:1. 도덕적 순결을 유지하는 것은 젊은 사람들에게 있어 가장 어려운 일 가운데 하나다. 그래서 솔로몬은 이 주제를 각 단락의 도입 부분에서 다섯 번이나 반복해서 다루고 있다(2:16-22; 5:3-23; 6:24-35; 7:5-27; 9:13-18). 잠언의 많은 가르침에서 나타난 것과 마찬가지로 이 부분 역시 아들에게 귀를 기울일 것을 요청하는 것으로 시작된다. 이 주제는 매우 의미심장하다. 그래서 아버지의 교훈을 귀 기울여 듣는 것은 매우 중요한 일이었다.

5:2. 이 장의 조언을 따르면 어떤 유혹에서도 분별을 유지할 수 있을 것이다. 당신의

입술에 음란한 여인의 입술에 담긴 유혹의 말(3절)과 대비되는 지혜로운 말이 가득하게 하라. 진리에 대한 지식이 사람을 유혹하기 위한 왜곡된 지식으로부터 당신을 지켜줄 것이다.

5:3. 솔로몬은 조금도 주저함 없이 부도덕한 여인의 속임수를 경고하고 있다. 정말 위험스러운 것은 그녀의 외모에서 나오는 매력이 아니라 그녀의 말이다. 그녀의 입술은 고대 사회에서 가장 달콤한 것이었던 꿀을 떨어뜨리는 것같이 유혹적이며, 그녀의 말은 이스라엘 사회에서 가장 부드러운 것이었던 기름보다도 더 부드러운 것이었다. 그녀의 유혹의 말은 젊은 남자의 본성을 일깨우는 것이며, 그녀가 무엇이라도 할 수 있음을 암시하고, 그로 하여금 생각을 행동으로 옮기도록 길을 열어주는 것이었다.

5:4-5. 그러한 유혹은 처음에는 달콤하게 여겨지겠지만 그 결과는 유대인들에게 가장 쓴 것인 쑥을 맛보는 것 같을 것이다. 이러한 여성과의 만남은 두 날 가진 칼에 베이는 것처럼 쓰라릴 것이다. 잠언은 종종 우리에게 어떤 일의 시작이 아니라 그로 인한 결과를 통해서 옳고 그름을 판단하라고 경고한다(5:11; 14:12-13). 금지된 정욕을 채워보라는 제안을 받아들이는 것은 그 사람을 사망이나 죽은 자들의 처소인 무덤(스올)으로 내려가게 할 것이다. 이것은 말 그대로도 맞는 말이면서 평화와 조화로운 삶을 잃어버리는 경우에 대한 비유이기도 하다.

5:6. 이 구절에서 히브리어 원문의 주어는 '그녀' 가 될 수도 있고, '너' 가 될 수도 있다. 그래서 이것은 음녀의 성적 문란함에 대한 표현일 수도 있고, 그녀의 먹잇감이 되는 자를 말하는 것일 수도 있다. 어떤 경우든지 분명한 것은 생명으로 인도하는 길은 오직 하나다. 바로 생명을 얻도록 약속하시는 하나님의 계획인 것이다. 그러나 부도덕함으로 나아가는 길은 이리저리 복잡하게 얽혀 있다(구부러지고, 변경되며, 미끄러운 길이다). 그래서 이 길을 따르는 자들은 하나님의 기준을 무시하고 자기 자신의 원칙을 계속해서 변경시킨다.

5:7-8. 아버지는 주의 깊게 듣도록 하기 위해서 신선한 접근으로 새로운 내용을 전개시킨다. 나의 말에서 떠나지 말라. 그러나 부도덕한 여자에게서는 떠나라. 그는 이렇게 강조한다. 만약 당신이 그녀의 집 근처에서 서성이다가 유혹의 말을 듣게 된다면 당신은 반드시 그 유혹에 빠지게 될 것이다. 그러니 아예 그 근처엔 얼씬도 하지 않는 것이 상책이다.

5:9-10. 이 구절은 정욕을 쉽게 생각하고 조심하지 않는 자들의 삶 속에 도사리고 있는 위험성을 나열하고 있다. 그들은 건강과 명예 그리고 자기 존중감과 관련된 자신의 존영을 잃을 것이며, 아까운 세월을 포학자들에게 빼앗길 것이다. 그리고 그들의 부를 약탈이나 공정한 처벌이나 애인에 대한 과도한 지출이나 그 외 다른 어떤 이유로 사람들에게 넘겨줄 것이다.

5:11. 솔로몬은 11-14절에서 헛된 삶의 마지막이 어떠한지를 보여주고 있다. 결국에 당신은 한탄하게 될 것이다. 당신은 육체의 정욕을 채우는 데 너무나 몰입하였고, 그 정욕은 그 죄로 인하여 완전히 소진되었다. 성적 접촉으로 인해 생긴 병은 육체의 몰락을 더욱 촉진시킬 것이다.

5:12-13. 헛된 삶의 여정이 끝나갈 즈음에 그 어리석은 자는 후회 가운데 자기 삶을 돌아볼 것이고, 멸망으로부터 자신을 구해줄 수 있는 조언을 무시했던 자신의 완고함을 인정하게 될 것이다. 그의 양심이 그를 질책하고, 그는 스스로 자신을 바로잡고자 노력했던 다른 사람들의 권유를 싫어했음을 고백한다. 그는 자신의 책임을 받아들이기를 거부하였고, 선생들의 교훈을 따르지 않았던 것이다. 그는 5장 1절과 7절에 나온 아버지의 교훈에 순종하지 않았다.

5:14. 악행의 길이 인도하는 곳은 어디인가? 그것은 만인 앞에서 치욕을 당하는 것과 패배하여 멸망하는 것이다. 모세의 율법하에서 간음은 장로들 의회에서 좀더 경감된 처벌을 선고할 수도 있지만 기본적으로 사형에 해당하는 죄다(신 22:22-24).

B. 결혼 생활의 즐거움(5:15-20)

Supporting Idea	당신은 당신 자신의 우물물을 마시는 것처럼 아내와의 사랑에서 만족을 찾아야만 한다.

5:15. 물은 귀한 것이다. 특히 팔레스타인의 건조한 기후에서는 더욱 그렇다. 여기에서 솔로몬은 삶에 기쁨을 가져다주는 성적인 관계와 육체에 생명을 공급하는 물을 서로 비교하고 있다. 그는 15-16절에서 물의 중요성을 설명한다. 자기 자신의 우물이나 물통(빗물을 저장하기 위해 만든 용기)을 가지고 있는 사람은 분명 공공 수도 시설에서 물을 떠오기보다는 개인의 시설을 사용하여 물을 마시기를 원할 것이다.

5:16. 어떤 학자들은 이 구절을 다음과 같은 권면으로 해석한다. "당신의 샘물이 집 밖으로 넘치게 하라." 이것은 행복한 결혼 생활이 주변 사람들에게 기쁨을 전하는 것으로 나타나는 과정을 설명하는 것이다. 그러나 이 문맥은 부정적인 대답을 기대하고 있는 강조 의문문이라는 의견에 더 합치된다. 만약 어떤 사람이 우물을 가지고 있다면 그 우물이 넘쳐 길에 흘러가게 한다는 것은 있을 수 없는 일일 것이다.

5:17. 이 구절은 16절의 질문에 대한 대답이다. 당신의 우물은 당신 가족들만 사용해야 하고, 외부인들이 사용하도록 개방되어서는 안 된다. 동일한 원리로 육체적 결합은 오직 자기 배우자와만 이루어져야지 타인과 이루어져서는 안 된다. 이 구절은 어떠한 형식이든지 혼외 관계를 금지하고 있다.

5:18. 부부 간의 사랑이 아가서 4장 12절과 15절에서 나타나는 것처럼 자신의 우물을 즐거워하는 것으로 표현되는데 이 구절 역시 동일한 주제를 보여주고 있다. 하나님은 다른 어떤 관계가 아닌 바로 남편과 그 젊어서 취한 아내 사이에서 이루어지는 육체적인 친밀감을 축복하신다.

5:19-20. 육체적인 매력이 주는 즐거움을 부인할 수 있는 사람은 아무도 없다. 잠언은 남성들에게 자기 아내에 대해서 그러한 연모의 마음을 품으라고 권고한다. 남편들은 마치 아내가 사랑스러운 암사슴인 것처럼 그녀의 아름다움을 발견하고 아내의 육체와 그녀가 주는 사랑에 만족해야 한다. 그는 '그녀만을' (17절) 사랑해야 하고, 항상 그래야 한다. '연모하라' 로 번역된 단어는 때때로 무엇엔가 도취되거나 흔들리거나 들떠 있는 상태(잠 20:1; 사 28:7)를 표현하는 데 사용된다. 그러므로 하나님은 다른 사람의 부인이 아니라 자기 부인의 매력에 열정을 느끼기를 원하시는 것이다.

C. 하나님의 시선(5:21-23)

Supporting Idea	하나님은 우리가 하는 일을 다 알고 계시며, 우리의 부도덕함을 심판하실 것이다.

5:21. 이 장의 초반부는 부도덕함의 자연적인 결과가 무엇인지를 살펴본다. 이 부분은 하나님께 대한 우리의 책임을 다루고 있다. 각 사람이 선택하는 길은 말 그대로 주님의 눈앞에 있다(창 16:13). 여기서 길이란 한 사람의 습관에서 형성되어 그의 선호하는

바를 보여주는 것으로, 마치 차가 지나간 다음에 바닥에 생겨나는 자국과 같은 것을 의미한다.

5:22-23. 방종에 빠진 사람들은 종종 자신에게 자유롭게 선택할 권리가 있다고 주장한다. 그러나 죄는 인간의 자유를 빼앗고 얽매어 악에 종속되게 만든다. 그 이유는 그가 훈련받기를 거부하였고(12절), 그의 길은 사망에 이르는 것이기 때문이다. 그는 일시적인 쾌락을 선택하였고, 거기에 너무 심취해 있었다(혼미하게 된다는 말은 히브리어 '사로잡혔다' 는 뜻도 함께 가지고 있다, 19-20절).

D. 재난을 피하는 방법(6:20-35)

Supporting Idea	우리는 부도덕함이 고통을 가져다주고 벗어날 수 없는 괴로움이 된다는 것을 경고하는 부모의 지혜에 귀를 기울여야 한다.

6:20-22. 이 단락의 도입 부분은 7장에서 나타나는 결과에 이르기까지 계속 이어지는데, 젊은 사람들이 성적 부도덕의 위험성을 피하는 데 도움이 되는 지침을 제시하고 있다. 아버지는 자신이 옆에서 항상 조언을 해줄 수 있음을 상기시키면서 이야기를 풀어나가고 있다. 그는 1장 8절에서 언급한 아비의 훈계와 어미의 법(토라)에 대해 반복해서 설명한다(히브리어 '토라' 는 때로 '율법' 이라고도 번역된다). 이러한 부모의 조언은 도덕적인 죄를 피하는 데 매우 효과적이다.

그와 같은 지혜의 말들은 쉽게 잊혀지기 때문에 젊은 사람들은 그것들을 영원토록 자신의 마음이나 내면에 간직해야 하고, 그의 삶 속에서 목에 건 목걸이 장식처럼 두드러지게 나타나도록 해야 한다. 일단 이러한 것들이 삶의 일부분이 되면 그것이 당신을 인도하고 보호하며 당신이 어디에 있든지 간에 조언을 해준다.

6:23. 부모의 명령이나 법은 하나님의 말씀과도 같이 올바른 길을 비춰주는 불빛이나 가로등의 역할을 한다(시 119:105 참고). 이것은 부모가 잔소리를 하거나 나무라는 경우에도 그 자녀들에게 유익이 되는데, 그 이유는 그런 책망이 생명의 길에 서는 방법을 알려주기 때문이다.

6:24. 좀더 구체적으로 말하자면, 부모의 가르침은 그 자녀들이 부도덕한 여자('음녀')와 어떤 식으로든지 연결되는 것을 막을 수 있게 해준다. 또한 이방 계집이란 반유

대적인 문화와 연합하여 느슨한 도덕 기준을 갖도록 만드는 여자다(잠 2:16).

6:25-26. 25절은 경고의 말이고, 26-35절은 그 경고에 대한 이유이다. 매력적인 여성을 보고 마음속에 음욕을 품는 것은 마태복음 5장 28절에서 예수님이 말씀하신 것처럼 금지되어 있는 절대 해서는 안 되는 일이다. 그녀가 당신의 시선에 반응하여 호의를 보내온다 하더라도 그녀에 대한 욕심은 잘못된 것이다.

26절의 히브리어 뜻은 그 구절의 전반부에 동사가 없기 때문에 해석하는 것이 쉽지 않다. 그렇지만 NIV 영어 성경은 그러한 부도덕이 남성을 망치게 될 것이라고 경고하고 있다. 또 다른 번역본에서는 "그러한 매춘 관계는 단지 한 조각 떡 값밖에 되지 않지만 다른 남자의 아내를 범하는 것은 그의 생명 자체를 잃게 만들 것이다"(Duane Garrett, 「Proverbs, Ecclesiastes, Song of Songs」, 100)라고 말한다. 이 번역에서 강조하는 바는 다른 남자의 아내와 부도덕한 관계를 맺는 것은 너무나 어리석은 일이어서, 싼값으로 창녀와 갖는 순간의 쾌락으로 인해 그 자신의 모든 것을 잃게 될 것이라는 점이다.

6:27-29. 두 개의 수사학적인 질문은 결과로 인한 괴로움 없이 간음을 저지르는 것이 불가능함을 보여준다. 불에 타지 않고서는 불붙는 석탄을 옷에 담을 수가 없고, 살이 데지 않고서는 맨발로 숯불 위를 걸어갈 수 없는 것처럼 결혼한 여성과 은밀한 관계를 계획하는 사람은 그로 인한 괴로움을 피할 수가 없는 것이다. 고통은 필수불가결한 것이다.

6:30-31. 비록 도둑질이 심각한 범죄이기는 하지만 도둑질한 사람은 어느 정도 자비를 얻을 수 있고, 특히 그가 살아가는 데 꼭 필요한 것이 없기 때문에 훔쳤다면 더더욱 그렇게 될 수 있다. 만약 그가 붙잡힌다면 그는 그에 대한 대가를 치러야 할 것이다. 죄에 대한 대가는 많은 돈이 들어가는 것일 수도 있다. 그래서 율법은 범죄한 행위에 대해 20퍼센트 정도의 벌금을 규정하였고(레 5:16), 삭개오는 자원하여 400퍼센트를 갚았지만(눅 19:8) 원래 도둑질한 자는 비록 아무것도 남지 않았더라도 그가 훔친 것의 7배를 내놓아야만 하였다.

6:32-35. 그렇다면 간음한 것에 대해서는 어떻게 배상해야 하는가? 간음 행위를 했다는 것은 판단력이 마비되었고, 자기 파괴적인 정욕에 사로잡혔다는 것이다. 그 행위의 불명예스러움은 결코 완전히 없애지 못할 것이다. 그리고 상처를 받은 여자의 남편은 어떤 것으로도 만족하지 못하는 무자비한 원수가 된다.

Main Idea 복습	금지된 관계가 짧은 순간 즐거움을 줄 수는 있다. 하지만 그 결과로 인한 오랜 시간의 괴로움은 너무나 고통스러울 것이다. 당신의 배우자에게 충실하라. 그러면 진정한 만족을 얻게 될 것이다. 또한 하나님도 기뻐하실 것이다. 당신은 부도덕함으로 인한 고통스러운 결과를 결코 피할 수 없을 것이다.

결론

임박한 재난

우리가 현재의 삶을 위해서 잠언을 읽는 것은 정말로 필수적인 일이다. 잠언의 역사와 문화와 장소가 현재와 다르다고 해서 그 원리마저 우리의 삶과 상관없다고 생각해서는 안 된다. 그 당시 사람들이 원시적인 문화 속에서 오늘날과 같은 삶을 상상조차 하지 못했다고 해서 잠언의 가르침을 오늘날의 삶 속에 받아들이지 못한다는 생각은 버려야 한다.

그러한 결론에 이르는 것은 너무나 큰 실수다. 세실 디카드(Cecil Dickard)는 이렇게 말했다. "내게 성경과 초를 주고 지하 감옥에 가두어보라. 그래도 나는 당신에게 세상이 어떻게 돌아가고 있는지를 말해줄 수 있을 것이다." 성경 시대 이후의 세상은 여전히 아무것도 변하지 않았다. 그것은 솔로몬이 말한 바와 같다. "해 아래 새것이 없나니." 우리의 동기, 욕구, 연약함 등은 태초 이래로 여전히 변하지 않고 그대로 있다. 잠언은 우리에게 주는 하나의 경고이다. 오늘날 우리가 그 메시지를 듣지 않는다면 어리석은 자가 될 것이다.

■ 진리 알기

- 잔디밭은 때로 다른 사람의 것이 더욱 푸르게 보이는 법이다. 그리고 그것은 보면 볼수록 더 푸르게 보일 것이다.
- 사탄은 우리가 항상 부도덕에 대한 유혹을 느끼면서 살아가고 있다는 것을 꿰뚫어보고 있다.
- 정절을 지키게 하기 위한 하나님의 방법은 충분하다.

■ 적용하기

- 항상 당신이 성적인 유혹에 취약하다는 점을 기억하라. 그리고 그러한 유혹을 이길 수 있는 강력한 방법을 활용하라.
- 육체적인 부정은 항상 정신적인 부정에서부터 시작된다. 당신의 마음을 지켜라! 유혹을 강화할 수 있는 여지를 만들지 말라. 그 대신 거룩함을 더욱 강화할 수 있는 생각들로 마음을 채우라.
- 만약 당신이 약해졌다고 생각되면 도움을 구하라! 목사님을 찾든지 아니면 영적인 스승을 찾아라. 질 것 같은 싸움을 혼자서 싸우지 말라.

삶의 적용

유혹에 빠지지 않게 하소서

「남의 것이 더 좋아보이는 원리」라는 책에서 앨런 피터슨은 이렇게 말한다.

세상에 태어나서 결혼을 할 때 당신은 끝까지 당신과 삶의 길을 함께 걸어갈 동반자와 결혼하게 된다. 당신이 아침에 일어날 때나 밤에 잠이 들 때 항상 그는 옆에 있을 것이다. 그는 결코 당신을 떠나지 않을 것이다. 싫든 좋든 당신과 그 동반자는 죽음이 둘을 갈라놓기 전까지 항상 함께 있을 것이다. 유혹, 그것은 당신의 일평생의 동반자이다.

> 모든 사람이 유혹을 받는다. 유혹을 알지 못하는 사람은 없다. 모든 사람이 현재 유혹받고 있으며, 앞으로도 그럴 것이다. 그것은 마치 우리 몸 안에 항상 존재하면서 우리가 연약해졌을 때 우리를 공격하는 세균과 같다. 사람들로부터 떨어져 지낸다고 해서 유혹을 받지 않는 것이 아니다. 격리된 수도원에서 사는 수도사나 비밀스러운 동굴에서 사는 은둔자나 외로운 독방에 갇힌 죄수, 그 누구를 불문하고 우리는 모두 다 유혹을 느낀다. 만약 당신에게 여러 가지 생각이 많다면 당신은 그러한 복잡한 생각으로 인해 유혹을 받게 될 것이다. 만약 당신이 건강한 신체를 갖고 있다면 그 신체로 인해서 유혹을 받게 될 것이다. 만약 당신이 다른 사람들과 원만한 관계를 맺을 수 있는 사회성을 가지고 있다면 당신은 다른 사람들로 인해서 유혹을 받게 될 것이다. 만약 당신이 성적인 것을 의식하며 산다면 당신은 성적인 유혹을 받게 될 것이다.

그러면 어떻게 해야 하는가? 피터슨은 여섯 가지를 제안하고 있다. 첫 번째, 성경적인 양심을 더욱 증진시켜라. 성경을 통해 양심에 대해 더 많이 배우라. 그리고 성경 말씀을 암기하고 묵상함으로 양심을 더욱 강화시켜라. 두 번째, 유혹을 두려워하지 않음으로써 긴장을 완화시켜라. 모든 유혹은 사탄을 물리칠 수 있는 좋은 기회다. 세 번째, 만약 당신이 승리를 얻고자 한다면 단호하게 결정하라. 당신이 승리를 간절히 원하는 것도 아니고, 그것을 위해 전력투구하지도 않는다면 당신은 사망에 이르게 될 위험이 있다.

네 번째, 당신의 반응을 미리 결정하라. 유혹의 압력이 오기 전에 어떻게 행할지를 미리 결정하라. 다섯 번째, 반작용을 통해서 당신의 마음을 훈련시켜라. 당신의 마음에 공백을 만들지 말고, 그 대신 신실함을 고취시키는 것들로 가득 채우라. 여섯 번째, 그리스도를 모범으로 따르라. 그분은 아버지 하나님의 뜻을 행하시는 데 온전히 헌신하셨다. 그분은 성경 말씀을 인용하심으로써 유혹을 이겨내셨다. 또한 유혹의 생각으로부터 마음을 지키셨고, 영원한 가치에 대한 관점을 확립하는 데 많은 시간을 사용하셨다.

오늘날 우리가 당면하는 많은 유혹들 앞에서 또 솔로몬의 권고를 고려할 때 우리는 잠언의 말씀을 마음속에 새기기 위해 할 수 있는 모든 일을 다해야 한다. 또한 우리 각자가 유혹에 취약하다는 것을 깊이 인식해야 한다. 만약 우리가 자신의 연약함을 미리 인정하고 안전한 극복의 방법들을 전면에 내세운다면 우리는 성적 유혹으로부터 더욱 안전하게 보호될 것이다.

기도

하나님 아버지, 우리의 마음을 강하게 하시고, 깨끗케 하시며, 주님 앞에서 거룩하게 살고자 하는 우리의 결심을 도와주십시오. 우리를 멸망시키고자 하는 사탄의 계획과 우리 사이에 임재하셔서 우리가 항상 영적으로 주님께 신실하게 하시고 우리의 배우자에게도 육체적으로 신실하게 해주십시오. 아멘.

심층 연구

A. 마음이 없는 사람들

잠언은 종종 6장 32절의 간음하는 자들에 대해 '무지한 자들' 혹은 '판단력이 없는 자들' 이라고 말하고 있다. 히브리어에서 그 구절은 문자 그대로 말하면, '마음이 없는 자들' 이라고 해석된다. 여기서 '마음(레브, leb)' 은 지성과 감성과 의지를 다 포함하는 내면의 모습을 뜻한다. 그러므로 '마음이 없는 사람' 이란 능력은 있지만 그것을 사용하지 않는 사람이라고 할 수 있다. 즉, 사용하지 않는다면 가지고 있지 않은 것과 같은 것이다.

잠언은 부도덕한 여성 근처에서 서성이는 사람(7:7), 이웃을 멸시하는 사람(11:12), 일하는 것이 아니라 헛된 계획만을 가지고 시간을 낭비하는 사람(12:11), 빚 보증을 서는 사람(17:18) 혹은 자신의 재물을 허비하는 사람(24:30) 등을 설명할 때 이 표현을 사용한다. 마음이 제대로 기능하지 않는 사람은 지혜를 들어도 깨닫지 못할 것이다(17:16). 그는 엄하게 훈계할 때만 듣고(10:13), 사실은 어리석음을 즐기며(15:21), 그 어리석음에 참여하는 것에는 열심이다(9:16). 그러나 지혜는 오직 그것을 찾으며(9:4), 깨달을 때 더욱 커진다(15:32).

B. 잠언에서 어머니의 역할

잠언에서는 아버지가 집중적인 조명을 받는데, 그렇다고 해서 잠언이 어머니를 무시하는 것은 아니다. 어머니는 자녀들에게 지혜를 가르쳐주고(1:8; 6:20), 자녀들이 죄를 피할 수 있도록 지혜의 불을 비춰주는 역할을 한다. 지혜로운 어머니는 각각의 자녀를 마치 외아들인 것처럼 소중하게 생각하고, 그녀 자신이 부모님께로부터 배운 지혜를 그들에게 나누어준다(4:3). 왕일지라도 자신의 어머니로부터 유익을 받아 누렸다(31:1).

잠언은 실제로 자녀가 부모를 어떻게 대해야 하는지에 초점을 맞추고 있다. 어머니의 가르침을 잊어버리지 말고(1:8), 순종하며(30:17), 어리석은 자가 되어서 어머니가 슬퍼하지 않게 하라(10:1; 15:20)고 말한다. 또한 어머니를 저주하지 말고(20:20; 30:11), 어머니의 물건을 도둑질하지 말며(28:24), 내쫓지 말고(19:26), 늙은 어미를 멸시하지 말라(23:22)고 한다. 그 대신 아들들과 딸들은 어머니의 말에 귀를 기울이고(23:22), 그 가르침을 지키라(6:20)고 한다. 그러면 그들이 의롭고 지혜롭게 될 것이며(23:23-25), 마지막에 그들은 어머니를 축복(30:11)하는 삶을 살게 될 것이라고 말한다.

교안

A. 들어가는 글

1. '남의 것이 더 좋아보이는 원리' 이야기로 시작하라.
2. 배경 설명: 솔로몬은 성적 부도덕의 위험성과 결혼 생활의 즐거움에 대해서 말한다. 그리고 그는 제자들에게 기쁨을 주는 길을 택하고 고통을 주는 길을 피하라고 독려한다.
3. 적용: 만약 어떤 사람이 기쁨을 극대화하고 고통을 최소화하고자 한다면 그는 하나님의 진리를 따라야만 한다.

B. 본문 이해

1. 간음의 위험성(5:1-14)
2. 결혼 생활의 즐거움(5:15-20)
3. 하나님의 시선(5:21-23)
4. 재난을 피하는 방법(6:20-35)

C. 결론: 임박한 재난

토의 질문

1. 당신은 당신 자신이 성적인 유혹에 취약하다고 믿는가? 그렇다면 그 이유가 무엇인가? 그리고 얼마나 취약한가? 그렇지 않다면 그 이유가 무엇인가?

2. 당신의 취약함을 줄이기 위해서 어떤 방법을 사용해보았는가? 그것들이 충분하였는가? 또한 효과가 있었는가?

3. 당신의 모습이 자녀들에게 어떤 영향을 미치고 있는가? 또한 당신의 영적 자녀들에게는 어떤 영향을 미치고 있는가?

5장

잠언 7:1-27; 23:26-28; 22:14; 29:3

성적인 유혹과의 싸움

"낚싯바늘이 없다는 것을 확인하기 전까지는 미끼를 물지 마라."

- 토마스 제퍼슨(Tomas Jefferson)

성적 유혹은 특히 젊은 사람들에게 있어 삶 속에서 경험하는 매우 강렬한 자극이다. 그 유혹이 당신에게 찾아올 때 끝까지 그것에 저항해야 한다. 그렇게 하지 않으면 그에 대한 혹독한 대가를 치르게 될 것이다. 그리고 매춘여성에게는 얼씬도 하지 말아야 한다. 모든 일은 항상 그에 해당하는 값을 치러야 한다.

Proverbs

들어가는 글

하나님을 구함

체스터톤(G. K. Chesterton)은 일찍이 사창가의 문을 두드리는 사람은 하나님을 향해 문을 두드리는 사람이라고 말했다. 그 의미는 하나님이 우리 영혼 속에 삶의 의미와 목적과 사랑에 대한 갈망을 집어넣으셨다는 것이다. 따라서 그리스도를 따르는 삶 가운데서 그러한 갈망을 채우지 않는다면 그것들을 채울 수 있는 다른 수단을 찾아 나서게 되는 것이다. 이러한 노력은 여러 가지 잘못된 욕구에 대한 중독으로 나타난다. 예를 들면, 일 중독이나 알코올 중독, 문란한 성 중독 등이 그것이다. 이 모든 것들은 다 해롭고 자기 파괴적인 것들이다. 그렇지만 어떤 사람이 그리스도로 인해 만족하지 않는다면 그는 필연적으로 여러 가지 자신의 욕구를 대체할 만한 것들 속에서 만족을 찾게 마련이다.

솔로몬은 성적인 유혹에 넘어가지 말 것을 아들에게 경고하면서 그것이 찾아왔을 때 이겨낼 것을 미리 준비시키고 있다. 복음전도자였던 빌리 그래함은 이렇게 말한 적이 있다. 자신의 손자는 믿지 않는 그의 친구들이 금요일 밤에 거리를 배회하며 뭔가 자극적인 것을 찾아 돌아다니는 때보다도 주일이 지난 월요일 아침에 더욱 도덕적인 유혹에 부딪히게 되었다는 것이다. 솔로몬의 경고는 과거에 그랬던 것처럼 지금도 여전히 그 의미가 유효하다. 만약 현대의 부모들이 성적 유혹에 직면하게 될 자기 자녀들로 하여금 미리 준비하도록 도와주지 않는다면 그것은 커다란 위험 가운데 자녀들을 무방비 상태로 노출시키는 것과 같은 것이다. 이런 의미에서 잠언 연구는 이전의 그 어떤 방법보다 중요하고 유익한 과정이다.

본문 이해

성적인 유혹과의 싸움

Main Idea	청년은, 결혼은 좋은 것이지만 부도덕한 행위는 그 상대가 다른 남자의 부인이건 매춘부이건 간에 자신을 파괴하는 것임을 잊지 말아야 한다.

A. 유혹의 이야기(7:1-27)

Supporting Idea	잠언 6장에서 아버지는 성적 순결을 유지하는 것이 얼마나 중요한지를 설명하였다. 이제 그는 유혹에 관한 이야기를 극적인 형식을 빌어 말하고 있다. 여기서 그는 역할 연기 시나리오를 통해 그의 아들이 실제에 대비할 수 있도록 그리고 그러한 상황을 다루도록 준비시키는 방법으로 구체적인 행동들을 설명하고 있다.

7:1-2. 이 장은 아들에게 마땅히 따라야 하는 지혜를 붙들라고 다시 한 번 강조하는 아버지의 모습으로 시작된다(1-5절). 이 점을 강조하기 위해서 그는 **지키며, 기억하고** 간직하라는 가르침을 또다시 반복하고 있다. 이것은 사느냐 죽느냐의 문제이기 때문에 그는 이것을 무시하거나 잊어버리게 내버려둘 수 없었다. 사실 아버지는 조언을 하고 있는 것이 아니라 **명령**을 하고 있는 것이다. 이 '명령' 이라는 말은 하나님의 명령으로도 쓰이는데, 아버지가 하나님의 기준을 가르쳐주고 있음을 상기시키는 것이다. 그의 목적은 단지 제한하려는 것이 아니라 젊은 사람들이 사망의 실패를 피할 수 있도록 돕는 것이다.

아들은 이 가르침이 너무나 귀중한 것이기에 마치 자기의 **눈동자**(핵심 혹은 정수)처럼 소중히 간직해야 한다는 것을 깨달아야만 한다. 우리는 대개 이렇게 민감한 기관을 보호하기 위해서 최대의 노력을 기울인다(신 32:10; 시 17:8 참고).

7:3. 3장 3절에서 솔로몬은 아들에게 자신의 가르침을 목걸이처럼 목에 걸라고 가르쳤다. 그리고 여기에서는 **손가락**의 반지처럼 그 가르침을 간직하라고 말한다. 지혜는

그것을 착용하는 자를 더욱 매력적으로 만드는 장신구와 같은 역할을 한다. 하지만 이것은 착용했을 때만 해당된다.

가르침을 그저 듣기만 하고 나중에 잊어버리는 것은 별로 도움이 되지 못한다. 젊은 이들은 그 교훈을 영원히 지워지지 않도록 마음에 새겨야만 한다. 그는 지혜의 교훈을 외적 행동의 법칙이 아닌 몸의 한 부분으로 만들어야 한다. 예레미야 31장 33절에서 하나님은 자기 백성들의 마음에 새로운 언약을 새겨주실 것이라고 약속하신다.

7:4. 구약 시대의 문화 속에서 누이는 아내나 연인을 가리키는 애정 어린 말이었다(아 4:9-10, 12; 5:1-2). 친족은 룻기 2장 1절에서 사용하고 있는데, 대체로 아주 친밀하게 아는 사람을 가리킨다. 잠언 기자는 젊은이에게 부도덕한 여성을 사랑하지 말고 지혜를 사랑하라고 권면하고 있다.

7:5. 이제 잠언 기자는 유혹에 관한 이야기로 주의를 전환시킨다. 그가 말하고 있는 지혜는 유혹하는 여자들로부터 아들을 보호해줄 것이다. 그는 2장 16절과 6장 24절에서도 부도덕한 여자를 묘사하는 데 동일한 단어를 사용하면서 이방 여인들의 도덕적 해이를 말하고 있다. 이어지는 이야기는 아첨의 간교한 말(부드러운 말)의 먹잇감이 되는 것이 얼마나 쉬운 일인지를 보여준다.

7:6-7. 이 장의 본문(6-23절)은 성적 관계를 맺고자 유혹하는 유부녀에게 다가가는 청년의 이야기를 보여준다. 그 장면은 부도덕의 희생자가 되는 청년의 어수룩함에 대한 설명으로 시작된다.

솔로몬은 말하기를, "내가 내 집 들창으로, 살창으로 내어다 보다가" 라고 하였다. 이 이야기가 실제 있었던 사건인지 아니면 그러한 일들의 전형적인 형태를 잘 알고 있던 그의 지식에 근거해서 꾸며진 이야기인지에 대해서는 약간의 논란이 있다. 솔로몬 정도의 통찰이 있는 사람이라면 능히 그러한 장면을 실제로 목격하면서 그 결과를 미리 예견할 수도 있었을 것이다.

그 간음의 희생자는 그 지역을 어슬렁거리던 평범한 젊은이 가운데 한 사람이었다. 그런 자들은 앳되고 어수룩했으며 또 그들을 이용하고자 하는 자들에게 너무나 쉬운 먹잇감이었다. 이 청년은 단호하게 거부하지 않았다. 이는 그가 판단력이 없었기 때문이다. 말 그대로 그는 '신실한 마음' 이 부족하였고, 그래서 위험에 빠지지 않도록 자신의 마음과 의지를 사용하지 못했다.

7:8-9. 그는 있지 말아야 할 장소에 있었다. 의도적이든 그렇지 않든 간에 그는 유혹하는 여자의 집 근처를 서성이고 있었던 것이다. 그들은 분명 서로 아는 사이였다(15절). 그래서 그는 그녀가 그 근처에 있다는 것을 알고 있었던 것 같다.

그는 또한 잘못된 시간에 그곳에 있었다. 그때는 부도덕한 일이 자행될 수 있는 한밤중이었다. 히브리어에서 본문의 저물 때, 황혼 때, 깊은 밤 흑암 중의 시간은 모두 한밤중의 어두운 시간대를 가리키고 있다.

7:10-12. 이제 여자가 나타난다. 그리고 다음의 세 구절은 그녀의 인품을 설명하고 있다. 그녀의 외모는 매혹적이다. 이는 그녀가 매춘부처럼 옷을 입었기 때문이다. 그녀의 행동은 간교하다(교활하며 음흉함). 그러나 그녀의 목소리는 활기차다. 아무것도 숨기는 것이 없는 듯하다. 그녀는 제멋대로인 사람이어서 하나님과 남편의 권위에 대해서도 대담하다. 이러한 제멋대로인 그녀의 성격은 집에 머물기를 싫어하는 것으로 나타났다. 결국 그녀는 끊임없이 밖으로 돌아다니면서 은밀한 애인을 찾아다니고 있었다.

7:13. 다음 단락(13-20절)은 실제로 일어나는 성적 유혹에 대한 구체적인 모습을 보여준다. 어수룩한 청년이 이런 상황에 직면했다면 그의 유일한 저항 방법은 즉시 그 자리를 피하는 것이다. 그녀가 그보다 훨씬 더 영리하기 때문이다. 그녀는 적극적으로 그를 안으며 갑작스러운 입맞춤으로 그를 놀라게 했다. 부끄러움을 모르는 얼굴이라는 표현은 그 적극성을 보여주고 있으며, 21장 29절에서 그 말은 좀 다르게 사용되어서 속임수라는 의미를 나타내기도 하였다. 결국 그녀가 그에게 말하는 것은 진실이라고는 찾아볼 수 없는 것이었다.

7:14. 그녀는 강조하기를, 자신이 이제 막 서원을 갚는 의미로 화목제를 드렸다고 말한다. 그녀는 자신을 매우 신실한 사람인 것처럼 가장할 뿐 아니라 그 일이 방금 전에 있었다는 점까지 덧붙이고 있다. 이것은 희생 제사를 드린 다음에 남은 고기를 먹는 즐거운 시간을 가질 수 있다는 특별한 기회가 있음을 의미한다.

7:15. 여기에서 우리는 그녀가 남자를 홀릴 때에 사용하는 '부드러운 말'이 어떤 것인지를 볼 수 있다. 그녀는 이렇게 말한다. "네 얼굴을 찾다가 너를 만났도다!" 이 말은 둘이 이전에 몇 번 만난 적이 있음을 뜻한다. 그래서 그녀가 그를 만났을 때 기뻐하는 것은 정말 자연스러운 것처럼 보인다.

7:16-17. 그 다음으로 그녀는 그를 위해 침실을 단장해놓았다는 구체적인 언급을 통

해 그를 자극하고 있다. 분명히 이러한 초대는 단지 음식을 같이 먹자는 것 그 이상의 의미를 내포하고 있다! 그녀는 자신의 침대에 화문 요와 애굽의 문채 있는 이불을 펴놓았다. 그리고 좋은 향수들을 뿌려놓아서 그가 몰약과 침향과 계피의 은은한 향기를 맡을 수가 있었다. 그녀는 이 모든 것들을 통해서 감성을 자극하고 있다. 고기의 향과 그녀의 목소리의 단아함, 고급 요의 부드러운 감촉, 향수의 향기 그리고 자신의 몸을 허락한다는 약속 등이 바로 그것이다.

7:18. 결론적으로 그녀는 성적인 즐거움으로 온 밤을 지새우자는 자극적인 말로 남자를 끌어들이고 있고, 그러한 성관계의 이미지를 마치 분수에서 쏟아져 나오는 물을 마시는 것으로 표현하고 있다. 솔로몬은 동일한 표현을 잠언 5장 18절과 아가서 4장 12-15절에서 결혼한 자들의 사랑을 묘사하는 데 사용하고 있다. 또한 이것은 17절에서처럼 어떤 향기를 의미하기도 한다.

7:19-20. 이 부분에서 그 젊은이를 주저하게 만드는 유일한 두려움은 자신들이 들키지 않을까 하는 결과에 대한 걱정이었다. 그래서 이 음란한 여인은 그에게 확언하기를 자신의 남편은 멀리 여행을 떠났다고 했다. 그 남편은 돈을 아주 많이 가지고 여행을 떠났고 보름달이 뜨기 전까지는 돌아올 계획이 없다고 하였는데, 이는 아마 여러 날이 걸리는 여행을 하기 때문인 것 같았다.

7:21. 솔로몬은 7장 14-20절의 긴 설명을 여기서는 간단하게 요약하고, 21-23절에서는 그 희생자의 반응에 대해서 말하고 있다. 그녀는 호리는 말을 통해 남자를 아무런 저항도 하지 못하게 만들었고, 그 청년은 오직 그녀가 말하는 쾌락만 바라보면서 다른 것은 아무것도 보지 못하게 되었다.

7:22-23. 그의 주저하는 마음은 한순간에 무너져내렸다. 그는 유혹으로 둘러싸여서 그녀의 집으로 끌려 들어간다. 그 다음에 잠언 기자는 이 불행한 희생자의 상태를 묘사하기 위해서 몇 가지 비유를 사용한다. 그는 마치 도살장으로 끌려가는 소와 같이 앞으로 닥칠 일이 무엇인지를 전혀 알지 못한다. 22절의 후반절은 히브리어로 "미련한 자가 벌을 받으려고 일부러 찾아가는 것과 같다" 고 되어 있는데, 이는 여자의 말에 홀려 이제 곧 자신의 선택의 파국을 맞게 되는 청년에 대한 적절한 비유가 된다.

NIV 영어 성경은 그 남자를 올가미에 매인 사슴에 비유한 70인역(Septuagint)과 시리아역(Syriac translations)에서 의미를 차용하고 있다. 그는 자신의 어리석음으로 인해 화살이 자기 간을 꿰뚫어 생명이 멈추게 되는 그 순간까지도 위험을 깨닫지 못한 것이다. 또한 그는 그물로 들어가는 새처럼 자신의 위험에 무지하였고, 마침내 그것을 깨달았을 때에는 도저히 죽음을 피할 수 없게 된 후였다.

7:24-25. 아버지는 강력한 경고로 훈계를 마무리하고 있다. 먼저 그는 아들에게 자신의 말에 귀를 기울이라고 명령한다. 그러고 나서 두 가지 금지 사항을 말한다. 그것은 음녀의 길에 치우치지 말고 그 길에 미혹되지 말라는 것이었다. 이 두 가지 금지 사항은 유혹이 최고조에 이르기 전에 그것을 피할 수 있도록 그를 돕기 위한 것이었다. 그렇게 마음을 지킴으로써(4:23) 진리의 길에서 벗어나지 않도록 하는 것이었고, 구체적으로 그가 위험한 장소에 가까이 가지 않도록 하는 것이었다. 이 이야기에 나오는 청년은 그가 견뎌내기에는 역부족인 유혹에 너무 가까이 다가갔기 때문에 어리석음에 빠졌던 것이다.

7:26-27. 이 단락은 부도덕의 심각한 위험성에 대한 경고로 끝마치고 있다. 그 여성이 별로 해롭지도 않고 진실해보일 수도 있다. 그러나 그녀는 수많은 희생자들의 죽음에 대해 분명한 책임이 있다. 솔로몬은 그녀가 끼치는 치명적인 영향을 설명하기 위해 군사적인 용어를 사용한다. 그에게 죽은 자는 '전사자' 로도 번역될 수 있다. 그리고 많은 사람은 '군대' 를 의미할 수도 있다. 다른 많은 사람들이 올무에 걸려 넘어질지라도 당신은 피할 수 있다고 생각하는 것은 너무나 어리석은 생각이다. 당신이 그 여자의 집에 들어간다면 그것은 바로 무덤을 향하여 달려가는 것이다.

B. 매춘의 위험(23:26-28; 22:14; 29:3)

Supporting Idea	매춘부를 찾아가는 사람은 심각한 어려움에 빠질 것이다.

23:26-28. 아들에 대한 아버지의 당부로 시작되는 1-9장의 내용과 마찬가지로 이 단락에서도 아들에게 아버지의 훈계를 따를 것을 강조하고 있다. 우선 아들은 아버지의 말에 마음과 정성을 다 기울여야 하며, 그 부모로부터 전해 내려오는 올바른 태도와 가치관을 온전히 따를 것을 결심해야 한다. 그 다음으로 그는 아버지의 모습에서 발견하였던 의로운 삶의 길에서 눈을 떼지 말아야 한다.

무엇이 젊은이들을 의로움의 길에서 벗어나게 하는가? 그것은 바로 음란한 여인이다. 그것은 남편에게 신실하지 않기로 결심한 유부녀이건 일반적인 **매춘부**이건 별 차이가 없다. 잠언 1-9장은 유부녀와 관계를 갖게 되는 위험성에 대해서 먼저 말하고 있지만 이 단락에서는 매춘도 안전한 것이 아니라고 경고하고 있다. 이러한 여자들과 관계하는 것은 모두 **깊은 구렁**과 **좁은 함정**에 빠지는 것과 같다. 그래서 한번 빠지면 빠져나올 길이 없다.

매춘부는 그녀가 함정에 빠뜨릴 수 있는 순진한 사람을 찾는다. 이는 아무 의심 없는 사람에게 갑자기 달려드는 **강도**와도 같다. 그래서 그녀의 죄악 된 행동은 사회의 도덕 수준을 크게 끌어내리게 된다.

22:14. 잠언 기자는 다시 **함정**의 비유를 사용하는데(23:27 참고), 여기에서는 간음하는 여인의 말이 아무런 해가 없는 구애와 같은 것으로 보일지 모른다. 그러나 사실은 결코 빠져 나올 수 없는 파국에 이르게 한다는 것을 깨닫게 된다.

그런데 이 사악한 여자가 하나님의 판단의 도구로 사용될 수 있음을 깨닫는 것은 매우 흥미롭다. 하나님의 **분노**가 한 인간에게 막 임하려고 할 때 그분은 죄인이 그녀의 함정에 빠지도록 허용하신다. 로마서 1장 18-32절에서 말하는 것처럼 하나님은 때때로 사람들을 더 깊은 죄에 빠지도록 내버려두심으로써 그 죄에 대한 분노를 표현하신다.

29:3. 잠언에서 두 부분에 대한 대조는 지혜가 간음으로부터 인간을 보호해준다는 사실을 보여준다(잠 2:12, 16; 5:1-3, 7-11 참고). 그래서 **매춘부**를 피하는 지혜로운 아들은 **아버지에게 기쁨**을 가져다줄 것이다(잠 10:1; 15:20; 23:15, 24; 27:11). 하지만 매춘부를 가까이하는 아들은 자신의 부와 아버지의 부를 헛되이 낭비하게 될 것이다.

Main Idea 복습	청년은 결혼은 좋은 것이지만 부도덕한 행위는 그 상대가 다른 남자의 부인이건 매춘부이건 간에 자신을 파괴하는 것임을 잊지 말아야 한다.

결론

물의 흐름을 거슬러 헤엄치다

1960년대가 시작되면서 성에 대한 성경적 기준에 반하는 새로운 혁명이 일어났다. 이제 결혼 생활 속에서만 성에 충실하고자 하는 전통적인 가치관은 개인의 욕구 충족이라는 맹공 아래 완전히 무너지고 말았다. 이전에는 성적 부도덕을 치욕적으로 생각하는 가치관이 있었고, 전반적으로 사회가 전통적이고 성경적인 가치 기준을 지지했다. 그러나 이제는 직장과 사회의 모습을 보여주는 TV와 영화에서부터 공공교육에 이르기까지 이 세상은 변하여 이렇게 말하고 있다. "당신이 원하는 것을 행하라."

20세기 초에는 잠언에서 나오는 성적 부도덕에 대한 경고가 너무 과잉된 것처럼 보였지만 이제 그런 것들은 필요한 것이 되었고 결코 과잉 반응이 아닌 것이 되었다. 지혜로운 부모는 솔로몬이 성적 부도덕에 대해 그 자녀들에게 말했던 것처럼 적극적으로 자녀를 교육시킬 것이며, 자신의 자녀들이 신실하게 성경적 삶을 살아가도록 촉구하는 데 노력할 것이다.

■ 진리 알기

- 성적 부도덕에 대한 유혹은 삶에서 계속 일어나는 일 가운데 하나이다. 그것은 결코 사라지지 않을 것이다.
- 때로는 유혹이 당신을 찾아오고, 때로는 당신이 유혹을 찾아갈 것이다. 지혜로운 사람은 어떤 경우든지 간에 정신을 바짝 차릴 것이다.
- 부모들은 자녀들이 유혹을 이겨낼 수 있도록 미리 준비하는 것을 도울 수 있다.

■ 적용하기

- TV와 영화 그리고 인터넷 등을 통해 찾아오는 유혹에 대항하여 자기 자신을 지켜라. 이러한 것들은 '가상현실적인 유혹' 의 근원들이다.
- 만약 당신이 이런 부분에 취약하다면 마음 문을 열고 솔직하게 나눌 수 있는 영적인 동역자

를 찾아라.

• 만약 당신이 부모라면 대중 매체를 통한 유혹으로부터 아이들을 지킬 수 있는 방법을 부부가 서로 논의하든지 아니면 함께 논의할 수 있는 다른 부부와의 만남을 가져라.

삶의 적용

실제 생활의 순결과 가상현실적인 순결

세대가 변할 때 삶도 변하는 흐름에 따라서 우리는 마태복음 5장 28절에 나오는 예수님의 말씀이 더욱더 중요한 시대에 접어들고 있다. "나는 너희에게 이르노니 여자를 보고 음욕을 품는 자마다 마음에 이미 간음하였느니라." 우리가 '가상현실적인' 시대에 살게 됨으로 그리스도인들이 '마음에 음욕을 품는 일' 이 거의 무제한적으로 일어나고 있다. 옛날에는 텔레비전이나 영화가 주된 유혹의 근원이었다. 하지만 지금은 그것들뿐만 아니라 더 강력하고 위험한 유혹의 근원들이 많이 생겨났다. 그것은 바로 인터넷이다. 이전에는 그리스도인들이 은밀하게 외설 영화 상영관에 들어가거나 비디오 대여점에 가서야 그런 류의 영화를 접할 수 있었지만 지금은 자기 집 안방에서 인터넷을 통해 자연스럽게 그런 성인물을 접할 수 있게 되었다. 특별히 조심하기만 하면 아무도 눈치채지 못할 수도 있다.

물론 하나님은 이 모든 일을 알고 계신다. 그래서 그리스도인들은 스스로 속이지 말아야 한다. 하나님은 만홀히 여김을(역자 주: 모를 것이라고 생각하는 무시당함을) 받지 않으시는 것이다. 사람은 무엇을 뿌리든지 간에 자기가 뿌리는 것을 거두게 될 것이다(갈 6:7). 그리고 그가 거두게 되는 것은 다음과 같은 세 가지 범주 중 하나이다.

첫 번째, 인과 관계에 의한 죄의 결과가 있다(잠 6:27-28). 마약을 계속 복용하면 건강에 심각한 이상을 초래하는 것과 마찬가지로 음란물로 영혼을 계속 병들게 만들면 결국에는 그의 영적 건강도 심각한 문제를 일으키게 되는 것이다. 그는 영적으로 무기력해지고 변질되어서 결국에는 파멸하게 될 것이다. 그가 이후에 계속 저지르게 될 죄악들은 입에 담기도 어려운 것들이다.

두 번째, 그는 하나님의 매를 경험하게 될 것이다(히 1:5-10). 우리는 하나님이 우리를 너무나 사랑하시기 때문에 스스로 망하게 만드는 어리석은 행동을 계속 하도록 아무 간섭 없이 내버려두지 않으신다는 성경 말씀을 알고 있다. 고린도전서 11장 27-32절에서는 너무나 악한 일을 하면서도 회개하지 않는 그리스도인들의 경우 하나님의 징계로 연약해지고, 병에 걸리며, 심지어는 죽음에 이르기도 한다고 말한다.

세 번째, 그는 악한 세력의 영적 공격으로 인해 괴로움을 당할 것이다. 에베소서 4장 26-27절과 6장 13-18절에서는 회개하지 않은 죄가 사탄의 영적 공격을 받게 되는 빌미가 된다고 말한다.

이 모든 것이 말하는 바는 '가상현실적인' 부도덕의 위험성이 매우 심각하다는 것이다. 이는 음란물이 인터넷을 통해서 공급되기 때문에 쉽게 접근이 가능하고 비밀스럽게 이루어질 수 있을 뿐만 아니라 그것에 빠졌을 때 나타나게 되는 결과가 심각하기 때문이다. 너무나 많은 그리스도인들이 실제 생활에서는 부도덕함에 빠지지 않았어도 가상현실 속에서 쉽게 음란물에 빠지곤 한다. 그래서 잠언에서 나타난 주제를 생활에 적용하려고 할 때 우리는 육체적 부도덕에 대한 경고라는 의미로 받아들일 뿐만 아니라 이와 같은 가상현실적인 부도덕의 위험성에 있어서도 적용해야만 한다.

기도

하나님 아버지, 우리를 쉽게 무너뜨리는 올무와 죄악으로부터 우리가 떠날 수 있게 도와주십시오. 그리고 우리 앞에 있는 선한 싸움을 인내로 잘 감당케 해주십시오. 주님의 은혜로 오직 예수 그리스도로만 만족케 하시고, 다른 어떤 것에서 만족을 얻으려고 노력하지 않게 해주십시오. 주님이 거룩하심과 같이 우리 또한 거룩하게 하시고, 주님이 우리 속에서 영광받으시며, 죄의 파멸로부터 우리를 보호해주시고, 의의 기쁨으로만 충만케 해주십시오. 아멘.

심층 연구

A. 마음판(7:3)

여기서 '판' 이라는 단어는 때로 배를 만들 때(겔 27:5)나 성전을 건축할 때(출 27:8; 38:7) 쓰는 판자와 같은 나무판을 의미한다. 또한 이것은 솔로몬이 만든 성전에서 물두멍을 올려놓는 금속판(왕상 7:36)과 하나님이 십계명을 기록하실 때 사용하신 돌판(출 24:12; 34:18)을 뜻하기도 한다.

유대인들은 대개 천이나 동물 가죽 위에 글을 썼다. '판' 은 일반적으로 영원히 보존하기 위한 목적으로 특별한 중요성을 가진 내용을 기록하는 데 사용되었다. 잠언에서 나오는 이 아버지는 그의 교훈이 아들의 도덕적인 인격과 융합되는 불변하는 가치 체계가 되기를 바라고 있다.

B. 화목제 (7:14)

레위기 3장 1-17절과 7장 11-38절은 화목제에 대한 규례를 보여준다. 제사를 드리고자 하는 사람이 화목 제물로 짐승을 가지고 오면, 제사장이 그 짐승을 죽여 고기의 일부는 제단에서 태워지고, 또 일부는 제사장이 먹도록 따로 떼어지며 그 나머지가 처음에 그 제물을 가지고 왔던 사람에게 돌아간다. 일반적인 경우 그 사람은 잔치를 벌이기 위해서 가장 좋은 고기를 사용하게 되고, 가족과 친구들을 그 기쁜 잔치에 함께하도록 초대한다. 이러한 일은 대개 그 고기가 신선한 상태에 있는 동안에 신속하게 이루어졌다.

고안

A. 들어가는 글

1. '하나님을 구함' 이야기를 들려주라.
2. 배경 설명: 솔로몬은 간음과 매춘의 위험성에 대해서 생생하고도 사실적인 예를 보여주고 있다.
3. 적용: 삶 가운데서 고통을 최소화하고 기쁨을 최대화하기를 원한다면 성적으로 순결해야 하며 성적 부도덕에 대한 유혹을 이겨내야만 한다.

B. 본문 이해

1. 유혹의 이야기(7:1-27)
2. 매춘의 위험(23:26-28; 22:14; 29:3)

C. 결론: 물의 흐름을 거슬러 헤엄치다

토의 질문

1. 당신은 TV와 영화 그리고 인터넷에서 보게 되는 성적 부도덕에 대해서 얼마나 주의하며 조심하고 있는가? 1부터 5까지의 척도에서 자신의 위치를 정해보라(1은 전혀 조심하지 않는 것이고, 5는 매우 조심하는 것).

2. '가상현실적인 부도덕' 에 대해서 당신의 마음과 정신을 보호하기 위해 당신이 사

용하고 있는 대처 방법은 무엇이며, 또 당신에게 필요하다고 생각되는 것은 무엇인가?

3. 이러한 유혹에 실패하는 것이 개인의 삶에 어떤 영향을 준다고 생각하는가? 배우자에게는 어떠하며 아버지로서는 어떠한가? 당신의 자녀들을 이러한 '음란물'의 위험으로부터 보호하기 위해 당신이 취하고 있는 방법은 무엇이며, 또한 취해야만 한다고 생각하는 것은 무엇인가?

6장

잠언 8:1-36

지혜의 부름

"지혜는 지식을 올바르게 사용하는 것이다. 그러나 많이 아는 것이 항상 지혜로운 것을 의미하지는 않는다. 많은 것을 알고 있지만 누구보다도 어리석은 자들이 많다. 지식을 사용하는 방법을 알기 위해서는 지혜를 가져야 한다."

- 찰스 해돈 스펄전(Charles Haddon Spurseon)

지혜는 모든 사람이 그것으로부터 얻을 수 있는 안전과 즐거움을 위해 자신에게로 나아오기를 촉구하고 있다. 그것은 모든 사람이 얻을 수 있는 것이고, 재물이 주는 유익보다 훨씬 더 가치 있는 것이며, 우리에게 높은 도덕적 기준을 갖게 하는 것이다. 하나님이 지혜를 창조하셨는데 그 지혜가 바로 우리로 하여금 그것이 얼마나 유익하며 중요한지를 깨닫게 만든다. 우리가 '지혜'라는 여성과 사랑에 빠질 때 그것은 행복으로 가는 지름길이 된다.

Proverbs

들어가는 글

더블 이글 II

1987년 8월 11일 커다란 헬륨 기구인 더블 이글 II가 마인 해협을 건너 프랑스로 날아갔다. 6일 후 대륙에 다가갔을 때 승무원들은 고도 유지에 실패하여 무게를 줄이지 않으면 바다에 빠지게 되는 상황에 부딪히게 되었다. 그중 한 명이 당시의 상황을 이렇게 기록하였다. "우리는 지금까지 기구의 부피를 적절히 조절하면서 고도 유지를 잘 해왔다. 그러나 육지에 다다랐을 때 결코 값싸지 않은 녹음기, 라디오, 잡지들, 침구류와 이동식 의자 그리고 대부분의 물과 음식과 그 외의 시원한 것들을 모두 버려야 했다."

결국 그들은 목적지에 이르렀고, 목표 달성의 기쁨을 누렸으며, 세계의 이목이 집중되는 것과 그에 따르는 경제적 보상도 받았다.

우리가 그리스도를 따를 때 그분을 온전히 따르지 못하게 하는 것이 있다면 우리는 그것을 밖으로 내던져야 한다. 실패의 구렁텅이에 처박히는 것보다 우리를 무겁게 만들고 실패하게 하는 것들을 포기하는 것이 차라리 더 좋은 것이다. 하나님이 우리에게 그것을 포기할 것을 요구하신다면 도저히 버릴 수 없을 정도로 귀한 가치가 있는 것이란 없다.

이것이 이 장에서 강조하고 있는 지혜의 핵심이다. "나를 따르라." 지혜가 말한다. "당신이 가져야 하는 모든 것을 버리고 나를 따르라. 스스로 느낄 수 있는 만족과 하나님의 온전한 축복은 오직 내 속에서 발견될 수 있다."

본문 이해

지혜의 부름

Main Idea	솔로몬은 지혜를 아름다운 여인으로 묘사하면서 헛된 사랑의 감정에 휘말려 열정을 낭비하는 것보다 지혜의 가치를 추구하는 것이 훨씬 더 유익하다고 강조하고 있다.

A. 지혜의 부름(8:1-5)

Supporting Idea	지혜는 모든 사람이 얻을 수 있는 것이며, 특별히 그것을 간절히 원하는 사람에게는 더욱 그렇다.

8:1. 처음 세 구절에서 솔로몬은 지혜를 아름다운 여성에 비유함으로 이전 장에서 그가 교훈의 말을 단도직입적으로 제시하던 것과는 달리 이후의 장에서는 지혜라는 여성이 자신을 직접 소개하는 형식을 취하고 있다. 그는 다른 곳에서도 이와 같은 의인법을 사용하고 있지만(1:20-33; 3:13-20; 4:5-9; 9:1-9) 특히 이곳에서 가장 많이 사용하고 있다. 이 장은 어리숙한 젊은 남자를 파멸로 이끌어가는 부도덕한 여성의 수법에 대해서 설명한 7장의 내용과 좋은 대조를 이루고 있다.

8:2. 지혜는 가장 번잡한 곳인 도시로 들어가는 입구에서 자신을 알리고 있다. 그곳은 모든 도로가 만나며 많은 상인들이 지나다니는 문이 있는 곳이다. 그녀는 모든 사람들이 들을 수 있도록 그녀를 지나쳐 바쁘게 지나가는 많은 사람들에게 큰 소리로 자신을 알리고 있다.

8:4-5. 지혜가 전해주는 메시지는 무엇인가? 여기서부터 지혜라는 여성은 전파자가 되어 모든 인류에게 자신의 말을 전하고 있다. 지혜를 얻기 원하는 사람은 누구든지 그녀에게로 와서 지혜를 얻을 수 있다. 그녀는 구체적으로 자신의 도움을 간절히 필요로 하는 두 그룹에게 초청의 말을 전하고 있다. 그녀는 경험이 부족하여 순진하고 잘 속는 어리석은 자들에게 자신에게 와서 명철을 배우라고 제안한다. 그 명철을 통해서 그들은

속기 쉬운 삶의 구렁텅이에 빠지지 않을 수 있다. 그녀는 미련한 자들에게 지혜로워지는 방법을 제안한다. 솔로몬은 하나님의 길을 따르기보다 자신의 길을 따르고 있지만 아직 주님께 대적하는 정도까지는 이르지 않은 어리석은 자들을 위해 말하고 있는 것이다.

B. 지혜의 가치(8:6-11)

Supporting Idea	지혜의 고귀한 말은 의로운 것이, 부귀보다도 더욱 가치 있다.

8:6. 이러한 유익은 어떻게 얻을 수 있는가? 첫 번째, 몇 개의 뛰어난 자질로 분류되는 지혜의 내용에 귀를 기울임으로써 얻을 수 있다. 지혜의 내용은 선한 것으로 구성되어 있다. 즉, 지혜가 "내가 선한 것을 말하리라" 고 할 때 그 말은 도덕의 가장 고상한 수준을 보여주는 것이다. 지혜는 오직 정직하며 의롭고 올바른 것을 말할 뿐이다. 그리고 이와 동일한 단어는 9절의 "정직히 여기는 바" 이다.

8:7-9. 지혜의 입술로부터 들을 수 있는 것은 항상 의로운 것들이다. 왜냐하면 지혜는 어떤 종류의 악이라도 다 미워하기 때문이다. 그녀의 말은 항상 의로운 것이며, 진리에 대해서 굽거나 간교하거나 패역한 것이 전혀 없다. 사실 어느 정도 분별을 가지고 의로운 길을 걸어온 사람들은 지혜가 주는 조언의 유익이 얼마나 귀한지를 깨닫고 있는 자들이다. 지혜의 모든 말은 의롭고 바르며 확실하고 흠이 없으며 구체적이고 정직하다.

8:10-11. 다시 한 번 지혜는 명령을 내린다. 6절은 사람들에게 들으라고 가르치며, 10절은 지혜를 선택하라고 요청한다. 부귀를 선택하지 말고 지혜를 선택하라. 왜냐하면 지혜는 은이나 금이나 보석(자수정이나 산호석)과 같은 보화보다도 훨씬 더 가치가 있기 때문이다. 잠언 기자는 훈계와 지식 그리고 지혜를 그에 반대되는 값비싼 물건들과 비교하면서 다음과 같이 강변한다. "지혜를 선택하라."

C. 지혜와 의로움(8:12-21)

Supporting Idea	지혜는 도덕적 윤리의 높은 기준에 이르게 한다. 그것은 단지 성공하기 위한 영리한 방법들의 목록이 아니다.

8:12. 지혜는 어떤 면에서 다른 덕목들과 함께 연결되어 있다고 말할 수 있다. 명철은 '꾀' 를 의미할 수도 있지만(호 9:4), 잠언에서는 항상 선하고 합리적인 행동을 의미하고 있다. 지식은 단지 학문적인 성취를 말하는 것이 아니라 진리의 지식을 의미한다. 그리고 잠언에서 근신(신중함)은 분명한 사고 과정을 통해 나타나는 주의 깊은 행동을 의미한다. 그것은 주의를 기울이지 않는 무모함의 반대가 된다. 세 가지 단어 모두 지혜로운 계획을 세울 수 있는 능력을 뜻한다.

8:13. 하지만 지혜는 영리함과는 거리가 멀다. 주님을 경외함이 지혜의 근본이다(1:7; 9:10). 그러므로 지혜로운 사람은 어떤 형태의 악에 대해서도 하나님의 분노와 동일한 감정을 갖는다. 지식만으로도 사람의 본성을 일깨울 수 있지만(고전 8:1), 지혜는 교만과 거만함을 미워한다. 왜냐하면 그런 것들은 하나님과 우리의 관계를 훼방하기 때문이다.

8:14-16. 지혜는 12절에서 언급했던 자신에게 따르는 덕목들에 대해서 다시 설명한다. 그것은 사람들에게 올바른 방향을 제시할 수 있다. 그 이유는 지혜에는 도략과 참 지식이 있으며, 명철과 능력을 가지고 삶의 여러 가지 도전들을 잘 극복해 나갈 수 있도록 사람들을 강하게 만들 수 있기 때문이다.

15-16절은 지혜가 좋은 지도력을 갖는 데 필수적인 것임을 강조하고 있다. 왕과 방백들과 재상과 존귀한 자들 모두가 공의와 의로움으로 다스리기 위해서는 지혜를 가져야 한다. 악한 위정자가 권력과 부귀를 가질 수 있을지는 모르지만 오직 주님을 경외하는 지도자만이 의로운 정치를 펼칠 수 있다.

8:17. 지혜는 모든 사람에게 그 유익을 전해줄 수 있지만(8:5), 실제로 그 유익을 받는 자는 지혜를 사랑하고 구하는 자들뿐이다. 야고보서 1장 5절에서 약속한 바와 같이 지혜를 간구하며 하나님께 나오는 자는 그것을 얻을 것이다(2:1-4).

8:18-21. 이 구절에서 지혜는 그것을 얻고자 노력하는 자들에게 그 노력으로 인한 유익이 충만하게 임할 것을 약속하고 있다. 지혜를 따를 때 부귀와 명예와 장구한 재물과 의가 따라온다. 여기서 '의' 라고 번역된 단어는 20절과 다른 구절에서처럼 '의로움' 으로 이해되어야 한다. 이렇게 열거된 것들은 물질적인 유익과 의로운 행동으로부터 나타나는 명예를 잘 조화시키고 있으며, 지혜는 돈 그 이상의 것을 얻게 해준다는 것을 보이고 있다. 19절은 지혜가 단순한 부귀보다 더 나은 것을 얻게 한다는 10-11절의 가르침

을 반복하고 있다.

20-21절은 이 단락의 요점을 다시 정리한다. 그것은 지혜로운 삶은 의로움과 공의로 가득한 것이며, 영적 번영이 그 결과이고, 물질적인 유익은 그저 자연스럽게 나타나는 소득일 뿐이라는 것이다.

D. 지혜와 창조(8:22-31)

Supporting Idea	하나님은 세상을 창조하실 때 지혜를 사용하셨다. 그러므로 지혜를 추구하는 것이 얼나나 우리에게 중요한 것인지를 이해해야 한다.

8:22-26. 이제 지혜에 대한 설명은 새로운 국면에 접어들게 되고, 그것이 이 세계를 창조하신 하나님의 섭리 가운데 어떻게 포함되어 있는가를 보여주면서 새로운 시적 경지에 이르게 된다. 22-26절은 창조 이전의 지혜의 기원에 대해 말해주고 있고, 27-31절은 창조 시 지혜의 역할에 대해서 설명한다.

이 단락은 하나님과 동일시된 시각으로 시작된다. 그분은 지혜의 근원일 뿐 아니라 지혜를 창조하신 분으로서 역동적으로 역사하신다. 많은 주석가들은 이 단락이 예수 그리스도를 가리키고 있다고 믿는다. 하지만 이 장의 다른 부분에서 지혜가 여성의 모습으로 의인화된 것같이 그러한 문학적 기법을 계속 이어가고 있는 것으로 보인다('심층 연구' 참고).

하나님은 하늘과 땅을 창조하시기 전에 지혜를 가져오셨다. 이 구절은 그러한 행위를 설명하기 위해 각기 다른 세 가지 동사를 사용한다. 첫 번째는 **가지셨으며**(22절)이다. 이것은 구약에서 대개 '가지다, 취하다'의 의미를 띠면서 84회 나타난 동사로부터 온 것이다. 어떤 구절에서 그것은 '소유하다' 혹은 '창조하다'의 뜻을 보이기도 한다. 두 번째는 지혜가 **세움을 입었다**(23절)는 것인데, 이는 우월한 위치에 놓여졌다는 뜻이다. 이 동사는 시편 2편 6절에서 아들이 왕으로 세움을 받았다는 것을 설명하기 위해서 이와 동일한 의미로 사용되었다. 이것은 또한 '엮어지다', '형성되다'의 뜻을 나타내기도 한다. 세 번째, 지혜는 **태어났다**(24절). 이것은 해산의 고통으로 인해 '몸부림치다 혹은 허리가 뒤틀리다'를 의미하는 동사에서 나왔다.

이와 같은 구절들은 지혜가 창조 이전에 하나님으로부터 온 것이라는 사실을 강조한다. 그것은 그분의 행하신 일 중에서 가장 처음으로 된 것이며(가장 빠른 것이거나 맨 먼저 된 것), 시간이 있기 전부터 혹은 세상 역사가 시작되기 전에 존재했던 것이다. 지혜는 창세기 1장 1-3절에 나오는 세상 창조가 이루어진 때나 창세기 1장 6-8절에 나오는 물이 바다와 육지로 갈라진 때 그리고 창세기 1장 9-10절에 나오는 마른 땅이 드러나기도 전에 이미 존재하고 있었다.

8:27-29. 지혜가 창조 이전부터 있었기 때문에 그것은 분명 창조가 이루어지는 과정 속에서도 존재했다. 이 구절들은 22-26절에 설명된 창조의 과정 속에 지혜가 있었음을 보여준다. 지혜는 하나님이 하늘을 지으시며 바다의 한계를 정하실 때에도 함께 있었다. 그것은 주님이 창조의 두 번째 날에 구름 하늘을 견고하게 하시며 바다의 샘들을 힘있게 하실 때에도 함께 있었다. 그리고 하나님이 마른 땅으로 드러나게 하시는 세 번째 날에도 지혜는 그곳에 있었다.

8:30-31. 지혜는 창조의 시간 속에서 단지 참관하는 존재가 아니라 역동적으로 창조 사역에 참여하는 존재였다. 하나님은 세상을 창조하실 때 지혜를 사용하셨다. 만약 하나님이 그러한 일에 지혜를 사용하셨다면 분명 우리도 당면한 문제를 해결하는 데 그분의 지혜를 필요로 하게 될 것이다. 우리는 또한 지혜의 원리가 구체적인 창조의 구조 속에서 이루어졌다고 결론을 내릴 수 있다. 그래서 그것을 무시하는 것은 너무나 어리석은 일이다.

하나님 편에서 지혜는 장인과 같은 역할로 참여하였다. 여기서 히브리 단어는 때때로 어린 아이를 의미할 수도 있지만 이 문맥에서는 예술적인 재능을 지닌 장인의 의미가 더 잘 들어맞는다. 창조에서 지혜와 함께 이루어진 일들은 매우 만족스러운 것이었다. 지혜는 하나님의 존재와 그분의 우주, 그리고 하나님의 사람들에게 큰 기쁨을 가져다주었다. 지혜와 함께 된 모든 것이 아주 적절한 기쁨의 이유가 된 것이다.

E. 지혜의 문 앞에서 기다림(8:32-36)

Supporting Idea	행복으로 가는 길은 지혜와 사랑에 빠지는 것이며 끊임없이 지혜에 대해 관심을 기울이는 것이다.

8:32-34. 지혜에 귀를 기울여라. 그러면 당신은 축복을 얻을 것이다! 지혜는 이러한

제안으로 자신의 전하는 바를 마치고 있다. 축복을 얻는 방법은 지혜에 온 몸을 다 바치는 것이다. 지혜의 말에 귀를 기울여라. 그리고 그 교훈을 따르라. 또한 사랑하는 사람을 만나고자 하는 열망으로 그녀의 집 앞에서 매일같이 몇 시간씩 기다리는 젊은 남자와 같이 지혜를 얻기 위해 모든 기회를 다 활용하라.

8:35-36. 당신 앞에는 오직 두 가지의 길이 있다. 하나는 생명으로 가는 길이고, 다른 하나는 사망으로 가는 길이다. 생명을 얻을 수 있는 유일한 길은 지혜를 따르기 위해 온 몸을 다 바치는 것이다. 지혜와 함께 생명이 찾아온다. 그 반대는 재앙이며, 궁극적으로는 사망이다.

Main Idea 복습	솔로몬은 지혜를 아름다운 여인으로 묘사하면서 헛된 사랑의 감정에 휘말려 열정을 낭비하는 것보다 지혜의 가치를 추구하는 것이 훨씬 더 유익하다고 강조하고 있다.

결론

오더번의 헌신

유명한 자연주의자이자 예술가인 존 오더번(John Audubon)은 새에 대해 연구하며, 새의 종족 전파를 위한 정보를 기록하는 데 있어서 그 어떤 희생도 아까워하지 않는 사람이었다. 그는 쏙독새(nighthawks)를 연구하고 그에 관한 정보를 기록하기 위해서 밤마다 습지에 가곤 하였다. 어느 여름 오더번은 사람을 두려워하는 물새를 관찰하기 위해 뉴올리언즈 근처의 호수를 여러 번 방문하였다. 그는 고여 있는 물속에서 몸을 목까지 담그고 간신히 호흡을 하면서 새를 관찰하였는데, 그때 치명적인 독을 가진 뱀이 그의 얼굴 옆을 지나갔다. 그 순간 너무나 공포스러웠지만 그는 나중에 말하기를 그런 시간을 통해서 그릴 수 있었던 새의 그림이 그 모든 고통을 감수할 만큼 값진 것이었다고 하였다. 사람이 세상의 목표를 위해서도 이렇게 스스로를 단련할 수 있다면 하나님의 자녀들은 그리스도를 따르기 위해서 이보다 더 큰 희생도 감수할 수 있을 것이다.

지혜가 우리에게 요구하는 삶은 반드시 쉬운 것만은 아니다. 우리가 포기해야 하는 많은 것들은 우리가 간절히 원하는 것이거나 삶을 더욱 편하게 만드는 것들이다. 우리가 해야 하는 많은 일들은 힘든 일이고, 어쩌면 육체적으로뿐만 아니라 영적으로나 정서적으로도 감당하기 힘든 일이다. 그렇지만 그 결과는 충분히 가치가 있다. 그 경주의 끝에서 받는 상은 힘든 일을 통해 얻은 것이고 반드시 놀라운 유익이 있는 것이다.

▣ 진리 알기

- 지혜는 쉽고 간편하게 얻어지지 않는다. 우리는 그에 합당한 대가를 치러야 한다.
- 지혜는 자신을 가장 따르는 자들에게 자신이 줄 수 있는 최고의 유익을 선사한다.
- 지혜를 훈련하는 방법은 결국 참된 자유를 얻는 방법이다.

▣ 적용하기

- 만약 당신의 부모님이 살아 계시다면 그분들의 말씀에 귀를 기울여라. 다른 영적 스승이나 상담자 혹은 그 외 당신의 삶에 어떤 권위를 가지고 있는 사람이 있다면 그들의 말에 귀를 기울여라. 하나님은 때로 사람들을 통해서 우리를 이끄신다.
- 만약 하나님이 당신이 얻기를 원하시는 어떤 지혜가 있거나 버리기를 원하시는 어떤 어리석음이 있다면 하나님께 그것을 간구하라. 그것이 바로 주님이 분명하게 응답해주시는 기도다.
- 당신이 마음속에 품는 것이 무엇인지 주의 깊게 살펴보라. 그런 것들이 어리석음이 아니라 오직 지혜를 얻는 것이 되도록 하라. 당신은 마음속으로 생각하는 것을 따라가게 될 것이다.

삶의 적용

돌아갈 배를 불태우기

다음과 같은 전설이 있다. 스페인의 탐험가였던 코테즈(Cortez)가 멕시코 정복을 위해 700명의 군사들과 함께 베라 크루즈에 처음 상륙하였을 때 그는 자신이 타고 온 7척의 배를 모두 불태워버렸다. 그의 부하들은 불타는 배를 바라보면서 이제 고국으로 돌아갈 희망은 사라졌고 새로운 세계에서 펼쳐지는 새로운 삶에 반드시 성공해야만 한다는 것만 뼈저리게 느꼈다. 돌아갈 희망이 사라지자 그들은 오직 새로운 미래에 대해서만 집중하게 되었다.

이러한 결심은 그리스도인의 삶 속에서 목표를 이루는 데 반드시 필요하다. 우리는 앞으로 살아갈 방법을 알기 위해서 예전의 삶을 돌아보아서는 안 된다. 과거의 영향력에 의존해서는 안 된다. 돌아갈 길을 기억해낼 수 있는 여지를 만들어서도 안 된다. 우리는 이전의 삶에 완전한 단절을 선언해야 한다. 그리고 예수님이 우리에게 원하시는 새로운 삶을 더 잘 살 수 있는 방법은 예전의 삶과 아무런 관계가 없다는 것을 기억해야만 한다.

그것이 바로 지혜가 자신을 따르라고 말하면서 강조했던 것이다. 지혜는 그리스도 안에서 새로운 삶의 길을 살아가는 것이다. 그것이 바로 화평과 사랑과 희락의 길이다. 그것은 우리 영혼의 소원이 온전히 충만해질 수 있는 비결이다.

자신의 배에 불을 지른 코테즈처럼 우리는 정신적으로 예전의 삶의 모습이 새로운 삶의 모습보다 더 나았다는 생각에 불을 지펴야 한다. 불순종과 무례함과 게으름의 삶과 온전한 단절을 이루어야 한다. 그리고 눈을 들어 지혜의 길이 보여주는 미래를 바라보고 과거는 과거의 일로 끝내야 한다.

기도

하나님 아버지, 우리가 자원하여 지혜를 얻기 위한 수고를 감당할 수 있도록 주님이 도와주십시오. 어리석음의 대가는 지혜를 위해 치러야 하는 대가보다 훨씬 더 고통스러운 것임을 깨닫게 도와주십시오. 그래서 우리의 삶이 항상 주님을 기쁘시게 하기를 원합니다. 아멘.

심층 연구

A. 지혜라는 여성은 실제로 누구인가?

잠언 8장에 나오는 지혜라는 여성의 실존 여부는 수 세기 동안 활발히 토의되어온 주제이다. 현대의 여성주의자들을 위시한 일부 학자들은 이스라엘이나 이방인들 사이에 존재하던 여신에 대한 설명이라고 주장해왔다. 그러나 그 같은 주장은 구약의 유일신 사상이나 어떤 여신의 존재를 주장하기보다는 '하나님에 대한 두려움' 을 강조한 잠언의 논조와 정면으로 배치된다.

대부분의 학자들은 지혜라는 여성을 하나의 의인법(지혜에 대한 태도를 표현하기 위해 선택한 수사학적인 방법)으로 보아야 하는지 아니면 실제 인물(예수 그리스도가 하나님의 지혜로 표현되는 것처럼)로 보아야 하는지에 대해서 토의해왔다.

여기에서 지혜를 그리스도의 직접적인 설명이라고 보는 견해는 그러한 견해가 일반적인 것이라 하더라도 여러 문제점을 야기시킨다. 8장 22-25절에 사용된 동사들은 지혜가 신적 본성의 영원한 한 부분이라기보다는 하나님의 창조물이라는 생각을 지지하는 것으로 보인다. 4-5세기에 예수님의 신성을 부인하였던 아리우스 이단은 실제로 이 구절을 그리스도의 신성을 부인하는 자신들의 주장을 증명하기 위해 사용하기도 하였다.

지혜의 속성을 단순히 여성적인 이미지로 의인화하였다는 견해는 이 같은 교리적인 난점을 극복하고 잠언 1-9장의 다른 부분에서도 자연스럽게 연결된다. 1장은 지혜를 한 여성으로 그리고 있고, 9장은 지혜와 어리석음이라는 두 여성을 직접적으로 대조하면서 어수룩한 젊은 남성들이 지혜와 사귀기 위해 노력해야 한다고 강조하고 있다. 특히 8장의 내용은 의인법으로만 이해할 수 있다는 데 거의 모두가 동감하고 있다. 그러므로 22-31절의 예수님을 연상시키는 내용도 지혜가 의인화되어 표현되었다고 이해하는 것이 합리적인 것으로 보인다.

신약에서는 예수님이 하나님의 지혜로(골 2:3) 나타나고 있으며, 그분이 창조 시에 하나님 아버지의 사역에 동참하였다고 가르친다(골 1:15-17; 계 3:14; 요 1:3). 그러므로 우리는 잠언 8장의 많은 구절들이 그리스도에 대한 설명이라고 하더라도 크게 놀라지 말아야 한다. 비록 그분을 직접적으로 나타내서 말하고 있지는 않아도 간접적으로는 그리스도에 대해서 말하고 있기 때문이다.

B. 하나님은 지혜로운 자에게 풍성한 재물을 약속하셨는가?

잠언은 때로 지혜로운 자들과 의로운 자들이 번성할 것이라고 약속한다(8:18-21). 그래서 많은 사람들이 하나님을 따를 때 경제적으로도 번성할 수 있는지 없는지를 자주 묻는다. 솔로몬은 하나님의 축복의 결과로 물질의 풍요를 누렸다. 그가 지혜를 원하였을 때 하나님은 그에게 재물까지도 주셨다(왕상 3:5-15).

하나님은 신명기 28장에 나온 대로 이스라엘과 언약을 맺으셨는데, 여기에는 정치적, 경제적 번영을 구체적으로 명시하는 약속도 포함되었다. 주님은 이스라엘 백성들이 자신에게 순종한다면 땅과 곡식과 재물로 축복해주겠노라고 약속하셨다. 이러한 언약이 잠언을 읽는 구약의 성도들에게 축복을 기대할 수 있는 이유가 될 것이다. 그러나 구약의 언약에서도 신명기 28장의 약속은 한 나라에게 이루어지는 것이었다. 그래서 그 나라가 죄 가운데 살고 있다면 매우 드물게 의로운 사람이 있다 하더라도 때로 나라의 죄로 인해 고통을 받기도 하는 것이다.

예를 들면, 히스기야 왕의 통치 기간 동안에 유다는 그동안 쌓인 죄의 결과로 인해 고통을 받았다. 그래서 이사야와 같은 의로운 사람도 고통을 당해야만 했다. 그러므로 지혜를 통해 얻을 수 있는 재물에 대한 잠언의 약속은 한 나라 전체가 지혜를 추구하는 분위기 속에 살아가고 있는 개개인들에게서 이루어질 수 있는 이상적인 상황이다. 다시 말하지만, 그것은 허무맹랑한 약속이 아니라 모든 유대인들이 함께 지혜 가운데서 살아가는 사회 속에 있다면 그 결과는 물질의 풍요를 누릴 것이라는 일반적인 진리다.

또한 그 언약은 구체적으로 이스라엘에 대한 것이기 때문에 현대의 그리스도인들이 그것을 하나님이 재물을 약속해주신 것이라고 주장하는 데 직접적으로 이용할 수는 없다. 하지만 잠언에서 가르치고 있는 원리는 사람들을 가난하게 만드는 많은 어리석은 함정들을 피해 나갈 수 있는 교훈을 우리에게 분명히 전해주고 있다.

고안

A. 들어가는 글

1. '더블 이글 II' 이야기로 시작하라.
2. 배경 설명: 8장에서 지혜는 여성으로 의인화되어 나타난다. 이러한 관점은 1-9장의 다른 내용에서도 잘 들어맞는다. 1장은 지혜를 한 여성으로 묘사하고 있고, 9장은 지혜와 어리석음을 두 여자로 비유하여 직접적인 대조를 보이면서 순진한 젊은이들이 각각의 여성과 함께 시간을 보내는 것에 대해서 말하고 있다. 성적 부도덕과 다른 일반적인 죄와 부주의함에 대한 실제적인 경고를 반복하면서 이 장은 지혜로워질 수 있는 방법을 따를 것을 집중적으로 강변하여 요청하고 있다. 그것은 지혜의 축복을 받아들이는 것이며, 어리석음의 저주를 거부하는 것이다.
3. 적용: 솔로몬은 명백한 죄를 피하기 위한 실제적 권면으로 잠언을 시작한 다음에 8-9장에서는 지혜를 따르도록 하기 위한 심오한 논의를 말하고 있다.

B. 본문 이해

1. 지혜의 부름(8:1-5)
2. 지혜의 가치(8:6-11)
3. 지혜와 의로움(8:12-21)
4. 지혜와 창조(8:22-31)
5. 지혜의 문 앞에서 기다림(8:32-36)

C. 결론: 오더번의 헌신

토의 질문

1. 지금 당장 당신이 헌신할 수 있는 가장 지혜로운 일은 무엇인가? 지금 이 순간 당신이 행할 수 있는 가장 어리석은 일은 무엇인가?

2. 지혜를 좀더 가까이에서 따르기 위해 당신이 해야 할 가장 중요한 일은 무엇인가?

3. 자녀들에게 미치는 당신의 삶의 영향력은 무엇인가? 당신은 다른 사람들의 삶 가운데 영향을 끼치고 있는가? 그들이 당신에게서 지혜의 삶을 배우고 있는가?

7장

잠언 1:20-33; 9:1-6, 10-18

지혜와 어리석음 사이의 고민

"지혜로운 자는 고통 가운데 배운다. 그러나 어리석은 자는 그저 그 고통을 반복한다."

- 마이클 노박(Michael Novak)

지혜와 어리석음은 각각 우리에게 자신이 주는 즐거움을 누리라고 제안한다. 지혜를 따를 때는 기쁨이 있고, 어리석음을 따를 때는 고통이 있다. 그러므로 우리는 지혜를 선택해야 한다.

Proverbs

들어가는 글

어깨 위의 천사

유혹은 때로 한쪽 어깨 위에는 천사가, 다른 한쪽 어깨 위에는 악마가 앉아서 서로 자신의 말을 듣게 하려고 그의 귀에다 대고 속삭이는 모습으로 그려진다. 천사는 우리로 하여금 다른 사람을 생각하고 즉각적으로 자신의 만족을 추구하는 것을 포기하며 올바른 일을 하게 하는 반면, 악마는 우리 자신의 욕구를 따르며 지금 당장 원하는 일을 하게 만든다. 물론 누가 이기는가는 그 사람이 누구의 말을 듣는가에 달려 있다.

잠언의 이 단락에서도 솔로몬은 한쪽 어깨 위에는 지혜의 천사를, 다른 쪽 어깨 위에는 어리석음의 악마를 올려놓고 나서 생각해보게 한다. 그 다음에 솔로몬은 한 단계 더 나아간다. 그는 지혜의 이야기를 들었을 때와 어리석음의 이야기를 들었을 때의 결과가 무엇인지를 보여준다. 그리고 우리로 하여금 선택의 결과를 바라본 후에 어느 하나를 선택할 것을 요구한다. 물론 선택의 결과를 보는 능력은 결정에 큰 도움이 된다. 영적으로 근시안적인 사람만이 자기 앞에 놓인 결과를 보면서도 여전히 어리석음을 행하게 하려는 악마의 제안을 받아들일 것이다.

본문 이해

지혜와 어리석음 사이의 고민

Main Idea	하나님의 지혜는 모든 사람을 초대하여 자신에게 배울 것을 요청하는 현숙한 여인의 모습으로 그려진다. 어리숙한 사람일지라도 그녀의 조언에 귀를 기울이면 생명을 얻고 재난을 피할 수 있다.

A. 지혜의 책망을 받아들임(1:20-33)

Supporting Idea	지혜는 당신이 위험한 방향으로 나아가려고 할 때 당신을 책망할 것이다. 그 질책을 받아들이는 사람은 위험을 피하겠지만 그 경고를 무시하는 자는 위험을 피할 수 없을 것이다.

지혜는 이미 여러 장에서 아름다우며 사리 판단이 올바른 여인의 모습으로 나타났다(3:16-18; 4:3-6; 8:1-36). 이 단락은 그러한 모습을 잠언에서 가장 처음 소개하는 부분이다. 이러한 문학적인 표현은 젊은이들이 자신을 파멸로 이끌 수 있는 여인에게 이끌리게 되는 대신에 '지혜라는 여인' 에게 정성을 기울일 수 있도록 권면하는 효과적인 방법이 되었다.

1:20-21. 지혜가 지나가는 사람들에게 외치면서 도시에서 가장 번화한 곳으로 들어가는 모습으로 나타난다. 그녀는 분명하고 확고한 음성으로 크게 외치고 있다. 그래서 모든 사람들이 그녀의 말을 들을 수 있다. 그녀는 거리의 광장으로 나아가고 또 상인들로 가득한 번화가로 들어간다. 학자들만이 있는 조용한 도서관에 있지 않고 떠들썩한 번화가로 용감하게 나아가며 모든 사람들이 지나다니는 도시의 대로로 나아가는 것이다. 아무도 지혜가 가까이 오지 못하게 하려고 제지하는 사람이 없다. 그래서 그녀는 진취적으로 자신이 줄 수 있는 유익을 전하기 위해서 나서는 것이다.

1:22. 지혜라는 여성은 이 장에서 화자로 나타난다. 그녀는 자신의 조언을 필요로 하는 사람들과 그것을 무시하는 두 그룹의 사람들에게 두 개의 수사학적인 질문을 던진다. 어리석은 자들은 순진하고 속기 쉬운 자들이나 자신이 어리석다는 것을 깨닫지 못하는 자들이다(1:4). 거만한 자들은 진리를 거부하며 그것을 지적하는 사람은 누구든지 비난한다(시 1:1 참고). 미련한 자들(히브리어로 케실, kesiyl)은 거만한 자들처럼 주님께 반역하는 것은 아니지만 어리석은 자들보다도 더욱 하나님으로부터 멀어진 자들이다. 이 세 부류의 사람들은 모두 영적인 어리석음의 길을 따르고 있지만 너무나 어리석은 탓에 자신들의 길에 대해서 만족해하고 있다.

1:23. 이들은 잘못된 길을 걸어가고 있기 때문에 이들에 대한 지혜의 말은 자연히 책망이 된다. 잠언은 때때로 우리에게 책망을 기쁘게 여기고 그것을 거부하지 않는 것이 중요하다고 말한다(1:23, 25, 30; 3:11; 9:8; 13:1; 15:31; 17:10; 19:25; 25:12; 30:6). 어리석

은 자는 자기 파괴적인 방법에서 돌이켜서 지혜의 감독을 받는 것이 필요하다. 그렇게 할 때 지혜가 그에게 신(진실)을 부어주며 깊은 말(통찰)을 보여줄 것이다.

1:24-25. 두 구절 다 할지라도라는 표현을 사용한다. 듣는 자들이 지혜의 조언을 무시하기로 결정했기 때문에 그들은 약속된 모든 유익을 놓쳐버리게 되었다. 지혜는 사람들을 불러 자신에게 오라고 신호하였지만 그들은 지혜의 조언을 받기를 거부하였다. 그들은 모든 조언을 무시하고 귀찮은 참견 정도로 여기며 어떠한 가르침이나 훈계도 받기를 싫어하였다.

1:26-28. 이 구절들은 이 단락의 절정인 지혜의 경고가 실제로 이루어지는 순간을 나타낸다. 지혜가 경고했던 것처럼 어리석은 자들은 그들의 강퍅한 반항심의 결과로 인해 순식간에 사라져버렸다. 불행이 폭풍처럼 그들에게 임하고, 재난이 돌풍처럼 그들을 쓸어버릴 것이며, 두려움과 재앙이 그들에게 임할 것이다.

그리고 이러한 비극이 일어날 때는 지혜로부터 어떤 도움을 받기엔 이미 너무 늦은 때이다. 그들이 지혜를 비웃고 조롱하였으므로 이제 지혜는 자세를 바꾸어 도리어 그들을 비웃을 것이다. 비록 그들이 구해 달라고 애타게 부르짖을지라도 어떠한 도움도 얻지 못할 것이다.

지혜의 비웃음이 매정해보일지도 모른다. 하지만 지혜는 실제로 존재하는 '사람' 이 아니다. 그것은 자연적인 인과 관계의 결과를 보여주는 하나의 원리일 뿐이다. 그러므로 비웃음은 그저 우리가 책망을 거부한 결과를 피할 수 없음을 보여준다. 24절에서 지혜는 그들을 불렀고, 그들은 거부하였다. 이제 그들은 부르짖고, 지혜는 거부한다. 이는 지혜의 우선적인 유익이 미리 문제를 피하게 해주는 것임을 의미한다. 일단 문제에 휩쓸리고 나면 고통에 빠지지 않을 수 없으며, 거기서 빠져 나오도록 도와주는 일이 쉬운 일이 아니다.

1:29-30. 이 구절들은 24-25절의 내용과 비슷하다. 이 두 부분은 모두 할지라도라는 표현으로 시작하고 어리석은 자들이 어려움에 빠지는 이유에 대해서 설명한다. 그들은 미련하여 하나님이 제공해주시는 도움을 거부하였다. 문제는 그들이 주님을 경외함을 거부한다는 것이고 주님이 주시는 지식을 외면한다는 것이다(1:7; 2:5 비교). 그러한 태도가 있었기에 그들은 지혜의 충고가 임했을 때 그것을 무시해버린 것이었다.

1:31. 어리석은 자의 운명은 오직 자신의 길을 걸어가고 자신의 계획을 완성시키기

위해 했던 선택의 열매를 거두는 것이다. 갈라디아서 6장 7절 말씀이 보여주는 것처럼 우리는 뿌린 대로 거두게 된다.

1:32-33. 이 단락은 지혜를 무시하면서 그것을 추구하려고 하지 않은 것에 대한 궁극적인 결과를 보여줌으로써 결론을 맺고 있다. 어리석은 자들은 자신을 구할 수 있는 조언에서 떠나 헛된 길을 가는 자들이다. 그리고 미련한 자들은 사망으로 내려가는 길을 가고 있으면서도 그것에 무관심하여 자신들에게 임할 위험이 무엇인지 깨닫지 못하는 자들이다. 그러나 지혜로운 자들은 안전함에 거하면서 차분하고 평안한 삶을 즐길 수 있는 자들이다. 어리석은 자는 쉽게 부주의하게 되므로 위험에 빠지지만 지혜로운 자는 안전한 길을 가기 때문에 평안한 삶을 누린다.

솔로몬은 이 구절이 지혜를 온전히 따르는 데 헌신하고 부모님과 지혜로운 선생님들의 조언을 따를 수 있도록 자극하는 것이 되기를 바란다.

B. 두 가지 초대 사이의 선택(9:1-6, 10-18)

Supporting Idea	지혜라는 여성과 어리석음이라는 여성 둘 다 지나가는 사람들을 자기 집에서 열리는 잔치에 초대하고 있다. 그 선택은 매우 상반된 결과를 나타낸다. 왜냐하면 그 결과는 생명이나 사망으로 인도하는 것이기 때문이다. 그리고 오직 하나님을 경외하는 사람들은 올바른 선택을 하게 될 것이다.

이 장은 동일하게 세 구분으로 나뉠 수 있다. 첫 번째, 지혜가 사람들을 자신이 베푼 잔치로 초대하고 있다(1-6절). 두 번째, 솔로몬은 사람들이 지혜나 어리석음을 선택하는 동기에 대해서 설명하고 있다(7-12절). 세 번째, 매춘이라는 어리석음이 그의 요란한 잔치에 사람들을 초대한다(13-18절). 두 여성의 모습은 처음 잠언의 아홉 장에서 나타나는 설명에 대한 핵심적인 결론이면서 7장의 매춘부의 모습과 8장의 지혜의 모습을 자연스럽게 이어가고 있다.

9:1-2. 지혜가 자신이 열 잔치를 위해서 넓고 장엄하며 일곱 기둥으로 세워진 넉넉한 공간의 집을 지었다. 그리고 고기와 포도주로 성대한 잔칫상을 차렸다. 짐승을 잡아 만든 고기 요리와 잘 발효된 포도주가 잔치에 알맞게 준비되었다.

9:3. 이제 손님을 부를 때가 되어 지혜는 사람들을 잔치에 초대하기 위해서 종들을 보

낸다. 그리고 그녀 자신은 성중 가장 높은 곳에 올라간다. 그곳은 많은 사람들이 그녀의 초대의 말을 들을 수 있는 곳이었다. 이 장면은 누가복음 14장 15-24절에서 나오는 예수님의 비유 가운데 하나를 떠올리게 한다.

9:4-6. 지혜의 말은 4-6절에 잘 기록되어 있고, 특히 7-12절에서 분명하게 볼 수 있다. 이 잔치는 특정한 몇몇 사람들에게만 개방되는 것이 아니다. 그것은 엄밀히 말하면, 어리석은 자와 지혜 없는 자(문자적으로는 '마음' 이 없는 자)이거나 판단이 부족한 자들을 위한 것이다. 즉, 도움을 가장 필요로 하는 자들을 위한 시간이라는 뜻이다. 와서 먹으라, 그리고 마시라는 지혜의 초대는 그녀가 준비한 음식을 함께 먹는 모습을 보여주고 있다. 문자적으로 이것은 지혜를 취하고 그 유익을 누리라는 요청이다. 그 유익이 필요한 자들은 자신들의 어리석음을 버리고 명철의 길을 걸어갈 수 있도록 지혜로부터 배우라는 요청을 받고 있는 것이다. 이렇게 함으로써 그들은 생명을 얻을 수 있다.

이와 비슷한 내용이 이사야 55장 1-2절에 나타나고, 예수님도 요한복음 6장 51-56절에서 유사한 비유를 사용하셨다. 잠언 9장 6절에 나오는 어리석음은 '어리석은 사람들' 이라고도 번역될 수 있다. 하지만 그 절의 나머지 부분은 여기서 말하고자 하는 바가 길과 관련되어 있음을 보여준다.

9:10. 논의는 여기서 다시 순환되어 1장 7절에 나온 잠언의 주제를 다시 언급한다. 그러면서 1-9장의 시작과 끝부분에서 나타났던 것과 동일한 주제를 제시한다. 솔로몬은 '전환점' 혹은 '첫 단계' 를 의미하기 위해 근본이라는 단어를 사용하고, 1장 7절에서의 '지식' 을 지혜로 대치해서 표현한다. 거룩하신 자는 사실 여기서와 30장 3절에서 복수형으로 끝나고 있는데, 이는 하나님의 거룩함의 충만을 강조하는 것이다. 이 구절은 지혜가 하나님과 별개로 받아들여질 수 없음을 명확하게 보여준다.

9:11-12. 지혜는 자기를 따르는 자들에게 오래 살 것을 약속하고 하나님 앞에서 우리 각자의 책임에 대해 권면하고 있다. 지혜로운 자는 그 지혜를 따름으로 자기 자신이 보상을 받게 되고, 거만한 자는 그 거만함으로 인해 자기 자신이 고통을 받게 된다. 이와 같은 진리가 에스겔 18장에서도 설명되고 있다.

9:13. 이 장의 세 번째 부분은 지나가는 사람들을 '잔치' 에 오도록 유혹하는 어리석은 여성을 소개하고 있다. 그녀는 떠들썩하기가 잠언 7장 11절에서 나온 음란한 여인과 같다. 그녀는 어리석은데 이는 문자적으로 천박하여 그녀를 찾는 어리석은 사람들처럼

잘 속기 쉽다는 뜻이다. 그리고 그녀는 지식이 없어 아무것도 알지 못한다.

9:14-15. 지혜로운 여성과 같이 어리석은 여성도 많은 사람들이 들을 수 있도록 성중 가장 높은 곳에 올라가 소리친다. 그녀는 초대장을 가지고 종들을 보내는 수고로움을 감당하기보다는 그냥 길에 앉아서 가까이에 있는 사람들을 부른다. 어리석은 여성은 자기 집을 지나쳐가는 사람들에게 소리쳐 부르는데, 그들이 가고자 하는 길에서 떠나 돌이키도록 만들고, 또 올바른 삶을 살아가도록 인도하는 자들을 따라가는 열정에서 벗어나게 만든다(4:25-27 비교).

9:16-17. 어리석음은 일부러 지혜의 도움을 받고자 하는 자들의 관심을 얻기 위해 지혜로운 여성과 동일한 언어를 사용한다. 그러나 제공된 것은 완전히 다르다. 고기와 포도주가 아니라 빵과 물이다. 5장 15-16절은 결혼한 부부를 자신의 샘물에서 물을 길어 먹는 것에 비유하고 있다. 여기서 도적질한 물이라는 것은 금지된 성관계를 암시하고 있다. 몰래 먹는 떡이란 1장 11-14절, 4장 14-17절, 6장 12-15절에서 묘사된 악한 음모를 떠올리게 만든다.

9:18. 어리석음의 초대는 매혹적으로 들릴지 몰라도 실제는 그 뒤에 사망이 기다리고 있다. 1-9장의 모든 내용은 두 가지 길을 보여주고 있다. 그것은 생명으로 인도하는 지혜의 길과 사망으로 인도하는 어리석음의 길이다. 잠언의 나머지 내용은 이러한 길과 그 결과에 대해서 설명하고 있다.

Main Idea 복습	하나님의 지혜는 모든 사람을 초대하여 자신에게 배울 것을 요청하는 현숙한 여인의 모습으로 그려진다. 어리숙한 사람일지라도 그녀의 조언에 귀를 기울이면 생명을 얻고 재난을 피할 수 있다.

결론

불을 가지고 장난하는 것

미국 속담에 "불을 가지고 장난하는 자는 반드시 데게 될 것이다"라는 말이 있다. 이와 비슷한 성경의 잠언은 "사람이 불을 품에 품고야 어찌 그 옷이 타지 아니하겠으며 사람이 숯불을 밟고야 어찌 그 발이 데지 아니하겠느냐"(6:27-28) 하는 말씀이다. 물론 그 대답은 반드시 데게 된다는 것이다. 만약 어떤 사람이 무엇인가 위험한 일을 한다면 그는 그 일의 대가를 치르게 된다. 성적으로 부도덕한 일을 그저 장난삼아 한다는 것은 너무나 위험하다. 그것은 다음과 같은 세 가지 측면에서 당신을 불태우게 될 것이다.

첫 번째, 죄의 인과 관계에 의한 결과가 있다. 당신은 성관계를 통해 전염병에 걸릴 수도 있고, 죄의식으로 인해 감정적인 괴로움을 겪을 수도 있다. 또한 죄의 올무에 걸려서 가족이나 당신의 명예를 망쳐버릴 수도 있다. 두 번째, 하나님으로부터 받는 연단이라는 결과가 있다. 자녀를 사랑하는 아버지로서 주님은 우리를 너무나 사랑하시기 때문에 자기 파괴적인 행동에 몰두하도록 내버려두지 않으시고, 그 일에 대해서 우리를 환난 가운데 연단시키신다(히 12:5-12). 세 번째, 그것은 영적인 공격의 기회를 제공한다. 죄를 회개하지 않는 것은 악마가 우리 삶 속에서 활개를 치도록 내버려두는 기회를 제공하는 것이다(엡 4:27).

그래서 불을 가지고 장난을 쳐서는 안 된다. 성적인 부도덕을 우습게 여겨서는 안 되는 것이다. 만약 당신이 그러한 일을 한다면 반드시 심각한 대가를 치르게 될 것이다!

▣ 진리 알기

- 죄는 반드시 그 결과를 가져온다.
- 죄가 악하면 악할수록 그 결과도 악하다.
- 지혜로운 자들에게 주는 조언은 항상 충분하다. 만약 어떤 행동이 도덕적으로 위험하다면 지혜로운 자는 그것을 쉽게 저지르는 행동을 하지 않을 것이다. 만약 그가 그런 일을 장난삼아 한다면 그는 어리석은 일을 하는 것이며, 언젠가는 완전히 어리석은 사람이 되고 말 것이다.

■ 적용하기

- 만약 당신이 부도덕한 행동을 아무 생각 없이 하고 있다면 그것으로 인한 잠재적인 결과가 무엇인지를 심각하게 생각해보라. 그로 인한 대가를 기꺼이 치를 준비가 되어 있는가?
- 부도덕에 사로잡힌 사람들을 살펴보라. 당신은 그들의 삶이 그로 인해 더 나아졌다고 생각하는가 아니면 그렇지 않다고 생각하는가? 당신도 그러한 삶을 살기 원하는지, 그렇지 않은지를 결심해보라.
- 당신의 마음속에 있는 것이 무엇인지를 점검하라. 만약 당신이 마음속으로 성적인 이미지나 TV, 영화 그리고 인터넷을 통한 여러 외설적인 내용들을 연상한다면 부도덕에 대한 당신의 거부감은 점차 약화될 것이다.

삶의 적용

7대양을 항해하기

만약 당신이 자유롭게 7대양을 누비며 항해하고 싶다면 당신은 반드시 나침반의 방향을 따라야만 한다. 이처럼 삶의 모든 일들은 자유와 책임의 균형을 요구한다. 우리는 충치를 감수하는 대신에 칫솔질을 하지 않을 수도 있다. 혹은 칫솔질을 하는 대신에 충치가 생기지 않게 할 수도 있다. 하지만 칫솔질도 하지 않고 충치도 생기지 않게 할 수는 없다. 이런 식의 완벽한 자유란 존재하지 않는다.

만약 우리가 좋은 평판을 얻는 삶을 원한다면, 후회 없는 삶을 살기를 원한다면, 감정적인 평안을 얻기 원한다면, 도덕적인 권위를 갖기 원한다면, 건강하고 행복한 가정 생활과 육체의 건강을 얻고자 한다면 우리는 성적 순결을 지키기 위해서 노력해야 한다.

우리가 원한다면 우리는 성적으로 깨끗한 삶을 선택할 수 있다. 그러나 그렇게 되기 위해서는 우선 모든 결과에 책임을 지는 삶을 살아야 한다. 당신의 삶 속에서 얻고자 하는 것이 무엇인가를 미리 결정하라. 그런 다음 그에 대한 희생을 감수할 수 있을지 자기 자신에게 물어보라. 당신은 자유와 그에 상응하는 책임을 가지고 있다. 또한 책임을 감수하면서 그에 상응하는 자유를 누릴 수 있다. 지혜롭게 선택해야 한다.

기도

하나님 아버지, 우리의 자유는 절제된 삶에 의해 가능하다는 것과 축복된 삶의 즐거움을 누리기 위해서는 우리 스스로가 진리 가운데 거해야만 한다는 것을 깨닫게 도와주십시오. 아멘.

심층 연구

A. 일곱 개의 기둥

많은 사람들이 9장 1절에 나오는 일곱 기둥의 중요한 의미가 무엇인지에 대해서 추측해왔다. 솔로몬의 성전은 전면에 두 개의 기둥이 있었는데(왕상 7:15), 고고학자들은 일곱 개의 기둥으로 이루어진 신전을 발견하였다. 그래서 어떤 해석학자들은 이것이 이방 신당에 대조되는 순수한 성역을 나타낸다고 생각했다. 또 다른 사람들은 그 기둥들이 창세기 1-2장에서 나타나는 창조의 7일을 의미한다고 제안하였다. 반면 다른 사람들은 구약 시대에 분명하게 관측되었던 해와 달 그리고 다섯 개의 별들을 지칭한다고 보았다. 이러한 해석 중에서 어떤 것이 옳다고 특별히 말하기는 어렵다. 단지 이 구절은 그 집이 매우 크고 화려하다는 의미로 볼 수 있다.

B. 포도주 혼합물

9장 2절에 나오는 포도주 혼합물에 대한 언급은 아마 포도주에 물을 넣어서 희석시킨 것을 의미하는 것 같다. 유대인들은 희석시키지 않은 포도주는 별로 없다고 여겼다. 유월절 포도주는 물 3/4과 포도주 1/4로 혼합되어 사용되었다. 이 구절은 또한 그 맛을 더욱 좋게 하기 위해 포도주에 다양한 향을 첨가하는 관습을 의미하는 것 같기도 하다(시 75:8). 지혜란 이러한 혼합의 형태로도 나타날 수 있음을 뜻한다고 볼 수도 있다.

교안

A. 들어가는 글

1. '어깨 위의 천사' 이야기로 시작하라.

2. 배경 설명: 1장 20-33절에서 지혜라는 여성은 지나가는 사람들에게 자신을 따르라고 부른다. 그녀는 만약 그들이 그렇게 하면 좋은 결과를 얻을 것이라고 약속하고, 만약 그렇게 하지 않는다면 나쁜 결과가 임할 것이라고 경고한다. 9장 1-18절에서는 지혜라는 여성과 어리석음이라는 여성이 각각 지나가는 사람들을 자기 집에서 열리는 잔치에 초대한다. 그 선택은 매우 중요하다. 그 길은 생명 아니면 사망으로 인도하는 길이기 때문이다. 오직 하나님을 경외하는 사람만이 올바른 선택을 하게 될 것이다.

3. 적용: 지혜라는 여성을 당신의 한쪽 어깨 위에 있는 천사로 생각하고 어리석음이라는 여성을 반대쪽 어깨 위에 있는 악마라고 생각해보라. 양쪽의 하는 말을 잘 들어보고 각각의 말대로 따를 때 일어나게 될 결과가 무엇인지를 곰곰이 생각해보라. 선택은 분명하다.

B. 본문 이해

1. 지혜의 책망을 받아들임(1:20-33)
2. 두 가지 초대 사이의 선택(9:1-6, 10-18)

C. 결론: 불을 가지고 장난하는 것

토의 질문

1. 당신은 성적 부도덕에 대해서 어떻게 생각하고 있는가? TV, 영화 그리고 인터넷에 대한 당신의 태도는 어떠한가? 그 외에 당신이 성적 부도덕에 빠질 수 있는 다른 통로가 있는가? 만약 당신이 그런 분야를 잘 극복하지 못한다면 어떤 결과를 가져오리라 생각하는가?

2. 당신은 당신 자녀들의 삶에 어떤 영향을 미치고 있는가? 당신은 누구의 삶에 영향을 미치고 있는가? 그들이 당신을 통해서 지혜의 삶이 어떤 것인지를 배우고 있는가?

8장

잠언 3:5-8; 10:27; 14:2, 12, 26-27; 15:3, 33; 16:1, 3-4, 9, 20, 25, 33; 18:2, 4, 10; 19:3, 21, 23; 20:24; 21:22, 30-31; 22:12; 26:12; 27:1; 28:14, 26; 29:25

하나님께 맡김

"만약 하나님이 태양과 뭇 별들을 밝게 비추게 하시며 그 아름다움을 만드셨다면 우리에게도 그렇게 하실 수 있으시다."

- F. B. 마이어(F. B. Meyer)

하나님은 창조의 신이시며 모든 법의 근원이시다. 그분은 우리에게 어떻게 살 것인가, 무엇을 할 것인가, 또 무엇을 하지 말 것인가를 말씀해주셨다. 축복은 지혜를 따를 때 얻지만 문제는 어리석음을 따를 때 나타난다. 우리가 이 점을 깨닫고 지혜의 길을 빨리 선택하면 할수록 더 큰 유익을 얻게 될 것이다.

Proverbs

들어가는 글

하나님은 안전하지 않다

C. S. 루이스(C. S. Lewis)가 쓴 우화 소설 「나니아 연대기」의 7편의 시리즈 중 첫 번째인 「사자, 마녀, 그리고 옷장」 이야기에서는 수잔과 루시라는 두 명의 어린 소녀가 그리스도를 나타내고 있는 사자 아슬란을 만나기 위해 준비하는 장면이 나온다. 비버 씨 부부는 말하는 동물 안내자로서 그 아이들이 사자와의 만남을 준비할 수 있도록 돕고 있다.

"아, 어쩌면 좋아?" 수잔이 말했다. "난 그분이 무서운 분이라고 생각했어요. 그는 정말 안전한 걸까요? 나는 그 사자 왕과 만나는 일이 다소 불안하다는 생각이 들어요."

"얘야, 넌 안전할 거란다." 비버 아주머니가 말했다. "그리고 실수하지 말아라. 만약 무릎을 꿇지 않고 아슬란 왕 앞에 나아가는 자들이 있다면 그들은 정말 대담한 사람이거나 아니면 바보 같은 사람일 거야."

"그러면 그 사자 왕은 안전하지 않은가요?" 루시가 말했다.

"안전하지 않냐고?" 비버 아저씨가 말했다. "지금 비버 아주머니가 말하는 거 듣지 못했니? 아무도 그런 이야기 한 사람은 없단다. 물론 그분은 안전하지 않지. 하지만 그분은 좋은 분이란다."

정말 놀라운 통찰이다. 하나님은 안전한가? 그렇지 않다. 하지만 좋으신 분인가? 그렇다. 그것이 하나님이 우리에게 잠언을 주신 이유다. 바로 그분이 좋으신 분이기 때문이다. 그분은 우리가 인생의 올바른 길과 안전한 길을 이해하기를 원하신다. 그러나 지혜에 대한 하나님의 가르침을 무시하는 것은 결코 안전하지 않다. 그것은 파멸의 길이다. 갈라디아서 6장 7절은 다음과 같이 말한다. "스스로 속이지 말라 하나님은 만홀히 여김을 받지 아니하시나니 사람이 무엇으로 심든지 그대로 거두리라."

하나님은 존귀히 여김을 받으셔야 한다. 만약 그분을 존귀히 여기지 않는다면 그 대가를 치르게 될 것이다. 하나님께 순종하지 않고 그분의 지혜를 외면하면 인과 관계에 의한 결과에 의해서나 하나님의 징계에 의해서 그 값을 치르게 될 것이다. 그것이 바로 잠언의 경고이다.

본문 이해

하나님께 맡김

Main Idea 하나님은 우주를 다스리고 계시지만 우리는 그렇지 못하다. 우리가 이 점을 빨리 깨달을수록 더 나은 결과를 얻을 것이다.

A. 하나님을 경외함(10:27; 14:2, 26-27; 15:33; 19:23; 28:14)

Supporting Idea 지혜와 축복을 얻는 출발점은 하나님의 하나님 되심을 인정하고, 경외심과 존귀히 여기는 마음을 가지고 그분을 대하는 것이다.

하나님을 경외함이 잠언의 주된 구절에서 핵심 요점으로 부각되고 있다(1:7). 또한 이것은 이 책의 초반부 아홉 개의 장에서 가장 강조하고 있는 내용이기도 하다(9:10). 하나님에 대한 경외심은 그분의 말씀에 순종하도록 동기를 부여하기 때문에 지혜를 얻는 근본이 된다. 이 핵심 대목은 잠언의 지혜가 단순히 세상에서의 성공을 위한 영악한 교훈의 목록이 아님을 보여준다. 그것은 하나님을 신뢰하고 순종하고자 하는 헌신에 근거하고 있다.

10:27. 이 구절은 하나님을 경외하는 자는 장수하게 되지만, 악인은 일찍 죽게 된다는 일반적인 원리를 말한다(3:2,16; 4:10; 9:11; 14:27; 15:24). 이 원리에는 몇 가지 예외가 있지만 잠언은 분명하게 말하기를, 죽음은 그것이 하나님의 심판이든 자연적인 죄의 결과든지 간에 어리석은 자에게 좀더 빨리 온다고 말한다.

14:2. 태도는 행동을 낳고, 행동은 그의 인격을 보여준다. 하나님을 경외하는 사람은 정직함으로 그 마음을 보이지만, 패역하게 행하는 사람은 하나님의 뜻에 반하여 자유롭게 생각함으로 그가 하나님을 중요하게 생각하지 않음을 보여준다.

14:26-27. 주님을 경외하는 것은 유혹을 비롯한 모든 공격으로부터 안전케 해준다. 이는 견고한 요새처럼 효과적인 방어가 된다. 그리고 이러한 보호막은 그 사람의 가정으로 확대된다. 두 번째 비유는 하나님을 경외하는 것을 생명의 샘으로 나타내고 있다

(10:11; 13:14; 16:22). 이것은 사망의 그물로 인도하는 부도덕한 올무가 무엇인지를 알아차리게 만들고, 그 삶을 유익하게 한다.

15:33. 이 구절은 주님을 경외함이 지혜를 얻는 첫 단계일 뿐만 아니라 지속적으로 지혜로운 행동을 하기 위한 교훈임을 알려주는 1장 7절의 말씀과 맥락을 같이한다. 여기에 더해서 하나님을 경외함으로 나타나는 겸손은 존귀를 가져다주는 지혜로운 행동을 만든다고 말한다(22:4 비교).

19:23. 주님을 경외함은 성공적인 삶의 토대가 된다. 하나님께 순종하면 장수를 누릴 뿐만 아니라 더 가치 있는 삶의 수준에 이르게 된다. 하나님을 경외할 때 우리는 사람과 사건을 두려워할 필요가 없다. 우리는 만족케 됨을 배움으로써 진정한 평안을 누리게 된다.

28:14. 여기서 우리는 마태복음 5장에 나오는 팔복과 같이 축복과 행복을 약속하는 잠언의 몇 구절 가운데 하나를 발견하게 된다. 진정한 성공으로 가는 길은 지속적으로 주님을 경외하는 태도를 갖는 것이다. 경외의 대상인 '주님' 이라는 말은 히브리어 원문에서는 나타나지 않는다. 아마 우리가 하나님께 대한 경외심을 가져야 할 뿐만 아니라, 세상의 지도자와 같은 하나님이 세우신 권위에 대해서도 존중심을 가져야 함을 보여주기 때문인 것 같다. 하반절은 하나님을 경외함의 반대가 그의 마음을 강퍅하게 하는 것임을 설명하고 있다.

B. 하나님을 신뢰할 것인가, 자기 자신을 의지할 것인가(3:5-8; 14:12; 16:3, 20, 25; 18:2, 4, 10; 19:3; 20:24; 21:22; 26:12; 28:26; 29:25)

Supporting Idea	우리는 본능적으로 삶의 문제를 해결할 수 있는 방법을 스스로 알아낼 수 있다고 생각한다. 그러나 결국엔 우리 자신의 힘보다는 주님을 신뢰해야 한다는 것을 깨닫게 된다.

3:5-8. 3장의 처음 열두 구절은 일련의 명령들과 그로 인한 결과를 보여준다. 만약 우리가 그 명령에 순종하면 그로 인한 유익을 얻게 될 것이다. 이 구절들에서 그 명령은 우리 자신의 지혜가 아니라 하나님을 신뢰하라는 것이다. 신뢰한다는 단어는, 시편 22편 9절에서는 어머니의 품안에 편안히 안겨 있는 아기의 모습을 묘사할 때 쓰이고, 예

레미야 12장 5절에서는 세상에서 소망을 잃고 쓰러진 사람에 대해서 사용되고 있다. 분명히 이것은 우리가 주님께 우리 자신을 전적으로 내어맡기는 것을 의미하며, 감정과 마음과 의지를 포함한 마음을 다하여라는 표현으로 더욱 강조되는 개념이다.

우리가 온전히 하나님을 신뢰할 때 옳고 그름에 대한 우리 자신의 지성이나 감각에 의존하지 않게 될 것이다. 하나님의 방법은 때때로 우리의 이해를 넘어서는 것이다(사 55:8-9; 롬 11:33-34). 그래서 우리는 그분을 더욱 친밀하게 알게 되고, 삶의 전 영역에서 그분을 깨닫게 됨으로 그분을 인정하게 될 것이다. 그렇게 할 때 그분의 지혜로 우리 길에 놓여 있는 장애물들을 치워주실 것이다.

명령에 관한 두 번째 단락은 겸손과 교만을 대조해서 보여준다. 하나님을 경외하는 사람은 그 자신의 지혜를 대수롭지 않게 여길 것이다. 그리고 악을 피할 것이다. 그 결과 그는 하나님께 헌신된 삶 가운데서 얻는 육체적인 건강을 누리게 될 것이다. 하나님의 지혜를 따라 사는 삶은 몸(몸 전체)에 양약이 되고 골수를 윤택하게 한다(12:4; 14:30; 15:30; 16:24; 17:22).

14:12; 16:25. 이 두 구절은 서로 비슷해서 아마 그 개념의 중요성을 동일하게 강조하는 듯하다. 이 구절은 안정되고 올바른 것처럼 보이는 길을 걸어가고자 하는 한 사람을 보여준다. 바르다는 것은 때때로 14장 11절에 나오는 것처럼 '정직한' 이라는 의미를 갖는다. 어떤 길은 별다른 문제가 없는 것처럼 보일 때가 있다. 하지만 우리의 시각은 너무나 제한되어 있어서 사망의 올무라는 그 끝을 보지 못한다. 여기에서는 그러한 인간의 미래에 대한 예측이 잘 그려져 있다.

16:3. 우리의 계획을 하나님께 맡기지 않거나 주님을 의지하지 않는 한 우리는 성공을 기대할 수 없다(시 37:5 참고). 하나님은 모든 계획을 다 축복하신다고 약속하지 않으셨고, 그분의 축복하심이 없이는 어떤 계획도 성공적으로 이루어질 수 없다.

16:20. 하나님을 신뢰한다는 것은 그분의 말씀에 귀를 기울이는 것으로 번역된다. 이 구절의 두 문장은 하나님의 교훈을 사랑하고, 그 말에 주의를 기울이는 사람이 주님을 신뢰하는 사람임을 분명하게 보여준다.

18:2. 반대로 어리석은 자는 듣기를 싫어한다. 그는 명철을 얻는 데 별 관심이 없고 오직 자신의 관점만을 사랑할 뿐이다. 자기의 의사를 드러내기만이라는 표현은 문자적으로 '드러낸다' 는 의미로 노아의 부끄러운 나체를 묘사하는 창세기 9장 21절에서 사

용된 동사다. 어리석은 자는 그가 자신의 무지함을 사람들에게 드러내고 있다는 것조차 깨닫지 못한다(17:28 참고).

18:4. 영어 성경에만 나오는 그러나라는 표현은 히브리어에서는 나오지 않으며, 이 구절의 두 문장은 어떤 대조를 보이는 것이 아니다. 지혜로운 자의 말은 통찰에서 나온다는 의미에서 깊은 물과 같다. 또한 지혜의 샘은 다른 사람들에게 원기를 회복시킨다는 점에서 솟쳐 흐르는 내와 같다.

18:10. 진정한 안전은 계시된 그의 성품과 그의 이름 가운데 피할 때 얻을 수 있다. 의인은 그분에게 달려갈 것이다. 하지만 부자는(18:11) 자신의 재물이 자신을 지켜줄 것이라고 생각한다.

19:3. 인간은 자주 하나님의 경고를 무시하고 자기 인생을 스스로 파괴하면서도 그 문제에 대해서는 얼마나 하나님을 원망하는가!

20:24. 인간의 분별력은 제한되어 있다. 우리는 우리 가운데 발생하는 모든 일을 이해할 수 없고, 그로 인한 결과를 정확하게 예측할 수 없다. 왜냐하면 삶이 하나님의 다스리심 속에 있지, 우리 속에 있지 않기 때문이다. 하나님을 신뢰하는 것은 합리적인 유일한 반응이다.

21:22. 하나님의 지혜는 인간의 강함보다 훨씬 더 강력하다. 군대의 방어 수단으로 단단히 무장한 용사는 결코 무찌를 수 없을 것 같지만 지혜로운 사람은 그를 정복할 수 있다. 신약 성경은 영적인 영역에 있어서 이와 비슷한 약속을 보여준다(마 16:18; 고후 10:3-4).

26:12. 결국 어리석은 자는 자신에게 교훈이 필요하다는 것을 깨달을 것이다. 하지만 스스로 지혜 있다고 생각하는 자에게는 결코 가르칠 수 없을 것이다. 그가 자신에게 도움이 필요하다는 사실을 인정하기 전까지는 그를 변화시킬 아무런 소망이 없다.

28:26. 28장 25절은 이렇게 말한다. "여호와를 의지하는 자는 풍족하게 되느니라." 이와 반대로 자신을 의지하는 자는 어리석게 될 것이다. 안전의 유일한 근원은 하나님께서 가르쳐주신 지혜 가운데서 행하는 것이다.

29:25. 잠언 기자는 '떨다, 무서워하다' 의 의미로 두려움이라는 단어를 사용하는데 이는 1장 7절에서 나타나는 종교적 경외심을 나타내는 '두려움' 과는 다른 것이다. 우리는 사람을 두려워할 때 쉽게 올무에 걸리게 되고 조종당하게 된다. 그러나 하나님을 의

지함으로 사람에 대한 두려움을 극복한다면 우리는 안전하다. 여기서 안전하다는 단어는 '다가갈 수 없이 높아지다, 추앙되다' 의 의미로 인간의 위협이 미칠 수 없는 높은 수준으로 안전이 보장된다는 것을 뜻한다.

C. 하나님의 섭리(15:3; 16:1, 4, 9, 33; 19:21; 21:30-31; 22:12; 27:1)

Supporting Idea	하나님은 삶의 모든 부분을 다스리신다. 그러므로 우리의 어떤 계획도 그분의 목적에서 벗어나서는 성공할 수 없다.

15:3. 우주에 대한 하나님의 전능하신 다스리심은 모든 것을 다 알고 계심에 근거하고 있다. 역대하 16장 9절에서처럼 이 구절은 모든 사람을 눈여겨보고 계시는 감찰자의 모습으로 하나님을 그리고 있다. 이는 악인들에게는 경고요, 의인들에게는 위로가 된다.

16:1, 4, 9. 16장 초반부는 모든 일에 대한 하나님의 다스리심에 초점을 맞추고 있다. 인간은 전쟁을 준비하는 장수처럼 자기 마음 가운데 계획을 세울 수 있다(창 14:8). 그러나 주님은 말하는 단어까지도 다 인도하신다. 16장 9절은 인간의 말을 그의 발걸음으로 대치하여 동일한 생각을 다시 설명하고 있다. 결론적으로 4절은 하나님이 악한 자라도 그의 악한 행동이 하나님의 목적을 이룰 수 있도록 사용하심으로써 다스리신다는 것을 보여주고 있다(롬 8:28).

16:33. 제비를 뽑는 것은 동전을 던지는 것처럼 단순한 것으로 보일 수 있다. 그러나 제비뽑기는 구약 시대에 하나님의 백성들이 그분의 인도함을 받기 위해 사용했던 방법 가운데 하나였다. 비록 제비뽑기를 통해 나타난 것이 우연처럼 보일지라도 그것은 하나님의 섭리 가운데 이루어진 것이었다.

19:21. 우리는 본능적으로 끊임없이 계획을 세운다. 그러나 계획을 세운다고 해서 항상 성공이 보장되는 것은 아니다. 하나님의 목적이 그 결과를 결정짓는다.

21:30-31. 주님을 대항해서 싸우지 말라. 그리고 그분 없이도 싸우지 말라. 인간의 지혜가 하나님의 계획을 이길 수 없다. 그 어떤 것도 심지어 군대의 강력한 공격 무기라도 그분의 뜻하심이 없이는 결코 승리를 보장할 수 없다.

22:12. 하나님은 파수꾼처럼 진리를 지킬 것이라고 약속하신다. 그러나 그분은 궤사한 자의 말은 패하게 하시고 부끄럽게 만드신다.

27:1. 이 구절에서는 야고보서 4장 13-16절의 내용이 더욱 강조된다. 미래에 대해서 자랑하는 것은 어리석은 일이다. 왜냐하면 하나님이 그 결과를 결정하시기 때문이다. 지혜의 모습은 그것이 어떤 것이 될지라도 하나님의 뜻을 따르고자 하는 것이다.

Main Idea 복습	하나님은 우주를 다스리고 계시지만 우리는 그렇지 못하다. 우리가 이 점을 빨리 깨달을수록 더 나은 결과를 얻을 것이다.

결론

내 식대로 하라. 아니면 말고

우리는 '내 식대로 하라. 아니면 말고'라는 태도를 가지고 살아가는 사람들을 많이 본다. 그들은 변덕스럽고 제멋대로이다. 그래서 함께 일하기가 어렵고 비위를 맞추기도 힘들다. 하지만 중요한 것은, 이것은 하나님이 원하시는 모습이 아니라는 점이다. 하나님은 우리에게 변덕스러운 요구를 하지 않으신다. 그분은 오직 우리가 우리 자신을 위해 유익한 일을 행하기를 요구하신다. 그리고 우리가 스스로에게 해로운 일을 하지 않기를 원하신다. 이러한 하나님의 마음을 아는 것은 항상 우리 자신을 위한 모든 변화를 만들어낸다. 그분의 명령과 가르침이 항상 우리를 사랑하시는 마음에서 나온 것임을 깨닫는다면 우리는 훨씬 더 열린 마음으로 그분께 순종하는 모습을 갖게 될 것이다. 그러면 우리는 하나님의 뜻에 맞는 일을 해야 하는가? 그렇다. 그분은 변덕스럽거나 불합리한 분이신가? 그렇지 않다. 그분은 오직 우리에게 가장 유익한 것을 요구하신다.

■ 진리 알기

- 하나님의 방법은 때로 우리에게 어떻게 보이든지 간에 항상 최고이다.

- 하나님의 성품은 신뢰할 만하다. 악한 조언은 결코 선한 마음과 생각에서 나오지 않는다.
- 의를 위해 치르는 대가는 죄값을 치르지 않게 한다.

■ 적용하기

- 하나님의 지혜를 신뢰하라. 그분이 당신을 만드셨다. 그분은 당신에게 가장 좋은 것이 무엇인지 분명히 알고 계신다.
- 올바른 일을 행하기 위한 대가를 치르라. 결국에는 악한 일을 하는 것보다 훨씬 비용이 덜 들 것이다.
- 하나님의 말씀보다 당신 자신의 의견이 더 중요하다고 생각하지 말라. 그런 생각이 들 수도 있겠지만 결코 그렇지 않다.

삶의 적용

쓰레기 메리

"엄청난 상속인으로 밝혀진 누더기를 입은 여자." 나는 샌프란시스코 신문의 머리기사로 나왔던 이 이야기를 애틀랜타행 비행기를 타기 위해 샌프란시스코 공항에서 잠시 기다리고 있을 때 읽게 되었다. 플로리다의 딜레이 해변에 있는 한 쇼핑몰에서 넝마를 줍고 살던 한 여성이 기억상실증에 걸린 실종자였음이 밝혀졌다. 이웃들은 그녀가 생계를 위해 쓰레기 캔을 수집하며 살았다고 말했는데, 그녀는 자신의 자동차와 집에 그것들을 쌓아놓고 있었다. 냉장고와 난로와 씽크대와 장롱 그리고 욕조에까지 그것들이 차고 넘쳤다. 부엌 외에는 앉을 자리도 없을 만큼 집안 곳곳에 쌓여 있었다.

경찰은 조사 끝에 그녀가 수년 전에 사망한 일리노이 주의 은행장이자 성공한 변호사의 딸이라는 사실을 밝혀냈다. 쓰레기더미 속에서 경찰은 40만 달러 이상의 모빌 정유(Mobil Oil) 회사의 주식을 발견하였고, 캔자스에 있는 오일 회사의 소유권을 증명하는 서류와 미국 강철회사(U.S. Steel)와 유니로얄(Uniroyal) 그리고 스퀴브(Squibb)와 같은 회사들의 주식들 그리고 8개의 거액의 은행 예금 통장도 발견하였다.

일명 '쓰레기 메리' 라고 불리는 이 여성은 극빈자처럼 살고 있었지만 사실은 백만장자였던 것이다. 이처럼 우리도 하나님의 말씀의 부요함을 무시하고 우리 자신의 허술한 계획을 따라 지저분하고 쓸모없는 것들을 뒤지고 다니는 영적으로 가난한 백만장자와 같다. 우주의 창조자이신 하나님의 지혜와 조언을 외면하며 산 것이다. 이 얼마나 어리석은 모습인가! 그렇지만 우리 자신의 부요함을 깨닫고 그 속에서 생명의 삶을 살아간다면 얼마나 지혜로운 일인가!

기도

하나님 아버지, 믿음은 순종을 낳는다는 것과 주님의 길이 올바른 길임을 믿는다면 순종으로 나아가야 한다는 것을 우리로 하여금 알게 해주십시오. 우리의 믿음이 주님 안에만 거하고, 주님의 진리가 우리 속에 임하게 해주십시오. 그로 인해서 우리의 순종이 온전하게 나타나도록 도와주십시오. 아멘.

심층 연구

A. 팔복

잠언은 '복이 있나니' 로 시작되는 8개의 구절을 포함하고 있다. 마태복음 5장 3-12절에 나오는 팔복과 같이 이 구절들은 진정으로 복 되다고 말할 수 있는 사람들을 열거하고 있다.

지혜를 얻은 자(3:13)
지혜의 도를 지키는 자(8:32)
훈계를 들어서 지혜를 얻는 자(8:34)
빈곤한 자를 불쌍히 여기는 자(14:21)
여호와를 의지하는 자(16:20)
완전히 행하는 자의 후손(20:7)
여호와를 항상 경외하는 자(28:14)
율법을 지키는 자(29:18)

B. 요새

솔로몬 시대에 잘 건축된 망대나 성벽은 거의 난공불락의 요새였다. 많은 도시들이 그들의 방어 수단을 더욱 강화하기 위해서 가파른 경사로 이루어진 성벽의 장점을 잘 이용하였다. 그리고 무너진 성벽은 느헤미야가 슬퍼 애통해하는 이유가 되었다(느 1:4). 그러나 예루살렘과 같은 주요 도시의 성벽은 거의 2년 동안에 걸쳐 이루어진 바벨론의 공격을 무산시키기도 하였다(왕하 25:1-2). 이와 같이 의인이 하나님의 이름이라는 요새 속에서 안전함을 찾을 때 그 대적들로 인해 아무런 피해도 입지 않을 수 있었다.

C. 제비뽑기

구약 시대에 제비뽑기는 동전 던지기보다 훨씬 더 중요한 의미를 지니고 있었다. 이스라엘 사람들은 많은 중요한 결정에서 제비뽑기를 하였다. 가나안 정복 이후에 각 지파들에게 땅을 분배하는 일도 제비뽑기에 의해서 결정되었다(수 14:1-2). 그리고 제사장들의 직무에서 봉사하는 순서를 정하는 것도 제비뽑기를 통해서 이루어졌다(대상 25:8). 이방인들도 어떤 일을 위해 길일을 선택할 때 제비뽑기를 하였다(에 3:7). 뿐만 아니라 초대 교회도 사도들의 회에서 가룟 유다의 죽음으로 인한 공석을 메우기 위해 두 명의 후보자 중 한 사람을 정하는 일에 있어서 이 방법을 사용하였다(행 1:26). 우림과 둠밈이라는 두 개의 특별한 돌이 하나님의 뜻을 깨닫기 위한 목적으로 대제사장에 의해 사용되었다.

고안

A. 들어가는 글

1. '하나님은 안전하지 않다' 이야기로 시작하라.
2. 배경 설명: 하나님은 우주를 다스리시지만 우리는 그렇지 않다. 이 점을 빨리 깨달을수록 우리는 더 나은 결과를 얻을 것이다. 하나님의 지혜는 단지 우리를 지배하기 위해서가 아니라, 어리석은 결정으로 인한 고통에서 우리를 건지시기 위해서 우리에게 주어진다.
3. 적용: 만약 당신의 삶에서 즐거움을 더욱 크게 하고 고통을 줄이고자 한다면 지혜의 길을 따르라.

B. 본문 이해

1. 하나님을 경외함(10:27; 14:2, 26-27; 15:33; 19:23; 28:14)
2. 하나님을 신뢰할 것인가, 자기 자신을 의지할 것인가(3:5-8; 14:12; 16:3, 20, 25;

18:2, 4, 10; 19:3; 20:24; 21:22; 26:12; 28:26; 29:25)

3. 하나님의 섭리(15:3; 16:1, 4, 9, 33; 19:21; 21:30-31; 22:12; 27:1)

C. 결론: 내 식대로 하라. 아니면 말고

토의 질문

1. 당신이 아는 사람 중에서 가장 지혜로운 사람은 누구인가? 당신은 왜 그 사람이 가장 지혜롭다고 생각하는가?

2. 당신으로 하여금 지혜를 갈망하게 만든 그 사람의 삶의 방식의 결과는 무엇인가?

3. 만약 그 사람이 당신의 상황에 처하게 된다면 당신과 어떻게 다르게 행동하리라고 생각하는가?

9장

잠언 10:13-14, 23; 13:14-16; 14:6, 8, 15, 18, 24, 33; 15:14, 21, 24; 16:16, 22; 17:12, 24; 18:15; 19:2, 8; 20:5, 12, 15; 21:11; 23:12; 24:3-4, 7, 13-14; 26:4-11; 27:22; 29:9

하나님의 인도하심을 신뢰함

"내가 본 모든 것은 내가 보지 못한 모든 것에서 창조자를 신뢰하라고 나를 가르친다."

- R. W. 에머슨(R. W. Emerson)

우리가 끔찍한 어리석음의 결과와 놀라운 지혜의 결과를 보게 될 때 하나님을 온전히 신뢰하고 삶 속에서 그분의 가르침을 따르는 것만이 지혜로운 방법이다.

Proverbs

들어가는 글

신뢰하는 것은 위험하다

신뢰하는 것은 위험한 일이다. 그것은 우리의 복지와 안녕을 다른 사람의 손에 맡기는 것을 의미한다. 그러므로 신뢰는 우리가 정말로 믿을 수 있는 사물이나 사람일 때만 안전하다. 때로 우리는 선택의 여지가 없을 때가 있다. 예를 들면, 병원에서 응급 수술을 받아야 할 때는 의사를 신뢰하든지 아니면 죽든지 해야 한다. 다른 경우엔 선택이 가능할 때가 있다. 우리는 더 많은 이윤을 얻고자 할 때 원래 투자하려고 했던 사람을 더 이상 신뢰할 수 없다는 이유로 그에게 투자하지 않기로 결정할 수 있다.

우리는 신뢰할 것이냐 말 것이냐를 선택해야만 한다. 그런 상황에서 우리는 앞으로 일어날 일을 예측하기 위해서 과거의 일들을 살펴본다. 만약 사람이나 사물이 과거에 충분한 신뢰를 얻었다면 우리는 안심하고 그 사람이나 사물을 앞으로도 신뢰할 수 있다. 그런데 그 사람이나 사물이 과거에 신뢰를 얻지 못했다면 우리는 앞으로 그 사람이나 사물을 신뢰하는 일에 두려움을 갖게 될 것이다. 선택하는 것은 이처럼 중요한 일이다. 이것이 바로 솔로몬이 지혜의 결과와 어리석음의 결과를 말하기 위해서 많은 시간을 소비한 이유다. 어리석음이 어떻게 지속적으로 고통을 만들어내는지, 그리고 지혜가 어떻게 끊임없이 기쁨을 만들어내는지를 보면서 우리는 하나님을 신뢰하고 삶 속에서 그분의 지혜의 원리를 따라야 할 분명한 이유를 갖는다.

어리석은 자는 그러한 통찰과 자신의 어리석은 행동의 결과를 깨닫는 데 무지할 뿐만 아니라 계속해서 자신이 어리석은 자임을 드러낸다. 하지만 지혜라는 여성이 거리에서 사람들을 부를 때 그녀는 누가 지혜로 응답할지 그리고 누가 어리석음으로 거부할지를 알지 못한다. 오래된 속담에는 이런 말이 있다. "지혜로운 자에게는 말 한 마디로도 족하니라." 정말 그렇다. 만약 듣는 자의 마음속에 지혜를 담을 수 있는 약간의 여유만 있다면 그 사람은 하나님께 대한 믿음과 순종의 마음으로 응답할 것이다.

본문 이해

하나님의 인도하심을 신뢰함

Main Idea	우리는 우리 자신의 지혜로 삶의 모든 문제를 해결할 수 있다는 어리석은 생각을 하기 쉽다. 그러나 복잡한 삶의 문제들은 종종 우리의 능력 밖의 것들일 때가 있다. 우리가 올바른 방향으로 나아가기 위해서는 하나님의 도우심이 절실히 필요하다.

A. 지혜와 어리석음(13:14; 14:24; 15:24; 16:22; 17:12; 24:7, 13-14)

Supporting Idea	하나님의 지혜를 따르면 삶이 풍요롭다. 그러나 우리가 너무 어리석어서 그분을 무시하게 되면 오직 어려움만을 직면하게 된다.

13:14; 16:22. 팔레스타인 지역과 같은 건조 기후에서는 샘보다 더 사람의 기운을 생기 있게 하는 것은 없다. 사실 여행자의 삶은 샘물에 달려 있다고 해도 과언이 아니다! 이와 같이 지혜로운 자의 법(토라)이나 교훈은 당신의 영혼을 새롭게 할 뿐만 아니라 위험한 동물과 같이 당신을 위협하거나 그에 따르는 불가피한 죽음을 벗어나기가 힘든 당신 주위의 덫에서 당신의 생명을 보존한다. 16장 22절에서 명철(좋은 이해, 통찰)은 또한 삶의 샘물이라고 표현된다. 그러나 어리석은 자들에겐 그것으로 부족하고 오직 자신의 행동의 결과로 닥치는 재앙을 통해서만 배운다.

14:24. 하나님의 지혜를 따라 사는 것은 실제적인 유익을 가져오는 것이다. 어떤 사람이 하나님의 근면과 정직의 지혜를 따른다면 물질적인 성공이 그에게 뒤따를 것이다. 그 사람에게는 부귀가 왕관처럼 하나님이 주시는 축복의 외적 표현이 된다. 그러나 어리석게도 하나님을 무시하는 자는 더 큰 어리석음만 얻게 될 것이다.

15:24. 두 가지 길에 대한 주제는 잠언 전체를 통해서 나타난다. 그리고 이 구절은, 지혜로운 자는 생명으로 가는 올바른 길을 가는 자이며, 그의 지혜는 무덤(히브리어로 '스올', sheol)으로 가는 갑작스러운 타락을 피할 수 있게 한다는 것을 깨닫게 해준다.

17:12. 자신의 새끼를 지키려고 하는 암곰을 만나는 것보다 더 위험한 상황이 세상에

어디 있단 말인가? 잠언에 의하면, 여기저기 헤매고 다니는 어리석은 자는 그런 위험한 상황보다 더 끔찍한 존재가 될 수 있다고 한다. 암콤은 그저 한 번 공격할 뿐이지만 어리석은 자는 수없이 많은 방법으로 당신을 파멸시킬 수 있다.

24:7. 지혜라는 단어가 그 중요성을 강조하는 의미에서 복수형으로 나타난다. 그것은 어리석은 자가 미치지 못하는 곳에 있다. 그는 깨닫지도 못하고 감사하지도 못한다. 성문은 도시의 지도자들이 분쟁을 판단하고, 그 도시의 여러 일들을 결정하기 위해 모이는 장소이다. 어리석은 자는 이러한 심각한 토의가 이루어지는 곳에 감히 나아갈 위치도 되지 못한다.

24:13-14. 꿀은 구약 시대에 널리 알려진 가장 단 음식이다. 아버지는 그의 아들에게 그 달콤함을 깨닫게 하기 위해 꿀을 먹어보라고 권한다. 이와 같이 지혜는 가장 달콤한 즐거움을 선사한다. 그것은 미래에 대한 소망을 주기 때문이다. 두 번째 명령은 그 아들에게 지혜를 찾으라고 강권한다. 이는 그것이 옳고 진정한 기쁨을 누리를 수 있는 지름길이 되기 때문이다.

B. 어리석은 자들을 대하는 방법(26:4-11; 27:22; 29:9)

Supporting Idea	자신이 모든 대답을 가지고 있다고 생각할 만큼 어리석은 자는 자기 자신에게뿐만 아니라 그가 만나는 모든 사람에게 문제를 일으킨다.

26:4-11. 이 연속된 구절들은 어리석은 자와 교류할 때 일어나는 위험성에 대해 경고하고 있다. 4절과 5절이 언뜻 보기에는 서로 모순되는 것처럼 보인다. 그러나 그것은 단순히 어리석은 자들을 대하는 태도의 양면성을 나타내는 것이다. 때로는 어리석은 자의 말을 따라서 논쟁하는 것이 필요할 때가 있고(5절), 때로는 그러한 논쟁을 피하는 것이 더 좋을 때가 있다(4절). 현재 상황에서 어떤 구절이 적용되는가를 깨닫는 것에는 지혜로운 판단이 필요하다. 어리석음의 정도를 분별하는 데 있어서 위험성이란 당신이 그의 나쁜 태도를 따라하게 된다는 것이다. 하지만 때로는 그들이 이해할 수 있는 동일한 어리석은 말로 대답하는 것이 필요할 때가 있는데, 이는 경고가 다른 어떤 방식으로는 받아들여지지 않을 때이다. 바울은 그러한 '어리석은' 논쟁에 대해서 고린도후서 11장과 12장에서 말하고 있다.

26장 6-11절에서는 어리석은 자가 얼마나 더 문제를 악화시킬 수 있는지를 설명하는 여러 가지 비유를 보여준다. 6절과 10절에서 잠언 기자는 어리석은 자는 결코 믿을 수 없는 자라고 경고한다. 미련한 자 편에 메시지를 보내는 것은 너무나 어리석은 일이다. 왜냐하면 결코 그 메시지가 전해지지 않기 때문이다. 그가 전해야 할 내용이 마치 그의 발이 잘려져 나간 것처럼 그의 어리석음의 결과로 인해 전혀 전달되지 않는 것이다. 신뢰를 주어야 하는 일에 그러한 사람을 연락 수단으로 사용하는 것은 스스로 망하는 일이다. 마치 술을 먹고 행패를 부리는 것과 같다. 양쪽 다 커다란 손해를 입기는 마찬가지다. 10절의 히브리어 본문 해석은 난해하다. 여기에는 한 가지 이상의 해석이 가능하다. 하지만 그 뜻은 분명하다. 어리석은 자에게 중요한 일을 맡기지 말라는 것이다.

7절과 9절은 어리석은 자가 현명한 말이나 지혜로운 잠언을 통해 무엇을 해야 할지 알지 못한다는 것을 보여준다. 저는 자의 발은 온전하지 못하다. 그것은 별다른 소용 없이 그저 달려 있을 뿐이다. 이와 같이 어리석은 자는 잠언을 적절하게 사용할 수가 없다. 9절은 가시덤불을 휘저어서 사람들을 두렵게 만드는 술 취한 자의 손을 보여준다. 또는 너무 취해서 자신을 따끔따끔하게 찌르고 있는 가시덤불을 알아차리지 못하는 사람을 의미하기도 한다. 이처럼 어리석은 자는 다른 사람과의 논쟁 가운데 사용할 수 있는 여러 교훈들을 알고는 있으나 그것이 자신을 책망하고 있다는 것은 알아차리지 못한다.

어리석은 자에게 영예를 주는 것은 돌을 물매에 매는 것과 같다. 결국 그 물매는 쓸모가 없을 것이고, 돌은 미끄러져서 당신을 해칠 것이다. 그렇게 어리석은 자에게 영예를 주는 것은 아무 생각이 없는 일이고, 당신의 명예마저 해칠 것이다.

11절에서 어리석은 자는 자신의 실수로부터 배우지 않는다고 말한다. 개가 자신의 토한 것을 다시 먹는 것처럼(벧후 2:22), 어리석은 자는 자신의 어리석음을 다시 반복한다. 심지어는 뭔가 좀더 나은 것이 있음에도 불구하고 역시 그렇게 한다.

27:22. 어리석은 자와 그의 미련함은 결코 따로 생각할 수 없는 것이다. 심지어 그가 반복해서 질책을 받는 일이 곡물을 절구에 넣고 공이로 찧는 것과 같이 계속 이루어진다 해도 그는 여전히 어리석은 자가 될 것이다. 미련함은 어리석은 자의 본질이다.

29:9. 어리석은 자와의 다툼은 곧 감정적인 수준으로 떨어질 것이다. 비록 그런 일이 법정에서 이루어진다 하더라도 마찬가지다. 그곳에는 객관적이거나 차분한 토의는 없고, 오직 감정적인 폭발만이 있을 뿐이다.

C. 분별력과 명철(10:13, 23; 13:15; 14:6, 8, 15, 33; 15:21; 16:16; 17:24; 19:8; 20:5, 12)

Supporting Idea	하나님의 지혜는 눈앞에 있는 위험을 보고 그것을 피할 수 있는 능력을 준다. 또한 우리가 직면한 상황에서 그것을 분석할 수 있는 이해력도 얻게 한다.

10:13. 첫 번째 구절은 진리와 거짓, 지혜와 어리석음을 구별하는 분별력을 다루고 있다. 첫 번째로 솔로몬은 분별력이 있는 사람과 그렇지 못한 사람을 대조하고 있다. 분별력이 있는 사람은 지혜롭게 행할 것이고, 그의 입에서 나오는 말은 다른 사람들을 도울 것이다. 그러나 분별력이 없는 자(문자적으로는 마음이 없는 자)는 지혜를 배울 수 있는 능력이 없다. 그래서 그는 자신의 잘못에 대해 처벌받는 것을 피하지 못할 것이다.

14:6. 이 구절은 전혀 새로운 접근으로써 지혜를 구하는 거만한 자의 모습을 보여준다. 아주 강퍅한 죄인이라도 때로는 고통스러운 상황에서 빠져 나오기 위해서 지혜를 구하는 경우가 있다. 하지만 그는 엉뚱한 곳에서 지혜를 찾고 있다. 그러나 명철한 자는 쉽게 지식을 얻을 수 있다. 그는 지식을 얻을 수 있는 곳이 어딘지를 알기 때문이다.

14:33. 여기서 지혜는 이전 장에서 나온 것처럼 여성으로 묘사되고 있다. 그녀가 일반적으로 머무르는 곳은 분별력 있는 사람의 마음속이다. 이것은 그녀가 지나가는 어리석은 자들에게 자신의 지혜를 제안할 때에도 마찬가지다(1:20-33; 9:1-5 참고).

17:24. 사실상 '지혜는 분별력 있는 자의 앞에 있다' 고 할 수 있다. 그는 지혜를 찾고자 노력하고 그것을 확실하게 찾아낸다. 반면에 어리석은 자는 끊임없이 여러 유혹에 의해 길을 잃고 방황하며 자기 앞에 있는 진리를 놓치고 만다.

14:8, 15. 분별력은 신중함과 함께 나타난다. 이것은 문제가 일어나기 전에 상황을 미루어 짐작하는 일종의 선한 예민함이다. 그러나 어리석은 자는 쉽게 속는다. 또한 미련한 자와 어리숙한 자는 다른 것으로부터 쉽게 영향을 받는다. 이들은 난처한 문제 속으로 빠져 들어가게 될 것이다.

10:23. 분별력과 같이 명철은 사람을 진리와 지혜와 의의 길로 인도한다. 어리석은 자는 행악으로 낙을 삼고 오히려 신실한 사람들이 어리석다고 비난한다. 그러나 이 구절의 하반절은 그러한 비난에 대한 답을 주고 있다.

13:15. 선한 지혜는 호의(3:4 참고)와 연결되는데, 이 호의라는 말은 '은혜' 혹은 '은혜로움' 으로 해석되기도 한다. 이것은 하나님의 은혜나 사람의 호의를 일컫기도 한다. 반대로 궤사한 불성실한 자는 그 삶이 괴로울 뿐이다. 이 말은 바위와 같이 변하지 않는 어떤 것이나(민 24:21) 시내와 같이 끊임없이 흐르거나 지속적인 것(시 74:15) 혹은 국가와 같이 면면히 이어져 내려오는 것(렘 5:15)을 의미한다. 아마 이 말은 악한 자의 변하지 않는 강퍅한 마음을 보여주는 것 같다.

15:21. 어떤 사람에게 분별력이 부족할 때(문자적으로 마음이 부족할 때) 그는 어리석음으로부터 즐거움을 찾고자 노력한다. 그러나 명철은 그 사람이 방해물이 없는 올바른 길을 걸을 수 있도록 도와준다.

16:16; 19:8. 잠언 기자는 다시 한 번 지혜와 부귀의 상대적 가치를 비교하고 있다. 명철은 은보다 더 값진 것이다. 지혜를 선택하는 사람은 최고의 유익을 얻는 것이며, 자신의 운명에 대해 진실한 고민을 한 것이다. 그리고 명철을 귀중히 여기고 지키는 자는 풍성한 유익을 얻게 될 것이다.

20:5. 사람들은 깊은 물이 모든 것을 삼켜 보이지 않게 하듯이 진정한 목적을 숨길 수 있다. 그러나 잠언이 제시하는 명철을 가진 사람은 아무리 깊은 생각이라도 표면으로 드러나게 할 수 있다.

20:12. 우리의 눈과 귀는 우리가 만나는 각 사람과 상황을 평가하는 데 쓰여져야 한다. 그러나 이 두 개를 다 만드신 하나님은 지혜의 궁극적인 근원이 되시고, 어떤 창조물보다 더욱 신뢰할 만한 분이시다.

D. 지식(10:14; 13:16; 14:18; 15:14; 18:15; 19:2; 20:15; 21:11; 23:12; 24:3-4)

Supporting Idea	지식은 능력이다. 이것은 다른 사람들을 지배하는 것이 아니라 하나님의 관점으로 삶에 접근한다.

23:12. 지식은 너무나 중요하다. 그래서 잠언은 그것을 얻는 일에 전심을 다하라고 명령한다. 여기에서 진정한 훈계의 요점은 귀로 들을 뿐만 아니라 마음으로 들은 것에 의해 변화될 수 있도록 그것을 수용하라는 것이다.

20:15; 24:3-4. 지식은 또한 너무나 값비싼 것이기도 하다. 여기에서는 그것을 가장

값비싼 보물에 비유하고 있다. 우리는 대개 금과 보석을 값비싼 것으로 생각한다. 그것들의 희귀성과 그 아름다움 때문이다. 그러나 상황에 적절하게 지식의 말을 하는 능력이야말로 희귀한 보화다.

잠언 기자는 이러한 이미지를 더욱 확대하여서 지혜가 어떻게 집을 짓고, 명철이 어떻게 그 토대를 제공하며, 지식이 어떻게 귀하고 아름다운 보화들로 그 방을 채우는지를 말하고 있다. 이러한 설명들이 어떤 사람의 집을 짓는 과정으로 적용되고 있지만 그것은 사실 그 사람의 인격과 삶 그리고 가족에 대해서 말하고 있다.

10:14; 13:16. 지혜와 신중함과 같이 지식도 어리석은 자의 행동과 완전히 대조적인 모습을 보인다. 지혜로운 자는 적절할 때 사용하기 위해서 자신의 지식을 간직해두지만 어리석은 자는 아무 생각 없이 자신의 생각을 밖으로 드러내고 스스로 문제에 빠진다.

신중한 사람은 위험을 예지하고 그것을 피하기 위해서 자신의 지식을 사용하지만, 어리석은 자는 시장에서 물건을 팔러 다니는 행상처럼 자신의 어리석음을 모든 사람에게 드러낸다.

14:18; 15:14. 남한테 속기 쉬운 단순한 사람이나 말 많은 어리석은 자는 모두 다 자기 자신을 위해서는 지혜를 얻을 수가 없다. 어리석은 자는 풀을 뜯는 소처럼 아무 때나 자신의 어리석음을 드러내고 또 반복한다. 그러나 신중하거나 분별이 있는 사람은 지식을 얻기 위해서 모든 노력을 기울인다.

18:15. 지식이 있는 사람은 자신이 아는 것이 얼마나 미약한 것인가를 안다. 그래서 그는 끊임없이 더 많은 지식을 얻고자 노력한다. NIV 영어 성경은 히브리어 본문에서 지식을 두 줄에 걸쳐 기록하면서 그 중요성을 강조하고 있는 부분을 두드러지게 나타내지 않았다. 그러나 지식은 너무나 중요하다. 그래서 지혜로운 자는 자신의 귀로 그것을 들을 뿐만 아니라 자신의 속사람인 마음으로 그것을 품는다.

19:2. 사람은 성공을 위한 강한 내적 동기로 소원(히브리어로 '네페쉬', nephesh : 영혼)을 가질 수 있다. 그러나 이러한 동기 부여가 지식에 의해 인도되지 않는다면 그것은 그저 재촉하기만 하는 조바심이 될 수 있다. 사실 많은 사람들이 그저 서둘러서 행동하기만 한다. 그리고 자신의 실수에 대해서는 하나님을 원망한다.

21:11. 이 구절은 세 가지 정신적인 태도를 다룬다. 첫 번째, 거만한 자는 닫힌 마음을

가지고 있다. 그래서 그는 징계를 받을 때 아무것도 깨닫지 못한다. 두 번째, 어리석은 자는 텅 빈 마음을 가지고 있다. 그래서 그는 지혜를 멸시하는 자에게 주어지는 처벌과 같은 분명한 경험을 통해서 깨우침을 얻을 수 있다. 세 번째, 지혜로운 사람은 열린 마음을 가지고 있어서 훈계만을 통해서도 배울 수 있다.

Main Idea 복습	우리는 우리 자신의 지혜로 삶의 모든 문제를 해결할 수 있다는 어리석은 생각을 하기 쉽다. 그러나 복잡한 삶의 문제들은 종종 우리의 능력 밖의 것들일 때가 있다. 우리가 올바른 방향으로 나아가기 위해서는 하나님의 도우심이 절실히 필요하다.

! 결론

지혜는 지식을 통해 성장한다

두 살 난 아기는 두 가지 이유에서 현명하지 않다. 첫 번째는 그가 감정적으로 미성숙하기 때문이고, 두 번째는 어떤 확실한 결론을 이끌어내기에는 그가 아는 것이 너무나 부족하기 때문이다. 지혜가 없어도 많은 지식을 쌓을 수는 있다. 하지만 지혜를 갖는 능력은 지식을 통해서 성장한다. 여기서의 지식은 학문적인 지식이 아니라 삶의 구체적인 조망에 근거한 지식을 뜻한다.

누군가 이런 질문을 받은 적이 있다고 한다. "당신은 왜 현관 앞에 자신이 역사학 전공자임을 나타내 보이는 팻말을 내걸지 않았나요?" 그러자 그는 웃으면서 이렇게 대답했다. "그건 고물상에 팔아버렸어요!"

이 농담은 특별한 지식을 갖고 있다 해도 그것이 현실적으로 생활에 보탬이 되지 못할 때는 먹고 살기 위해서 그것을 포기해버릴 수도 있음을 보여준다. 이와 같은 원리가 삶에서도 그대로 적용된다. 때때로 우리가 가지고 있는 지식은 인생의 구체적인 문제 가운데 제대로 드러나지 못한다.

하지만 솔로몬은 이 구절들 속에서 지혜는 지식에 의해 성장한다는 것을 강조하고 있다. 만약 우리가 눈과 귀를 열고 입술은 다문 채 우리 주변에서 일어나고 있는 일을 바르게 이해하고, 그것을 정확하게 깨닫고자 한다면 우리의 지혜는 더욱 커지고, 고통은 줄어들며, 더 큰 즐거움을 누리게 될 것이다.

▣ 진리 알기

- 어리석음은 고통스러운 삶을 만들어내는데, 이것은 그 어리석은 자와 또 그와 연관이 있는 다른 사람들에게도 해당된다.
- 삶에 대한 우리의 태도는 우리 자신의 실수와 다른 사람들의 실수를 통해서 우리가 배울 수 있는지 없는지를 결정한다.
- 어리석은 자들은 지혜를 거부한다. 하지만 지혜로운 사람들은 그 속에 더욱 빠져든다.

▣ 적용하기

- 지혜로운 사람이 되기로 결심하라. 당신은 아마 원하는 수준의 지혜를 얻지 못할 수도 있다. 그러나 전혀 노력하지 않을 때보다는 분명 노력하면서 실패하는 동안에 더욱 성장할 것이다.
- 어리석은 자를 그와 동일한 수준에서 대하려고 하지 말라. 때로는 어리석은 자들을 감당해야만 할지라도 결코 그들의 수준으로 추락하지는 말라.
- 당신이 어리석게 행동했거나 현재 그렇게 행동하고 있다는 부인할 수 없는 사실에 직면하거든 속히 회개하고 이후부터 지혜롭게 행동할 것을 결심하라.

삶의 적용

그레이트 블론딘(Great Blondin)

1860년 어느 날 유명한 줄타기 기술 보유자인 그레이트 블론딘은 많은 사람들이 보는 가운데서 나이아가라 폭포를 줄타기로 건넜다. 그는 물 위 50미터 정도 높이에서 굳게 매여진 약 300미터 길이의 줄을 타고 여러 번 강을 건넜다. 그는 손수레를 밀면서 줄을 타기도 하였다. 그가 손수레를 밀고 건너편으로 갔다가 다시 돌아왔을 때 그를 바라보며 경탄을 금치 못하는 한 소년에게 그는 자신이 손수레에 한 사람을 태우고 건너편으로 갔다가 다시 올 수 있음을 믿느냐고 물었다. "예, 아저씨. 전 믿어요." 그 소년이 대답했다. 그러자 그레이트 블론딘은 이렇게 말했다. "좋다. 그러면 네가 여기에 타거라." 하지만 그 소년은 타지 않았다.

이것은 일종의 믿음을 시험하는 것이다. 그렇지 않은가? 행동하고 순종하라. 우리가 그것을 정말로 믿는다면 그 손수레 안으로 들어갈 것이다. 그러나 믿지 못한다면 그냥 서 있을 것이다. 우리는 믿을 때 행동한다. 그러므로 행동하지 않는 것은 진정으로 믿지 않기 때문이다.

이런 원리는 지혜의 문제를 비롯한 삶의 모든 영역에 적용할 수 있다. 우리가 잠언을 읽을 때 진정으로 어리석음에 대한 경고를 믿는다면, 그리고 지혜에 따르는 축복의 약속을 믿는다면 우리는 지혜를 얻기 위해 전력을 다할 것이다. 우리는 어떤 것이 우리에게 유익이 된다고 믿을 때 전력을 다해서 행동하는 이성적인 피조물이다. 그러나 때로는 너무 많이 의심한다. 사탄의 유혹에 넘어간 하와처럼 말이다. 이는 우리가 하나님의 지혜와 신실하심을 확신하지 못하기 때문이다.

우리는 하나님의 지혜와 신실하심을 굳게 붙들고 잠언에서 보여주는 경고와 약속들을 적극적으로 믿어야만 한다. 그렇게 할 때 그에 따라 행동할 것이다.

이를 위해 이렇게 기도할 수 있다. 제자들조차도 "우리에게 믿음을 더하소서"(눅 17:5)라고 기도하였다. 그래서 우리도 이렇게 기도할 수 있다. "주님, 잠언의 경고들과 약속들을 믿을 수 있는 능력을 더하여 주옵소서. 그리하여 제가 좀더 구체적으로 지혜롭게 행동할 수 있게 하옵소서." 이러한 기도가 필요한 이유는 때로 우리가 불완전한 믿음 가운데 있기 때문이다. 우리는 정말로 경고와 약속을 믿고, 또 다른 사람들에 대해서도 그 말이 옳다는 것을 믿는다. 그러나 우리는 자기 자신이 잘 알아서 대처할 수 있고, 손해를 보지도 않고 어려움을 겪지도 않을 수 있다고 생각하면서 아무것도 행하지 않으며 스스로를 속인다.

그러나 이것은 환상이며 스스로를 파멸시키는 일이다. 오직 옳고 그름에 대한 명확한 확신만이 일관되고 지혜롭게 행동할 수 있는 결심을 갖게 한다. 그러므로 믿고 또 믿으라. 눈물을 흘리며 씨를 뿌린다면 기쁨으로 거두게 될 것이다.

기도

하나님 아버지, 우리 속에 지혜를 깨달을 수 있는 능력을 주셨음을 인하여 감사드립니다. 주님께 우리 마음의 소원을 두게 하시고, 주님이 은혜로 주시는 지혜를 바라보게 해주십시오. 그래서 우리가 그리스도의 은혜 가운데 우리에게 주신 모든 상황에 잘 대처하게 해주십시오. 아멘.

심층 연구

A. 꿀

구약 시대에 사용 가능한 달콤한 음식으로는 꿀과 대추야자, 복숭아, 포도와 같은 열매였다. 꿀은 일반적으로 사용되는 가장 단 음식이었다. 그래서 그것은 좋은 목적이든 나쁜 목적이든 어떤 즐거움을 주는 것에 대한 일반적인 비유로 사용되었다(잠 5:3; 애 4:11; 5:1; 겔 3:3). 또한 그것은 풍부함을 가리키는 말이기도 했다. 그래서 가나안 땅은 '젖과 꿀이 흐르는 땅' (출 3:8)으로 묘사되었다. 꿀은 적당히 먹도록 권장되는 음식이기도 하였다(25:16, 27).

B. 분별력과 명철

이 구절에서(10:13; 14:6, 33; 17:24) 분별력이라는 단어는 구약에서 250번 정도 사용된 히브리어 '비인(biyn)' 에서 파생된 것이다. 그것은 '…사이에' 라는 의미인 히브리어 단어와 연관이 있다. 그리고 두 극단 사이의 예를 들면, 선과 악, 지혜와 어리석음과 같은 것들의 차이점에 대해서 말하는 능력을 나타낸다. 그것은 잠언에서 중요한 요소인데, 이 책에서는 그러한 대조를 나타내는 많은 용어들이 있다.

'비인' 이 '명철' 이라는 뜻으로 자주 번역되기는 하지만 명철에 대한 다른 단어가 13장 15절과 16장 22절에서 사용되고 있다. 이 단어는 '세켈(sekel)' 인데, '훌륭한 상식' 이라는 의미와 '복잡한 여러 가지 사실들을 통해 사고하여 현명한 결론에 이르는 능력' 을 의미한다.

고안

A. 들어가는 글

1. '신뢰하는 것은 위험하다' 이야기로 시작하라.
2. 배경 설명: 우리는 어리석음에 대한 하나님의 경고를 신뢰하는 것을 배워야 하고, 지혜에 관한 그분의 약속을 믿어야 한다. 그렇지 않으면 우리는 우리가 얻을 수 있는 최선의 유익에 반하여 행동할 것이다.
3. 적용: 하나님을 신뢰함에 있어서 우리는 그분의 성품을 의지해야 한다. 만약 우리가 그분을 신뢰할 수 있는 분으로 믿는다면 그분께 우리의 신뢰를 드려야 한다. 그렇게 하지 않는다면 우리는 그분을 신뢰하지 못할 것이다.

B. 본문 이해

1. 지혜와 어리석음
2. 어리석은 자들을 대하는 방법
3. 분별력과 명철
4. 지식

C. 결론: 지혜는 지식을 통해 성장한다

토의 질문

1. 만약 우리가 하나님의 뜻이 우리의 진정한 유익의 근원이자 핵심이라고 믿는다면 우리는 모든 일에서 그분께 순종할 것이다. 만약 당신이 삶의 어떤 영역에서 그분

께 순종하지 않는다면, 당신은 그분을 믿는 것이 아니라는 말을 어떻게 생각하는가? 당신이 아직 온전히 받아들이지 못한 하나님의 말씀은 무엇인가?

2. 당신의 삶에서 잘 되지 않는 일들을 점검해볼 때 아직 당신이 얻지 못한 영역의 지혜가 있다고 생각하는가? 그 영역에서 좀더 일을 잘하려고 할 때 변화가 필요한 부분은 무엇인가?

3. 지혜가 지식을 통해 성장한다는 말이 사실이라면 당신이 유익을 얻고자 하는 어떤 분야의 지식이 있는가? 당신은 그 지식을 어떻게 얻을 수 있는가?

10장

잠언 3:1-2; 9:7-9; 10:8; 11:14; 12:15; 13:1, 13; 15:22, 31; 17:10; 19:16, 20, 25, 27; 20:18; 23:9; 24:5-6; 25:12; 27:5-6, 17; 29:1

조언을 주고받는 것

"나는 내가 가지고 있는 지혜뿐만 아니라 내가 도움받을 수 있는 모든 지혜도 사용한다."

- 우드로 윌슨(Woodrow Wilson)

우리가 지혜롭다면 다른 사람의 조언을 듣고자 하고, 유익한 조언이면 자신의 행동을 바꾸어야만 하는 대가를 치를지라도 그것을 따를 것이다. 지혜로운 사람은 훈계를 듣는다. 어리석은 자는 그것에 분개한다. 비록 따르기 힘든 것이라 할지라도 우리가 지혜를 듣고, 듣지 않고는 인생의 성공과 실패라는 큰 차이를 만들어낸다.

Proverbs

들어가는 글

두 사람의 생각이 한 사람의 생각보다 낫다

잠언 24장 6절은 이렇게 말한다. "너는 모략으로 싸우라 승리는 모사가 많음에 있느니라." 한 사람이 옳고 그름에 관한 성경의 높은 관점을 다 이해할 필요는 없다. 대통령에게는 내각이 있고, 회사에는 이사회가 있으며, 교회에는 장로회가 있는 것처럼 우리는 다른 사람들을 통해서 가능한 최선의 조언을 얻을 수 있다.

우리가 삶의 어려운 고비에 이르게 될 때 하나님의 조언의 말씀을 얻기를 원할 때가 있다. 나는 사람들이 이렇게 말하는 것을 무수히 많이 들었다. "저는 하나님이 글로 혹은 꿈으로 또 그 외의 다른 방법으로 제게 뭔가 말씀해주셨으면 좋겠어요." 하나님은 개별적으로 다가오셔서 어느 학교를 가야 할지 어떤 차를 사야 할지에 대해 말씀해주지는 않으시지만 우리를 인도해줄 수 있는 많은 진리를 이미 우리에게 주셨다. 성경은 하나님이 주신 상담자로 우리에게 최고의 조언을 선사한다. 우리가 할 일은 할 수 있는 한 그 말씀을 배우며 그 말씀 가운데서 모든 것을 행하기 위해 노력하는 것이다. 하나님의 뜻이 우리 삶 속에 온전히 나타나기를 원할 때 그분은 분명 그 상황 가운데 세워놓으신 뜻으로 우리를 인도해주실 것이다.

잠언은 삶의 모든 상황에 대해서 구체적인 설명을 해준다. 이 단락에서 솔로몬은 지혜로운 사람들과 함께하고, 그들의 말에 귀를 기울이라고 독려한다. 그리고 하나님은 그러한 방법을 통해 우리를 인도하신다고 약속하신다.

본문 이해

조언을 주고받는 것

Main Idea	잠언의 주된 교훈 가운데 하나는 우리가 다른 사람의 도움 없이는 인생을 잘 살 수 없다는 진리이다. 주의 깊은 사람은 비록 조언이 자신의 계획을 바꾸게 하는 것일지라도 다른 사람을 통해 배울 수 있는 무언가를 얻기 위해서 노력한다.

A. 훌륭한 조언을 통해 배움(3:1-2; 10:8; 12:15; 19:16, 20, 27; 19:27; 23:9; 27:17)

Supporting Idea	지혜로운 사람은 절대로 배우기를 중단하지 않으며, 그로 인해 다른 사람을 가르치는 열매를 얻게 된다. 그러나 자신이 모든 것을 다 알고 있다고 생각하는 사람은 많은 축복을 잃어버리게 될 것이다.

3:1-2. 솔로몬은 그 아들에게 값을 헤아릴 수 없는 자신의 조언에 주의를 기울이라고 촉구하면서 처음 몇 장을 시작하였다. 그는 이 말들을 결코 가볍게 여기지 말고 마음속에 간직하라고 하였다. 그것들은 단순한 제안 이상의 의미를 지닌 것이었다. 가르친다는 것은 히브리어 '토라(torah)' 에서 온 단어다. 이것은 종종 하나님의 '법' 을 설명할 때 사용되곤 하였다. 그리고 명령이라는 단어는 주의를 기울여야 하는 권위를 의미한다.

지혜에 관한 말씀들은 놀라운 유익을 준다. 다섯 번째 계명은 자기 부모를 공경하는 자는 그 생명이 길리라고 약속한다. 그리고 잠언은 부모의 말에 순종하는 것(3:16; 4:10; 9:11)을 장수와 연결시킨다. 이러한 조언은 단순한 평안이나 번영보다 더 깊은 의미를 내포하는 '샬롬' 을 누리게 만든다. 이 말은 삶의 모든 영역에서의 통합성과 건강 그리고 조화로움을 내포한다.

10:8. 당신이 말을 할 때는 배우고 있는 것이 아니다. 우리는 명령에 귀를 기울이고, 그것을 받아들이며, 그에 따라 행동할 때 지혜를 얻는다. 그러나 입이 미련한 어리석은

자는 자기 자신의 생각으로만 가득 차 있고, 떠들어대는 데 너무 바빠서 어떤 것도 배우지 못한다. 그러므로 그는 결국 멸망으로 향하게 된다.

12:15. 지혜로운 자와 어리석은 자의 차이는 무엇인가? 어리석은 자는 자신의 행위가 바르다고 생각하고 조언을 통해 배울 필요가 없다고 생각한다. 그는 남들이 다 보는 자신의 부족함을 보지 못하는 유일한 사람이다. 반대로 지혜로운 사람은 자기 자신에 대한 확신에 넘쳐 조언을 무시하는 그런 사람이 아니다. 그는 여전히 자신이 보지 못하는 부분이 있음을 잘 알고 있다.

19:16. 히브리어에서 이 구절은 언어유희적 성격을 띠고 있다. 문자적으로 보면, '교훈을 지키는 자는 자신의 생명을 지키는 자다' 라는 뜻이다. 하나님의 명령을 따르는 것이 당신의 생명을 유지할 수 있는 가장 좋은 방법이다. 하지만 지혜의 가르침을 따르지 않는 행실을 삼가지 않는 태도는 사망에 이르게 될 것이다. 여기서 '계명' 의 의미는 하나님의 길이나 듣는 자들이 따라야 할 길을 뜻한다고 할 수 있다.

19:20. 지혜는 결국 유익을 가져다준다. 교훈(히브리어로 '무사르' , musar: 훈계나 책망을 의미함)에 귀를 기울일 수 있는 겸손한 사람은 결국 지혜의 열매를 딸 수 있는 위치에까지 이르게 된다.

19:27. 이 구절은 19장 20절과는 정반대의 의미를 보여준다. 여기서 아버지는 약간 냉소적인 명령을 전해준다. 이 말은 이런 뜻이다. "아들아, 어리석은 교훈을 따르는 일을 그만두어라!" 계속 그러한 교훈을 따른다면 나중에는 인도함을 받지 못하고 방황하게 될 것이다.

23:9. 미련한 자('케실' : 마음이 굳은, 무감각한)는 진리에 어떤 반응도 보이지 않는다. 당신의 말이 아무리 설득력 있다 하더라도 그들은 비웃으며 조롱할 것이다. 예수님은 마태복음 7장 6절에서 돼지에게 진주를 던지는 것에 대해서 경고하실 때 이와 비슷한 개념을 사용하셨다.

27:17. 두 개의 철이 서로 비벼지면 한 쪽이 다른 쪽을 날카롭게 만든다. 이와 같이 사람들 사이의 상호 작용은 우리를 더욱 세밀하게 만든다. 이 원리는 사업, 학문, 육체적 분야와 영적 분야 등 삶의 모든 분야에서 이루어지고 있다. 사실 히브리어 본문에서는 문자적으로 한 사람이 다른 사람의 얼굴을 날카롭게 만든다고 말한다. 이는 유익이 그들의 얼굴에서도 나타난다는 뜻이다!

B. 구체적인 책망을 통해 배움(9:7-9; 13:1, 13; 15:31; 17:10; 19:25; 25:12; 27:5-6; 29:1)

Supporting Idea	우리가 앞으로 생길 문제를 향해 점차 나아갈 때 친구가 우리를 바로잡아 줄 수 있다. 지혜로운 사람은 그러한 충고를 반가워하지만 강퍅한 사람은 그저 화만 낼 것이다.

9:7-9. 비판은 지혜를 얻을 때 우선적으로 사용되는 방법 가운데 하나다. 하지만 모든 사람들이 그것을 고맙게 생각하는 것은 아니다. 거만한 자(7-8절)는 당신이 그를 훈계하면 폭발해버려서 모욕적인 언사를 내뱉을 것이고, 도리어 흠(문자적으로는 더러움 혹은 결점)을 잡으며 당신을 미워하게 될 것이다. 솔로몬은 거만한 자를 악한 자와 동일시하면서 거만한 태도는 도덕적 파탄에 이르게 된다고 말한다.

8절 하반절부터 9절의 내용은 지혜로운 사람의 전혀 다른 반응을 보여주고 있다. 그는 자신을 도와주려고 한 것을 깨닫고 당신을 사랑할 것이다. 그리고 그는 더 지혜로워질 것이다. 왜냐하면 그는 자신이 알고 있는 것에 당신의 통찰을 더할 것이기 때문이다. 여기서 솔로몬은 지혜로운 자를 의로운 자라고 간주하고 있다. 그 이유는 두 사람의 특징이 서로 비슷하기 때문이다.

13:1. 히브리어에서 이 절의 첫 번째 줄에는 동사가 없다. 그러면 이렇게 읽게 된다. "지혜로운 아들, 아버지의 교훈." 당신이 어떤 지혜로운 아들을 볼 때 그 아버지의 가르침이 아들에게 배어 있음을 알게 된다는 의미이다. 반면에 거만한 자는 어리석음의 극치에 있는 자이다. 아버지의 조언을 듣지 않는 아들은 더욱 고통스러운 삶을 향해 나아가는 것이다.

13:13. 자신의 선택의 결과를 피할 수 있는 사람은 없다. 만약 어떤 사람이 교훈을 멸시하면(무시하다, 경멸하다, 우습게 여기다), 그는 자신의 죄의 대가와 비참함의 고통을 겪게 될 것이다. 그러나 그가 명령을 존중하고 그에 따라 행동한다면 그에 따른 보상을 받을 것이다.

15:31. 어떻게 사람이 지혜 있는 자의 무리 속에 거할 수 있는가? 가장 빠른 길 가운데 하나는 훈계를 귀 기울여 들음으로써 배우는 것이다. 1장 33절에서 질책은 당신이 사망으로 가는 길에서 빠져나올 수 있게 한다고 설명한다. 그러므로 당신이 지혜의 공정

한 교훈에 순종할 때 지혜로운 자의 무리에 들게 되고 평안할 것이다.

17:10. 지혜로운 사람은 훈계에 즉각적으로 올바르게 반응한다. 그리고 그것이 그의 영혼에 뿌리박혀 개선의 방법을 찾는 그의 행동을 평가한다. 하지만 강퍅하고 어리석은 자는 그런 말들을 무시해버린다. 사실 매를 대는 것과 같은 극단적인 방법은 아무런 영향을 미치지 못할 수도 있다. 율법은 일반적으로 40대 이상은 때리지 못하게 한다. 그래서 백 개라는 말은 당신이 어리석은 자에게 무슨 짓을 하더라도 변하지 않을 것을 의미하는 것이다.

19:25. 이 구절은 세 가지 유형의 사람들을 말하고 있다. 그것은 닫힌 마음을 가진 거만한 자와 텅 빈 마음을 가진 어리석은 자 그리고 열린 마음을 가진 명철한 자이다. 매를 대는 것도 거만한 자를 변화시키지는 못한다. 그러나 매를 대는 것이 때로는 어리석은 자가 교훈을 배우는 계기가 될 수 있다. 명철한 자는 말로 훈계하는 것으로도 충분하다.

25:12. 책망은 그리 좋게 들리지는 않지만 여기서 잠언은 그것을 금귀고리나 그 외 다른 보석에 비유하고 있다. 지혜로운 사람이 당신에게 훈계를 할 때 당신이 조금만 신경 쓴다면 삶을 더욱 풍성하게 할 수 있는 조언이 될 것이다. 그의 조언이 당신의 삶을 더욱 윤택하게 할 것이다. 바울은 그리스도인들이 그리스도의 복음을 더욱 아름답게 만드는 모습으로 살아갈 것을 요청하고 있다(딛 2:10). 베드로는 여성들에게 온유하고 안정된 심령의 아름다움을 갖는 일에 노력하라고 말했다(벧전 3:3-4).

27:5-6. 5절은 어떤 것을 다른 것보다 '더 낫다' 라고 설명하는 잠언의 내용 가운데 하나로서 사랑의 대화와 표현의 필요성에 대해서 말하고 있다. 책망하는 것은 고통스러울 수 있지만 바람직한 면책은 사랑을 표현하는 또 하나의 방법이다. 약간은 불편한 관계가 될지라도 아에 상대하지 않는 것이나 전혀 나타나지 않는 사랑(닫혀졌거나 있다가 사라져버린)보다는 더 나은 것이다.

6절은 순수한 사랑과 거짓된 사랑을 비교하고 있다. 당신의 감정에 상처를 주는 책망은 마치 원수가 한 일처럼 보일 수도 있다. 하지만 자신을 사랑하는 사람의 책망은 신뢰할 수 있다. 반면에 자주 입 맞추는 사람은 친한 친구처럼 여겨질 수도 있지만 당신을 싫어하는 사람의 입맞춤이라면 가룟 유다의 입맞춤과 같은 의미일지도 모른다.

29:1. 지금은 정의가 사라진 것 같아도 언젠가는 악한 자들이 정말로 망하게 될 것이다. 목이 곧고 강퍅해서 반복되는 책망 가운데서도 회개하기를 거부하는 자는 결국 그

행동의 결과를 보게 될 것이다. 패망이 임할 때에 순식간에 임할 것이고, 그것을 피할 방법은 없다.

C. 조언자의 도움의 가치(11:14; 15:22; 20:18; 24:5-6)

Supporting Idea	훌륭한 조언을 따르는 것은 삶의 여러 영역에서 성공과 실패를 결정한다.

11:14. 일반적으로 나쁜 결정은 고통 속에 온 밤을 지새우게 만든다. 그러므로 훌륭한 조언을 얻는 것은 너무나 중요하다. **도략**이라고 표현된 단어는 때로 배의 키를 의미하는 가치 중립적인 의미로 사용된다. 만약 배를 조종하는 사람이 아무도 없다면 그 배는 곧 가라앉고 말 것이다. 안전을 위해서 지도자는 **많은 모사들**의 지혜를 사용해야만 한다. 이는 승리를 놓쳐버리게 만드는 실수를 방지하기 위해서이다.

15:22. 개인적인 상황에서도 이와 같은 원리가 작용된다. 우리가 상담을 받으며 의논을 하지 않으면 우리의 목표는 사라져버릴 것이다. 그러나 우리가 많은 상담을 받고자 할 때에는 우리의 목표가 다시 세워질 것이다.

20:18. 잠언은 종종 왕에 대해서 말한다. 그래서 전쟁에 대한 언급은 문자 그대로 다루어져야 한다. 만약 우리가 조언을 듣고자 한다면 우리의 계획이 성공하기가 쉬울 것이다. 그러나 무작정 전쟁에 뛰어들려고 한다면(**전쟁의 준비**), 미약한 준비로는 승리의 기회를 얻지 못할 것이다. 그러므로 당신은 할 수 있는 한 최선의 조언을 받아야만 한다. 예수님은 누가복음 14장 31절에서 이와 비슷한 말씀을 하셨다. 그러므로 그리스도인들은 이러한 원리를 영적 전투에서도 유익하게 사용할 수 있다(엡 6:10-13).

24:5-6. 이 구절들은 **군사력**만으로는 전쟁에서 **승리**를 얻기에 불충분하다는 점을 지적한다. 역사는 교묘한 작전으로 압도적인 군사력을 물리쳤던 많은 전투들에 대한 이야기로 가득 차 있다. 지혜로운 장수는 결코 지식이 많은 **참모**의 중요성을 간과하지 않는다.

Main Idea 복습	잠언의 주된 교훈 가운데 하나는 우리가 다른 사람의 도움이 없이는 인생을 잘 살 수 없다는 진리다. 주의 깊은 사람은 비록 조언이 자신의 계획을 바꾸게 하는 것일지라도 다른 사람을 통해서 배울 수 있는 무언가를 얻기 위해서 노력한다.

결론

아직 본향 집에 돌아온 게 아니잖아요

때로는 한 마디 말이 우리의 마음을 분명하게 하고, 평정심을 갖게 하며, 혼란스럽던 생각을 명확하게 만들기도 한다. 당신은 아마 간단한 진리의 힘을 실례로 보여주는 다음과 같은 유명한 이야기를 들어보았을 것이다. 한 선교사 부부가 아프리카 오지에서 평생을 사역한 후에 본국으로 돌아오고 있었다. 그런데 루즈벨트 대통령도 그 배에 타고 있었다. 그는 사냥 여행에서 돌아오는 것이었고, 군악대가 갑판 위에서 축가를 연주하고 있었다. 많은 고위 인사들과 엄청난 규모의 인파가 그곳에 모여 그를 환영하고 있었다.

"이건 너무 불공평해." 선교사가 말했다. "그는 기껏 사냥 여행이나 하러 아프리카에 간 것뿐인데 세상은 이렇게 떠들썩하게 그를 반겨주는군. 하지만 우리는 아프리카에서 그리스도를 위해서 평생을 바쳤는데 환영해주는 사람이 한 사람도 없잖아."

그러나 그의 아내가 그를 바라보며 이렇게 말했을 때 그 생각은 말끔히 사라져버렸다. "알아요, 여보. 그렇지만 당신은 아직 본향 집에 돌아온 게 아니잖아요."

이것이 지혜로운 상담자들의 능력이다. 그들은 혼란 속에서 정신을 바로 차리며, 복잡함 속에서 올바른 관점을 제시하고, 각 사람의 발이 든든한 반석 위에 서게 만든다. 지혜로운 사람은 지혜로운 상담자를 찾으며, 그들이 말하는 바에 귀를 기울인다.

■ 진리 알기

- 항상 자기 혼자서 판단을 내리고 언제나 올바르게 판단할 수 있을 만큼 완전한 지혜를 가진 사람은 존재하지 않는다.
- 때로 지혜는 고통스러운 것이다. 그러나 만약 그것이 옳다면 반드시 따라야만 한다.
- 지혜는 결코 성경 말씀을 거스르지 않는다.

■ 적용하기

- 당신이 상담자를 필요로 할 때 그들을 찾으라. 그들이 당신에게 나아올 때까지 기다리지 말라.
- 만약 당신의 부모님이 여전히 살아 계시다면 그분들의 말씀을 들으라. 그분들은 최고의 지혜를 가지고 계시고 당신에게 훌륭한 조언을 해주실 것이다.
- 성경에 당신의 마음을 두라. 그러면 당신에게 묻는 자들에게 훌륭한 조언을 해줄 수 있을 것이다.

삶의 적용

경고에 주의하라!

내가 할 수 있는 가장 가치 있는 일 가운데 하나는 하나님이 우리에게 주신 말씀과 우리 삶 가운데 보내주신 사람들의 조언에 마음문을 여는 것이다. 때로 지혜로운 상담은 세상이 멸시하는 사람들을 통해서 오기도 한다. 우리는 우리에게 정직하고, 책임감을 느끼며, 우리가 올바른 길에서 멀어질 때 경고하는 사람들을 가까이하고 그들을 귀히 여겨야 한다.

1889년에 일단의 토목 기술자들이 펜실베이니아의 존스 타운 상류에 있던 댐을 조사하고 나서 그 댐이 안전하지 않다는 것을 그 지역 관청에 경고하였다. 그 댐은 유지 보수 관리가 소홀했고, 여기저기 생겨난 균열들은 댐이 위험하다는 신호였다. 그러나 그런 일은 언제나 있어 왔고, 예상되는 위험에 대한 우려는 한낱 농담에 지나지 않았다. 결국 그 경고는 무시되었다. 그해 5월 31일 오후 4시 7분에 그 댐은 붕괴되었고, 도시로 연결되는 좁은 강줄기를 따라 그 안에 있던 2천만 톤의 물이 쏟아져내리기 시작했다. 엄청난 양의 부유물들로 넘치면서 강 수면은 순식간에 19미터 높이에 육박하였고, 시속 70킬로미터의 물살이 마을을 덮치면서 그 안에 있는 모든 것을 파괴시켰다. 30분이 채 되지 않아 존스 타운은 완전히 파괴되었고, 2,209명이 사망하였다. 그들은 이런 일을 전혀 예상치 못했기에 그 경고를 무시했던 것이다.

솔로몬이 젊은 사람들에게 경고하던 위험들은 개개인의 삶에서 마치 완전한 파멸과도 같은 것이다. 우리를 염려해주는 자들의 비판과 경고가 당시에는 괴로운 것일 수도 있지만 그것이 우리를 재앙에서 구원해줄 것이며, 우리가 다시 생명의 길로 들어설 수 있게 도와줄 것이다.

기도

하나님 아버지, 우리가 주님의 경고와 위로하심과 명령 등 그 모든 것에서 주님을 신뢰하게 해주십시오. 우리가 주님의 가르침을 '생명' 으로 받아들이게 하시고, 말씀하신 모든 것에서 주님이 정확하신 것과 진리이신 것을 깨닫게 해주십시오. 그래서 우리가 주님을 온전히 따를 수 있도록 우리를 강하게 해주십시오. 아멘.

심층 연구

A. 필경

잠언 19장 20절은, 훈계를 받는 사람은 '필경' 지혜롭게 될 것이라고 약속한다. 히브리어 '아케림(acheriym)' 은 잠언에서 다양하게 해석되면서 자주 나타난다. 그것은 육체적인 죽음을 의미하기도 하고, 간음한 자가 자신의 황폐해진 건강을 후회할 때에는 생명의 날이 줄어드는 것을 의미한다(5:11). 그러나 더 많은 경우 그것은 어디서 나타나든지 간에 선택이나 경험으로부터 나오는 결과를 의미한다.

잠언 25장 8절은 이웃과 소송으로 다투지 말라고 경고한다. 왜냐하면 당신이 결국 패배할 수도 있기 때문이다. 어려서부터 데리고 있는 종을 애지중지하는 것은 결국 큰 슬픔을 가져올 것이다(29:21). 그리고 너무 빨리 부귀를 얻는 것은 모든 것이 다 드러나고 이루어졌을 때 아무런 축복이 되지 못할 것이다(20:21). 어떤 경우 현재의 기쁨은 나중에 슬픔으로 변할 수 있다(14:13). 포도주는 한순간에는 즐거움을 주지만 나중에는 독사같이 물어뜯는다(23:32).

결국 이러한 구절들은 '필경' 을 '미래에 대한 소망' 으로 나타내고 있다(23:18; 24:14, 20). 모든 구절들에서 나타나는 일반적인 흐름은 각각의 행동에 대한 먼 미래의 결과를 고려하는 것이 중요하다는 의미를 갖는다.

B. 매

다른 고대 문화에서처럼 유대 문화에서도 매를 범죄에 대한 일반적인 처벌 방법으로 사용하였다. 유대인들은 범죄자를 바닥에 엎드리게 하고, 항상 재판관이 입회한 가운데서 그의 등을 때리되 40회 이상은 넘지 않게 하였다(신 25:2-3). 이런 규정을 더 확실히 하기 위해서 신약 시대의 유대인들은 매질이 최고 39회를 넘어서는 안 된다고 제한

하였다(고후 11:24).

교안

A. 들어가는 글

1. '두 사람의 생각이 한 사람의 생각보다 낫다' 이야기로 시작하라.
2. 배경 설명: 잠언 전체를 통해서 솔로몬은 그 아들에게 자신의 말에(또는 지혜에) 귀를 기울이고, 지혜와 어리석음의 결과를 살펴보고 나서 지혜를 선택하라고 촉구하고 있다.
3. 적용: 지혜로운 사람은 다른 사람의 조언을 받고자 하며, 그 말에 귀를 기울일 것이다. 어리석은 사람은 그 말에 오히려 분개할 것이다. 때로는 우리의 반응이 성공과 실패, 인생의 기쁨과 슬픔이라는 큰 차이를 만들어낸다.

B. 본문 이해

1. 훌륭한 조언을 통해 배움
2. 구체적인 책망을 통해 배움
3. 조언자의 도움의 가치

C. 결론: 아직 본향 집에 돌아온 게 아니잖아요

토의 질문

1. 당신은 이전에 중요한 결정을 내려야 할 때 지혜의 조언을 거부했던 적이 있었는가? 결국 그 일은 어떻게 되었는가?

2. 당신은 이전에 중요한 결정을 내려야 할 때 지혜롭게 행동했던 적이 있었는가? 그 때 그 일은 어떻게 되었는가?

3. 당신이 개인적으로 알고 있는 사람 중에서 가장 지혜로운 사람은 누구인가? 왜 당신은 그 사람의 조언을 귀중하게 생각하는가?

11장

잠언 3:11-12; 10:17; 12:1; 13:18, 24; 14:9; 15:5, 10, 12, 32; 19:18; 20:30; 22:6, 15; 23:13-14; 28:4, 7, 9, 13; 29:15, 17-19, 21

훈련을 통한 성장

"훈련은 우리가 삶의 문제를 해결하는 데 필요한 요소 중에서 가장 기본적인 것이다."

- M. S. 펙(M. S. Peck)

부모들은 자기 자녀들을 해로움에서 구원하고, 그들이 스스로 설 수 있도록 훈육해야만 한다. 자녀들은 부모의 사랑이 담긴 훈육에 온전히 반응해야 하며, 부모에게 순종하듯이 하나님께 순종하는 법을 배워야 한다.

Proverbs

들어가는 글

타이거 우즈

21세기가 시작되면서 타이거 우즈는 자신이 최고의 골프 선수임을 보여주었다. 그는 50개 대회에서 20번이나 우승하였는데, 이는 대부분의 골프 선수들이 0.4할의 승률로 만족하고 있을 때 4할이라는 경이적인 기록을 보여준 것이었다. 사실 타이거 우즈(Tiger Woods)와 같은 신체적인 조건을 가진 사람들은 많이 있었다. 그러나 그의 승리의 비결은 정신적인 강인함에 있었다. 그의 성공은 1퍼센트의 영감과 99퍼센트의 노력으로 이루어졌다. 그에게 중요한 것은 구식의 훈련 방법이었다. 이와 같은 원리는 농구 선수인 마이클 조던(Michael Jordan)과 래리 버드(Larry Bird)에게도 마찬가지였다. 그들은 다른 사람들보다 더 열심히 훈련하였다. 위대한 운동 선수들은 그들이 대항하여 싸우는 경쟁자들을 압도할 수 있는 놀라운 실력을 갖추기 위해서 훈련의 고단함을 이겨냈다.

많은 사람들이 자유를 원한다. 더 뛰어날 수 있는 자유, 더 성취할 수 있는 자유, 더 성공할 수 있는 자유 말이다. 그러나 그러한 자유를 얻기 위한 대가는 훈련과 고된 노력이다.

이와 같은 원리는 영적 분야에서도 적용된다. 많은 사람들이 영적으로 더 뛰어나고, 더 성취하며, 더 성공하기를 원한다. 그러나 영적으로 뛰어난 것은 우연히 되는 일이 아니다. 그것은 고된 노력의 결과이다. 하나님은 마음이 나뉜 사람에게는 상을 주시지 않는다. 마음이 나뉜 노력이란 오직 반 정도의 결과를 낼 뿐이다. 하나님은 모든 것을 요구하시고, 그 결과로 놀라운 축복을 약속하신다. 솔로몬은 훈련의 필요성을 강조하면서 이러한 원리를 매우 분명히 하였다. 이것은 다른 사람으로부터의 외적 훈련과 자기 자신으로부터의 내적 훈련에 모두 해당된다. 자기 수양은 인생에서의 참된 자유와 성공을 얻기 위한 핵심적인 열쇠이다.

본문 이해

훈련을 통한 성장

Main Idea	모든 부모들은 자녀들이 어느 날 갑자기 성숙해지거나 신실해지는 것이 아님을 알고 있다. 성공한 사람들은 대개 자녀 교육에 대한 열정과 사랑과 소신을 가진 부모 밑에서 자랐다.

A. 훈계함(13:24; 19:18; 20:30; 22:6, 15; 23:13-14; 29:15, 17, 19, 21)

Supporting Idea	좋은 부모가 되는 것은 자녀들을 타고난 본성에 맞게 살도록 내버려 두는 것이라고 생각할지도 모른다. 그러나 자녀들은 죄와 이기심으로 가득한 세상에서 살아간다. 그러므로 어머니와 아버지는 옳은 것이 무엇인지를 가르치며, 악을 행하지 않도록 훈계할 수 있는 시간을 가져야만 한다.

13:24. 어떤 아버지들은 본능적으로 체벌을 하는 것은 자녀를 사랑하는 것과 별 상관이 없다고 생각한다. 그러나 잠언은 그 반대가 옳다고 말한다. 자녀를 정말로 사랑하는 아버지는 잘못된 행동에 대해서 적절히 매를 사용할 것이다. 사실 그것은 '어려서부터 혹은 죄의 초기에 자녀를 훈계하는 데' 주의를 기울이는 것이다.

적절한 때에 훈계하지 않는 아버지는 실제로는 자녀를 미워하는 자이다. 왜냐하면 그것은 위험한 행동을 피하는 방법을 충분히 가르쳐주지 않는 행동이기 때문이다.

잠언은 잔인하게 매질을 하라고 말하지 않는다. 오직 부드러운 훈계와 교훈을 강조하고 있다(4:3, 4, 11). 그리고 히브리서 12장 5-11절에서 더욱 확장되어 나타나는 원리는, 적절한 훈계는 사랑의 마음에서 나오는 것임을 분명히 보여준다. 부모들은 인간이기 때문에 이 원리를 완전히 실천하지 못할 수도 있다. 하지만 하나님은 이 원리를 완전하게 이루신다.

19:18. 이 구절은 잠언의 대부분의 구절이 단순한 원리를 말하는 것과는 다르게 분명한 명령으로 나타난다. 주님은 부모에게 자녀를 가르치고 훈계할 것을 명령하고 계신

다. 훈계에 소극적인 부모들의 경우, 자녀들의 어린 시절의 나쁜 태도가 그들의 생활 습관으로 자리잡게 된다. 그래서 자녀들이 어렸을 때 훈계하는 것은 성숙을 위해서 필수적인 것이다. 훈계를 주저하는 것이 마치 좋은 부모의 모습인 것처럼 보일 수 있다. 그러나 나중에는 지나친 체벌이나(신 21:18-21) 혹은 교정되지 않은 어리석음이 사망에 이르는 길이 될 수 있다.

20:30. 부모는 자녀에게 고통을 주기 위해서가 아니라 죄에서 벗어나도록 하기 위해서 매를 댄다. 그리고 미약한 양심을 가진 자녀에게는 올바른 방향으로 가도록 독려하기 위해서 적절한 자극이 필요할 때가 있다. 여기서 히브리어는 문자적으로 '멍들고 살이 베이는' 극심한 매질에 대해서 이야기한다. 문맥상 이것은 죄인에 대한 법적 처벌을 뜻한다(19:26). 여기에서도 그러한 의미로 말하고 있는 것이다. 그러므로 자녀에게 적절히 매를 대는 부모는 자녀가 나중에 더 큰 형벌을 받지 않도록 교육하는 것이라고 볼 수 있다.

22:6. 그리스도인들은 이 구절을 다양한 방식으로 설명하고 있지만('심층 연구' 참조) 중심 주제는 명확하다. 즉, 부모들은 자녀의 교육과 훈계에 모든 노력을 기울일 책임이 있고, 자녀들은 결국 어린 시절에 배웠던 생활 방식을 따르게 될 것이라는 내용이다. 가르치라는 단어는 대개 '헌신하라' 로 번역되는데, 이는 우리가 하나님께 자녀들을 내어맡겨야 한다는 뜻이며, 거룩함을 따르도록 인도해야 한다는 뜻이다. 잠언은 종종 생명의 길과 사망의 길에 대해서 말한다. 그리고 이 구절은 아마 생명으로 인도하는 길에 대해서 언급하고 있는 것으로 보인다.

어린 시절의 신실하고 적절한 훈계는 대개 성인이 된 후에 좋은 결과로 나타난다. 이것이 확고한 보증은 아니지만 대부분의 성인들은 어린 시절 가정에서 배웠던 지혜를 따를 것인가 말 것인가를 선택해야만 한다.

22:15. 아담의 타락 이후로 모든 어린이들은 악한 의도와 이기적인 성향으로 가득 찬 세상에서 살게 되었다. 거만하고 어리석은 자의 행동은 자연스럽게 젊은이들에게 영향을 미쳤고, 그것은 시간이 지남에 따라 저절로 없어지는 것이 아니었다. 부모들은 그런 어리석은 행동이 자녀들에게서 나타날 때 그 일을 하지·못하도록 뭔가 조치를 취해야만 한다.

23:13-14. 훈계는 말로 가르치는 것 이상의 행동을 포함하고 있다. 이 과정에서는

때로 매를 대는 것이 필수적이기도 하다. 이 구절은 훈육을 할 때 매를 대는 것을 완전히 배제하지 말 것을 명령하고 있다. 13절 하반절은 두 가지 의미로 해석될 수 있다. 첫 번째는 아이들이 매를 때려도 잘 이겨낼 것이라는 의미와, 두 번째는 아이들이 매를 통해서 잘 성장하게 될 것이라는 의미다. 14절은 바로 두 번째 개념을 더욱 확장시키고 있다.

29:15. 이 구절은 어머니의 관점에서 훈계의 필요성을 생각하고 있다. 비록 매질을 한다 하더라도 꾸지람 그 자체는 아이에게 선악에 대한 지혜를 갖게 해준다. 그리고 그 지혜는 궁극적으로 어머니가 자기 아이들을 자랑스럽게 생각할 수 있게 만들어줄 것이다. 그러나 자기 맘대로 하게 내버려두고, 무엇을 원하든지 그대로 할 수 있게 방치되는 아이는 어머니를 부끄럽게 하는 어리석은 자가 될 것이다.

29:17. 자기 자녀를 교육시키고 훈계하는 데 정성을 기울이는 부모는 두 가지 열매를 거두게 될 것이다. 첫 번째, 그 자녀의 미래를 걱정하지 않아도 되고, 마음을 놓을 수 있는 평안을 얻게 될 것이다. 지혜가 그를 올바른 방향으로 인도할 것이기 때문이다. 두 번째, 그 자녀는 기쁨을 가져다줄 것이다. 히브리어 표현 그대로 하자면 '영혼의 진미'라고 말할 수 있는데, 이것은 하나님의 방법대로 일어나는 번영과 성숙을 바라보면서 느끼는 즐거운 만족을 의미하는 것이다.

29:19, 21. 자녀에 대한 훈계의 원리는 종에게도 똑같이 적용된다. 구약 성경의 문화에서 많은 가정들은 가족의 일부로서 노예나 종을 데리고 있었다. 가장에겐 이러한 가정의 각 구성원들이 자신들의 인격을 잘 발전시켜 나갈 수 있도록 돕는 책임이 있었다. 이를 위해서 말만으로는 부족하고 어떤 행동을 취해야 할 때도 있었다(19절). 그리고 종을 지나치게 애지중지하는 사람은 결국 나쁜 결과를 얻게 되었다(21절). 하지만 자식인 체하리라는 히브리어의 뜻이 구체적으로 무엇을 의미하는지는 확실하지 않다.

B. 훈계를 받음(3:11-12; 10:17; 12:1; 13:18; 14:9; 15:5, 10, 12, 32; 28:13)

Supporting Idea	아버지가 자녀를 훈계할 때 그 아들이나 딸은 선택에 직면하게 된다. 그것은 그 질책에 대해서 어떻게 반응할 것인가 하는 것이다. 저항할 것인가, 아니면 순종할 것인가?

3:11-12. 하나님은 그 자녀를 훈계하심으로써 자신의 사랑을 나타내신다. 히브리어로 훈계라는 말은 '무사르(musar)' 다. 이것은 잘못된 행동에 대한 처벌보다는 가르침 혹은 훈련의 의미를 갖는다. 군사 훈련처럼 심한 훈련이라도 훈련은 각 사람의 발전을 돕기 위해서 주어지는 것이지, 공격적인 행동에 대한 보복으로 주어지는 것이 아니다.

하나님이 우리를 훈계하실 때 우리는 그분의 훈계를 무시해서는(거부하거나 가볍게 여기는 것) 안 된다. 뿐만 아니라 그분의 책망에 대해서 분개(증오하거나 적대시하는 것)해서도 안 된다. 이 구절은 히브리서 12장 5-6절에서 다시 인용되었다. 그곳에서 히브리서 기자는 신적인 훈계는 신적 사랑의 증거라는 더욱 확장된 설명을 하고 있다.

10:17. 훈계에 대한 우리의 반응은 우리를 주목하여 보고 있는 다른 사람들에게 영향을 미친다. 만약 어떤 사람이 배우고자 하는 마음으로 훈계에 귀를 기울인다면, 그는 다른 사람에게 생명으로 이끄는 길에 자신이 서 있음을 보여주는 것이다. 그러나 그가 배우기를 거절한다면, 그는 다른 사람들을 파멸로 이끄는 잘못된 길로 인도할 것이다.

12:1. 훈계는 항상 우리의 자존심을 자극한다. 그리고 대부분의 사람들은 본능적으로 그것을 거부한다. 그러나 이 구절은 우리에게 훈계를 사랑하고, 적극적으로 뭔가를 배울 수 있는 기회이자 선물로 생각하라고 말한다. 어떠한 태도를 취할 것인가의 선택은 지식으로 인도할 수도 있고, 동물의 마음과도 같은 어리석은 상태의 무지함으로 인도할 수도 있다.

13:18. 잠언 기자는 훈계의 소리를 듣거나 듣지 않을 때 나타나는 결과를 설명하면서 극명한 대조를 보여주고 있다. 스스로 훈련이 되지 않은 사람은 게으르고 결국에는 부끄러움과 가난으로 그 인생을 마치게 될 것이다. 그러나 그 반대의 사람은 존귀와 번영이라는 정반대의 결과로 살아가게 될 것이다.

15:5. 어떤 사람이 아버지의 훈계를 들으려고 하지 않을 때 그는 자신이 어리석은 사람('에윌' , ewiyl: 무례한 사람, 강퍅한 자)임을 나타내보이는 것이다. 반면에 부모님의 훈계에 귀를 기울이는 사람은 올바른 생각으로 신중하고 현명하게 되며, 결국에는 생명의 길을 따라감으로 어리석음의 함정에 빠지지 않는다.

15:10, 12. 올바른 길을 걸어가는 사람은 적절한 훈계를 통해서도 충분한 교훈을 얻게 될 것이다. 그러나 그 길에서 벗어난 사람은 심한 훈계나 고통스러운 질책을 받게 될

것이다. 만약 그가 그러한 훈계를 받아들이려고 하지 않는다면 그 길의 끝에 육체적이며 영적인 사망이 기다리고 있을 것이다.

잠언은 그와 같이 강퍅하게 저항하는 사람을 가리켜서 교만한 자라고 말한다. 그의 교만한 태도는 자신을 변화시키려고 하는 모든 노력을 다 거부한다. 그는 자신이 알고 있는 것이 옳다고 확신한다. 그래서 그는 지혜로운 자들로부터 어떠한 조언도 받기를 거절한다.

15:32. 훈계를 거부하는 것은 자신에 대한 증오의 한 형태다. 우리는 훈계를 무시할 수 있다. 하지만 그로 인해서 자기 자신을 해치는 결과를 얻을 뿐이다.

14:9. 여기서 죄라는 말은 죄 사함을 얻기 위한 방식으로, 구약 성경에 나와 있는 속죄제사를 드려야 하는 어떤 구체적인 죄를 의미한다. 강퍅하고 어리석은 자는 자신이 저지른 나쁜 일에 대해서 그 대가를 치러야 한다는 생각에 괴로울 것이다. 그러나 정직한 자는 의로운 일을 하기 위해 주의를 기울일 것이고, 그런 이유로 하나님의 은혜와 용납함과 인정을 얻게 된다.

28:13. 하나님과 사람을 비롯한 모든 관계에는 하나의 법칙이 있다. 그것은 죄 고백이 우정과 신뢰의 관계를 더욱 강화한다는 것이다. 우리는 본능적으로 우리 죄를 숨기려고 한다. 그러나 구체적으로 고백하지 않은 죄는 비참한 결과를 가져온다. 우리의 잘못을 깨닫고, 그것을 고백하기로 결심할 때 우리는 항상 하나님과 사람으로부터 긍휼을 얻게 될 것이다. 다윗은 시편 32편과 51편에서 이 원리에 대한 위대한 고백을 보여주었다.

C. 율법을 지킴 (28:4, 7, 9; 29:18)

Supporting Idea	부모님으로부터 훈계를 받는 것은 바르게 성장하기 위해서 필수적인 일이다. 그러나 이보다 더욱 중요한 것은 우리 자신이 하나님의 법에 순종하기로 결심하고, 헌신함으로써 그분의 관점을 받아들이는 것이다.

28:4, 7, 9. 이 구절들이 각각 지칭하고 있는 율법은 모세가 세운 법을 의미하는 것이다. 이 세 구절 사이에는 논리적으로 연결되는 표현법이 있다. 첫 번째, 하나님의 법을 무시하는 자들은 악한 자들과 어울리게 되리라는 것이다. 반면에 법을 지키는 자들은

법을 어기는 자들과 어울리지 않을 것이다(4절). 두 번째, 악한 자들과 어울리는 자들은 곧 그것이 그들의 습관이 되어버릴 것이고, 결국 부모에게는 수치가 될 것이다. 반면에 법을 지키는 자들은 과욕이나 기타 다른 죄악들을 피할 수 있는 분별력을 갖게 될 것이다(7절). 세 번째, 그 결과 악한 동무들과 어울리는 자들은 하나님과의 친밀한 관계를 잊어버릴 것이고, 하나님은 그들의 기도를 듣지 않으실 것이다. 만약 어떤 사람이 하나님께 더 이상 귀를 기울이지 않으면 하나님도 결국에는 그에게 귀를 기울이지 않으실 것이다(9절).

29:18. 여기서 '묵시'라는 말은 때로 잘못 이해되기도 한다. 그 히브리 단어는 항상 선지자들이 하나님으로부터 받는 계시를 나타낸다(단 8:13; 나 1:1). 사람들이 하나님으로부터 오는 계시의 말씀을 갖고 있지 않을 때 그들은 절제하지 않고, 자기들이 원하는 대로 불순종의 삶을 살아갈 것이다. 방자해진다는 말은 느슨하게 풀어놓거나 머리를 푸는 행위(레 13:45)를 의미하며, 금송아지 신상을 가지고 떠들썩한 잔치를 벌이던 이스라엘을 묘사하는 데 사용되었다. 이와 대조적으로 하나님의 율법을 지키는 자는 축복을 받을 것이다.

Main Idea 복습	모든 부모들은 자녀들이 어느 날 갑자기 성숙해지거나 신실해지는 것이 아님을 알고 있다. 성공한 사람들은 대개 자녀 교육에 대한 열정과 사랑과 소신을 가진 부모 밑에서 자랐다.

결론

당신은 하나님의 법을 어길 수 없다

나는 이 책을 쓰기 약 1년 전쯤에 중고차를 샀다. 주행 거리가 33만 킬로미터인 그 차는 거의 수리를 할 필요가 없었다. 그런데 그 차를 구입한 지 일 년이 지났을 때 엔진이

고장나버렸다. 정비 기술자가 엔진을 교체하던 중에 엔진 오일을 갈지 않아 엔진 내부에 진흙 반죽 같은 기름때가 뒤범벅이 되어 있다고 말해주었다. 그의 말에 의하면, 수년 동안 한 번도 엔진 오일을 교체한 적이 없다는 것이었다.

누군가가 사람은 결코 하나님의 법을 어길 수 없다는 말을 한 적이 있다. 그 뜻은 당신이 그 법을 어길 때 사실은 그 법을 지키기로 했던 자기 자신의 결심을 어기는 것뿐이라는 의미다. 우리가 하나님의 법을 어길 때 자연적으로 우리에게 찾아오는 결과가 있다. 차 주인이 반드시 지켜야 하는 차량 유지 방법을 무시하거나 변경할 수 없듯이 인간은 하나님이 주신 인생을 살아가는 방법인 성경 말씀을 무시하거나 변경할 수 없는 것이다. 모든 설명서의 방법들은 차량이나 사람 혹은 그 대상의 유익을 위해 제시되는 것들이다. 제조자나 창조자는 어떻게 만들어지며 기동하는지 또 잘 유지하기 위해서 꼭 필요한 것이 무엇인지를 알고 있다. 차량의 소유자나 인간 자신이 패망에 이르렀을 때 그것은 그 정보를 무시했기 때문이다. 솔로몬은 잠언의 후반부에서 효과적인 자기 관리로 나아가게 하는 다른 사람을 통한 훈계는 인간 정신의 적절한 기능을 위해 반드시 필요한 것이라고 분명히 말한다.

■ 진리 알기

- 인간은 본성적으로 자기 고집대로 하고 싶어하는 존재이다.
- 자기 고집대로 하려는 성향은 반드시 훈육되어야 한다. 그렇지 않으면 스스로 망하게 된다.
- 스스로를 훈련하려는 성품은 무엇보다도 다른 사람을 통한 훈련을 통해서 얻어진다.

■ 적용하기

- 자기 고집과 자기 파괴적 성향으로 나아가고자 하는 당신의 비뚤어진 본성을 인정하라.
- 당신이 신뢰할 만한 다른 어떤 사람의 영적 권위에 순종하라. 이러한 사람들로는 부모님과 교회와 영적인 책임감을 주지시키는 모임 등이 있다.
- 부드러운 마음과 순종적인 태도를 갖도록 노력하라. 그렇게 하면 당신은 인생의 많은 괴로움으로부터 피할 수 있다.

삶의 적용

사람들이 성장하는 방법

그리스도인의 삶 속에서 가장 어려운 도전 가운데 하나는 '어떻게 자기 훈련을 할 것인가' 하는 문제다. 그것은 상점에 가서 구입하는 것처럼 그렇게 쉽게 얻을 수 있는 것이 아니다. 또한 당신이 충분히 훈련되어 있지 않다면 앞으로도 더 많이 훈련될 수 없을 것이다. 인생은 그렇게 생각대로 되지 않는다. 우리가 좀더 자기 훈련을 필요로 한다면 어떻게 해야 하는 것일까? 잠언은 한 가지 방법을 보여주고 있다. 자기 훈련을 할 수 있는 가장 쉬운 방법은 부모님을 통해 부드럽고 기술적으로 훈련을 받는 것이다. 그러나 이 책을 읽는 대부분의 사람들은 나의 경우와 마찬가지로 그렇게 훈련되지 않았을 것이다. 그래서 잠언은 우리를 위해 몇 가지 요점을 제시하고 있다.

첫 번째, 우리는 훈계를 사랑해야 한다. 솔로몬은 이렇게 말했다. "훈계를 좋아하는 자는 지식을 좋아하나니 징계를 싫어하는 자는 짐승과 같으니라"(12:1). 우리는 인생을 분명히 바라보고 우리에게 훈련이 필요하다는 것을 알아야만 한다. 그것은 자유와 성공의 길이며, 그것을 위해서 우리는 대가를 치러야 한다는 것 또한 알아야 한다. 당신 자신에게 인생에서 얻고자 하는 것이 무엇인지를 물어보라. 그러고 나서 그에 대한 대가를 충분히 치르고자 하는지를 당신 자신에게 물어보라. 만약 당신이 그 값을 치르려고 하지 않는다면 삶에서 얻기 원하는 것을 잊어버려라. 대가를 치르지 않는다면 그것을 결코 얻을 수 없기 때문이다.

그 다음으로, 당신은 하나님의 훈련을 받아야만 한다(3:11-12). 아들을 사랑하는 아버지와 같이 하나님은 당신을 사랑하신다. 그분은 당신이 더욱 그리스도를 닮아가도록 돕기 위해서 성도의 삶에 훈련을 허락하신다(히 12:5-11). 그 다음에 당신의 삶에 나타난 하나님의 역사하심에 순종하라. 빌립보서 2장 13절은 이렇게 말한다. "너희 안에서 행하시는 이는 하나님이시니 자기의 기쁘신 뜻을 위하여 너희로 소원을 두고 행하게 하시나니." 하나님은 당신 안에 소원을 두고 행하신다. 그 후에 당신은 행동해야만 한다. 바울은 이렇게 말한다. "운동장에서 달음질하는 자들이 다 달아날지라도 오직 상 얻는 자는 하나인 줄을 너희가 알지 못하느냐 너희도 얻도록 이와 같이 달음질하라… 그러므로 내가 달음질하기를 향방 없는 것같이 아니하고 싸우기를 허공을 치는 것같이 아니하여 내가 내 몸을 쳐 복종하게 함은 내가 남에게 전파한 후에 자기가 도리어 버림이 될까 두려워함이로라"(고전 9:24, 26-27).

아직까지 당신이 하나님께 순종함으로 나아가야 하는 훈련을 받지 않았다고 생각한다면 당신에 대한 다른 사람들의 영적 책임감에 순종해야만 한다. 당신은 도전의 순간을 살아가는 동안 승리하기 위해서 도움을 받고, 그것을 통해서 책임감을 갖기 위해 당신 삶의 영적 권위와 친구들에게 도움을 요청해야만 한다. 주님은 우리가 결코 혼자서 이 모든 일을 할 수 있게 만들어놓지 않으셨다. 우리는 다른 성도들의 삶을 통해서 적절히 자극을 받을 때 잘 성장할 수 있다. 그들은 우리가 성장하는 것을 돕기 위해 필요한 것을 줄 수 있고, 지원과 책임감도 얻게 할 수 있다(4:11-16).

이것은 미묘한 균형이 필요한 일이다. 우리 삶 속에서 하나님의 도우심이 없이는 이런 일을 이룰 수 없다. 그렇다고 해서 우리가 수동적인 역할을 하는 것도 아니다. 우리의 할 일은 필요할 때 죄를 회개함으로 하나님의 사역에 동참하는 것이고, 영적인 훈련을 받을 때 할 수 있는 대로 최선을 다해 임하는 것이다(성경을 읽거나, 기도하거나, 예배를 드리는 등). 하나님이 우리에게 명하시는 모든 일에 최선을 다해 순종하는 것이고, 우리가 성장하도록 돕고자 하는 다른 사람들의 영적 책임하에 그들의 말을 따르는 것이다.

마지막으로, 우리는 하나님이 성령의 열매로 우리 가운데 성숙을 이루시도록 그분을 기다려야 한다(갈 5:22-23). 더 광범위하고 심도 있는 도움을 제공하는 영적 성숙에 관한 책들이 있다. 하지만 성령의 열매가 하나님이 우리에게 이루시는 성숙에 대한 일반적인 형태다.

나는 기술자들이 깊은 협곡이나 골짜기 위에 어떻게 다리를 놓는지에 대해서 읽어본 적이 있다. 그들은 협곡을 가로질러 쇠로 된 화살을 발사한다고 한다. 그 화살에는 매우 얇은 끈이 매어져 있다. 그 끈에는 얇은 줄이 매여져서 협곡의 이편에 연결되어 있다. 그런 다음에 그들은 끈과 함께 줄을 협곡 위로 가로지르게 연결한다. 그 후에 그 줄에 굵은 밧줄을 감아 당기는 것이다. 그 밧줄은 쇠줄에 연결되어 있고, 마침내는 쇠줄이 더 굵은 케이블로 연결된다. 그들이 케이블을 양쪽에서 잡아당길 때 그 위에다 다리를 세울 수 있게 된다.

그 기술자들은 처음에는 약한 것으로 시작하였다가 점차 강한 것으로 세워나갔다. 그것이 바로 훈련이 발전되는 과정이다. 우리도 처음엔 할 수 있는 수준에서 꾸준히 해나가야 한다(그 수준이 계속해서 우리를 돌보아줄 다른 사람들의 영적인 지도에 자신을 전적으로 맡기는 것이라 할지라도). 그러면 하나님이 우리의 능력을 좀더 크게 만들어주신다. 우리는 이러한 기본적인 수준을 따르는 일에 성실해야만 한다. 그러면 하나님이 우리의 능력을 좀더 향상시키신다. 그러면 계속해서 성숙할 때까지 이러한 일들이 반복된다. 우리가 작은 것에 최선을 다할 때 하나님은 더 많은 것을 허락해주신다(마 25:14-23).

기도

하나님 아버지, 우리 인간은 천성적으로 자기 뜻대로 하려고 하는 자들입니다. 만약 이러한 자기 고집이 꺾이지 않는다면, 우리는 스스로 자멸할 것입니다. 주님의 뜻을 위해서 우리의 이기적인 마음을 내려놓도록 도와주시고, 우리 마음속에 강력하게 역사해 주십시오. 아멘.

심층 연구

A. 훈계

많은 구절에서 '훈계' 라고 번역된 이 히브리어는 '무사르' 이며, '교육, 훈련' 이라는 의미를 갖기도 한다. 헬라어의 '파이데이아(paideia)' 와 같이 이 단어는 잘못된 행동에 대한 처벌보다는 가르침을 더욱 강조한다. 이 말은 온화함과 애정을 포함하기도 하지만(잠 4:1) 대개 질책의 어조를 띠며, 단순한 경고(24:32)에서부터 주님의 징계하심(3:11)이나 매를 대는 것(23:13)까지도 포함한다. 우리가 훈계를 받을 때 종종 경험하는 엄격함은 우리의 잘못된 행동에 대한 보복으로 주어지는 것이 아니라 우리를 강하게 하고 성숙하게 하기 위한 사랑의 방법으로 나타나는 것이다.

B. 아이를 양육함

22장 6절은 잠언에서 가장 잘 알려진 구절 가운데 하나지만 심각한 논쟁을 불러일으키고 있는 부분이기도 하다.

히브리어로 '가르치라' 는 말은 '차나크(chanak)' 이고, 이 말은 대개 '헌신하다' 의 의미로 번역된다. 이것은 집을 바치거나(신 20:5), 성전을 봉헌하거나(왕상 8:63; 대하 7:5), 신상을 세울 때(단 3:2) 사용되었다. 여기에서 파생된 명사는 제단 봉헌식(민 7:10; 대하 7:9)과 예루살렘 낙성식(느 12:27)을 설명할 때 사용되었다. 여기에는 처음으로 무엇을 사용한다거나 어떤 것에 익숙해지게 만든다는 개념이 포함되어 있다. 이것은 애굽어로 '신에게 드리다, 신에게 바치기 위해서 무엇인가를 구별하다' 의 의미를 갖는 단어와 연결되기도 한다.

'마땅히 행할 길' 이라는 말은 문자 그대로 하자면 '항상 그의 입술에 있는 것' 이라는 의미인데, 이는 '자신의 길을 따른다' 는 히브리어 숙어이다. 이 말은 다음과 같이 설명

될 수 있다. 첫 번째, 그의 본성과 연합되어 그의 개별적인 인격이 변화된다는 것이다. 두 번째, 그가 소명으로 여기고, 도덕적으로 자신이 가야 할 길을 따른다는 것이다. 세 번째, 아이에게 적합한 방식으로 그의 이해 수준에 맞춰진다는 것이다. 잠언의 다른 곳에서는 생명으로 인도하는 길과 사망으로 끝나는 길에 대해서 광범위한 설명이 이어지고 있다. 여기에서는 두 번째 경우가 더 신뢰할 만한 설명이라고 여겨진다.

'그것을 떠나지 아니하리라' 는 말씀은 다음과 같은 설명이 가능한 하나의 약속으로 해석된다. 첫 번째, 그는 올바른 길에서 절대로 벗어나지 않을 것이다. 두 번째, 그는 젊은 날에 약간 방황할 수도 있지만 다시 올바른 길로 돌아올 것이다. 잠언의 전체적인 확신은 부모의 근실한 훈육이 대개 선한 결과를 가져오고, 젊은 사람은 어린아이 때 배운 원리에 근거해서 자신의 삶을 살아가게 될 것이라는 개념을 보여준다. 물론 여기에는 예외도 있다. 그 예외 사항은 22장 3-4절과 9절, 11절, 16절, 29절에서 자세히 나타난다.

고안

A. 들어가는 글

1. '타이거 우즈' 이야기로 시작하라.
2. 배경 설명: 부모들은 자녀의 삶 가운데 특히 그들의 자기 통제력과 관련해서 매우 중요한 영향을 미칠 수 있다. 자기 통제력을 발전시켜나가는 법은 부모에게 지혜롭게 훈련받는 것이다. 그러면 언젠가 자녀들이 스스로를 책임지는 책임감을 받아들여야 할 때가 온다.
3. 적용: 이 장은 부모들이 자녀를 지혜롭게 양육하도록 도전하고 가르치는 내용으로 시작된다. 그런 다음에 자녀들이 자기 부모에게 순종하도록 도전하고 가르치는 내용으로 이어진다. 마지막으로 전체적인 주제는 개개인이 성실하게 순종하고자 하는 마음을 자기 부모에게서 하나님께로 돌릴 수 있도록 조언하는 것이다.

B. 본문 이해

1. 훈계함
2. 훈계를 받음
3. 율법을 지킴

C. 결론: 당신은 하나님의 법을 어길 수 없다

토의 질문

1. 부모들에게 주는 잠언의 교훈을 통해 볼 때 당신의 부모님은 당신을 얼마나 잘 양육하였다고 생각하는가? 부모님의 훈육이 어떻게 당신의 성숙을 도왔고, 반대로 상처를 주었던 훈육 방법은 무엇이라고 생각하는가?

2. 당신은 당신의 자녀를 얼마나 잘 훈육하고 있는가? 당신의 훈육 방법에 수정이 필요한 부분이 있는가?

3. 당신은 성실히 순종하고자 하는 마음으로 하나님을 잘 따르고 있는가?

12장

잠언 10:6-7, 16, 28-30; 11:5-10, 18-20, 23; 12:2-3, 5-8, 12, 21, 28; 13:9, 21, 25; 14:11, 19, 34; 15:6, 9; 20:7; 21:18; 24:15-16; 28:12, 28; 29:2, 16, 27

의로운 삶을 통한 성숙

"하나님이 악한 자들을 허락하셨으나 영원히 허락하신 것은 아니다."

- 토마스 풀러(Thomas Fuller, 1608-1661)

의로움과 악함은 전혀 다른 방향으로 삶을 인도하는 두 가지 길이다. 의로운 길은 선한 것으로 인도되지만 악한 길은 악한 것으로 인도된다. 이것은 개개인의 삶뿐만 아니라 사회에도 그대로 적용된다. 의로움이 한 사회를 지배할 때에는 의로움에 참여하는 자에게 큰 유익이 주어지지만 악함이 그 사회를 지배할 때에는 엄청난 재앙이 나타나게 된다.

들어가는 글

당신은 지혜를 살 수 없다

미국 국세청은 과거에 세금을 속였던 사람들과, 양심 선언을 하고 싶지만 처벌을 받을까 봐 신분을 공개하지 않으려는 사람들로부터 무기명 기부금을 받는 양심 계좌를 운영하고 있다. 그 양심 계좌에는 다음과 같은 메모를 남겨서 한 사람당 500불의 수표를 입금하게 되어 있다. "나는 내가 내야 할 세금을 속인 뒤로는 제대로 잠을 잘 수가 없었습니다. 그래서 여기 500불의 수표를 보냅니다. 만약 여전히 잠을 잘 수 없다면 나머지를 더 보내드리겠습니다."

그 사람은 올바른 방향으로 나아가고 있었다. 그러나 어느 순간 길을 잃어버린 것이다. 지혜는 진리로 나아가기를 주저하는 사람에게는 주어지지 않는다. 그것은 전적으로 그것을 얻고자 하는 사람에게만 주어진다. 잠언은 말한다. "여호와를 경외하는 것이 지혜의 근본이요 거룩하신 자를 아는 것이 명철이니라"(9:10). 어떤 사람이 정말 주님을 경외할 때 그의 관심의 반 정도만 재물로 향하게 하지 않는다. 그는 모든 관심을 주님께 쏟는다. 뭔가 타협할 수 있는 방법을 찾지 않는다. 그는 올바른 일을 하는 데 온전히 헌신한다. 또한 반 정도만 주님과 동행하지 않는다. 그는 항상 동행한다.

이 장에서 솔로몬은 사람이 선과 악, 좋은 것과 나쁜 것, 진실과 거짓의 선택 사이에서 내려야만 하는 지속적인 성공의 선택이 무엇인지를 제시한다. 지혜로운 사람은 그 삶에서 항상 선한 것과 좋은 것과 진실된 것을 택할 것이다.

본문 이해

의로운 삶을 통한 성숙

Main Idea	지혜는 단순히 영리함 그 이상의 것이다. 그것은 의로움과 결코 뗄 수 없는 관계로 연결되어 있다. 잠언에서의 어리석음은 정신 능력의 문제라기보다는 도덕적인 문제와 관련되어 있다. 그래서 어리석은 자는 하나님의 길이 아니라 자기 자신의 길을 따른다. 결국에는 악으로 끝을 맺게 된다.

A. 의로운 개인과 악한 개인(10:6-7, 16, 28-30; 11:5-9, 18-20, 23; 12:2-3, 5-8, 12, 21, 28; 13:9, 21, 25; 14:11,19; 15:6, 9; 20:7; 21:18; 24:15-16; 29:27)

Supporting Idea	모든 사람들은 하나님의 기준에 따라 의로운 삶을 살 것인지 아니면 자기 자신의 도덕적인 선택을 따를 것인지를 결정하게 된다. 하나님은 의로운 삶을 살기로 결심하는 자들에게 큰 보상을 약속하신다. 하지만 악에 대해서는 그 값을 치를 것이라고 경고하신다.

10:6-7. 10-15장의 내용은 대부분 의로움과 악함을 비교하고 있고, 특히 11장 대부분의 구절도 그 장들에서 발췌한 것들이다. 이 구절들은 대부분 두 가지 극단에 연결된 것들이며, 특히 선과 악의 차이를 강조하고 있다.

하나님은 의로운 자들에게는 직접적으로 복을 주시거나 지혜롭게 행동한 결과로 은혜를 베푸신다. 그들은 주위에 있는 사람들에게 마치 왕관처럼 고귀하게 여겨진다. 또한 그러한 사람을 귀히 여기는 자에게는 그의 의로운 행동을 기억하는 것이 더 큰 축복의 계기가 될 것이다. 반면에 악한 자는 강퍅함이 주된 특징이고, 죽고 난 다음에는 그의 삶에 대한 기억이 다 사라져버릴 것이다.

10:16. 돈이 행복을 보장하지는 않는다. 한 사람의 인격은 그가 돈을 어떻게 사용하는가와 그가 무엇을 얻는지를 결정한다. 의로운 삶에 대한 보상은 부요하고 의미 있는 삶이지만 악한 삶은 오직 처벌만을 가져올 뿐이다(갈 6:7 참고).

10:28-30. 사람은 무엇을 소망하면서 살아야 하는가? 의로운 사람들은 자신의 소망이 이루어질 때까지 복 된 즐거움을 바라면서 살 수 있다. 악한 사람들도 소망을 가질 수 있다. 하지만 그들은 결국 아무것도 얻지 못할 것이다.

주님은 자기 백성들을 위해 길을 마련해주시고, 그 길을 따르는 자들에게는 그 길이 안전하고 보호받는 곳이 된다. 하지만 악을 행하는 자들은 주님의 길이 아닌 다른 길을 선택하며, 그 길은 스스로 파멸에 이르는 길이 된다.

이스라엘 백성들이 땅에서 거할 곳을 갖는다는 것은 안전하게 지켜진다는 표시이다. 거할 곳이 있는 자들은 집 없이 떠돌아다니는 사람이 아니라 거할 집이 있고, 소속감을 가질 수 있으며, 쉴 거처가 있다는 의미다. 의로운 자들은 영원한 거처가 있는 자들이지만 악한 자들은 결코 그러한 안전한 거처를 얻지 못할 것이다(2:21-22 참고).

11:5-9. 5절과 6절은 의로운 자들과 악한 자들의 삶이 얼마나 다른지를 보여준다. 흠 없고 도덕적 결함이 없는 자들의 의로움은 올바른 삶을 살아가게 하고, 그 속에서는 많은 문제들이 해결된다. 그런 길 속에서 의로운 자들은 여러 가지 죄의 함정에서 벗어나게 된다. 그러나 악함은 인생을 방황하게 하며, 결국에는 파멸하게 만든다. 불성실하고 배반하는 자들의 악한 욕망은 그들 자신을 죄의 함정으로 인도하며 나중에는 사망에 이르게 만들 것이다(약 1:14-15).

어떤 사람들은 괴로운 결과로부터 자신들을 보호해줄 수 있는 권력을 얻을 수 있다고 믿기 때문에 악을 행하는 것을 선택한다. 그러나 에스더서에 나오는 하만처럼 그들은 하나님이 모든 상황을 뒤바꾸어버리시고 자신들은 그런 예상치 못한 일이 일어나는 것을 막을 수 있는 힘이 없다는 것을 깨닫게 될 뿐이다.

불경건하고 도덕적으로 타락한 사람은 비방함으로 이웃의 명성을 무너뜨리려고 할지 모른다. 그러나 의로운 사람은 다른 사람이 도저히 넘보지 못할 수준에 이르게 되고, 모든 공격에 지혜롭게 대응할 수 있는 하나님의 진리의 지식을 통해 위기를 벗어나게 될 것이다.

11:18-20. 악한 사람은 그 악함을 통해서 자신이 원하는 바를 얻고 있다고 확신할지도 모른다. 그러나 결국에는 자신이 속고 있었음을 깨닫게 될 것이다. 그의 창고는 사실 텅 비어 있다. 하지만 의를 뿌리고 의로움으로 노력하는 자는 안전한 보상을 얻게 될 것이다.

의로운 결실이란 무엇일까? 그것은 생명이다! 또한 18절에 나오는 분명하고도 영원한 보상에 대한 설명은 이것이 영원한 삶에까지 이어질 것이라고 말한다. 반대로 악한 자들은 사망에 이르게 된다. 여기서 사용된 동사는 매우 흥미롭다. 악한 자들은 빨리 사냥감을 얻기 위해 돌아다니는 사냥꾼과 같이 자신의 목표를 추구한다. 하지만 의로운 자들은 시간이 걸리지만 확실한 수확을 거둘 수 있는 농부와 같이 노력의 씨를 뿌린다.

하나님은 의로운 자와 악한 자에 대해 말씀해주신다. 그분은 패역하고 뒤틀린 심사를 가지고 왜곡된 생각을 하는 자를 싫어하신다. 하지만 흠 없이 올바른 길을 가는 자들을 기뻐하신다.

11:23. 높은 목표를 가지고 시작하는 것은 좋은 일일 수 있다. 하지만 그 길의 결국이 무엇인가가 정말 중요하다. 그 길을 가면서 모든 사람들은 성공과 실패의 순간을 만나게 된다. 그러나 하나님의 손길은 마지막 결과가 무엇인지를 결정하신다. 의로운 자에게는 온전히 선한 것이 되겠지만 악한 자들에게는 온전히 악한 것이 되고 만다.

12:2-3. 간교하거나 교활한 자는 자기 운명을 자기 스스로 좌우하려고 노력한다. 하지만 결국에는 주님이 우리의 운명을 좌우하신다. 그분은 간교한 사람을 징계하시지만 선한 자에게는 그의 기뻐하심의 증표로 은혜를 베푸신다.

유대인들은 팔레스타인 땅에서 정착하여 살아가는 안전함을 귀중하게 여겼다. 이는 마치 우리가 경제적인 안정을 귀중히 여기는 것과 같다. 하지만 이 구절은 우리가 결코 악한 방법으로는 안정을 얻을 수 없다는 것을 지적하고 있다. 우리는 뿌리째 뽑히는 나무처럼 너무나 쉽게 살아갈 근거지를 잃어버릴 수 있다. 그러나 의로운 자는 결코 뽑혀져 나가지 않는다(시 1:3-5).

12:5-8. 의로운 자의 계획은 이타적인 동기에서 생겨나기 때문에 그 계획은 신뢰할 수 있다. 하지만 악한 자의 조언은 신뢰할 수 없고, 설사 그 말이 일리가 있다 하더라도 믿어서는 안 된다. 왜냐하면 그런 조언은 속이는 마음과 스스로의 유익을 추구하는 의도에서 나온 것이기 때문이다.

사실 악한 자들은 살인자의 습격과 같이 그들의 말로 인해 올무에 걸리게 만든다. 의로운 자들은 그러한 올무에서 빠져나올 수 있는 조언을 해준다. 진실로 말은 흉기가 될 수 있고, 자유하게 만드는 것이 될 수도 있다.

악한 자는 아무 잘못이 없는 사람을 애매한 희생자가 되게 할 수도 있다(6절). 그러나 하나님은 그들 자신이 벌을 받는 자들이 될 수 있음을 분명히 말씀하신다. 이에 반해 의로운 자들은 안전하게 지켜진다. 그들의 집과 가족들은 굳게 지켜지는데, 이러한 개념은 마태복음 7장 24-27절의 예수님에 의해서 더욱 자세히 설명되고 있다.

일반적인 세상 사람들도 지혜를 사모한다. 여기서 지혜는 사무엘상 25장 3절에 나오는 아비가일의 말과 같고, 그것은 삶의 여러 문제들을 다룰 수 있는 통찰력을 가진 지혜로운 판단을 의미한다. 사람들은 비뚤어진 마음을 가진 자와 올바르게 생각할 수 없는 왜곡된 생각을 하는 사람을 경멸한다.

12:12. 악한 사람들은 악한 약탈품(문자적으로는 그물)을 원한다. 그들은 무고한 사람을 올무에 걸리게 하고, 그의 돈을 빼앗는 스릴을 즐긴다. 그렇지만 의로운 자들은 자신의 삶이 깊고 든든한 기반 위에서 근실히 성장하기를 원한다.

12:21. 하나님은 신실한 자들을 보호해주신다. 이 구절은 의인들에게는 어떤 위험도 일어나지 않겠지만 악인들은 수많은 위험에 빠지게 될 것이라고 약속한다. 욥의 친구들은 이 원리를 잘못 적용하였지만 바울(롬 8:28, 36-37)과 요셉(창 50:20)은 이 점을 올바르게 이해하였다.

12:28. 이 구절의 하반절은 번역하기가 어렵지만 상반절은 그 의미가 분명하다. 의로움은 생명으로 인도한다. 구약은 대개 이생에서의 축복을 말하고 있지만 이 구절은 더 나아가 불멸의 삶이나 영원한 삶에 대한 약속을 의미하는 것처럼 보인다.

13:9. 빛은 육체적 생명에 대한 은유로 자주 사용되는데(잠 6:23; 20:20; 21:4; 24:20; 욥 18:5-6; 시 119:105) 여기서는 의로운 자들과 악한 자들에게서 나타날 수 있는 삶을 묘사하고 있다. 의로운 자들의 삶은 밝게 빛나는(문자적으로 '즐겁게 하는') 빛이며, 사람들을 기쁘게 하는 불타오르는 불이다. 악한 자들의 삶은 꺼져가는 천막의 등잔과도 같다. 그때의 어두움이 너무나 심해서 분위기는 마치 죽음과도 같을 것이다.

13:21. 여러 가지 문제들이 흡사 먹이를 쫓는 맹수처럼 죄인들을 따를 것이다. 여기에서 피할 수 있는 사람은 없다. 하지만 의로운 자들에게는 번성케 되는 것이 당연한 보상으로 따른다. 물론 예외도 있지만 잠언의 원리를 따르는 사람은 확실한 번성의 길을 따르게 된다. 그리고 영적인 축복도 확고히 보장된다.

13:25. 음식은 하나님의 기뻐하심과 기뻐하시지 않음을 보여주는 방법 가운데 하나다. 그분은 의로운 자들에게는 가장 필요한 것들을 공급해주실 뿐만 아니라 그들이 먹

고 남을 정도로 공급해주신다. 배고픔은 때로 개인적인 차원보다는 사회적인 차원에서의 죄의 결과이다(13:24). 하지만 많은 가정들이 알코올 중독과 약물 중독, 게으름 혹은 무책임의 결과로 나타나는 배고픔을 경험하기도 한다.

14:11. 의로운 자들과 악한 자들은 전혀 다른 운명을 가지고 있다. 악한 자들은 든든한 집에 거하고 있지만 의로운 자들은 그저 천막만 가지고 있는 것처럼 보인다. 그러나 악한 자들이 세운 모든 것들은 무너질 것이고, 의로운 자의 가산은 이제 막 봉우리가 터져 나오는 나무처럼 점차 번성하게 될 것이다.

14:19. 이 구절은 실제 생활과는 모순되는 것처럼 보인다. 너무나 자주 의로운 사람들은 악한 지도자를 상대해야만 한다. 그리고 악한 사람들이 더 번성하는 것처럼 보인다. 그러나 신실한 사람은 의도하지 않을지라도 혹은 알지 못하는 사이에 존경을 받게 된다. 그래서 성경은 의로움이 결국 인정을 받을 것이라고 약속한다. 그리스도가 다시 재림하실 때 모든 것은 제자리를 찾게 될 것이다.

15:6. 하나님은 잠언의 다른 구절에서와 마찬가지로 의로운 자들에게 많은 보물을 약속하신다. 하지만 악한 자들에게는 그들의 재물이 고통이 될 뿐이다. 여기서 '고통' 이라는 단어는 '아간' 이라는 이름과 관계가 있다. 그는 이 구절에서 악인이 패망한다는 진리를 여실히 나타내는 사례가 되고 있다(수 7:25-26).

15:9. 하나님은 악한 자의 길을 싫어하신다. 그러나 주님은 의를 따르는 자들을 사랑하신다. '따른다' 는 것은 히브리어의 강조 표현법으로 의로움을 따르기로 맹세하였거나 그에 대한 강한 목적 의식을 갖고 있는 것을 의미한다.

20:7. 의로운 자는 자녀들을 위해 귀중한 자산을 남겨줄 수 있다. 자녀들이 항상 신실하게 행동하는 부모의 모범을 보면 그들도 그와 같은 동기를 갖게 될 것이다. 그렇게 하면 지혜의 결과로 즐거움을 누리게 된다.

21:18. 신약 성경과 비교하면 이 구절이 약간 이상하게 들릴 것이다. 왜냐하면 대속이나 대속물이 되는 것은 우리 죄를 위해 희생하신 그리스도의 대속만이 있기 때문이다. 우리는 악한 자에 의해서 대속이 되지도 않고 될 수도 없다. 이 문맥에서는 하나님이 악한 자들을 그들의 죄로 인해서 처벌하시고 악을 행하는 자들과 하나님 보시기에 악한 자들의 손에서 더 이상 고통받지 않도록 의로운 자들을 자유케 하신다는 의미로 보는 것이 더 합당하다.

24:15-16. 이 구절들은 의로운 자들을 멸하려고 노력하는 것에 대해 경고하고 있다. 한 마디로 그런 일은 절대 이루어지지 않을 것이다. 선한 자들은 절대 쓰러지지 않고 항상 다시 일어날 것이다. 의로운 자들을 향해 악한 계획을 품는 자들은 도리어 자신들에게 그것이 임하게 됨을 깨닫게 될 것이다. 잠언은 "그렇게 하지 말라. 그런 일들은 도리어 스스로를 해할 것이다"라고 말한다. 이러한 경고는 때로 악한 자들에게 마지막 권면이 될 것이다.

29:27. 잠언은 의로운 자와 악한 자 사이의 정반대의 결과에 대해서 놀랄 만한 모습을 보여주고 있다. 미움이라는 단어는 극도로 싫어하고 증오하는 것을 의미하고, 우상숭배와 인신제사(신 12:31)에 대한 하나님의 태도를 묘사할 때 사용되었다. 삶은 이 두 가지 길 사이의 선택이라는 진리를 이보다 더 명확하게 표현한 구절은 없다. 사람은 하나님을 따르거나 하나님을 거부하는 것 가운데 하나를 선택하게 되며 항상 이 두 가지 선택 사이에는 양자 간의 갈등이 존재한다.

B. 의로운 사회와 악한 사회(11:10; 14:34; 28:12, 28; 29:2, 16)

Supporting Idea	개인과 마찬가지로 사회도 도덕적 선택에 따른 결과를 얻게 된다. 도덕적으로 올바른 사람들이 주도권을 가질 때 사회는 번성할 것이다. 그러나 지도자들이 부도덕할 때 나타나는 혼란은 더 큰 피해를 일으킨다.

11:10. 한 도시에서 의로운 사람들이 지도층을 형성하고 그때까지 지도력을 가지고 있던 어리석은 자들이 권력에서 물러날 때는 기뻐할 수밖에 없는 많은 이유가 있다. 옳고 그름에 관해 올바른 기준을 확고하게 세우는 것은 풍요로운 사회 생활을 위한 최고의 기반을 조성하는 것이다.

14:34. 의로움이 일반적인 수준에까지 이르게 되면 한 나라가 부강하게 되거나 국력이 신장하게 된다. 이것은 도덕적인 분야에만 국한되는 것이 아니라 그 나라의 정치적 영역에도 마찬가지로 적용된다. 반면에 부패로 얼룩진 죄악은 백성을 욕되게 한다. 이 '욕되다'의 단어는 커다란 수치심을 의미한다. 이 단어는 레위기 20장 17절에서 성적인 죄를 언급할 때 한 번 더 사용되었다.

28:12, 28; 29:2. 세 구절 모두 한 국가의 지도력에서 도덕성이 미치는 영향력이 어떤 것인가를 보여준다. 권위를 가진 자들이 의로우면 백성들은 즐겁게 살아갈 수 있다. 신실한 자들은 번성하게(문자적으로 '더 강하게') 되는 것이다. 그러나 악한 자들이 권력을 잡으면 사람들은 탄식하고 숨게 되며 사회 일선에서 물러나 더 안전한 곳으로 후퇴하게 된다. 역량이 있는 남성들과 여성들은 자신들의 삶에 대한 이상이 더 이상 처벌되지 않고 인정받게 될 때 다시 사람들 가운데 나타나게 될 것이다.

29:16. 악한 자들이 더욱 강하여지고 권력을 잡게 되면 죄와 저항 세력 역시 커지게 될 것이다. 그러나 죄는 본질적으로 불안한 것이기 때문에 의로운 자들은 결국에 악한 자들의 권력이 무너지는 것을 보면서 다시 일어서게 될 것이다.

Main Idea 복습	지혜는 단순히 영리함 그 이상의 것이다. 그것은 의로움과 결코 뗄 수 없는 관계로 연결되어 있다. 잠언에서의 어리석음은 정신 능력의 문제라기보다는 도덕적인 문제와 관련되어 있다. 그래서 어리석은 자는 하나님의 길이 아니라 자기 자신의 길을 따른다. 결국에는 악으로 끝을 맺게 된다.

! 결론

빛을 따르라

어리석은 자는 선과 악을 볼 수 있는 능력을 가지고 있으면서도 악을 선택한다. 때로 어리석은 자에게 그 이유를 묻는 것은 불가능한 일이기도 하다. 왜냐하면 그는 이미 자신의 마음에서 진리와 의로움과 지혜를 거부하기로 결정해놓았기 때문이다. 그래서 진리와 의로움과 지혜가 제시될 때 그는 반드시 그것을 거부하거나 혹은 후회한다. 그리고 후회하지 않을 결심을 하겠다고 다짐하면서 그는 자신의 입장을 고수하기 위해 가능한 것은 무엇이든지 여러 가지 변명이나 이유를 찾아내고야 만다.

나는 어리석은 자들의 이러한 모습을 납득할 수가 없다. 청소년 시절에 우리 형은 교회와 신앙을 거부하였었다. 나는 형에게 그 이유를 물어보았다. 그는 대답하기를, 교회에 있는 모든 위선들 때문이라고 했다. 나는 스스로 생각하기를, 그것은 스스로를 자멸케 하는 결심이라고 여겼다. 교회에 있는 위선들에 대한 나의 반응은 '나는 결코 하나님 앞에 나아가지 못하게 만드는 위선을 따르지 않겠다' 는 것이었다. 나중에 형은 자신의 생각을 바꾸었고, 그리스도인이 되었다. 그러나 위선 때문에 주님을 거부했던 그의 첫 번째 선택은 정말 합리적인 것이 아니었다.

어리석은 자들은 때로 자신의 생각을 굳게 정해놓고 나서 자신의 생각이 변화되는 것을 거부하기 때문에 잠언은 이미 강퍅해진 어리석은 자를 위해 쓰여진 것이 아니다. 왜냐하면 강퍅해진 어리석은 자들은 결코 지혜에 귀를 기울이지 않기 때문이다. 이 책은 지혜로운 자들을 열매 맺는 삶으로 인도하기 위해서 쓰여졌다. 또한 악으로 치우치지 않고자 하는 사람을 위해서 쓰여졌다. 그는 어리석게 행동할 때도 있을 것이다. 하지만 그는 강퍅하면서 어리석은 자는 아니다. 그는 지금이라도 지혜로워질 수 있다. 솔로몬은 그러한 사람이 지혜를 따를 것을 간곡하게 요청하고 있다.

그리스도인들은 성경을 통해 말씀하시고, 죄를 깨닫게 하시며, 의로움을 갖도록 촉구하시는 성령님께 귀를 기울여야 한다. 진리를 들으면서도 그것을 거부하면 더 큰 어두움에 휩싸이게 된다. 그러나 진리를 듣고 그것을 행하면 더 큰 빛을 누리게 된다.

▣ 진리 알기

- 지혜로운 판단은 선한 결과를 얻게 되지만 어리석고 악한 선택은 악한 결과를 가져온다.
- 개인의 선택은 사회 전체에 영향을 미친다.
- 사회의 선택 역시 개개인에게 영향을 미친다. 그것은 하위 계층으로 내려가는 영향이거나 상위 계층으로 올라가는 영향일 수도 있지만 어떤 경우든 간에 그 반대 계층에도 영향을 미친다.

▣ 적용하기

- 당신 주위에 있는 자들을 통해 교훈을 배우라. 그들의 행동 결과가 무엇인지를 주목하여 보고 지혜를 선택하라.

- 당신으로 하여금 어리석고 악한 행동을 하게 만드는 사회의 영향력에 저항하라.
- 당신의 선택이 자녀들과 다른 사람에게 미칠 영향력을 심사숙고하라. 아무도 잘못된 길로 인도하지 말라.

삶의 적용

이발사는 어떻게 하나님을 만났는가

어리석은 자에게 있어 지혜의 시작은 회개에서부터이다. 잠언은 말하기를, 주님을 경외하는 것이 지혜의 시작이지만 어리석은 자는 하나님에 대한 경외 없이 그분을 거부한 것을 먼저 회개해야 한다고 말한다. 아놀드 프레터(Arnold Prater)는 그의 저서 「거짓으로부터의 자유(Release from Phoniness)」에서 이렇게 말했다.

> 그 사람은 이발소에서 두 번째 의자를 맡아 손님을 받는 이발사였다. 그런데 65세나 된 이 친구는 내가 아는 모든 사람들 중에 가장 상스럽고 저속하며 신성 모독적이고 악한 말을 하는 사람이었다. 그는 목회자들에 대해서 어떤 병적 증오를 가지고 있었음에 틀림없다. 왜냐하면 목사인 내가 그 이발소에 들를 때마다 그는 평소보다 더 많이 악한 말을 해댔기 때문이다. 어느 날 내가 그곳에 갔을 때 그가 자리에 없었다. 나는 다른 친한 이발사에게 그가 어디에 갔느냐고 물어보았다. 그는 이렇게 대답했다. "아, 그는 지금 심각한 병이 들었어요. 생명이 위독하다고 하더라구요."
>
> 약 6주쯤 후에 우체국에 들어가고 있었는데, 누군가 내 이름을 부르는 소리가 들렸다. 그래서 돌아보니 그곳에 그 불량스런 이발사가 있었다. 그가 차에 앉아 우체국에 드나드는 사람들을 바라보고 있다가 나를 본 것이었다. 사람의 모습을 하

> 고는 있었지만 그 얼굴에는 죽음의 빛이 역력했다. 그는 앙상하게 뼈만 남은 손을 들어 내게 손짓했고, 나는 그가 있는 곳으로 다가갔다. 그가 간신히 하는 말을 듣기 위해 나는 몸을 숙여야만 했다. "목사님, 목사님께 드릴 말씀이 있습니다. 저는 병원에서 혼수 상태에 있었어요. 그리고 의사가 제 아내에게 하는 말을 들었지요. '이제 더 이상 살 가망성이 없습니다.'" 그런 다음 그의 목소리는 떨렸고, 다시 말을 잇기까지 잠시 시간이 흘렀다. 그러고 나서 그가 이렇게 말했다. "목사님, 저는 제 평생 한 번도 기도해본 적이 없습니다. 하지만 전 그때 기도했습니다. '오 하나님, 만약 당신이 계시다면 지금 저를 좀 도와주세요.' 그리고 내가 그렇게 기도했을 때… 사실 제가 뭐라고 말했는지도 잘 모르겠지만… 그런데 그분이 거기에 계셨습니다. 그분이 오셨어요."
>
> 붉게 상기된 그의 눈에서 눈물이 쏟아졌다. 그가 이어서 말했다. "목사님, 한번 생각해보세요. 저는 육십 평생 날마다 사람들 앞에서 그분을 모욕했습니다. 그런데 평생 처음으로 그분의 이름을 불렀는데, 그분이 오셨습니다."

하나님은 그분을 초대하지 않는 삶 속에는 오시지 않는다. 그러나 일단 초대하기만 하면 그분은 두 번 간구하게 하시지 않는다. 회개는 어리석은 자가 지혜로운 자로 변화되는 열쇠이다.

기도

하나님 아버지, 매일매일 우리의 삶 속에서 짓는 큰 죄와 작은 죄들을 회개할 수 있는 은혜를 주십시오. 그래서 우리가 강퍅하게 되지 않고, 이 세상에서 어리석은 자처럼 살았던 것을 회개할 수 있도록 도와주십시오. 아멘.

심층 연구

A. 하나님이 싫어하시는 것

현명한 사람이라면 하나님이 싫어하시는 것을 행하고자 하지 않을 것이다. 그런 일들은 우리에게 해로운 것이며, 하나님의 징계를 받는 이유가 된다. 잠언은 하나님이 싫어하시는 악덕들에 대한 목록을 보여주고 있다. 패역한 삶(3:32; 11:20), 거짓말하는 것(12:22), 위선(15:8), 악한 행동(15:9), 악한 생각(15:26), 자만심(16:5), 불의(17:15), 직업에서의 부정직함(20:10, 13) 그리고 하나님이 미워하시는 일곱 가지로 잘 알려진 목록들(6:16-19)이 바로 그것이다.

B. 구약에서의 영생

구약 성경은 신약 성경에서처럼 죽음 이후의 삶에 대해서 자주 그리고 명확하게 말하고 있지는 않다. 어떤 자유주의 신학자들은, 영생은 구약 시대 유대인들에게는 잘 알려져 있지 않은 개념이라고 주장한다. 그러나 사망 이후의 삶의 실재를 보여주는 몇 구절들이 분명히 존재한다. 욥은 육체가 사망한 후에 육체 밖에서 하나님을 보리라는 확신을 말하였다(욥 19:25-27). 시편 16편 10절에서 다윗은 메시아의 몸이 썩지 않을 것이라고 예언하였을 뿐만 아니라 하나님이 스올이나 무덤 속에 자신의 영혼을 내버려두지 않을 것임을 말하면서 기뻐하였다. 그리고 이사야 25장 8절은 하나님이 영원히 사망을 삼키실 것이라고 예언하였고, 이 약속은 고린도전서 15장에서 다시 인용되었다.

교안

A. 들어가는 글

1. '당신은 지혜를 살 수 없다' 이야기로 시작하라.
2. 배경 설명: 어리석은 선택과 대비되는 지혜로운 선택의 최종적인 결과는 양자 사이의 극명한 차이를 보여준다. 솔로몬은 지혜로운 선택과 어리석은 선택 사이에서 각각의 경우에 대한 분명한 차이를 말하였고, 이러한 원리는 사회에서도 마찬가지였다.
3. 적용: 만약 불에 달궈진 쇠를 만지는 사람을 보면 분명 그것을 만지지 말라고 말할 것이다. 이 원리는 솔로몬이 지혜를 선택하라고 강조할 때에도 동일하게 나타난다.

B. 본문 이해

1. 의로운 개인과 악한 개인
2. 의로운 사회와 악한 사회

C. 결론: 빛을 따르라

토의 질문

1. 지금 어리석고 악한 우리 사회 가운데서 이뤄지는 선택은 무엇인가?

2. 이 선택이 우리 사회 전체에 어떠한 영향을 미치고 있는가?

3. 이것이 당신 자신에게는 어떠한 영향을 미치는가?

13장

잠언 3:33-35; 10:3, 9, 22, 24-25; 11:21, 27, 30-31; 13:6; 14:14, 22; 15:26; 16:7; 17:13; 18:3; 19:29; 21:8, 12, 16, 21; 22:8; 24:8-9; 26:1, 3, 27; 28:18; 29:10

정직한 삶

"주님께 '이렇게 저렇게 해주십시오' 라고 기도하지 말고, 당신 자신이 '이렇게 저렇게 하겠습니다' 라고 기도하라. 그러면 주님은 당신의 노력을 통해서 그것을 '이루어주실' 것이다."

- 오스왈드 챔버스(Oswald Chambers)

우리는 끊임없이 온전하며 의로운 삶을 살 것인가 아니면 정직이 결여된 이중적인 삶을 살 것인가를 선택하도록 요청받고 있다. 만약 우리가 정직한 사람이라면 하나님의 축복의 보상을 누리게 될 것이다. 그러나 그렇지 않다면 우리의 거짓된 모습은 언젠가 그 실체를 드러내게 될 것이다.

Proverbs

들어가는 글

45초의 정직

수년 전에 조지아 주의 고등학교 농구팀인 콘어스 불독의 감독이었던 클리블랜드 스트라우드(Cleveland Stroud)는 21승 5패의 기록으로 팀을 챔피언 결정전으로 이끌었다. 그리고 3월의 마지막 경기에서 그들은 우승을 판가름하는 중요한 시합에서 극적인 대 역전승을 거뒀다. 하지만 얼마 못 가서 그들의 우승컵은 양심 선언으로 취소되고 말았다. 그것은 잘못된 행동이 드러난 것이 아니라 올바른 행동이 나타난 것이었다.

내용인즉슨 정규 시즌 이후에 열리는 다섯 번의 챔피언 결정전 시합 중 첫 번째 경기에서 자격이 없는 선수가 45초를 뛰었던 것이다. 아무도 그때는 그가 자격이 없다는 것을 깨닫지 못했다. 그 일이 밝혀진 다음에 감독은 자발적으로 조지아 주 고교 운동협회에 이 사실을 보고하였고, 협회는 그들의 우승컵을 박탈하였다. 스트라우드 감독은 그때 자신이 한 일에 대해서 이렇게 언급하였다.

> 우리는 그때 그가 부자격 선수인지를 알지 못했다. 또한 일주일 전에도 그 사실을 알지 못했다. 어떤 사람들은 우리가 이 문제를 그냥 조용히 덮어버렸어야 했고, 그것은 고작 45초일 뿐이었으며, 그 선수는 팀에 그리 유용한 선수도 아니었다고 말한다. 하지만 우리는 정직하고 올바른 일을 해야 하며, 규칙이 정한 바를 따라야만 한다. 나는 우리 팀에게 사람들이 농구 경기의 점수는 잊어버릴지 몰라도 우리가 한 일에 대해서는 결코 잊어버리지 않는다고 말했다.

바로 이것이 정직이다. 올바른 일을 해야 할 때 하는 것뿐만 아니라 그럴 필요가 없을 때에도 올바른 일을 행하는 것이다. 그것이 성경이 우리에게 요구하는 정직의 수준이다. 그것은 그리스도를 닮음으로써 아무도 보지 않을 때에도 올바른 일을 행하는 것이다.

본문 이해

정직한 삶

Main Idea	오직 하나님만이 완전하시고 우리는 늘 삶 속에서 그의 완전하심에 미치지 못한다. 하지만 주님은 우리가 온전하고 완전한 정직의 사람이 되도록 우리를 부르신다. 또한 우리 삶의 모든 부분을 그분께 맡기라고 말씀하신다.

A. 정직과 부패(10:9; 13:6; 15:26; 21:8; 24:8-9; 28:18; 29:10)

Supporting Idea	삶의 근본에는 다음과 같은 근원적인 선택이 놓여 있다. 항상 온전한 삶을 살기 원하는 정직한 사람이 되느냐, 아니면 도덕적인 껍데기 속에서 이중적인 삶을 사느냐 하는 것이다.

10:9; 28:18. 매일의 행실이 정직함(온전함, 완벽함)을 보여주는 사람은 아무것도 숨기는 것이 없고, 어떤 것도 두려워하지 않는다. 그는 아무런 거리낌이 없고 항상 떳떳하며 정직한 양심을 가지고 있다. 그러나 삶의 모습이나 행동이 왜곡되거나 비뚤어진 사람은 일시적으로는 성공할 수 있지만 결국엔 그 본성이 드러나게 되고, 그로 인해 곤경에 빠질 것이다.

13:6. 악한 사람들에게 죄는 단지 안전한 길로 가는 과정처럼 보일 것이다. 그러나 사실은 정반대이다. 도덕적인 흠이 없는 정직한 사람(욥 1:1; 잠 11:20)은 의로운 삶이 자신의 가장 큰 보호막이라는 것을 잘 알고 있다(2:11; 4:6; 12:21; 13:3).

15:26. 주님은 비록 실행되지 않은 것이라 할지라도 악한 생각을 미워하신다. 악한 계획은 악한 행동만큼이나 나쁜 것이기 때문이다. 그러나 선한 계획은 주님이 기뻐하시는 바이다. 이 구절은 하나님의 전지전능하심을 말하고 있다. 그분은 우리의 속마음까지 알고 계신다. 이것은 또한 공의가 단지 자연스러운 일의 결과가 아님을 보여준다. 하나님은 공의를 행하시기 위해서 우리의 삶 가운데 참여하신다.

21:8. 여기서 우리는 죄에 얽매여 사는 삶과 정직하게 살아가는 삶의 분명한 차이를

발견한다. 죄에는 심각하게 뿌리박혀 있는 왜곡된 마음이 있지만 신실한 자들은 항상 공명정대하며 올바르다. 진실한 사람에 대해서는 모든 것을 신뢰할 수 있지만 악한 자의 겉모습은 항상 남을 속이는 것이다.

24:8-9. 악한 꾀는 악한 자의 마음속에 항상 쌓여 있다. 8절은 그가 의도적으로 그러한 계획을 세우며, 다른 사람들은 얼마 지나지 않아 그가 신뢰할 만한 사람이 아님을 알게 된다는 것을 보여준다. 그는 말 그대로 '악한 꾀를 항상 도모하는 사특한 자' 이다. 그는 결국 자신의 명예를 잃어버릴 것이다. 그리고 한번 잃어버린 신뢰는 다시 회복하기 힘들 것이다. 일단 그 사람이 이 길로 들어서면, 그의 상태는 더욱 악화될 것이다. 9절의 악한 꾀는 때로 '악행, 망령된 일' (레 18:17; 삿 20:6)로도 번역된다. 그는 곧 망령된 자가 될 것이고, 반항심으로 더욱 굳어질 것이며, 사람들의 마음도 그에게서 돌아설 것이다.

29:10. 예수님은 제자들에게 세상이 그를 미워할 것이라고 말씀하시면서(요 17:14), 이 구절을 다시 한 번 확인시켜주셨다. 공의가 없는 사람들은 의로운 자를 미워한다. 의로운 자들의 삶이 그들을 둘러싸고 있는 악에 대한 말없는 책망이 되기 때문이다. 그들은 심지어 폭력을 행사하기도 한다. 하반절을 문자적으로 풀이하면 다음과 같다. '영혼을 찾는다.' 이 구절은 적대적인 의미에서 주로 사용된다. 어떤 주석가들은 이 구절이 피해자를 위해 복수하기 위한 마음을 나타낸다는 의미에서 다음과 같이 해석되어야 한다고 말한다. "그러나 정직한 자는 악인의 영혼을 찾느니라."

B. 우리 행동의 결과를 받아들임(3:33-35; 10:3, 22, 24-25; 11:21, 27, 30-31; 14:14, 22; 16:7; 17:13; 18:3; 19:29; 21:12, 16, 21; 22:8; 26:1, 3, 27)

Supporting Idea	우리가 하나님의 기준에 맞추어 산다면 우리는 그 약속들이 주는 유익을 거둬들이게 될 것이다. 그러나 거짓된 신앙의 모습은 결국 엉터리로 드러나게 될 것이다.

3:33-35. 이 단락에서 잠언 기자는 악한 자들이 비록 번성하는 것 같아도 우리가 그들을 부러워해서는 안 되는 세 가지 이유를 보여주고 있다.

첫 번째, 하나님은 의로운 자들의 집에 축복을 내리시지만 악한 자들에게는 저주를 내리신다. 여기서 집이란 아마 그들의 가족이나 함께 사는 자들을 의미하는 것 같다. 두 번째, 하나님은 거만한 자들에게는 그들의 행동의 결과가 스스로에게 돌아가도록 하시면서 그들을 비웃으신다. 야고보서 4장 6절과 베드로전서 5장 5절에서는 이 구절에 대한 헬라어 70인역의 해석을 인용하면서 하나님은 거만한 자들을 거부하시지만 겸손한 자들에게는 은혜를 베푸신다고 약속하고 있다. 그리고 세 번째, 하나님은 어리석은 자들은 부끄럽게 하시면서 지혜로운 자들에겐 영광을 허락하신다. 여기서 영광이란 히브리어로 '카보드(kabodh)' 인데, 이는 인간의 영광을 의미하면서 또한 하나님의 영광에 대한 설명이 되기도 한다. 지혜로운 자들은 단순히 그 시대의 사람들로부터 존경을 받을 뿐만 아니라 궁극적으로는 하나님의 영광에 동참하게 된다.

10:3. 잠언은 의로운 자가 안전하고 번성케 될 것이라는 일반적인 진리에 대해서 말한다. 자연적인 결과가 어떤 의미에서는 이 진리를 잘 설명해준다. 그러나 사람들은 실제로는 많은 상황들이 자신의 계획대로 되지 않는다는 것을 잘 알고 있다. 이 약속은 하나님의 돌보심에 근거한 것이지 우리의 노력에 근거한 것이 아니다. 상반절을 문자 그대로 읽으면 '의로운 자들의 영혼' 이라고 할 수 있고, 이것은 단지 육체적인 면만을 의미하는 것이 아니라 그의 전 존재와 필요를 다 포함하는 것이다.

10:22. 여기서 히브리어는 강조하기 위해 '그것' 이라는 단어를 더 첨가한다. 즉, 다음과 같이 된다. "하나님의 축복, 바로 그것이 재물을 가져다주느니라." 부요한 자들은 때로 재물이 복잡한 문제를 가져온다는 것을 알고 있다. 세금과 법적인 문제로 도움을 청하는 '친구들' 이 바로 그것이다. 우리가 재물을 쌓을 때 모든 문제가 함께 따라오는 것처럼 보인다. 그러나 하나님이 재물을 주실 때는 그 축복으로부터 즐거움을 빼앗아 버리는 모든 부가적인 문제들은 제거하신다.

10:24-25. 악한 사람은 그의 소망이 이 세상에 국한되어 있기 때문에 결코 안전하지 않다. 그는 항상 자신이 얻은 것을 잃어버릴까 봐 두려움 속에서 산다. 그리고 마지막에는 그 두려움 때문에 패망하게 될 것이다. 반면 의로운 사람들은 미래를 소망하며 마침내 그들이 바라던 것을 얻는다. 최종적으로 악한 자들에겐 하나님이 두려움의 대상이고, 의로운 자들에겐 간절히 바라는 소망의 대상이 되신다. 양자는 필연적으로 그분을 만나게 된다.

이 점에 대해서 C. S. 루이스는 다음과 같이 말했다. "하나님의 얼굴은 기쁨이 되거나 혹은 두려움의 대상으로서 각 사람에게 나타나게 되어 있다. 그때 둘 가운데 어느 것이든 하나가 결정된다. 그 만남은 표현할 수 없는 큰 영광이든지 결코 회복될 수 없는 수치스러움이든지 양단간에 결정이 날 것이다"(「영광의 중요성[The Weight of Glory]」).

25절은 마태복음 7장 24-27절에서 나타나는 지혜로운 자와 어리석은 자에 대한 예수님의 비유의 근거가 되는 것으로 보인다. 악한 자들을 쓸어버리는 폭풍의 이미지는 잠언 1장 27절과 6장 15절 그리고 29장 1절에서도 나타난다.

11:21. 이 구절은 더욱 강조하기 위해서 사용되는 히브리 관용어(문자적으로는 '손에 손잡고')로 시작된다. 이것은 대개 계약을 완료할 때 악수하는 것에 근거하고 있다. 다시 말해, 이 구절은 죄인들은 처벌을 받지만 의인들은 처벌을 받지 않을 것을 말하고 있다. 그들이 행한 일에 대한 설명이 최종 판결의 내용이 된다. 그것은 무죄로 자유롭게 풀려나거나 아니면 유죄로 처벌을 받거나 둘 가운데 하나를 결정짓는다. 문자 그대로 하면, 하반절은 '의인들의 뿌린 씨'라고 해석되는데, 이는 이후에 계속되는 다음세대에 영향을 미친다는 원리로 확장된다.

11:27. 여기서 나타나는 요점은 찾는다는 것이다. 이 동사는 추구하고 힘써 살펴보거나 간절히 찾는 것을 의미하며, 마치 물에 빠진 자를 찾는 사람처럼 찾는 것을 뜻한다. 선을 간절히 찾는 자는 하나님과 사람에게서 환영과 사랑을 받을 것이다. 악을 간절히 찾는 자 역시 그것을 발견하게 될 것이다. 우리는 자신이 찾아다니는 것을 얻게 되어 있다.

11:30-31. 나무는 열매를 내는데, 이 열매는 또 더 많은 열매를 낼 수 있는 나무를 만들어낸다. 이와 동일한 원리로 한 사람의 의로움은 생명의 나무(3:18; 13:12; 15:4)가 될 수 있고, 의로움의 근본이자 다른 많은 사람들을 위한 생명이 될 수 있다.

얻는다는 동사는 일반적으로 끌어당기거나 취하는 것을 의미하지만 '영혼을 얻는다'는 구절은 때로 생명을 얻는다(왕상 19:4)는 의미나 사람들을 악한 의도로 사로잡는다(잠 6:25; 삼하 15:6)는 뜻이기도 하다. 잠언의 문맥에서 볼 때 이것은 현대 그리스도인들이 말하는 영혼을 얻거나 혹은 복음 전도의 형태를 의미하는 것으로 보이지는 않는다. 여기에서는 사람들을 생명과 지혜의 길로 인도하는 모습을 설명하는 데 쓰여지고 있다.

11장 31절에서 의로운 자들은 그들의 행한 일에 대한 보상을 받게 되는데, 이 말은 약속으로 들릴 수도 있고 위협으로 들릴 수도 있다. 베드로전서 4장 18절은 70인역을 인용하면서 모세와 아론도 죄를 지었을 때에는 심판을 받게 되었다는 경고로 사용한다. 이처럼 신실한 자들도 심판을 받는데 하물며 악한 자들은 더욱 큰 하나님의 심판을 받게 될 것이라고 강조하고 있다.

14:14. 한 번 더 강조되는 것은 선한 자들과 악한 자들은 자신들이 행한 일에 대한 보응을 받게 될 것이라는 점이다. 패려한 자들은 문자 그대로 '마음으로부터 타락한 자들' 이고, 그들은 결코 자신의 타락함에서 돌아서지 않을 것이다.

14:22. 도모하는 것과 계획하는 것은 모두 동일한 히브리 단어에서 나왔고, 그 의미는 '밭을 갈다' 이다. 아마 이 단어는 쟁기가 밭에서 고랑을 만들면서 흙을 갈아엎듯이 생각에 생각을 거듭하는 것을 보여주는 것 같다. 악한 자들의 잘못된 계획은 어둠 속을 헤매는 것이 되지만 선한 계획을 세우는 자들은 자신들에게 돌아올 사랑과 성실함을 마침내 얻게 될 것이다.

16:7. 예수님은 그의 제자들에게 그들이 세상으로부터 미움을 받게 될 것이라고 말해주셨지만(요 15:18-20) 주님을 기쁘시게 하는 사람은 아무런 두려움 없이 삶을 살아갈 수 있다. 왜냐하면 하나님은 대적들 가운데서도 평안을 얻게 하실 수 있기 때문이다.

17:13. 이 구절은 용서와 정반대되는 것을 보여주고 있다. 이 사람은 자신의 원수에게 선을 행하는 것도 아니고 자신에게 선을 행한 자에게 악으로 보답하고 있다. 그러한 행동은 악한 마음을 드러내는 것이고, 그런 사람은 하나님의 심판을 받게 될 것이다. 그래서 재앙이 그의 집에 계속해서 끊이지 않을 것이다. 다윗과 밧세바는 우리야에 대한 악행으로 인해 이러한 원리를 어기고 말았고, 다윗의 집에는 수년 동안 그 죄의 결과가 임하였다.

18:3. 악한 자나 악을 행하는 자는 곧 자신이 괴로운 올무에 얽혔다는 것을 깨닫게 된다. 그는 다른 사람들로부터 모욕을 받게 되고, 이는 커다란 수치심이 되며, 나중에는 능욕으로 나타나게 된다. 수치심은 원죄로 인한 첫 번째 결과 가운데 하나였다(창 3:7). 반면에 거룩함은 이사야 6장 3절과 로마서 8장 30절에 나오는 하나님의 영광과 연결된다.

19:29. 회개하지 않는 어리석은 자들과 거만한 자들은 말로 하는 징계에 아무런 반응도 나타내지 않을 것이다. 그래서 그들은 어쩔 수 없이 모진 벌을 받게 된다(19:25; 26:3

참고). 그런 자들을 위해서 바로 체벌이 고안되었다.

21:12. 여기서 의로우신 자는 하나님을 가리키거나 의로운 어떤 지도자를 의미할 수도 있다. 그러나 어떤 것이든지 간에 그 의미는 하나님이(직접적으로든지 혹은 간접적으로든지) 악한 자를 눈여겨보고 계시며 언제든지 그들을 재앙에 던지실 수 있다는 진리를 깨닫게 한다.

21:16. 명철의 길을 떠난 사람은 의도적으로 의로운 삶으로부터 등을 돌린 자인데, 이러한 자는 곧 길을 잃어버리게 될 것이다. 묘하게도 자유롭게 돌아다니기를 원하는 자는 결국에는 어떤 곳에도 갈 수 없게 되고(평안에 이르지 못하고), 독립성을 잃어버리며(회중에 거하게 되고), 그의 생명을 잃는다(사망의 회중 속에 거한다). 여기서 '거하리라'는 말은 길을 잃고 헤매거나 어떤 장소를 찾아다니는 것을 의미할 때 쓰인다(창 21:14; 출 23:4; 사 53:6).

21:21. 의로움을 찾으며 하나님의 약속 안에서 그분이 보여주신 한결같은 사랑을 구하는 자는 자신이 찾는 것을 반드시 얻게 될 것이며, 거기에 더한 것도 얻게 될 것이다. 이러한 내용은 마태복음 6장 33절에 나오는 그리스도의 말씀과도 유사하다. 그러한 자는 생명을 얻고(3:18, 22; 4:13, 22; 8:35), 의로움과(3:2, 16; 8:18; 13:21; 15:6; 28:25) 영예를 얻게 된다(3:16, 35; 4:8; 8:18). 하반절의 의는 NIV 영어 성경에서는 번영을 뜻하는 히브리어와 대치해서 사용되었는데, 아마 말의 반복을 피하기 위한 수사법적인 이유 때문인 것으로 보인다.

22:8. 압박받는 자들은 지금은 고통당할지 모르나 심판의 날이 악한 자들에게 임하게 될 것이라는 사실로 인해 용기를 얻을 수 있다. 악함과 불의의 씨를 뿌리는 자들은 고통과 슬픔의 열매를 거둘 것이다. 그들의 터져 나오는 분노는 다시 그들 자신에게로 되돌아갈 것이다.

26:1. 눈은 여름에는 아무런 의미가 없다. 그것은 그저 놀랍고 부적당한 것일 뿐이다. 그러나 추수 날에 비가 오는 것은 어울리지 않을 뿐만 아니라 수확물에도 피해를 입히는 것이다. 어리석은 자를 추켜세우는 것은 이와 유사하게 적절하지도 않고, 그를 높이는 자에게도 해로운 일이 된다. 그러나 그는 그런 칭찬을 정말 믿고, 더욱 용기 있게 재앙을 가져다줄 일을 열심히 할 것이다!

26:3. 말과 나귀는 지혜의 이성적인 호소에는 전혀 끄덕도 하지 않는다. 당신은 오직

채찍을 가지고서 움직일 수 있게끔 매질을 할 수 있을 뿐이다. 그리고 굴레로 나아가는 방향을 지시할 수 있다. 이와 같은 원리로 어리석은 자는 무력을 통해서 말을 듣는다(시 32:9 참고).

26:27. 구약 성경은 반복해서 악한 꾀를 세우는 자들에게 다시 돌아가게 될 악한 결과에 대해 말한다. 다른 사람들을 대상으로 함정을 파는 자는 자기 자신이 그 함정에 빠지게 될 것이다(시 7:15; 9:15; 35:8; 57:6; 계 10:8 참고).

Main Idea 복습	오직 하나님만이 완전하시고 우리는 늘 삶 속에서 그의 완전하심에 미치지 못한다. 하지만 주님은 우리가 온전하고 완전한 정직의 사람이 되도록 우리를 부르신다. 또한 우리 삶의 모든 부분을 그분께 맡기라고 말씀하신다.

결론

리켄백커의 정직성 실험

수년 전 더글라스 항공사는 자사의 대형 제트 여객기를 이스턴 여행사에 팔기 위해서 보잉 항공사와 경쟁을 벌이고 있었다. 2차 대전 참전 조종사였던 에디 리켄백커(Eddie Rickenbacker)는 이스턴 여행사의 대표였는데, 그는 늘 더글라스 항공사에 이렇게 말했다. 회사에서 검토해보니 구입하고자 하는 비행기인 DC8기종에 대한 재원과 성능이 소음 감소 부분만 빼고는 모든 부분에서 보잉 사와 비슷하다고 했다. 그러고 나서 리켄백커는 더글라스 항공사의 대표였던 더글라스에게 이 분야에서 보잉 사를 앞지를 수 있는 마지막 기회를 주겠다고 하였다. 기술자들과 상의한 끝에 더글라스는 그런 약속을 할 수 없을 것 같다고 말했다.

그러자 리켄백커가 웃으면서 대답했다. "나는 당신이 할 수 없으리라는 것을 알고 있었습니다. 나는 단지 당신이 여전히 정직한지를 알고 싶었을 뿐입니다. 당신의 정직함 때문에 이제 나는 1억 3천5백만 달러의 계약을 당신과 체결하겠습니다. 이제 평안한 마음으로 집에 돌아가십시오!"

이것이 바로 정직이다. 만약 우리가 정직하면 우리의 정직이 우리 자신을 돌봐줄 것이다. 우리가 정직할 때 항상 우리보다 앞서 있는 자들을 이길 수는 없을 것이다. 그러나 결국에는 하나님이 원수를 갚아주시고 우리에게 상을 내려주실 것이다. 그리고 정직함을 추구하며 살아가는 많은 사람들에게도 그렇게 해주실 것이다.

▣ 진리 알기

- 정직과 부정직은 항상 겉으로 나타나게 된다.
- 정직은 우리 삶에 지대한 영향을 미칠 것이다. 때로는 우리가 이해하는 방식으로 될 것이고 때로는 우리가 이해할 수 없는 방식으로 그렇게 될 것이다.
- 정직한 삶을 살아간다면 우리는 하나님과 다른 사람들의 도움을 받게 될 것이다.

▣ 적용하기

- 정직하지 못하게 만드는 유혹 중에서 당신이 경험하는 가장 큰 유혹은 무엇인가?
- 그 상황에서 당신이 더욱 성숙하기 위해서 해야 하는 가장 중요한 일은 무엇인가?
- 어떤 이유에서 당신은 정직이 당신의 삶에 유익이 된다고 생각하는가? 또 어떤 이유에서 당신은 정직하지 않은 것이 당신에게 해가 된다고 생각하는가?

삶의 적용

의의 말을 타기

미국과 미국 교회가 정직에 있어서 위기에 이르렀다는 것은 이제 비밀스러운 일이 아니다. 또한 우리 모두에게는 주변 사회에 동화되고자 하는 경향이 있다. 그것은 하나님이 만드신 자연스러운 모습이다. 주변 사회가 정직할 때에는 우리에게 유익을 주지만 그들이 정직하지 않을 때는 우리에게 해가 된다. 100년 전에는 우리가 주변 사회에 동화되었지만 십계명을 어기는 삶을 살지는 않았다. 오늘날 우리가 주변 사회에 동화된다면 우리는 십계명을 어기게 되고 말 것이다!

100년 전의 사람들은 한 사람이 동일한 속도, 동일한 방향으로 달리는 두 마리 말 위에 서서 원 주위를 도는 서커스 공연을 좋아하였다. 그 사람이 그런 공연을 보일 수 있었던 것은 그 말들이 서로 연결되어 있었기 때문이다. 만약 그 말들의 연결이 풀려버린다면 말을 탄 사람은 재빨리 어떤 말을 타야 할지 선택해야만 할 것이다.

이론적으로 이와 같은 일들이 우리에게 일어나고 있다. 이전에 우리는 한쪽 발은 주변 사회의 문화라는 말과 다른 쪽은 기독교라는 말 위에 서서 타고 있는 것과 같았다. 왜냐하면 이 둘이 동일한 속도, 동일한 방향으로 나아가고 있었기 때문이다. 그러나 한 세기가 지나면서 그것들은 서로 풀리기 시작하였고, 이제 우리는 우리가 타야 하는 말을 선택해야만 한다. 불행히도 너무 많은 그리스도인들이 알게 모르게 기독교라는 말 대신에 주변 사회의 문화라는 말을 선택하고 있다.

우리의 문화가 더욱 무자비해지고 공격적이 되어가면서 우리 그리스도인들도 그렇게 무자비해지고 공격적이 되어간다는 사실을 알아차리는 사람은 별로 없는 것 같다. 또한 문화가 성적 부도덕에 대해 관대해짐에 따라서 그리스도인들도 성적 부도덕에 관대해진다. 문화가 더욱 정직하지 못하고 비도덕적으로 흘러갈 때 그리스도인들도 정직하지 못하고 비도덕적으로 되어간다. 우리 주변의 문화와 동일한 방향과 속도로 떠내려가고 있지만 아무도 이 점을 깨닫거나 안타까워하는 사람들이 없다.

바울은 고린도전서에서 이렇게 말했다. "속지 말라 악한 동무들은 선한 행실을 더럽히나니" (고전 15:33). 우리는 세상과 함께 보조를 맞춰가고 있다. 세상은 모든 전자 매체의 무차별적인 공급으로 그리스도인들에게 매우 큰 영향을 끼치고 있다. 그 결과 우리는 세상과 동일한 TV와 영화를 보고, 동일한 음악을 듣고, 동일한 농담에 웃고, 동일한 이유로 투표하고(공의나 의로움보다는 경제적 번영이라는 기준으로) 그리고 세상과 큰 차이를 나타내지 않는다.

이것은 커다란 실수이며, 세상의 외적 압력에 굴복하는 것이다. 우리의 정직성은 그럴 때 무너져내린다. 우리는 더 이상 우리가 간절히 원했던 그리스도를 신실하게 따르는 모습으로 남을 수가 없게 된다. 그 대신 우리는 C. S. 루이스가 말했던 것처럼 열정이 사라진 사람들이 된다. "술과 섹스와 야망이라는 어리석음에 한번 빠지면 바로 그때 무한한 쾌락이 우리에게 제시된다." 그리스도인들은 성경에 눈을 돌려야 하고, 문화의 정체성을 파악하기 위해 그 흐름을 주시해야 한다. 그러면서 그 흐름에 빠지지 않을 것을 선택해야 하고, 영적으로 정직한 삶을 살아야 한다.

기도

하나님 아버지, 당신의 인격과 말씀으로 다스리지 못하고 우리의 마음속에서 우리 자신이 주장하고 있는 영역들이 무엇인가를 당신의 말씀과 성령을 통하여 밝히 드러내 말씀해주십시오. 또한 우리가 정직하지 못한 영역이 무엇인가도 깨닫게 해주십시오. 거룩함에 대한 우리의 열정을 강하게 해주시고, 주님이 우리에게 보이신 대로 살 수 있는 능력을 더욱 부어주십시오. 아멘.

심층 연구

A. 정직

10장 9절과 13장 6절 그리고 29장 10절에서 나타나는 '정직' 이라는 히브리 단어는 '토므(tom)' 인데, 이것은 '완벽하다' 라는 의미의 동사에서 파생된 것이다. 이 단어와 함께 동일한 의미로 분류되는 다른 단어들은 윤리적으로 건전하고 올바르다는 것을 의미한다. 시편 78편 72절은 다윗 왕의 정직성에 대해서 말하고 있고, 다윗 자신도 시편 7편 8절과 18편 20절 그리고 101편 2절과 같은 다른 곳에서 자신의 정직성에 대해 고백하고 있다. 이것은 단지 완전하게 죄가 없음을 의미하는 것이 아니라 악한 자의 길을 따르지 않고, 의로움의 길을 따르겠다는 결심을 명확하게 나타내는 것이다.

욥은 구약 성경에서 정직에 있어서 가장 돋보이는 모범이었다(욥 1:1, 8; 2:3, 9; 9:21-22; 12:4; 27:5; 31:6). 열왕기상 22장 34절에서 한 군인이 아무런 적대적인 의도 없이 '우연히' 화살을 쏘았는데, 이것 역시 '정직함이나 충성스러움으로' 화살을 쏜 것으로 해석된다.

B. 추수 때의 비

26장 1절에 나오는 특이한 날씨에 대한 설명은 팔레스타인의 농부에게는 익숙한 상황일 것이다. 이스라엘 사람들은 우기가 시작되는 9월 말이나 10월 초에 밭을 갈면서 농작을 시작한다. 이른 비는 밀과 보리가 잘 자랄 수 있도록 수분을 공급해주고 빨리 자라게 도와준다. 겨울 무렵에 비는 줄어들고, 곡식은 좀더 천천히 자란다. 하지만 늦은 봄에 새롭게 시작되는 우기는 다시 보리와 밀을 추수하기에 적당한 환경을 만들어준다. 실제 추수기는 건조기가 시작되는 여름 무렵이다. 추수기에 비가 많이 오면 작물에 곰팡이가 생기거나 썩게 되어 그 피해가 이루 말할 수 없이 크다.

추수의 원리들

1. 우리는 뿌린 대로 거둔다.
2. 우리는 실제 뿌린 것보다 더 많은 것을 거둔다.
3. 우리는 뿌린 다음에 나중에 거두게 된다.
4. 우리는 적절한 때에 뿌려야 하고 거두어야 한다(잠 6:8).
5. 우리는 때로 어려운 환경에서도 노력해야 한다(잠 10:5; 20:4; 삼하 23:13).
6. 거두는 것이 먼저이고, 기쁨은 그 다음에 찾아온다(잠 24:27).
7. 우리는 수확한 것에 마음을 기울여야 한다.
8. 우리는 추수를 준비하기 위해서 열매가 무르익는 시기를 잘 이용해야 한다.
9. 하나님은 자라게 하시지만(신 11:10-14) 우리는 씨를 뿌려야만 한다(고전 3:6).
10. 우리는 추수할 때 가장 중요한 일에 초점을 맞추어야 한다(룻 2:21, 23).
11. 우리는 다각적으로 씨를 뿌려야 한다(전 11:6).
12. 우리는 거둔 것들을 잘 관리해야 한다(잠 6:8).
13. 우리는 추수 때에 기뻐할 수 있다(사 9:3).
14. 우리는 하나님과 그리고 다른 사람들과 추수의 기쁨을 함께 나누어야만 한다(레 23:10, 22).

고안

A. 들어가는 글

1. '45초의 정직' 이야기로 시작하라.
2. 배경 설명: 이 장에서 솔로몬은 정직을 부패와 대조하면서 하나님의 자녀들은 하나님이 온전하신 것처럼 그분 앞에서 온전하게 되어야 한다고 촉구하고 있다.
3. 적용: 정직은 고귀하고 선한 것이지만 부패는 무감각한 것이며 악한 것이다. 우리는 단지 개인적인 평안을 얻기 위해서만이 아니라 인생을 급하고 아무 생각 없이

살게 되면 찾아오는 부정적인 결과를 얻지 않기 위해서 정직한 사람이 되기로 결심해야만 한다.

B. 본문 이해

1. 정직과 부패
2. 우리 행동의 결과를 받아들임

C. 결론: 리켄백커의 정직성 실험

토의 질문

1. 1부터 10의 척도 중에서 당신은 당신의 정직도가 얼마나 된다고 생각하는가? 다른 사람들이 당신을 어떻게 평가하리라고 생각하는가? 당신의 삶에서 앞으로 더 나아질 수 있는 정직의 영역은 무엇인가?

2. 당신이 가장 견디기 힘들다고 생각하는 사회로부터의 부정적인 영향의 근원은 무엇인가?

3. 그 영역에 있어서 당신이 더 잘 견뎌내기 위해서 취해야만 하는 행동은 무엇인가?

14장

잠언 6:12-15; 10:10; 11:3; 15:8, 11, 29; 16:2, 30: 17:3; 20:11, 14, 27; 21:2-3, 27; 23:6-8; 26:23-26; 27:19

진실한 섬김

"진실함은 마음을 열게 만든다. 우리는 정말 몇 안 되는 사람들에게서 이러한 덕목을 발견한다."

- 프랑수아 드 라 로슈푸코(Francois de la Rochefoucauld)

하나님은 우리가 신뢰할 만하고, 진실하며 하나님과 다른 사람들을 섬기는 자가 되기를 원하신다. 그리고 그분은 위선과 거짓에 분노하신다. 우리는 우리 자신과 다른 사람들에게서 불성실함이 나타나지 않도록 경계해야 한다.

Proverbs

들어가는 글

기발한 각색

돈이 많고 사회적으로 저명한 한 중년 부인이 자신의 자서전을 내기로 결심하였다. 그런데 이 일을 위해 그녀가 고용한 유명한 자서전 작가는 그녀의 할아버지가 살인자였고, 유명한 일급 죄수 수용소인 싱싱(sing sing)이라는 곳에서 전기 의자식으로 사형당했다는 것을 알게 되었다. 그는 그 할아버지가 자서전에서 도저히 뺄 수 없는 인물이라고 판단하여 그 이야기를 다음과 같이 새롭게 각색하였다. "그녀에게는 여러 명의 할아버지가 있었는데, 그중 한 명은 미국에서 가장 유명한 연구소에서 전기를 담당하는 자리(chair)에 있었다. 그는 자신의 일에 너무 열중한 나머지, 결국 그 일을 하다가 숨을 거두었다."

우리 모두는 자신과 관련된 일에서 어떻게 해서든 최고의 유익을 누리고 싶은 유혹을 느낀다. 그러나 솔로몬은 우리에게 진실함(순수함, 한결같음)이 중요하다고 가르친다. 하나님은 우리가 내면적으로 어떠한 자인지를 알고 계신다. 그리고 사람들도 그것을 언젠가 알게 될 것이다. 잠언의 이 구절들은 하나님이 마음속을 들여다보신다는 것과 겉으로 포장된 모습을 꿰뚫어보신다는 것을 우리에게 보여주고 있다. 그러므로 지혜로운 자는 다른 사람들의 불성실함을 간파해낼 것이다.

본문 이해

진실한 섬김

Main Idea	미모는 오직 한 꺼풀 피부일 뿐이다. 어떤 경우에는 정직도 마찬가지다. 사람들은 다른 사람들로부터 신뢰를 받고자 노력한다. 그리고 그들은 하나님을 경외하는 것처럼 보이기도 한다. 그러나 모두가 다 진실한 것은 아니다. 하나님은 진실한 마음을 꿰뚫어보신다. 그리고 우리는 외면과 내면이 일치하는지, 그렇지 않은지를 주의 깊게 살펴보아야 한다.

A. 내면을 들여다보시는 하나님(15:11; 16:2; 17:3; 20:11, 27; 21:2; 27:19)

Supporting Idea	진실은 숨겨진 우리의 내면의 동기가 밖으로 드러나는 우리의 표현과 일치하는 것을 의미한다. 우리의 마음이 주님께 완전히 열려 있음을 깨닫는다면 우리는 진실함으로 그분께 나아가야 한다.

15:11. 음부(죽음)와 유명(파멸)을 뜻하는 히브리 단어들은 '스올(Sheol)'과 '아바돈(Abaddon)'이다. 구약에서 스올은 무덤이며, 죽은 자들이 거하는 곳이다. 아바돈은 '소멸하다, 죽다'를 의미하는 동사에서 파생되었고, 그 이름 자체가 '파멸'을 의미한다. 그것은 죽은 자들의 운명을 일컫는 또 다른 이름이며, 그곳의 성격을 어느 정도 보여주는 것이라고 할 수 있다. 요한계시록 9장 11절은 이것을 사탄의 이름으로 사용하고 있으며, 잠언 27장 20절과 욥기 26장 6절에서는 이 두 단어가 함께 나타나고 있다. 그렇다면 잠언에서의 의미는 무엇일까? 만약 하나님이 죽은 자들의 영역에서 일어나는 일들을 아신다면 분명 그분은 우리의 마음속 은밀한 곳에서 일어나는 일들도 다 보실 것이다!

16:2; 21:2. 대부분의 사람들은 자신들의 행동이 옳다고 생각한다. 우리도 우리 스스로를 아무 죄가 없는 사람으로 여긴다. 그러나 주님은 우리의 속마음을 달아보시거나 시험하신다(히브리어에서는 모두 동일한 단어이다). 그분은 동기의 근원을 판단하신다. 단지 우리가 한 일에 대해서가 아니라 왜 그런 일을 했는가를 판단하시는 것이다. 그분은 사무엘에게 말씀하신다. "사람은 외모를 보거니와 나 여호와는 중심을 보느니

라" (삼상 16:7). 주님은 다른 사람들에게 어리석게 행하는 자의 참모습을 드러내실 뿐만 아니라 자기 자신에 대해서 어리석게 행하는 자의 참모습도 드러내신다.

17:3. 잠언 기자는 하나님이 어떻게 마음을 연단하시는가를 보여주기 위해 귀금속의 제련 과정을 비유로 사용한다. 도가니와 풀무는 엄청난 열을 통해 금과 은을 제련하고, 하나님은 어려운 환경이라는 열을 통해 우리 영혼의 참된 모습을 드러내신다. 그 연단은 힘이 들지만 바로 우리의 유익을 위한 것이다(약 1:2-3; 벧전 1:7).

20:11. 인생에 대한 하나님의 법칙은 아이에게도 동일하게 적용된다. 어린 시절 우리는 우리의 성격을 말이 아니라 행동으로 나타내곤 하였다. 아이들도 어른들처럼 자신이 할 수 있는 한도 내에서 분명하게 진실함과 의로움을 나타낼 수 있다.

20:27. 이 구절은 주님이 이 방 저 방 등불을 들고 다니시는 모습을 그리고 있다. 이처럼 주님은 인간의 영혼에 대해서 샅샅이 살피시는 것이다. 그래서 주님이 살펴보지 못하시는 은밀한 부분이란 존재하지 않는다. 사람의 깊은 속은 때로 '마음' 이라고 번역되고, 마음과 감정과 의지를 포함한 내적인 전 존재를 의미한다. 여기서 '사람' 을 뜻하는 히브리어는 '아담(adam)' 이고, '영혼' 이라는 단어는 또한 '숨쉬다' 의 의미로도 번역되는데, 이는 하나님이 생명의 호흡을 아담에게 불어넣으심을 기록하는 창세기 2장 7절과도 놀라운 조화를 이룬다.

27:19. 이 구절의 원래 의미는 다소 이해하기 어려운 내용이다. 왜냐하면 여기에는 동사가 없기 때문이다. 비췬다는 단어의 어미가 문맥적으로 동사의 역할을 하는 것처럼 보인다. 우리가 연못을 구푸려 들여다보고 그곳에 비친 자신의 모습을 발견할 수 있을 때 물속의 영상이 우리의 실제 모습과 들어맞는 것임을 깨달을 수 있다. 이와 같이 우리의 속사람(마음)은 우리의 전 존재(사람)의 모습과 일치하는 것이다. 만약 그 사람의 속사람이 선하다면 그는 속과 겉이 동일하게 선한 사람일 것이다.

B. 거짓 제사를 꿰뚫어보시는 하나님(15:8, 29; 21:3, 27)

Supporting Idea	사람들은 수세기 동안 하나님께 경배드림을 나타내는 의식을 거행해왔다. 그러나 주님은 우리가 정결한 마음으로 그분께 나아가는지 아니면 그저 종교 예식을 실행하는 것인지를 알고 계신다.

15:8. 구약의 선지자들은, 겉으로는 하나님을 경배하는 것처럼 보이지만 마음속으로는 악을 키워가고 있는 위선자들을 하나님이 미워하신다고 일관되게 경고해왔다(암 5:21-24; 미 6:6-8). 비록 희생 제사를 드릴지라도 그것은 하나님의 은혜를 얻기에 부족한 것이다. 하지만 정직한 마음을 가지고 있을 때에는 단지 기도드리는 것만으로도 주님을 충분히 기쁘시게 한다.

15:29. 하나님은 악을 싫어하시기 때문에(잠 15:8-9, 26) 악한 자들로부터 멀리 떨어지신다. 사실 그분은 그들로부터 너무나 멀리 계시기 때문에 그들의 기도도 듣지 않으신다. 그렇지만 그분은 의로운 자들에게는 가까이 오신다. 그래서 그들의 속삭이는 기도라도 들으시고 응답하신다(시 34:15, 17; 벧전 3:12).

21:3. 주님은 제사보다 순종을 더 기뻐하신다(삼상 15:22; 호 6:6). 그리고 우리는 결코 금으로 그분의 은혜를 살 수 없다. 물론 예배 의식은 우리에게 적절한 것이다. 그러나 그것이 옳은 것과 정직한 것을 행하고자 하는 신실한 마음을 대신할 수는 없다.

21:27. 하나님은 회개하지 않는 경배자들의 희생 제사와 헌물은 싫어하신다는 주제를 다시 반복하고 있다. 주님은 그들의 헌물이 악한 의도로 드려질 때 더욱 가증한 것이 된다는 것을 보여주신다. 그 악한 의도가 어떤 것인지, 어떤 유형이 있는 것인지에 대해서는 정확히 알 수 없다. 아마 그런 사람은 자신의 자비로 다른 사람에게 좋은 인상을 남기기 위해서 노력하는 것일지도 모른다. 또 어쩌면 자신의 악한 계획에 하나님이 복을 주시도록 뇌물을 바치는 것일 수도 있다!

C. 이중성의 위험을 아는 지혜로운 사람(6:12-15; 10:10; 11:3; 16:30; 20:14; 23:6-8, 23-26)

Supporting Idea	지혜로운 사람은 진실하기 위해서 노력한다. 왜냐하면 하나님은 위선과 거짓을 싫어하시기 때문이다. 그리고 신중한 사람은 거짓 행세를 통해서 자신을 이용하려는 자들을 알아내는 데 주의를 게을리하지 않는다.

6:12-15. 이 단락은 불량배나 악한에 대한 6가지 설명을 보여준다. 불량배는 문자적으로 '사악한 사람' 으로 타락한 사람에 대한 지칭어이다(삼상 2:12; 왕상 21:10). 그 단

어는 한 사람의 타락성을 언급하기도 하고(느 1:11, 15; 시 18:4), 나중에는 사탄의 이름으로도 사용되었다(고후 6:15). 그러한 사람의 특징은 무엇일까? 그는 타락하거나 비뚤어진 말을 하는 사람으로서 속이는 말을 많이 하는 자로 나타난다.

그는 자신의 몸을 언어로 자유롭게 사용한다. 예를 들어, 눈을 부릅뜨기도 하고(잠 10:10; 16:30; 시 35:19), 발로 강포함을 표시하기도 하고, 손가락으로 어떤 의미를 보이기도 한다. 또 이러한 행동들은 자신의 동료들에게 무엇인가를 의미하는 신호로도 여겨진다.

그렇지만 이러한 간교하고도 약은 행동 이면에 그 악한 자는 속임이 가득한 마음을 가지고 있다. 그의 마음은 악한 술책으로 넘치고 있고, 그의 외부적인 행동은 그 이면에 있는 속마음을 전혀 드러내보이지 않기도 한다. 그러면서 그가 지나가는 곳마다 불평이 가득하게 만들고 다른 사람들이 더욱 화내서 서로 싸우게 만든다.

불량한 사람이 혹시 성공하는 것처럼 보이더라도 우리는 하나님이 그에게 갑자기 임하는 재난(갑자기 임한즉)과, 빨리 망하는 재난(당장에 패망하리라)을 임하게 하시고, 피해를 만회하지 못하게(도움을 얻지 못하고) 하시리라는 것을 잊지 말아야 한다. 자연적인 결과든 하나님의 직접적인 심판에 의한 것이든 간에 우리는 그러한 심판이 결국에는 악한 자에게 임하리라는 것을 확신할 수 있다.

10:10. 눈짓하는 자는 친한 척하지만 해를 입히려고 하면서 자신의 공범자에게 은연중에 신호를 보내는 속이는 사람의 모습을 보여준다(잠 6:13; 16:30; 시 35:19). 그는 분별력이 있는 자를 제외하고는 많은 사람들에게 해를 입힌다. 그렇게 말만 많은 어리석은 자는(잠 10:8 참고) 결국 마땅한 재앙을 당하게 될 것이다.

11:3. 이 구절은 도덕적 행위의 결과를 강조하고 있다. 온전하고 도덕적으로 흠이 없는 정직한 사람은 양 떼를 인도하는 목자와 같이 자신을 인도해줄 생명의 길을 따른다. 말 그대로 정직한 삶은 요셉의 삶에서 나타나는 것처럼 가장 지혜로운 처신이 된다. 반면에 신실하지 않은 사람은 자신이 행한 속임수나 이중성으로 인해서 망하게 된다. 이 '이중성' 이라는 명사는 여기와 잠언 15장 4절에서만 나타나는데, '타락하다, 패배시키다, 혹은 뒤엎다' 란 뜻의 동사에서 파생되었다.

16:30. 신중한 사람은 누군가를 신뢰하기 전에 매우 주의 깊게 비언어적인 요소들을 주시한다. 당신이 듣는 말들은 미혹하기 위한 수단이 될 수 있다. 그러나 눈짓을 한다든

지 입술을 깨문다든지 하는 행동들은 그 사람이 간교한 술책으로 당신을 얽어매려 하고 있다는 단서가 될 수 있다.

20:14. 사람들이 협상하는 때를 자세히 살펴보라. 그러면 당신은 곧 사람들이 그 순간에 자신에게 유익이 되는 것이라면 무엇이든지 말한다는 것을 깨닫게 될 것이다. 사는 자는 가격을 깎기 위해서 그 물건의 가치를 폄하할 것이다. 그런 뒤에 집에 가서는 자신이 좋은 것을 샀다고 자랑한다. 이 구절은 영적 보화에 적용될 수 있는 경고를 말하고 있다. 팥죽 한 그릇으로 자신의 장자권을 팔아버린 에서의 경우가 좋은 예가 될 것이다.

23:6-8. 23장의 서두 부분은 관원이나 부자의 신임을 얻고자 하는 것에 대해서 경고하고 있다. 이 단락은 좋은 음식을 함께 먹고자 인색한 자와 사귀려고 하는 어리석음에 대해서 설명하고 있다. 만약 어떤 사람이 인색하다면(문자적으로는 28장 22절에 나오는 것처럼 '악한 눈을 가지고 있는 자') 그는 자신의 성격을 쉽게 바꾸지 않을 것이다. 왜냐하면 당신이 식사에 초대를 받고자 노력하기 때문이다. 그는 근본적으로 탐욕스럽고, 당신의 먹는 것까지도 아까워할 것이며, 당신에게 어떤 것도 후하게 주고자 하는 마음을 갖지 않을 것이다. 그는 겉으로는 친절하게 보이지만 당신에 대한 진정한 사랑은 없다. 만약 당신이 그가 정말로 생각하는 것이 무엇인지를 알았다면 절로 구토가 나왔을 것이다. 당신이 그 사람으로부터 들은 아름다운 말이나 칭찬도 그가 결코 유익을 주는 자가 아니요 받고자 하는 자이기 때문에 아무 소용 없이 헛될 것이다.

26:23-26. 23절은 비유의 형식을 따른 경고를 담고 있다. 그리고 24-26절은 그 개념을 더욱 확장해서 설명한다. 토기장이의 선반에는 부드럽고 광택이 나는 그릇이 있다. 그러나 좀더 자세히 살펴보면 그것은 얇게 은을 입힌 값싼 토기일 뿐임을 알게 될 것이다. 동일하게 어떤 사람은 처음 만났을 때 매우 매력적이거나 말을 유창하게 잘 하는 사람으로 보일 것이다. 그의 열정적이고 강렬한 언변은 경계심을 버리게 만든다. 그러나 그러한 좋은 말들은 악한 마음을 숨기고 있을 수 있다.

24-25절은 실제로 마음이 악한 사람은 부드러운 말로 그의 악함을 숨긴다는 것을 설명한다. 그의 말은 그럴 듯하지만 어떤 신뢰도 가질 수 없다. 그의 속사람의 실체는 추악함과 가증스러운 성품으로 가득하다(6:16-19 참고).

그런 사람은 악독함이나 미움으로 가득 차 있다. 그는 자신의 이러한 감정을 얼마 동안은 숨길 수 있을 것이다. 그러나 그것들은 마침내 드러나게 된다. 그러면 그는 회중 앞에서 자신이 노출된 것을 깨닫게 될 것이다. 아마 유대 사회에서 회중은 이렇게 공의를 드러내기 위해서 모였던 것 같다.

Main Idea 복습	아름다움은 오직 한 꺼풀 피부일 뿐이다. 어떤 경우에는 정직도 마찬가지다. 사람들은 다른 사람들로부터 신뢰를 받고자 노력한다. 그리고 그들은 하나님을 경외하는 것처럼 보이기도 한다. 그러나 모두가 다 진실한 것은 아니다. 하나님은 진실한 마음을 꿰뚫어보신다. 그리고 우리는 외면과 내면이 일치하는지, 그렇지 않은지를 주의 깊게 살펴보아야 한다.

결론

저울 위의 손가락들

오래전 〈새러데이 이브닝 포스트(The Saturday Evening Post)〉지의 표지에 유명한 삽화 작가인 노먼 락웰(Norman Rockwell)이 그린 추수감사절 칠면조를 사는 중년 여성의 모습이 실렸다. 칠면조는 저울 위에 올려져 있었고, 정육점 주인은 저울이 있는 계산대 뒤에 서 있었다. 그 여인은 60세쯤 되어 보였는데, 저울의 눈금을 바라보며 서 있었다. 그 그림의 중심은 사람들의 얼굴에 있었고, 그들은 만족스런 모습이었다. 별로 이상한 일이 일어나는 것처럼 보이지는 않았다.

그런데 좀더 자세히 보면 그 여성은 아래에서 자신의 손가락으로 저울을 올리고 있었고, 정육점 주인은 엄지손가락으로 위에서 저울을 누르고 있었다. 그것을 보는 사람은 웃음을 터트리지 않을 수가 없었다. 왜냐하면 그 저울 위에서 보이지 않는 전투가 벌어지고 있었기 때문이다. 우리는 그들이 그 거래에서 '본전' 만 찾고, 아무도 이긴 사람이 없다는 것을 알 수 있었다. 하지만 실제로 우리가 다른 사람보다 더 많은 유익을 얻기 위해서 그런 수단을 사용한다면 하나님이 싫어하시는 분명한 죄를 짓는 것이다. 정직만이 최선의 방책이다.

▣ **진리 알기**

- 당신은 하나님을 속일 수 없다.
- 당신은 다른 사람들을 오랫동안 속일 수 없다. 얼마 지나지 않아 당신이 정말로 어떠한 사람인지가 모든 사람에게 알려질 것이다. 참된 모습을 숨길 수 없는 것은 우리가 말하고 행동하는 것으로 그것이 나타날 뿐만 아니라 우리가 말하지 않고 행동하지 않은 것에 의해서도 나타나기 때문이다.
- 현명한 사람들은 다른 사람들이 정직하지 않을 수 있다는 가능성에 주의를 해야만 한다.

▣ **적용하기**

- 하나님과 다른 사람들 그리고 당신 자신에게 솔직해져라. 진리는 삶에서 행복을 향해 나아가는 유일한 길이다.
- 진실함으로 하나님을 섬겨라. 속임수나 깨어진 마음은 이중성의 열매이다. 그리고 하나님을 대하는 당신의 방식이 다른 사람들을 대하는 당신의 방식이 될 것이다.
- 다른 사람들이 당신을 이용하지 못하도록 하라. 한 사회에서 부정직이 만연하게 되면 모든 사람이 해를 입게 된다.

삶의 적용

고양이의 현상금

해돈 로빈슨(Haddon Robinson)은 그의 책 「예수님이 성공적인 삶에 대해 말씀해 주신 것(What Jesus Said about Successful Living)」에서 뉴욕에 사는 한 남자가 고양이를 데리고 있는 한 여자를 만나서 결혼하는 이야기를 하고 있다. 사실 그 고양이가 그녀를 데리고 있었다고 하는 편이 더 옳겠다. 그녀는 고양이를 사랑하여 늘 애지중지하였다. 그 남자는 고양이를 싫어하였다. 그는 고양이 털에 알레르기가 있었고, 고양이 똥 냄새를 싫어했다. 가구에 긁어놓은 흠집들을 견디지 못했고, 밤에는 잠을 편하게 잘 수가 없었다. 왜냐하면 고양이가 침대 위로 계속 뛰어올라왔기 때문이다. 그러던 중 그의 아내가 몇 주 동안 다른 도시에 가 있게 되었을 때, 그는 그 고양이를 작은 가방에 돌과 함께 넣어서 허드슨 강에 던져버리며 그 고양이에게 행복한 작별인사를 하였다. 아내가 집에 돌아왔을 때 고양이를 발견하지 못하자 그녀는 슬픔으로 인해 너무나 괴로워하였다.

그 남편이 말했다. "여보, 그 고양이가 당신에게 얼마나 소중했는지 잘 알아. 내가 종이에 고양이를 찾는 광고를 써 붙이고 누구든지 그 고양이를 찾는 사람에게는 500달러를 주도록 할게."

그렇지만 고양이를 찾았다는 사람은 나타나지 않았고, 며칠이 지난 다음 그는 말했다. "여보, 당신은 이 세상의 그 어떤 것보다도 내게 소중해. 만약 그 고양이가 당신에게 소중하다면 그것은 내게도 소중해. 그래서 이제 이렇게 하려고 해. 나는 다른 광고물을 붙일 거고 현상금도 높일 거야. 현상금으로 천 불을 내걸게."

한 친구가 광고를 보고 놀라서 말했다. "너는 정신이 나간 게 틀림없어. 이 세상 어디에도 천 불의 가치가 있는 고양이란 존재하지 않아."

그러자 그가 대답했다. "알아. 하지만 내가 알고 있는 것이 뭔지 알게 된다면 너도 그 정도는 할 수 있다고 생각하게 될 거야."

물론 진짜 있었던 이야기는 아닐 것이다. 그러나 이 이야기는 진실의 반대인 속임수가 어떤 것인지를 잘 보여주고 있다. 우리가 진실을 속이고, 상황을 조작하며, 사람들을 조종하는 데 아무 거리낌이 없다면 우리는 우리 자신과 삶을 의미 있게 만드는 모든 것 사이를 분열시키는 것이다. 우리는 우리가 속이는 사람들과 친밀한 관계를 맺지 못하고, 우리의 이중성에 사로잡히게 될 것이며, 죄책감에 시달리게 되고 하나님과의 관계도 깨어질 것이다. 진실함(확실함)은 하나님의 자녀로서도 또 건강한 사회를 위해서도 매우 중요한 인격적 특징이다.

기도

하나님 아버지, 항상 주님의 존재를 의식하며 살아갈 수 있도록 우리를 도와주십시오. 주님과 다른 사람들과의 관계에서 이중성과 진실하지 못한 모습의 끔찍한 폐해를 깨닫게 도와주십시오. 그래서 우리가 주님 앞에서 늘 정직하며, 다른 사람들 앞에서 신뢰할 만한 자들이 되게 해주십시오. 아멘.

심층 연구

A. 벨리알의 아들

6장 12절에서 '불량한 자' 라고 번역된 단어는 문자적으로 '벨리알의 아들' 이라는 뜻이다. 벨리알은 가치 없음이나 유익이 없음을 의미하는 '아니오' 와 '가치, 유익' 을 의미하는 두 가지 단어에서 파생되었다. 그 단어는 구약에서 여러 번 사용되었다. 그중 네 개의 본문에서는 파멸의 의미를 갖는 것으로 보인다(시 18:4; 41:8; 느 1:11, 15). 신구약 성경에서 그 단어는 가장 악하고 해로운 것 중에서 으뜸인 사탄에게 어울리는 이름이라는 의미를 갖고 있다. 이러한 용례는 고린도후서 6장 15절과 데살로니가후서 2장 3절에서 나타난다.

B. 아바돈

이 단어는 잠언 15장 11절에서 '유명(파멸)' 이라고 번역되며, 구약 성경에 다섯 번 정도 나타난다(욥 26:6; 28:22; 31:12; 시 88:11; 잠 27:20). 그것은 파멸되거나 허물어진 곳을 의미하고, 죽은 자들의 거처인 스올에서 '악한 자들을 위해 예비된 멸망' 이라는 뜻으로는 오직 지혜서에서만 나타난다. 요한계시록 9장 11절에서 이 단어는 악마(devel, 헬라어로 '아볼론')에 대한 이름으로 쓰여졌다. 그 악마는 세상을 멸망시키는 최후의 존재였다.

고안

A. 들어가는 글

1. '기발한 각색' 이야기로 시작하라.
2. 배경 설명: 솔로몬은 이중성의 위험에 대해서 경고하고, 하나님과 사람들에 대한 진실한 섬김을 강조하고 있다.
3. 적용: 만약 당신이 하나님과 다른 사람들과의 관계에서 친밀한 관계를 갖고 싶다면 진리에 근거해야만 한다. 또한 단순히 겉으로 드러난 모습만 보지 말고, 그 내면을 살펴보아야 한다.

B. 본문 이해

1. 내면을 들여다보시는 하나님
2. 거짓 제사를 꿰뚫어보시는 하나님
3. 이중성의 위험을 아는 지혜로운 사람

C. 결론: 저울 위의 손가락들

토의 질문

1. 하나님은 때때로 우리의 동기를 새롭게 하시고, 우리 삶이 그분의 뜻과 일치하도록 하시기 위해 삶 속에 고통을 가져다주신다. 현재 당신의 삶 속에서 어떤 고통이 있는가? 또 이것을 심사숙고함으로 어떻게 하면 주님을 더 성실하게 섬길 수 있을까에 대한 어떤 깨달음이 있는가?

2. 성경에 보면, 하나님은 구약 시대에 외식하는 자들이 희생과 제사 등을 위선적으로 드리는 것을 매우 '싫어하신다' 는 것을 나타내 보이셨다. 당신은 우리의 경배가 진실하지 않을 때 하나님이 우리도 그렇게 미워하신다는 것에 대해서 어떻게 생각하는가?

3. 당신은 사회 전반의 모습이 더욱 진실하며 신뢰할 만한 것이 될 수 있게 하기 위해서 그리스도인들이 어떤 역할을 감당할 수 있다고 생각하는가?

15장

잠언 3:3-4; 10:12; 11:16-17; 12:10, 25-26; 13:20; 14:7; 15:17; 16:6; 17:5, 17; 18:24; 20:6; 21:10; 24:1-2, 17-18; 25:16-17, 19, 21-22; 27:8-10; 29:24

사랑과 우정

"만약 어떤 사람이 삶을 살아가면서 새로운 친구를 사귀지 않는다면 그는 곧 혼자가 되고 말 것이다. 사람은 모름지기 계속해서 새로운 우정을 보충해야 한다."

- 사무엘 존슨(Samuel Johnson)

사랑은 하나님과 가족 혹은 친구들 사이에서 좋은 관계를 갖기 위한 본질적인 요소다. 진실한 사랑은 사람들과의 실제적인 상호 교류 속에서 나타난다. 당신은 진정으로 당신의 친구가 아닌 자들로부터는 받아들여지지 않는다는 점을 명심하라.

Proverbs

들어가는 글

바울의 친밀함

우리는 사도 바울에 대해서 생각할 때 대개 그를 열정이 있고, 똑똑하며, 독립심이 강하고, 자립적인 사람이라고 생각한다. 아마 그러한 인상은 어느 정도 맞는 부분이 있는 것 같기도 하다. 동시에 그는 인간관계에 능통한 사람이었다. 고든 맥도날드(Gordon MacDonald)는 그의 저서 「당신의 영적 열정을 회복하라(Restoring Your Spiritual Passion)」에서 바울에게 많은 친구가 있었음을 지적하였다. 그는 이렇게 말했다.

> 사도 바울은 분명 많은 신실한 친구들을 만들기 위해서 노력하는 사람이었다. 그는 그들이 어디 있는지를 알고 있었고, 정기적으로 자신의 영적 목표에 그들이 얼마나 도움을 주었는가에 대해 감사를 전하였다. 그의 친구들은 분명히 그가 의지하는 힘의 근원이었으며, 그들이 없었다면 그는 많은 위험으로부터 빠져나오지 못했을 것이다.
>
> 그와 돈독했던 친구들 가운데는 브리스길라와 아굴라가 있었고, 바울은 그들과 함께 일을 하며 살았으며(행 18:3), 오네시보로("저가 나를 자주 유쾌케 하고" 딤후 1:16), 빌레몬("내가 너의 사랑으로 많은 기쁨과 위로를 얻었노라" 몬 1:7), 누가 그리고 그 외의 다른 친구들이 있었다. 바울의 친구들은 다양한 연령대와 출신 배경을 가졌으며, 그는 그들을 돌아보기 위해서 많은 노력을 아끼지 않았던 것으로 보인다.

친구를 사모하는 바울의 모습을 보면서 우리는 우리가 얼마나 우리 자신을 으스대며 남에 대한 칭찬에 인색한지를 알 수 있다. 바울은 사람들에 대한 칭찬과 확신과 감사를 표현하는 일에 인색하지 않았다. 그 결과 그는 많은 좋은 친구들을 갖게 되었다. 우리 역시 많은 친구들을 갖고 싶다면 바울의 자세를 마음에 새겨야 할 것이다.

이 장에서 솔로몬의 지혜는 좋은 친구들을 사귈 수 있도록 하며, 진실한 친구가 아닌 자들에게 속지 않도록 도움을 준다.

본문 이해

사랑과 우정

Main Idea	신약 성경은 사랑이 가장 큰 덕목이라고 말한다. 그리고 잠언은 지혜에 초점을 두고 있지만 사랑은 하나님과 가족 혹은 친구들 간에 좋은 관계를 이룰 수 있는 근본이 되는 것이라고 말한다.

A. 사랑, 우정의 근본 토대(3:3-4; 10:12; 11:16-17; 12:10, 25; 15:17; 16:6; 17:5; 20:6; 21:10; 24:17-18; 25:19, 21-22)

Supporting Idea	어떤 관계는 편리성이나 목표의 공유 혹은 사업적인 유익에 근거하고 있다. 그러나 진정으로 서로 만족하는 관계를 가질 수 있는 유일한 방법은 사랑과 신뢰성의 수준을 더욱 높이는 것이다.

3:3-4. 3장은 일련의 명령과 약속의 관계로 시작되고 있다. 한 구절이 명령에 대한 설명을 하고 나면, 그 다음 구절이 그 명령에 따르는 사람이 얻는 보상에 대해서 설명한다. 먼저 잠언 기자는 이렇게 말하고 있다. "사랑과 진실함이 결코 당신에게서 떠나지 않게 하라." 인자는 '헤세드(chesed, 사랑)' 로서 이미 성립된 언약이나 헌신을 지속하게 만드는 충성스러운 사랑이다. 그리고 진리는 믿을 수 있는 신뢰성을 의미한다. 이러한 구약의 핵심적인 두 가지 덕목은 14장 22절과 16장 6절 그리고 20장 28절에서도 나타나며, 이 양자는 하나님 자신에게서 능동적으로 나타나는 성품이기도 하다.

그 다음 절은 이 명령의 긴급함을 시각적인 언어로 강조하고 있다. 신명기 6장 8-9절에서처럼 이 구절은 독자에게 인자와 진리가 삶 속에 영원토록 떠나지 말게 하라고 말하면서 이 둘을 단단히 목에 매며 석판 위에 새기듯이 마음판 위에 새겨놓을 것을 요청하고 있다.

만약 인자와 진리가 한 사람의 삶 속에 영원히 나타나는 덕목이 된다면 그 보상은 은총과 귀중히 여김이 될 것이다. 은총은 때로 '은혜' 혹은 '친절'로도 번역되고, 귀중히 여김은 문자적으로 현명함 혹은 수행 능력을 의미한다. 우리는 사람들 사이에서 좋은 평판을 얻게 될 것이고, 하나님 자신도 이러한 자질을 귀하게 평가해주실 것이다.

10:12. 어떤 사람의 마음 가운데 미움이 가득하면 다툼은 필연적이다. 그는 다른 사람과의 연합을 받아들이지 못하게 되고, 아무리 사소한 것이라도 커다란 싸움을 일으키게 된다. 반대로 사랑은 모든 허물을 가리우게 된다. 이는 허물이 존재하지 않는 것처럼 행동한다는 의미가 아니라 그것들이 분노의 다툼을 일으키도록 하지 않는다는 뜻이다. 허물을 가리우거나 숨긴다는 의미는 11장 13절에서 비밀을 드러낸다는 의미의 반대로 사용되었고, 17장 9절에서는 허물을 되풀이해서 말하는 것에 대한 대비로 사용되었다. 고린도전서 13장에서는 이 원리를 확장하면서 사랑은 실수를 지적하는 것이 아니라 모든 것을 참는 것임을 말하였다. 이것은 야고보서 5장 20절과 베드로전서 4장 8절에서도 암시되고 있다. 이러한 원리와 균형을 이루기 위해서 28장 13절은 자기 자신의 죄를 간과하는 것에 대해 경고하고 있고, 27장 5-6절은 사람을 책망해야 하는 적절한 시기가 있음을 보여준다.

11:16-17. 어떤 사람들은 고집을 부리고 가혹하게 밀어붙이는 것이 성공의 유일한 길이라고 믿는다. 어쩌면 그것이 재물을 얻는 방법이 될지도 모른다. 그러나 그들의 성공이 한계에 이르게 되면 결국에는 모든 것을 잃어버리게 될 것이다. 왜냐하면 그들이 다른 사람들로부터 존경을 얻지는 못하기 때문이다. 그렇지만 유덕하고 자애로운 여성은 악한 자들이 결코 따를 수 없는 존경을 얻게 된다. 겉으로는 그녀가 영리해보이지 않을지라도 말이다.

마찬가지로 충성스러움과 헌신적인 사랑을 가진 남자는 자신의 충성심이 신임과 존경이라는 유익으로 다시 돌아오게 되는 것을 깨닫게 될 것이다. 반대로 잔인한 사람은 자신의 잔혹스러움이 문제를 일으키는 것으로 다시 돌아온다는 것을 알게 될 것이다. 여기서 나타난 단어가 아간에 의한 재앙(수 7:25-26)과 아합에 의해 일어난 일(왕상 18:17-18)을 묘사하는 데도 사용되었다.

12:10. 긍휼은 의로움과 함께한다. 신실한 사람은 자신의 육축의 생명을 돌아보며(문자적으로 '그 영혼을 안다') 자신이 돌보는 사람들에게도 동일하게 행동한다. 그는 하나님으로부터 긍휼히 여김을 받고, 그 역시 다른 사람들에게 긍휼을 베푼다. 반면에 악한 자는 자기 수하에 있는 사람이나 동물을 학대한다. 그나마 그가 행한 가장 친절한 행위도 사실은 자신의 이기적인 동기에서 나온 것들이다.

12:25. 우리 모두는 때로 불안으로 인해 고통스러워한다. 불안은 우리를 불편하게 하고, 위축되게 하며, 때로는 우울함에 빠지게 한다. 우리의 내적 자아는 그런 스트레스를 도저히 견딜 수가 없다. 그러나 친밀한 말(선한 말)은 우리에게 용기를 불러일으키며, 다음 상황에 맞설 수 있는 격려가 된다는 것이 정말 놀라운 일이다.

15:17. 이 구절은 무엇이 진실로 선한 것인지를 이해할 수 있게 해주는 일단의 비교 단락 가운데 하나다(15:16-17; 16:8). 만약 당신이 좋은 음식과 좋은 인간관계 사이에서 하나를 택해야 한다면 어떤 것을 선택하겠는가? 잠언은 가난한 가족이라도 사랑으로 채워져 있다면 채소만 먹는 것도 견딜 수 있다고 말한다. 그러나 미움으로 가득 찬 가족이라면 부자들의 연회에서나 나올 수 있는 살진 소를 먹는 즐거움조차 헛된 일이 될 것이다.

16:6. 여기서 우리는 다시 한 번 3장 3절에 나오는 대로 인자와 진리가 서로 연결되어 있음을 깨닫게 된다. 언뜻 보면 이 구절은 선한 행동으로 인해서 죄악이 속하게 된다는 신약의 가르침과는 모순되는 이상한 개념을 가르치는 것처럼 보인다. 먼저 상반절은 죄를 속하는 하나님의 인자와 진리에 대해서 이야기하는 것처럼 보인다. 그러나 그 다음 하반절은 인간의 성격적 특질에 대해서 이야기하는 것처럼 보인다. 그렇다면 이 구절은 전체적으로 하나님은 구원받은 사람들에게 영적인 열매를 기대하신다는 것을 의미하는 것이다. 그리고 분명히 인자와 진리는 갈라디아서 5장 22-23절에 나오는 성령의 열매와 비슷한 것으로서, 한 사람의 죄가 속하여졌고 사함을 받았다는 분명한 증거가 될 것이다.

17:5. 우리는 여기서 사랑보다는 이기심 속에 살아가는 자에 대한 충격적인 묘사를 발견하게 된다. 그는 가난한 자들을 멸시하며 자신도 하나님의 형상으로 지음받은 자임을 잊고 있다. 가난한 자들을 멸시하는 것은 그들을 지으신 자를 멸시하는 것이다(14:31; 18:23). 사실 하나님은 다른 사람의 재앙에 대해 기뻐하는 자를 심판하신다고 약

속하신다.

20:6. 잠언은 인자를 가졌다고 자랑하는 자들과 정말로 그것을 가진 자들을 엄격하게 나누고 있다. 인자와 진리라는 두 가지 덕목이 여기에서 함께 연결되고 있다(3:3; 16:6). 이 두 단어는 둘 다 강직함을 의미하지만 인자는 충성스러움을 나타내는 언약적 관계라는 함축적 의미를 포함하고 있다. 어떤 사람이 순수하게 그러한 덕목을 가졌다는 것을 알기는 어려운 일이다.

21:10. 언제나 마음이 연약해져 있다고 해서 한순간에 죄악을 행하게 되는 것은 아니다. 잠언은 사람들이 때로는 의지적으로 악한 열정을 가지고 죄를 범하게 된다는 것을 보여준다. 그들은 그런 악을 간절히 기다린다. 그 악은 어떤 중독처럼 나타나고 사람들로 하여금 자신들에게 가장 가까운 사람에게조차 긍휼을 베풀지 못하도록 만들어 버린다.

24:17-18. 17장 5절에서 하나님은 가난한 자들을 조롱하는 것에 대해 경고하신다. 이 구절은 그 명령을 더욱 확장해서 심지어 대적들을 업신여기는 것도 금지하고 있다. 조롱하는 것은 우월감을 나타내는 태도를 의미하는데, 하나님은 그런 교만함을 미워하신다. 주님은 그런 모습을 볼 때 분개하실 것이고, 그 악한 자들에게 분노의 심판을 내리실 것이다. 그렇게 되면 결국 주님은 당신에게서 등을 돌리실 것이다!

25:19, 21-22. 사랑은 진실하게 대하는 것이며, 자신을 사랑하는 자를 신뢰할 수 있다. 그러나 위기의 순간에 신뢰할 수 없는 사람을 의지할 때에는 실망만 얻게 될 것이다. 우리가 무엇인가를 먹을 때에는 입을 의지하게 되고, 걸을 때에는 발을 의지한다. 당신은 진실하지 않은 사람은 결코 의지할 수 없을 것이다.

21절은 대적에 대한 사랑의 책임을 다루고 있다. 이는 그리스도가 원수를 사랑하라고 하신 계명의 초기 형태라고 할 수 있다(마 5:43-47). 우리는 친절함으로 대적들을 대하고 음식이나 물로 그들의 필요를 채워주라는 말씀을 듣는다.

우리가 원수들의 필요를 채워주는 일을 시작하게 되면 두 가지 결과가 나타난다. 우리는 그의 머리에 숯불을 쌓아 올리게 된다. 그리고 우리는 하나님의 보상을 받게 된다. 이것은 우리가 대적으로부터 어떤 반응을 얻게 되든지 상관이 없다. 전통적으로 이 구절은 원수가 멸시하던 자로부터 도움을 받아야만 할 때 더욱 괴로워할 것이라는 의도적이며 자극적인 겸손법에 대한 설명이라고 해석되어 왔다. 최근의 어떤 학자들은 이것을 친절하게 화로에서 불타는 숯불을 꺼내어 이웃에게 주는 관습에 연결시킨다. 그러면 그들은 자신의 화덕에 불을 지필 수 있는 것이다. 어떤 경우든 간에 분명한 것은, 우리가 친절과 관용으로 원수를 대해야 한다는 것이다.

B. 우정, 매일의 사랑 실천(12:26; 13:20; 14:7; 17:17; 18:24; 24:1-2; 25:16-17; 27:8-10; 29:24)

Supporting Idea	사랑(인자)은 삶의 어떤 상황에서 나타나는가? 순수한 사랑은 서로 간의 매일의 상호 작용 속에서 드러난다. 진실한 우정은 사랑을 공급해주는 가장 좋은 토대가 된다.

12:26. 우정은 놀라운 것이다. 하지만 친구를 선택하고 찾거나(신 1:33) 그들을 주의 깊게 살펴볼 때(겔 7:25) 주의를 기울이는 것은 매우 중요한 일이다. 만약 당신이 악한 친구를 선택하고 그의 길을 따른다면 그는 당신이 길을 잃어버리도록 만들 것이다.

13:20. 우리는 친구를 지혜롭게 잘 선택해야 한다. 왜냐하면 그들이 우리에게 주는 영향력은 지대하기 때문이다. 지혜로운 자와 함께 다니는 사람은 더욱더 지혜로워지지만 미련한 자와 함께하는 사람은 점차 그들과 같아질 것이고, 그들의 삶 속에 따르는 문제들을 함께 겪을 것이다. 잠언은 자주 다른 사람들의 치명적인 영향력에 대해서 말하고 있다(1:10-11; 2:12; 4:14-17; 16:29; 22:24-25; 23:20-21; 28:7).

14:7. 어리석은 자와 친밀한 관계를 맺는 것은 아무런 유익이 없다. 왜냐하면 그는 나눌 수 있는 좋은 것이 아무것도 없기 때문이다. 당신은 그의 말에서 지식이나 지혜로운 조언을 얻지 못할 것이다. 그런 사람으로부터는 멀리 떨어져 있는 것이 현명하다.

17:17. 어떤 번역은 이 해석을 '그러나' 라는 접속사로 두 문장을 연결해서 친구들과 형제들을 대조하고 있다. 그러나 요점은 결과적으로 친구나 형제가 귀중한 도움이 되는데, 그 이유는 그들이 위기 속에서도 진실하기 때문이라는 것이다.

18:24. 이 구절의 마지막 문장은 해석하기가 쉽지 않다. 하지만 문자적인 전체 맥락은 '친구 중의 어떤 사람은 멀리해야 되거나 혹은 관계가 깨어져야 한다' 는 것이다. 다른 말로 하면, 아무런 차별 없이 다양한 범주의 친구들을 사귄 사람은 결국 그 친구들로 인해서 어려움에 빠지게 되며, 그가 아는 많은 사람들은 결코 그를 도와주지 않을 것이

라는 말이다. 하지만 두 번째 문장에서 잠언 기자는 친밀한 친구에 대해서는 좀더 밀접한 관계를 의미하는 단어를 사용한다. 말 그대로 하자면 '그를 사랑하는 친구' 다. 열두 명의 친밀하지 않은 동료들과 함께하는 것보다 한 명의 진실한 친구를 두는 것이 더 좋은 법이다.

24:1-2. 잠언은 다른 곳에서도 악한 자의 질투에 대해서 경고한다(23:17; 24:19). 여기서의 명령은 해로운 결과 때문에 주어지는 것이 아니다. 단지 그것이 잘못된 일이기 때문에 우리는 그것을 피해야 한다. 잠언 기자는 죄인들의 마음속에 있는 악한 의도로 가득 찬 생각에 대해서 말하고 있다. 그런 사람은 끊임없이 강포를 계획하는 마음을 가지고 있고, 그의 말은 계속해서 다른 사람들에게 문제를 일으키는 계획을 내어놓을 것이다.

25:16-17. 이 구절들 속에서 잠언은 꿀과 친구들에 대해서 동일한 조언을 하고 있다. 이 둘은 모두 좋은 것이다. 하지만 너무 많이 먹거나 너무 많이 두면 괴로움을 얻게 될 것이다. 하나님은 그의 백성들이 즐길 수 있도록 꿀과 같이 달콤한 먹을 것을 창조하셨다. 그러나 적당히 취해야 한다. 너무 많이 먹으면 나중에는 보기도 싫을 것이다.

이와 동일한 원리가 우정에도 적용된다. 친구들의 방문은 즐거운 일이지만 만약 당신이 너무 자주 친구 집에 방문한다면 얼마 지나지 않아서 당신은 결코 보고 싶지 않은 상대가 되어버릴 것이다.

27:8-10. 어미 새는 아기 새들이 스스로의 힘으로 먹고 살 수 있을 때까지 충분히 자랄 수 있도록 둥지에서 함께 지낸다. 만약 어미 새가 보금자리를 떠나 헤매고 있다면 새끼들은 전혀 보호를 받지 못할 것이다. 그리고 아기 새들이 둥지를 떠난다면 그들은 결코 스스로 먹고 살 수 없을 것이다. 밖으로 떠도는 아버지는 자신의 책임을 포기하는 것이다. 방탕한 아들은 독립적인 삶이, 자신이 기대한 것보다 훨씬 더 힘든 것임을 깨닫게 될 것이다(눅 15:11-32).

기름과 향은 잔치 때나 즐거운 기념일에 사용된다(계 2:10). 동일한 원리로 좋은 조언을 하는 친구는 기쁨과 만족스러움이 된다.

27장 10절은 가족에 대한 비난이 아니라 친구들에 대한 설명이다. 이스라엘 백성들은 가까운 가족들과의 관계를 친밀하게 유지하였다. 그래서 사람은 재난의 순간에도 친척에게로 쉽게 갈 수 있다. 그러나 이 구절은 좀더 합리적인 설명을 하고 있다. 형제는 돕기에는 너무 멀리 있다. 그렇기 때문에 이웃에게 도움을 요청하는 것이 이치에 맞고 지혜로운 것이다.

29:24. 레위기 5장 1절에 의하면, 만약 어떤 사람이 죄악에 대한 결정적인 정보를 알고, 그 일에 대해 증언하도록 부름을 받았다면 그는 반드시 그 증언을 해야 한다. 만약 그가 가지 않으면 그는 하나님과 재판장 앞에서 동일한 죄가 있다. 그런 사람에게는 저주가 임한다. 도적과 짝하는 것은 자기 자신을 엄청난 재난에 빠지게 하는 것이다. 그런 사람은 자신을 속이기 때문에 거짓 증언하는 것도 두려워하지 않을 것이다. 만약 그가 진실을 말하지 않는다면 스스로 저주에 빠지게 될 것이다. 악한 자와 친한 관계를 갖지 않아서 그런 고민을 피할 수 있다면 그 얼마나 유익한 일이겠는가!

Main Idea 복 습	신약 성경은 사랑이 가장 큰 덕목이라고 말한다. 그리고 잠언은 지혜에 초점을 두고 있지만 사랑은 하나님과 가족 혹은 친구들 간에 좋은 관계를 이룰 수 있는 근본이 되는 것이라고 말한다.

결론

대통령보다 친구를 선택함

20세기 중반에 미국 역사상 가장 오랫동안 백악관 대변인을 했던 샘 레이번(Sam Rayburn)은 분명한 우선순위를 가진 사람이었다. 그의 친구 가운데 한 사람의 십대 딸이 어느 날 밤 갑작스러운 교통 사고로 사망하는 일이 일어났다. 다음 날 아침 일찍 그 친구는 문 두드리는 소리를 들었고, 문을 열어보니 거기에는 레이번이 서 있었다.

그는 이렇게 말했다. "뭔가 도와줄 일이 있을까 해서 왔네." 그 친구는 큰 슬픔 속에서 대답했다. "자네가 할 수 있는 일은 별로 없을 것 같네. 지금 우리는 모든 장례 수속을 다 밟아놨다네." "그렇군." 레이번이 말했다. "그럼 자네 모닝커피는 했는가?" 그 친구는 아직 아침을 먹지 않았다고 말했고, 레이번은 자신이 커피를 만들어줄 수 있다고 했다. 그가 친구의 집 부엌에 들어가 커피를 끓이는 동안에 그 친구가 다가와 물었다. "여보게, 그런데 자네는 오늘 아침 백악관에서 아침을 먹기로 되어 있지 않았나?" "그랬지." 그가 대답했다. "하지만 대통령께 전화를 드려서 지금 곤경에 처한 친구가 있어서 오늘은 갈 수 없다고 말해놓았네."

솔로몬은 "친구는 사랑이 끊이지 아니하고"(잠 17:17)라고 했는데, 바로 이런 것이 그가 말하고자 하는 바였다. 그는 이렇게 말했다. "친구란 다른 사람들이 다 걸어나갈 때 걸어 들어오는 사람이다." 진실한 친구가 되기 위해서 우리는 도움이 필요한 친구가 있을 때 그의 삶 속에 걸어 들어갈 것을 준비해야만 한다.

▣ 진리 알기

- 꿀은 벌을 끌어들이고, 순수하며 성경적인 사랑은 친구를 끌어모은다.
- 이기심은 친구 사이를 망가뜨린다.
- 좋은 친구 없이는 아무도 온전히 즐겁거나 만족스럽거나 성공적인 삶을 살 수 없다.

▣ 적용하기

- 당신의 배우자는 당신의 가장 좋은 친구가 될 수 있다. 그와 혹은 그녀와의 관계를 잘 유지하라. 그렇게 하면 당신의 삶은 더할 나위 없이 풍성할 것이다.
- 오래된 친구와의 관계를 돈독히 하기 위한 계획을 세우라.
- 새로운 친구와의 관계를 돈독히 하기 위한 계획을 세우라.

삶의 적용

포로 생활에서의 우정

삶에서 즐거움을 누리고 성공을 이루고자 한다면 친구가 필요하다. 우리는 종종 이 점을 잊어버리거나 자신의 약점을 인정하지 않으려고 한다. 만약 자신에게 친구가 필요하다고 한다면 자신의 연약함을 인정하는 게 된다고 생각하기 때문이다. 하지만 전쟁 포로의 상황에서는 친구가 너무나 중요해서 반드시 친구를 만들어야지 그렇지 않으면 죽게 되는 경우가 있다. 그래서 우리는 우정의 소중함을 바로 그들에게서 배우기도 한다. 「인생의 가장 힘든 전투 속에서 승리하는 것(Winning Life's Toughest Battles)」이라는 책에서 저자인 줄리어스 시갈(Julius Segal)은 베트남 전에서 전쟁 포로로 2,714일간을 영웅적으로 버티고 살아난 해군 중장 제임스 스탁데일(James B. Stockdale)의 경험담을 기록하고 있다.

그중 한 장면으로 스탁데일은 양손이 뒤로 묶여져서 수갑이 채워졌다. 그리고 발에는 철사가 감겨져 수용소 마당의 내리쬐는 햇빛 한가운데 던져졌다. 다른 포로들에게 협력하지 않는 자들이 겪게 될 일을 보여주기 위함이었다.

거기에 누워 있는 3일 동안 뜨거운 열기가 그의 체력을 고갈시켰다. 그러나 그가 잠이 들려고 할 때마다 보초들이 가혹하게 그를 때렸다. 그가 도저히 견디지 못하고 생명의 한계에 이르렀을 때 갑자기 그는 포로로 잡혔을 때 사용하는 암호 철자인 'GBUJS'를 의미하는 타월을 딱딱거리는 소리를 들었다. 그것은 다음과 같은 의미였다. '하나님이 당신을 도우십니다. 짐 스탁데일(God Bless You Jim Stockdale).' 그것은 결코 잊을 수 없는 메시지였고, 그가 다시 견딜 수 있는 힘을 주었다.

시갈은 이렇게 말했다.

> 최근의 미국 역사 가운데 있었던 모든 포로 생활에 관한 기록을 살펴보면 전쟁 포로와 납치 포로들은 믿을 수 없을 정도로 기발한 의사 소통의 생명선에 의해서 생명의 의지를 유지했다. 베트남 전에서 교묘한 박수 소리 암호는 박수치는 소리

의 숫자와 쉬는 길이로 영어 알파벳을 의미하였는데, 이는 포로들이 의사 소통을 하는 주된 수단이었다. 그것이 바로 짐 스탁데일을 끝까지 견딜 수 있게 한 암호였던 것이다.

인간적인 관계와 동료애는 주변 환경이 열악할 때 생존을 위해 가장 필수적인 것이다. 시갈은 정신적 충격과 신체적 학대, 강간 혹은 사랑하는 사람의 죽음을 견디고 살아난 2천 명의 사람들에 대한 연구를 정리하여 보고하였다. 그 살아남은 사람들은 그 사건에 대해서 다른 어떤 사람과 신뢰 관계를 가지고 서로 이야기를 하였을 때 더욱 건강할 수 있었다. 자신의 경험을 다른 사람과 나누지 않았던 사람들은 두통에서부터 폐질환에 이르기까지 크고 작은 병에 시달렸다.

이 진리에 직면해볼 때 그리스도인들도 때로 친구가 없는 외로움에 시달린다. 척 스윈돌(Chuck Swindoll)은 최근에 기독교로 개종한 어떤 사람의 이야기를 한 적이 있는데 그 사람은 개종한 이후의 삶에 대해서 이렇게 말했다고 한다. "내가 내 삶에서 잃어버린 것 가운데 유일하게 그리운 것은 선술집에서 사귀었던 모든 친구들과의 관계였습니다. 우리는 함께 둘러앉아서 웃고 술을 마시며 이야기를 하면서 하루의 피로를 풀었지요. 나는 그리스도인들 사이에서는 그런 친구 관계를 발견할 수가 없었습니다."

그리스도인들을 특히 그리스도인 남자들을 내리누르는 듯한 그 무엇이 존재한다. 그것이 다른 사람에 의해 비난을 받는 두려움이건 혹은 자기 자신을 너무 심각하게 만드는 마음이건 간에 우리는 종종 과거에 했던 대로 다른 사람과의 관계를 즐기지 않는다. 하지만 사도 바울이 그랬던 것처럼 우리는 다른 사람들과 함께 나눔을 통해서 유익을 누리게 된다.

기도

하나님 아버지, 우리가 다른 사람들의 진정한 친구이기 때문에 그들을 친구로 삼는 자들이 되게 도와주십시오. 우리가 용기 있게 다른 사람들을 격려하여 그들의 삶이 충만하게 되고, 우리 역시 그들로부터 동일한 친구 관계를 얻을 수 있도록 도와주십시오. 우리의 삶이 우리의 친구들을 통하여 더욱 풍성해지고, 우리의 친구들이 우리로 인하여 더욱 풍성한 삶을 살 수 있도록 도와주십시오. 아멘.

심층 연구

A. 인자(사랑)

잠언은 대개 사랑에 대해서 두 가지 다른 단어를 사용한다. 첫 번째 '헤세드'는 3장 3절, 16장 6절 그리고 20장 6절에서 나타난다. 이것은 사랑, 자비 혹은 긍휼을 일컫는데 사람과 사람 사이에서 또는 하나님과 사람 사이에서 사용된다. 이 단어는 룻(룻 1:8-9; 2:11-12; 3:10)과 라합(수 2:12) 그리고 다윗(삼하 9:1, 3, 7)을 설명하는 데 사용되었다. 또한 이것은 사랑을 베푸는 자의 자비로운 성품에 따라서 자유롭게 주어질 수도 있는 것이지만 때로 다윗과 요나단 사이의 약속처럼 언약과 관계되어 있기도 하다(삼상 20:8, 14-15). 이 단어가 하나님께 적용될 때는 그분과의 언약의 관계를 의미하기도 한다. 주님은 그분의 사랑을 자기 백성들에게 보여주신다. 그 이유는 그분이 그들과 언약을 맺었기 때문이다(출 20:6; 34:6-7; 신 5:10).

사랑에 대한 다른 단어는 '아하브(ahab)'인데, 이는 '따라서 숨을 쉬다, 바라다, 붙어 있다, 기뻐하다, 사랑하다'의 뜻이다. 이 단어는 10장 12절과 15장 17절에서 사용되었다. 그 의미의 범위는 상당히 광범위하여서 자기 백성에 대한 하나님의 사랑에서부터 우둔한 대식가의 세속적인 욕심에 이르기까지 많은 것을 뜻할 수 있다. 신명기 6장 5절의 계명은 이스라엘에게 이 단어를 사용하여 하나님을 사랑할 것을 명하고 있으며, 이 단어의 형식은 역대하 20장 7절에서 아브라함을 하나님의 '친구'라고 부를 때에도 사용되었다.

B. 친구

히브리어로 '레아(re' a)'는 친구를 가리키는 가장 일반적인 단어로 구약에서 187번 사용되었다. 이것은 '친구'와 '이웃'으로도 해석되며, 12:26; 17:17 그리고 27:9-10에서 나타나고 있다. 또한 욥의 세 친구나 자주 만나 익숙해진 사람에서부터(출 2:13; 삿 7:13) 아주 가까운 친구에 이르기까지 다양한 수준의 친밀 관계를 의미할 수 있지만 다윗과 요나단의 우정을 설명할 때에는 사용되지 않았다. 이것은 레위기 19장 18절에서 사용된 단어로서 그리스도는 마태복음 22장 39절에서 다음과 같이 말씀하실 때 이 단어를 인용하셨다. "네 '이웃' 을 네 몸과 같이 사랑하라."

교안

A. 들어가는 글

1. '바울의 친밀함' 이야기로 시작하라.
2. 배경 설명: 친구는 더할 나위 없이 삶을 풍성하게 한다. 좋은 친구는 계속해서 관계가 유지되어야 한다. 그리고 악한 사람은 선한 친구를 만들 수 없다. 그러므로 친구를 사귈 때에는 지혜롭게 선택하고, 관계를 잘 유지해야 한다.
3. 적용: 친구가 되는 핵심은 사랑이다. 이러한 사랑은 '다른 사람의 선함에 대해서 내 의지가 변함없이 일정한 것' 을 뜻한다. 이러한 준비가 되었다면 우리에게는 결코 친구가 사라지지 않을 것이다.

B. 본문 이해

1. 사랑, 우정의 근본 토대
2. 우정, 매일의 사랑의 실천

C. 결론: 대통령보다 친구를 선택함

토의 질문

1. 당신에겐 좋은 친구들이 얼마나 있는가? 또한 편안한 친구들을 얼마나 많이 알고 있는가? 당신은 더 많은 친구를 사귀기를 원하는가?

2. 만약 당신 곁에 필요한 친구나 원하는 친구가 모두 있다면 그 이유가 무엇이라고 생각하는가? 또한 당신이 원하는 친구가 당신 곁에 없다면 그 이유가 무엇이라고 생각하는가?

3. 당신은 계속해서 좋은 관계를 가져야 하는 오래된 친구들이 있는가? 어떻게 하면 그렇게 좋은 관계를 맺을 수 있겠는가? 당신은 새로 사귀어야 하는 친구들이 있는가? 어떻게 그들과 사귈 수 있는가?

16장

잠언 11:2; 12:9; 13:7, 10; 14:30; 15:25; 16:5, 18-19; 18:1, 12; 19:10; 20:9; 21:4, 24; 22:4; 24:19-20; 25:27; 26:16; 27:2, 4, 21; 28:25; 29:23

이기심으로 인한 자멸

"자존심은 다른 모든 죄악이 움트는 모태다."

- C. S. 루이스(C. S. Lewis)

자존심과 같은 이기심은 주님과 또는 다른 사람들과의 관계에서 갈등이 시작되는 근본 요소이다. 우리가 우리 삶의 중심에 하나님이 아닌 우리 자신을 올려놓으면 스스로를 다른 사람들과의 갈등에 빠지게 만들고, 하나님과는 적대적인 관계가 된다.

Proverbs

들어가는 글

제크 아저씨의 말굽 편자

자존심은 미묘한 죄다. 사실 자존심은 그것을 가지고 있는 사람을 제외한 다른 모든 사람을 힘들게 만드는 유일한 병이라고 말하기도 한다. 유명한 설교자였던 밴스 하브너(Vance Havner)는 이렇게 말했다. "이기주의자는 자기 자신에 대해서 너무 말을 많이 해서 당신에게 당신 자신에 대해서 말할 기회를 주지 않는 사람이다." 그렇다. 자존심은 정말 미묘한 죄다.

그리고 이 죄에 감염된 사람들은 그것을 인정하는 데 큰 어려움을 겪는다. 「조엘의 집에서의 하룻밤(A drink at Joel' s Place)」이라는 책을 쓴 제스 무디(Jess Moody)는 그 책에서 어떤 것이든지 자신이 잘못되었다는 것을 인정하지 않았던 제크 아저씨의 이야기를 들려준다.

어느 날 제크 아저씨는 길을 걷다가 우연히 한참 작업이 진행중이던 대장장이 가게에 들르게 되었다. 그런데 그가 알지 못했던 것은, 그가 그곳에 도착하기 전에 대장장이가 딱딱하게 굳은 말굽 편자를 고치기 위해서 그것이 검게 될 때까지 두들기고 있었다는 것이었다. 그 편자는 여전히 뜨거웠지만 유연하지는 않았다. 그래서 대장장이는 그것을 바닥에다 그냥 던져놓았다. 제크 아저씨는 그 가게에 들어갔을 때 바닥에서 그 검은 말굽 편자를 발견하였다. 그는 아직도 그것이 뜨겁다는 것을 모르고 집어들었다. 그 순간 그는 깜짝 놀라 그것을 황급히 떨어뜨렸다. 나이 든 대장장이가 안경 너머로 아저씨를 바라보며 말했다. "약간 뜨겁지. 그렇지 않나? 제크?" 그러자 제크 아저씨가 대답했다. "아니요. 전 지금 말굽 편자가 잘 만들어졌나 얼른 살펴보았을 뿐인데요."

사실을 있는 그대로 인정하는 것이 어렵긴 하지만 그것이 별것 아니라고 생각하고서 하지 않는다면 자존심은 점차 큰 문제가 되어 급기야는 심각한 죄가 될 수 있다. 솔로몬은 자존심과 그로 인해 생겨나는 질투와 탐욕 그리고 시기하는 마음에 대해서 경고하고 있다. 그는 그런 것들이 나중에 반드시 후회하게 만드는 심각한 죄라는 사실을 깨닫게 해주는 분명한 이유를 말하고 있다.

본문 이해

이기심으로 인한 자멸

Main Idea	죄의 핵심적인 성격은 자기 중심적인 것이다. 우리는 이 세계의 중심에 자기 자신을 올려놓고, 스스로 우리 삶의 주인이 되고자 한다. 그러나 그렇게 할 때 우리는 다른 사람과 건강한 관계를 가질 수 있는 기회를 망치게 되고, 하나님의 심판의 대상이 되어버린다.

A. 자존심과 겸손(11:2; 12:9; 13:7,10; 15:25; 16:5,18-19; 18:12; 19:10; 20:9; 21:4, 24; 22:4; 25:27; 26:16; 27:2, 21; 29:23)

Supporting Idea	자존심은 하나님을 대항하였던 사탄의 최초 반역의 핵심 요소였다. 그리고 그것은 우리가 주님과의 갈등뿐 아니라 다른 사람들과의 갈등 속에 놓이게 되는 근본 원인이 된다. 자존심은 외부로 나타나는 이기적인 생각이라고 말할 수 있다.

11:2. 자존심은 궁극적으로 그것이 추구하는 바를 오히려 잃게 만든다. 거만한 사람은 명예를 추구하지만 결국 그는 부끄러움으로 추락해버릴 것이다. 그러나 겸손한 사람은 얻기를 기대하는 영광을 누리게 될 뿐 아니라 그의 지혜로 인하여 축복을 받게 된다.

12:9. 이 구절은 잠언에서 어느 하나가 다른 하나보다 더 낫다고 말하는, 대조를 보이는 19개의 구절 가운데 첫 번째 구절이다. 자기 자신에 대한 이기심으로 가득 차 있는 사람은 그가 방탕한 삶으로 인해서 얻는 수익이 아무것도 없을지라도 스스로 잘난 체할 것이다. 그러나 낮은 명성을 얻을지라도 번성하여 종을 부릴 수 있는 경제적인 여유를 갖는 것이 더욱 낫다. 언제나 외형적인 모습보다는 실리를 추구해야 한다!

13:7. 이 구절은 우리에게 외형이란 속이는 것임을 일깨워준다. 속이는 것은 어떤 사람에게 그가 비록 아무것도 없을지라도 방탕한 삶을 살도록 부추길 것이다. 여기서 부자인 체한다는 것은 그가 부자처럼 행세하는 것이 아니라 부자와 같은 생활 방식으로 살아가는 것을 의미하는 것이다. 신용카드가 보급되기 전에는 이런 삶이 어려웠을 것이

다. 그러나 지혜로운 사람들은 많은 재산을 가지고 있어도 검소한 삶을 살아간다.

13:10. 이 구절에서 교만이라는 단어는 '끓이다 혹은 요리하다' 라는 단어와 연결된다. 이것은 모든 사람들에게 알려지는 한 개인의 거침없는 교만과 한껏 부풀려진 자기 자신에 대한 생각을 포함하고 있다. 그것은 모든 분쟁의 한 요소로 나타난다. 지혜로운 사람은 겸손하고 온순하여서 조언을 잘 받아들인다. 그리고 그의 행동은 이기주의자의 닫힌 마음과 큰 대조를 이룬다.

15:25. 여기서 교만이라는 말은 '위로 들려진' 이라는 의미로서 다른 사람들을 내리누르면서 스스로 올라선 사람의 모습을 뜻하고 있다. 고아와 과부와 같이 보호받지 못하는 사람이 그들의 일반적인 공격 대상이 된다. 그들은 과부의 재산을 빼앗아 자기의 소유를 늘린다. 그러나 하나님은 그렇게 도움받지 못하는 자들에게 친히 보호자가 되어주신다고 선언하신다. 그래서 그분은 교만한 자의 집을 허시며, 과부의 땅의 경계를 보존해주신다. 고대 이스라엘에서 땅이란 그 토지 재산권이 원주인에게 영원토록 있다는 것을 확인하기 위해서 지계를 분명하게 표시해놓았던 값비싼 재산이었다.

16:5. 자존심은 심각한 죄이고, 단순히 불편하기만 한 불완전한 성품이 아니다. 그것은 전능자 하나님이 싫어하시는 것들의 목록에서 상위에 있는 것이다(6:17 참고). 피차 손을 잡을지라도는 '손에 손을 맞잡다' 인데, 계약이 완료되었을 때 손으로 악수하던 습관에 따른 것이다. 하나님은 거만한 자를 심판하신다고 약속하셨고, 간음한 자들(6:29)과 거짓말하는 자(19:5)와 같은 심각한 죄인들에게도 그렇게 하신다고 약속하셨다.

16:18-19. 이 구절은 자존심에 관해서 가장 일반적으로(가장 확실한 것은 아닌) 언급되는 구절이다. 교만과 거만한 마음에 사용된 단어는 모두 높다는 것과 스스로를 들어올려 세운다는 개념을 포함하고 있다. 그렇지만 도덕적인 영역에서 스스로 높아진 것은 다시 내려오게 되어 있다. 주님은 교만한 길은 패망이나 혹은 나락으로 떨어지는 것으로 끝나게 된다고 경고하신다.

사실 거만한 자들의 운명은 너무나 두려운 것이기 때문에 어떻게 해서든지 그런 운명을 피하는 것이 낫다. 이것은 비록 그렇게 피하는 길이 낮은 자들과 압제받는 자들이 되는 것임을 의미한다고 하더라도 그렇다. 이 구절은 교만을 도둑질에 연결시켜서 다른 사람들의 권리를 무시하는 자기 중심적인 행동이라고 본다. 그러나 이 구절에서 강조하는 것은 그 탈취물을 일시적으로는 나눌 수 있겠지만 그 얻은 것이 그리 오래가지 못한다는 것이다.

18:12. 하나님이 교만한 자에게 심판이 다가온다고 경고하셨음에도 불구하고 교만한 자는 자신이 아무 해를 받지 않을 것이라고 생각한다. 그러나 재난은 가장 안전해보일 때 일어나는 법이다. 그러고 나서 모든 영광은 사라져버린다. 반면에 겸손한 자는 마침내 존귀함을 상으로 얻게 될 것이다.

19:10. 교만은 때로 한 사람이 자신의 능력 이상으로 추켜세워질 때 생긴다. 그는 자신이 누리는 권력에 상응하는 가치가 없는 사람이다. 그래서 모든 것이 적당하지 않은 상태가 된다. 사치나 영예(26:1) 그 어떤 것도 미련한 자에게는 어울리지 않는다. 이보다 더 나쁜 상황은 종이 방백들을 다스리게 되는 것이다. 그는 결코 다스리는 일에 적절한 사람이 아니다(17:2; 전 10:7 비교).

20:9. 시편의 여러 내용 속에서 다윗은 진실할 것을 강조하고 있다. 그러나 그의 많은 경험담은 그가 이 잠언의 진리를 분명히 깨달았음을 보여주고 있다. 아무도 완전하게 순수한 마음과 깨끗하고 죄에서 떠난 양심을 가지고 있다고 진실하게 말할 수 있는 사람은 없다. 로마서 3장 23절이 지적하는 바와 같이 모든 사람은 죄인이다. 이 구절은 우리가 다른 사람을 완전히 믿어서는 안 된다는 경고와 자신의 죄악성을 분명히 깨달아야 한다는 것을 깨우쳐주고 있다.

21:4. 거만한 사람은, 성공하기 위해서는 스스로를 자랑스럽게 여겨야 한다고 말하면서 자존심을 정당화할지도 모른다. 그에게는 눈이 높은 것과 마음이 교만한 것이 어둠을 통과하기 위해 필요한 등불과 같이 매우 필수적인 삶의 요소가 된다. 어떤 구절에서는 등불이 육체적인 삶(6:23; 21:4; 20:20; 24:20)과 생명과 같은 소망을 뜻하는 은유가 되기도 한다. 그러나 악한 자들이 생명이라고 부르는 것을 하나님은 모두 죄라고 부르신다!

21:24. 우리가 교만의 동의어를 모두 모아서 한 사람에게 적용시켜본다면 우리는 그 사람을 가장 어리석은 망령된 자라고 말할 수 있을 것이다(망령된 자가 그의 이름이 된다). 이런 사람을 정의하자면, 그는 말에 있어서 거슬리고, 공격적이며, 무례한 사람이다. 그리고 그의 말은 하나님께 대한 불순종의 태도를 보여준다.

22:4. 이 세상 삶 가운데서 누릴 수 있는 좋은 것은 하나님 앞에 겸손할 때 얻을 수 있고, 그로 인해서 주님을 경외하는 삶으로 나아갈 수 있다. 진실로 하나님을 경외하는 자

는 이기적인 자만심으로 채워질 수가 없다. 그리고 하나님이 축복해주시는 가장 적절한 상태가 되는 것이다. 재물과 영광과 생명은 의로운 삶의 결과로 나타나게 되고(21:21), 그로 인해서 겸손함과 하나님을 경외함과 의로움 사이의 밀접한 관계가 드러나게 된다.

25:27. 하반절의 히브리어는 해석하기가 어렵지만 이 구절의 중심 사상은 분명하다. 정직이 좋기는 하지만 너무 지나치게 정직한 것은 좋지 않다(25:16; 27:7). 그리고 자기 자신의 수준을 높이기 위해 지나치게 노력하는 것 또한 바람직하지 않은 일이다. 스스로 부단히 노력하는 것은 남을 감화시키지 못한다. 그것은 존경을 얻기보다는 오히려 악명 높게 할 뿐이다.

26:16. 자만심은 게으름을 동반한다. 게으름쟁이는 일을 피하는 것이 가장 확실한 지혜로움이라고 생각하기 때문이다. 본문의 일곱 사람은 모든 사람을 의미하는 상징적 표현이다. 즉, 게으른 자는 자기 자신이 이 세상에서 가장 지혜롭다고 여기는 것이다. 그러나 분별력이 있는 사람에게 게으른 자의 대답이 얼마나 분별력(문자적으로는 맛을 보는 능력) 없게 들리는지는 너무나 자명하다.

27:2. 칭찬은 히브리어 '할렐(hallel)' 에서 파생된 단어로 여기에서 '할렐루야' 라는 말이 나왔다. 우리가 대개 스스로를 칭찬할 때는 자존심(혹은 불안감)을 세우고, 다른 모든 사람들이 우리의 대단함을 인정해주는지를 확인할 필요가 있다고 느낄 때다. 만약 진정으로 잘하는 것이 있다면 다른 사람들이 그것을 알아차리고서 당신에게 그것을 말해줄 것이다. 요한복음 12장 43절은 우리가 하나님의 칭찬을 받도록 노력해야지 사람의 존경을 받으려고 해서는 안 된다고 설명하고 있다.

27:21. 도가니의 열기로 그 안에 든 은이나 금이 단련되고 정제되듯 우리는 칭찬을 받을 때 단련된다. 지나친 만족은 교만하게 만들지만 겸손한 마음은 그 칭찬을 적절하게 받아들이게 한다. 그러면서 그 성공을 도와주었던 사람들에게 공을 돌릴 것이다. 이 원리는 사무엘상 18장 7절에서 사울과 다윗이 보인 각각의 반응을 통해서도 잘 나타나고 있다.

29:23. 하나님은 항상 먼저 된 자가 나중 되고, 나중 된 자가 먼저 된다는 원리 가운데 역사하신다(마 19:30). 그리고 이것은 구약 성경에서도 마찬가지다. 교만한 사람은 자신을 높이고자 애를 쓰지만 하나님은 그를 낮추신다. 하지만 겸손한 사람(상반절의

'낮아지게 되겠고' 와 동일한 단어이다)은 영예의 자리로 올려질 것이다. 하나님이 자만심을 깨뜨리시는 이유는, 그것이 사람으로 하여금 하나님 없이 살아갈 수 있다고 생각하게 만들기 때문이다.

B. 또 다른 이기심의 죄악들(14:30; 18:1; 24:19-20; 27:4; 28:25)

Supporting Idea	우리가 모든 일의 중심에 하나님이 아닌 우리 자신을 놓게 만드는 세속적인 철학을 받아들이면, 우리는 스스로 시기와 질투와 탐욕으로 얼룩진 삶 속에 빠져들게 된다. 그렇게 되면 우리의 자선 행위조차도 이기적인 동기에서 비롯된 것이기 때문에 그 의미가 퇴색할 것이다.

14:30. 올바른 마음을 갉아먹는 태도는 몸과 마음을 파괴하면서 결국에는 육체적인 건강까지도 해치게 될 것이다(15:13, 30; 17:22; 18:14). 마음의 평안은 육체적인 건강을 새롭게 만든다. 그러나 질투는 다른 사람들로부터 기대하는 것을 얻고야 말겠다는 의지로 휩싸여 있어서 몸을 해롭게 만들고, 나중에는 뼈를 썩게 만드는 데까지 이르게 될 것이다(3:8; 12:4; 14:30; 15:30; 16:24; 17:22). 분명 그런 상태는 우리의 질투하는 마음을 버리는 것으로 끝나지 않는다.

18:1. 비사교적인 사람은 단순히 무리 가운데서 나뉘는 것 이상이다. 그는 관계를 끊어버리는 분리주의적인 사람이다. 여기서 스스로 나뉜다는 용어는 '분리하다' 의 의미를 가진 동사에서 파생된 것이다. 그는 자기 자신의 이기적인 목표를 따르며, 전체 집단의 유익을 생각하지 않는다. 그리고 그는 좀더 합리적인 계획을 제시하는 사람들을 비웃거나 멸시한다(1:26; 17:5; 30:17).

24:19-20. 진리를 사랑하는 자들이 하나님과 그의 율법에 반항하고, 그것을 파괴하는 악한 자들을 볼 때 마음이 상하는 것은 자연스러운 일이다. 그러나 성경은 계속해서 우리에게 악한 자들을 부러워하거나 분내지 말라고 말씀한다(시 37:1, 7-8; 잠 23:17; 24:1). 여기서 '분을 품다' 의 단어는 '불태우다' 라는 동사에서 파생되었고, '분을 터트리다' 혹은 '분개함으로 인해 화를 내다' 등을 의미한다. 신자들은 분노하도록 미혹될 뿐만 아니라 그런 것들을 즐기고 싶은 부러운 마음에도 미혹될 수 있다.

분노나 부러움에 대한 방어 수단은 하나님을 신뢰하는 것이고, 그분이 악한 자들의 말로에 대해 말씀하신 것을 굳게 믿는 것이다. 그들의 삶은 장래가 없겠고, 이는 마치 등불이 꺼진 사람의 경우와 같다. 그리고 그 악한 자들에게는 미래에 대한 소망이 없기 때문에 그들이 가지고 있었던 것처럼 보이는 모든 좋은 것들은 죽음으로 끝장날 것이다. 그 속에 내포된 의미에서 의로운 자들은 영원한 생명의 소유자들로 죽음 이후에도 소망을 갖게 될 것임을 알 수 있다.

27:4. 성경에서 질투는 때로(하나님의 사랑을 설명할 때) 좋은 것이며, 친밀한 관계를 방해하는 어떤 것을 적절히 참는 것이다. 그것은 사랑의 표현이며, 무관심의 반대 의미가 된다. 그러나 이 구절에서 질투는 분노가 맹렬한 형태로 변화된 것으로 묘사된다. 분노는 더욱 잔혹해질 수 있고, 노함은 두려움에 사로잡히게 할 수도 있다. 그러나 질투의 경우는 분노와 연합되어서 변명이나 이유를 용납하지 않고, 그 분노를 달랠 수 있는 소망이 전혀 없는 앞뒤를 가리지 않는 난폭한 것이 된다(잠 6:32-35; 아 8:6-7).

28:25. 마음이 탐하는 자는 문자 그대로 '욕심이 많은 자' 이며, 계속해서 더 많은 것을 갖고 싶은 통제할 수 없는 욕구를 갖고 있다. 그러한 이기적인 태도는 반드시 서로 경쟁하는 다툼과 투쟁으로 이어진다. 반면에 주님을 신뢰하는 사람은 하나님이 그의 욕구를 시험하시는 동안 잠잠히 기다릴 수 있다. 그는 불협화음을 일으키기를 원치 않고, 그 결과 하나님이 그의 필요를 충만하게 채워주시는 것을 경험하게 된다(마 6:19-34).

Main Idea 복습	죄의 핵심적인 성격은 자기 중심적인 것이다. 우리는 이 세계의 중심에 자기 자신을 올려놓고, 스스로 우리 삶의 주인이 되고자 한다. 그러나 그렇게 할 때 우리는 다른 사람과 건강한 관계를 가질 수 있는 기회를 망치게 되고, 하나님의 심판의 대상이 되어버린다.

결론

질투심으로 인한 죽음

제임스 패커(James Packer)는 이렇게 말했다. "질투심은 존재하는 것 가운데 가장 치명적이고, 영혼을 파괴시키는 악덕 가운데 하나다. 그것은 정말 끔찍한 잠재력을 가지고 있는데, 이는 그것이 우리의 죄악 된 본성의 원뿌리인 자존심을 키우며, 그 자존심에 의해 커지기 때문이다." 빌리 그래함은 전에 질투심은 명성을 무너뜨리고 교회를 분열시키며 살인까지도 저지르게 할 수 있다고 강조하였다. 질투심은 우리의 친구 관계의 범위를 줄어들게 하고, 우리의 사역을 망가뜨리며, 우리 영혼을 위축되게 할 수 있다. 그것은 마음에 독을 집어넣는 것이며, 인간관계를 파괴시키는 것이다. 그것은 우리가 반드시 용서받아야 하는 죄다. 왜냐하면 그것은 죄인들을 완전히 파괴시켜버릴 수 있기 때문이다.

고대 그리스의 전설에 따르면, 한 운동 경기자가 잘 달렸지만 경주에서 2등을 할 수밖에 없었다. 우승자는 환호에 휩싸였고, 그 영예를 기려 그의 동상이 세워졌다. 그러자 질투심이 2등을 차지했던 선수의 마음을 휘감았고, 그는 우승자에 대한 분개심으로 가득해져서 다른 어떤 것도 생각할 수가 없었다. 결국에 그는 그 동상을 파괴시켜버리기로 결심했다.

그는 밤마다 어두움을 틈타 그 동상이 있는 곳으로 갔고, 동상을 넘어뜨리려고 밑 부분을 갈아냈다. 그런데 어느 날 밤 넘치는 분노로 동상의 아랫단을 심하게 갈고 있는데, 육중한 대리석이 바닥에서부터 흔들리더니 급기야는 분노를 품고 동상을 갈고 있던 그 사람에게 무너지고 말았다. 결국 그는 자신이 그토록 증오하던 우승자의 대리석 동상에 깔려 숨을 거두고 말았다.

실제로 있었던 이야기가 아닐 수도 있지만 이것은 시기, 질투, 미움의 자기 파괴적인 성격을 잘 보여주고 있다. 스스로 깨닫지 못하고 방치된 이러한 감정들은 그런 마음을 품고 있는 사람을 파멸시킬 수 있다. 솔로몬은 매우 자연스러운 방법으로 그러한 태도를 지적하고 있다. 들을 귀 있는 자는 이런 자기 파괴적인 죄를 스스로 버릴 것이다.

▣ 진리 알기

- 자존심은 궁극적으로 그것이 추구하는 바를 잃게 만든다. 우리는 다른 사람의 모습에서 좋은 것을 볼 수 있다. 그러나 자존심은 그저 나쁜 것만을 보게 한다.
- 경계하지 않는 자존심은 그 욕구를 충족시키기에 반드시 필요한 다른 사람들의 많은 죄악에 함께 빠지게 한다.
- 시기와 질투는 한 사람을 내면에서부터 갉아먹는다. 그러나 자존심은 어떤 상황에서도 심지어는 자기 자신에게 악영향을 미치는 상황에서도 그 사람을 갉아먹는다.

▣ 적용하기

- 질투라는 푸른 눈을 가진 괴물을 조심하라. 당신은 그것을 발견할 때 그것이 바로 죄라는 것을 깨달아야 한다.
- 솔로몬은 이 단락에서 우리를 괴롭히고 있는 다른 사람을 위해서가 아니라 바로 우리 자신을 위해서 자존심의 위험에 대해서 말하고 있음을 깨달아야 한다.
- 자존심, 시기, 질투 그리고 욕심을 추구하는 대가가 무엇인지를 생각해보라. 자기 파괴적인 성격을 깨닫고 그것들을 버려라. 필요한 대로 그것들을 과감히 떨쳐버려라.

삶의 적용

천부적인 이기심

자존심과 이기심은 날 때부터 우리에게 있는 것이다. 어린 시절부터 우리는 첫 번째가 되기 위해서 어떻게 해야 하는가를 생각한다. 나는 전에 자신의 두 아이를 위해 케이크를 만들고 있던 어머니에 대한 이야기를 읽은 적이 있다. 그 아이들은 다섯 살 난 케빈과 세 살 난 리안이었다. 그 소년들은 누가 첫 번째 케이크를 먹을 것이냐에 대해서 서로 다투기 시작했다. 어머니는 이 순간이 바로 도덕을 가르쳐야 할 좋은 기회임을 깨달았다. "얘들아, 만약 예수님이 여기에 앉아 계신다면 이렇게 말씀하셨을 거야. '나의 형제에게 첫 번째 케이크를 먹게 하거라. 나는 기다릴 수 있단다.'" 그러자 케빈이 자기 동생을 바라보며 말했다. "리안, 네가 예수님 해!"

나이가 들면서 우리의 계획은 좀더 복잡해진다. 하지만 마음속의 생각은 우리가 어렸을 때 가장 첫 번째 자리를 차지하려고 했던 때와 크게 다르지 않다. 우리는 항상 무언가를 얻기 위해서라면 언제든지 싸울 수 있는 성향을 가지고 있다. 그러나 그것을 다스리기 위해서는 필요한 대로 그것들을 과감하게 떨쳐버려야 한다.

월터 스코트(Walter Scott) 경은 대영 제국에서 오랫동안 문학적인 분야를 이끌어왔다. 아무도 그처럼 글을 잘 쓰는 사람이 없었다. 그런데 로드 바이런(Lord Byron)의 작품이 등장하기 시작했고, 그 작품들의 위대성이 즉각적으로 드러났다. 곧 이어서 어떤 이름 모를 비평가가 런던 일간지에 그의 시에 대해 극찬을 하였다. 그 비평가는 선언하기를, 이와 같은 시적 천재의 놀라운 작품이 나온 이상 스코트는 더 이상 잉글랜드의 문학을 이끄는 사람이 아니라고 말했다. 나중에 밝혀진 바에 의하면, 그 이름 모를 비평가는 다름 아닌 월터 스코트 경이었다! 우리가 이렇게 극적인 일까지 해야 할 필요는 없겠지만 월터 스코트 경처럼 우리는 우리 자신과 세상 사람들에게 우리는 최고가 아니며, 그저 이 세상에서 섬기는 자일 뿐이라는 것을 인정할 수 있는 방법을 찾아야만 한다.

솔로몬은 자존심, 이기심, 시기 그리고 욕심은 자기 파괴적인 죄임을 분명히 이야기한다. 만약 우리가 기쁨을 더 크게 하고, 고통을 더 줄이기를 원한다면 이러한 자기 파괴적인 죄를 회개하고, 지혜의 길을 따라야만 한다. 그 지혜의 길이란 바로 사랑과 섬김의 길이다.

기도

하나님 아버지, 주님이 저를 보시는 것처럼 저도 제 자신을 볼 수 있도록 도와주십시오. 이 세상의 다른 사람들보다 더 낫지도 않고 또한 더 낫지도 않은, 있는 그대로의 모습으로 보게 해주십시오. 제가 제 자신을 주님이 보시는 것처럼 볼 수 있을 때 더 큰 자존심을 추구하지 않는 편안함에 거하게 될 것입니다. 자존심의 죄에서 저를 구원해주셔서 그리스도 안에서만 평안하게 하시고, 이기심의 죄를 버리고 다른 사람들을 돕는 사람이 되게 해주십시오. 아멘.

심층 연구

A. 자존심

잠언은 자존심을 설명하는 데 네 가지 범주의 단어를 사용하고 있다.

1. 여러 구절에서는(11:2; 13:10; 21:24에서는 두 번) '물을 끓이다' 의 의미를 가진 동사에서 파생된 단어를 사용한다. 이는 사람의 마음을 끓어오르게 하는 자기 중심적인 마음을 말하며, 선입견, 반항심 그리고 죄악 된 불순종과 같은 문제들을 일으킨다. 다윗은 시편 19편 13절에서 '무례하게 되는 죄' 로부터 구원해주시기를 하나님께 기도하였다.

2. 또 다른 범주는(15:25; 16:18 상, 19; 29:23) 연기가 피어오르는 것 같은 '오르다' 의 뜻을 갖는 동사에 연결된다. 그것은 하나님의 법적인 위엄과 놀라우심(사 24:14; 26:10; 신 33:26)을 설명하는 것인데, 이는 하나님이 아니라 자기 자신을 더욱 의지하는 자들의 태도와 행동을 징계하시는 말씀 속에서 자주 언급되고 있다.

3. 다른 구절들은(16:5, 18 하; 18:12) '높여지다 혹은 고양되다' 라는 의미의 동사에서 파생된 단어를 사용한다. 사울이 백성들보다 키가 더 큰 것으로 묘사될 때(삼상 10:23)나 하나님의 방법이 우리 인간의 방법보다 더 높다는 표현에서 나타난다(사 55:9). 그렇지만 그 단어는 다른 사람들보다 자기 자신을 거만하게 높이는 사람들을 나타낼 때 사용된다. 웃시야(대하 26:16), 히스기야(대하 32:25-26) 그리고 두로의 왕(겔 28:2, 17)은 특별히 이 죄에 해당하였다.

B. 질투

구약에서 질투는 어떤 사람이나 사물에 대해서 갖는 매우 강한 감정적인 열망이다. 이것은 다른 사람의 소유물을 원하는 시기나 심한 질투인데, 어떤 것이든지 시기하면서 자기의 것을 추구하는 마음이다. 그것은 대개 간음이나 결혼 약속에 위배되는 다른 부정한 일의 유혹을 이기려고 하지 않는 논리적인 독선을 뜻하는 것이다. 하나님은 자기 스스로를, 우상 숭배하는 영적 간음을 용납하지 않으시는 질투하는 하나님으로(출 20:5) 묘사하신다. 27장 4절에서 질투는 결혼 약속을 어긴 배우자에게 복수하고자 하는 남편의 잘못되고 무자비한 욕구를 뜻하고 있다.

교안

A. 들어가는 글

1. '제크 아저씨의 말굽 편자' 이야기로 시작하라.
2. 배경 설명: 자존심, 질투, 시기 그리고 탐욕은 견디기 어려운 자기 파괴적인 죄악들이다.
3. 적용: 다른 사람들에게 있는 이러한 죄악들을 당신이 얼마나 싫어하는지를 살펴보라. 그러고 나서 그것을 당신 자신에게 대입시켜보라. 다른 사람들은 당신이 그들 앞에서 행할 때 당신 속에 있는 그러한 죄들을 싫어할 것이다. 그것들이 당신을 파멸시키기 전에 먼저 당신이 그것들을 내어버려라.

B. 본문 이해

1. 자존심과 겸손
2. 또 다른 이기심의 죄악들

C. 결론: 질투심으로 인한 죽음

토의 질문

1. 왜 우리는 때때로 동창이나 이웃 혹은 동료의 물질적인 축복에 대해서 강하게 분개한다고 생각하는가?

2. 다른 사람들의 성공이나 물질적인 축복에 대해 분개하면서 우리가 온전히 붙들지 못하는 성경의 진리는 무엇이라고 생각하는가?

3. 우리가 다른 사람들의 물질적인 축복에 대해서 함께 즐거워할 수 있는 능력을 갖추기 위해서는 무엇을 해야 한다고 생각하는가?

17장

잠언 12:16; 14:16-17, 29; 15:18; 16:32; 19:11, 19; 20:1, 25; 21:5; 22:24-25; 23:19-21, 29-35; 25:8, 28; 29:8, 11, 20, 22

절제를 통해 얻는 자유

"사람은 분노하는 대상을 통해서 자신의 인격 수준을 나타낸다."

- J. K. 몰리(J. K. Morley)

우리 스스로 절제하지 않는다면 우리의 삶을 망가뜨리게 될 몇 가지 자기 파괴적인 것들이 있다. 첫 번째는 충동적으로 행동하는 것이다. 우리의 가장 우선적인 충동은 때로 잘못되고 절제되어야 하는 것들이기 마련이다. 두 번째는 분노인데, 이것이 만약 제어되지 않는다면 엄청난 결과를 가져온다. 세 번째는 식욕이다. 음식이나 알코올에 중독되면 그로 인해서 말할 수 없는 참담한 경우를 삶 속에서 겪을 수 있다.

Proverbs

들어가는 글

참기 어려운 시합

1975년 유명한 테니스 선수였던 아서 애쉬(Arthur Ashe)는 그 당시 거만하고 무례하기로 소문난 일리 나스타세(Ilie Nastase)와 경기를 하였다. 나스타세는 '고약한(Nasty) 나스타세' 라는 별명이 있었는데, 이는 그가 테니스 경기를 할 때 너무 화를 잘 냈기 때문이다. 스웨덴 스톡홀름에서 마스터즈 토너멘트 경기가 열렸을 때 나스타세는 최악의 행동으로 시간을 지연시키고, 저주를 퍼붓고, 악담을 내뱉는 등 거의 미친 사람처럼 행동하였다. 결국 애쉬는 자신의 라켓을 내려놓고 코트를 걸어 나가면서 이렇게 말했다. "이제 더 이상은 못 참겠어요. 내 인내심의 한계에 이르렀어요."

심판은 소리쳤다. "만약 당신이 코트를 떠나면 이 경기에서 몰수게임패를 당하게 될 겁니다."

애쉬는 대답했다. "상관없습니다. 나는 내 자제력을 잃느니 차라리 지는 편이 낫습니다."

그 다음 날 경기 위원회는 놀라운 결과를 발표하였다. 그들은 나스타세의 약 올리는 행동을 눈감아주지 않고, 나스타세가 그의 비신사적인 행동으로 인해 그 경기에서 반칙패하였다고 결정내린 것이었다. 그날 애쉬는 테니스 시합에서 이겼을 뿐만 아니라 인생의 경기에서도 승리하였다.

우리 가운데 얼마나 많은 사람들이 애쉬처럼 자신은 옳지만 상대방은 분명히 옳지 않은 상황에서 절제력과 인내심을 가지고 몰수게임패 당하는 것을 감수할 수 있겠는가? 우리 가운데 얼마나 많은 사람들이 분명히 상대방의 잘못인데도, 그로 인해서 테니스 랭킹 순위에서 밀려나고 상금을 잃게 되는 것을 기꺼이 받아들일 수 있겠는가? 애쉬는 그 행동으로 높은 인격과 정직에 대한 분명한 태도를 보여주었다. 그와 동시에 나스타세는 행동이 전혀 제어되지 않는 사람들에게서 나타나는 강퍅함을 여지없이 보여주었다.

이 모든 상황은 자기 절제에 대해 말하고 있는 솔로몬의 가르침에 일치하는 적절한 경우이다. 솔로몬은 이렇게 말했다. "자기 절제력이 없는 사람은 마치 모든 성벽이 무너져내린 도시와 같다." 애쉬와 나스타세의 경우는 절제력이 있고 없음에 대한 분명한 비교를 보여주는 사례이다.

본문 이해

절제를 통해 얻는 자유

Main Idea	자기 절제가 안 되는 것보다 더 큰 재앙으로 가는 방법은 없다. 자기 감정을 다스리지 못하고, 욕구를 절제하지 못하는 사람은 얼마 지나지 않아 전혀 상상해본 적이 없는 어려움에 빠지게 될 것이다.

A. 충동과 조급함(20:25; 21:5; 25:8; 29:20)

Supporting Idea	절제력이 있는 사람은 말하거나 행동하기 전에 먼저 생각한다. 우리가 살펴보지도 않고 뛰어내리면 절대로 자연스럽게 착지할 수 없다.

20:25. 모세의 율법은 아무도 하나님께 서원을 해야만 하는 사람이 없다고 말하면서 쉽게 서원하는 것에 대해서 경고하고 있다. 그러나 한 번 서원을 하면 그 서원은 지켜져야 한다(신 23:21-23). 그래서 지혜로운 사람은 자신이 서원을 하기 전에 주의 깊게 생각하게 마련이다. 올무에 걸리는 동물처럼 생각 없이 서원하는 사람은 자신이 지켜야 하는 이행의 의무에서 자유로울 수 없다. 지키지 못할 서원을 하는 것보다 차라리 서원을 하지 않는 것이 더 낫다(전 5:4-6).

21:5. 어떤 사람은 빨리 부자가 되기 위해서 노력하면서 지름길을 찾기도 하고, 성급한 결정을 내리기도 한다(20:21; 21:6). 그렇지만 결과적으로 그의 계획성 없는 성급한 시도는 그를 빈털터리로 만들 것이다. 그러나 부지런한 사람은 주의 깊게 자신의 일을 계획한 뒤에 그 계획을 실행한다. 이러한 신중한 방법은 시간이 오래 걸리기는 하나 확

실한 성공으로 나아가게 한다.

25:8. 어떤 번역들은 이 구절의 첫 번째 문장을 7절에 연결시킨다. 하지만 이 구절의 중심 주제는 어떤 경우든지 그대로 보존된다. 그것은 다른 사람에 대해서 성급하게 소송을 제기하지 말라는 것이다. 법정은 재판장 한 사람이나 혹은 재판 위원회로 구성될 수 있다. 예수님은 직접 자신을 따르는 자들에게 말씀하시기를, 법정에 사건이 회부되기 전에 개별적으로 상대와 합의하라고 하셨다(마 18:15; 눅 12:57-59). 그러한 문제는 개인적인 인간관계를 기반으로 해서 해결하도록 노력해야 한다. 법적인 방법은 최종 수단으로 사용해야 한다. 끝까지 가면 재판에서 질 수도 있기 때문이다!

29:20. 생각하지도 않고 말을 하는 사람은 어디를 가든지 문제를 일으킬 것이다(17:19-20; 18:6-7). 그의 충동적인 말은 논쟁을 가중시킬 것이며, 그가 문제에 빠지지 않게 될 가능성이 전혀 없게 될 것이다. 야고보서 1장 19절은 이 주제에 대해서 구체적인 설명을 하면서 우리에게 "듣기는 속히 하고 말하기는 더디 하라" 고 조언하고 있다.

B. 인내심과 분노(12:16; 14:16-17,29; 15:18; 16:32; 19:11,19; 22:24-25; 25:28; 29:8, 11, 22)

Supporting Idea	성격이 급한 사람은 쉽게 해결할 수 있는 일도 더 복잡하게 만든다. 인내하지 못하는 사람은 자신의 분노를 잘 다스렸다면 잘 해결되었을 많은 문제 해결의 기회를 놓쳐버리고 만다.

12:16. 강팍하고, 완고하며, 미련한 자(히브리어로 에윌, ewiyl)는 어떤 모욕을 받았을 때 주저 없이 반응하며 즉각적으로 분노를 나타낸다. 반대로 슬기로운 사람은 모욕을 당하거나 수치스러운 순간에도 인내심을 보여준다(11:2). 그는 무례한 자를 무시할 뿐만 아니라 그와 동일하게 반응하지 않기를 의식적으로 선택한 것이다. 여기서 사용된 참는다는 말은 10장 12절에서 '덮는다' 라는 뜻으로 번역되기도 한다.

14:16-17. 히브리어에서 상반절은 '주님' 이라는 단어를 포함하고 있지 않다. 이는 단순히 지혜로운 사람은 그 결과를 두려워하기 때문에 악을 행하려고 하지 않는다는 것을 말하기 때문이다. 하지만 이 구절은 주님이 죄에 대해 심판하는 분이시기 때문에 주님을 두려워해야 한다는 의미도 내포하고 있다. 이와 반대로 어리석은 자는 자신의 성급

하고 충동적인 본성에 지배되는 사람이다. 그는 거칠고 사려 깊지 못하다. 그래서 그의 과격한 성품은 스스로를 재앙으로 인도한다.

어떤 사람은 전혀 생각하려 하지 않는다. 그래서 분노의 열정이 그의 판단을 마비시켜서 잠잠할 때에는 결코 생각해보지 않았을 일들을 저지르게 한다. 또 다른 사람은 분노가 자기 속에서 서서히 끓어오르기 때문에 생각을 너무 많이 한다. 그는 간교하고 음흉해서 다른 사람을 이용할 계획을 세운다. 그렇게 되면 자연히 그는 자신이 이용하고자 하는 대상으로부터 미움을 받게 된다.

14:29. 이 구절은 인내의 가치를 칭송하고 있다. 인내는 이해심이 있는 사람의 분명한 특징이며, 그는 항상 자기 감정을 통제하는 것이 지혜로운 것임을 깨닫고 있는 사람이다. 마음이 조급한 사람은 스스로 명예와 능력을 지키기 위해서 노력하고 있다고 생각할지 모르지만 사실 자기 감정을 다스리지 못하는 모습은 어리석음을 많은 사람들 앞에서 '나타내는' 것이 된다(문자적으로 '보여주기 위해 일부러 드러내는 것').

15:18. 분을 쉽게 내는 자(히브리어로 '분노의 사람')는 계속해서 문제와 다툼을 일으킨다(6:14, 19; 10:12; 16:28; 28:25; 29:22 참고). 그러나 노하기를 더디 하는 자는 인내심이 많은 사람이며, 다툼을 잠재우는 사람이다. 데렉 키드너(Derek Kidner, 「잠언 주석」, 115)는 피스메이커의 아치발드(R. T. Archibald)의 설명을 인용하면서 그에 대해서 "사람들의 문제를 각자의 분노가 사라지는 상황으로 이끌어가는 사람"이라고 소개하였다. 실제 상황에서 많은 분쟁들은 상대방의 문제보다는 자기 자신의 인격으로부터 나타나게 된다.

16:32. 이스라엘 문화에서 군인은 외부의 대적들을 막기 위한 필수적인 존재로 존경을 받았다. 그러나 잠언은 자기 자신을 이기는 사람은 전쟁에서 성을 빼앗는 자보다도 더 위대하다고 말한다. 힘과 세찬 공격이 의미가 있을 수도 있겠지만 겸손한 모습은 그보다 더 유익하다.

19:11. 노하기를 더디 하는 사람은 어떻게 다툼을 피하고 문제에 빠지지 않을 수 있는지를 안다(14:29; 15:18; 16:32; 25:15). 왜냐하면 그는 쉽게 화를 내는 사람이 아니기 때문이다. 오래 참음은 지혜의 표상이다. 그리고 실제적인 유익이 된다. 그리고 분노를 터트리기보다 거슬리는 부분을 그냥 참기로 했을 때 그의 인내는 영광이 된다. 인내심은 때로 쉽게 겉으로 드러나지 않지만, 그것은 분명히 신실한 인격의 영광스러운 명예 가

운데 하나가 된다.

19:19. 노하기를 맹렬히 하는 자는 계속해서 문제를 일으킬 것이다. 그는 자신의 경험으로부터 배우지 못할 것이다. 그래서 자신의 문제를 조금도 바꾸지 못할 것이다. 다음 번에도 그는 또다시 자제력을 잃을 것이고, 그를 돕고자 하는 다른 사람들의 노력에도 불구하고 그 대가를 치르게 될 것이다.

22:24-25. 노를 품는 자는 '분노를 갖고 있는 자' 혹은 '분노의 제왕' 이다. 히브리어에서 쉽게 화를 내는 자는 '분노의 사람' 이라고 한다. 이 두 가지 설명 다 분노가 일시적인 문제가 아니라 그 인격의 한 부분이 되어 있는 사람의 모습을 보여주고 있다. 잠언은 우리에게 그러한 사람과 함께하지 말라고 경고한다. 왜냐하면 우리는 분노로 인해서 비슷한 문제를 더 크게 만드는 연약한 경향이 있기 때문이다. 분노하는 사람의 모습을 따라하는 사람은 그가 일으켰던 문제들을 함께 겪으면서 올무에 걸리게 될 것이다.

25:28. 자기 감정을 다스리지 못할 때 당신은 자기 감정을 잘 다스리는 대적에게 매우 취약할 것이다. 이 구절은 자제력을 잃어버린 사람을 마치 방어 수단이 다 사라진 도시에 비유하고 있다. 왜냐하면 그 성벽이 무너져버렸기 때문이다. 자기 훈련이 재난에 대비하는 우리의 주된 방어 수단 가운데 하나임은 너무나 분명한 사실이다.

29:8. 모만한 자는 주체할 수 없는 거만함으로 가득 차 있는 사람이다. 그리고 온 도시를 혼란에 빠뜨리거나 분란을 일으킬 수 있다. 역사는 다른 사람들로 하여금 반역을 일으키도록 선동했던 몇몇 사람으로 인해 생긴 사건의 결과들로 가득 차 있다. 반면에 지혜로운 사람은 온 도시를 진정시키고, 분노를 가라앉히며, 파국적인 결과를 피할 수 있도록 도울 것이다.

29:11. 어리석은 자의 특징 가운데 하나는 그의 분노를 거둬들이지 못한다는 것이다(문자적으로 그의 마음을). 그렇지만 지혜로운 사람은 심각한 갈등 속에서도 자기 감정을 다스릴 줄 안다. '자기 감정을 다스린다' 는 의미를 지닌 히브리어의 문자적인 뜻은 '진정시키다' 이다. 이와 동일한 단어가 시편 65편 7절과 89편 9절에서 폭풍우 속에서도 잠잠함을 묘사하기 위해 사용되었다. 우리가 휩쓸려버릴 듯한 미혹을 받을 때에도 신실하게 반응하는 것은 얼마나 아름다운 모습인가!

29:22. 분노하거나 성급한 성격을 가진 사람으로 묘사될 수 있는 사람(문자적으로 '분노의 제왕')은 그 마음속 깊은 곳에 영적인 문제도 가지고 있다. 그것은 일시적인 실수

가 아니다. 그리고 그것은 사람들 사이에 문제를 일으키는 것으로 끝나지 않고, 많은 죄악까지도 만들어낸다. 그것은 단지 사람들과의 관계뿐만 아니라 하나님과의 관계를 망가뜨리는 것이다.

C. 중독과 탐심 (20:1; 23:19-21, 29-35)

Supporting Idea	배고픔과 목마름은 하나님이 우리에게 주신 육체적인 욕구이다. 그러나 그것이 언제 멈출지 알지 못할 때 우리의 삶을 망가뜨리는 중독이 될 수도 있다.

20:1. 잠언 기자는 포도주와 독한 술을 의인화한다. 발효된 포도에서 만들어진 포도주는 거만한 자로 묘사되면서 그것을 많이 마시는 어리석은 자들을 조롱한다. 독주나 그 외 강한 술들은 보리나 대추 야자 혹은 석류 나무 등으로 만드는데, 여기서는 흥청거리는 사람으로 그려지고 있다. 그것은 마시는 사람을 지배할 뿐만 아니라 다른 사람들에게 공격적인 어리석은 사람으로 바꿔버린다. 술은 이성을 잃게 만들고, 어리석은 본성이 활동하게 만든다. 지혜로운 사람은 이러한 술 취함이 사라지기를 기다린다.

23:19-21. 잠언에 나오는 다른 많은 구절들처럼 이 구절도 젊은이에게 그 아버지의 훈계를 들을 것을 요청하고 있다. 여기에서 아버지는 아들에게 술 취함이나 과식하는 것에 빠지지 말라고 경고한다. 현대 그리스도인들은 종종 술에만 초점을 두느라 육식을 절제하지 못하는 과식에 대해서 말하는 중요 구절들을 놓치고 만다. 이 모든 경우에서 문제는 너무나 많이 탐닉하게 만드는 지나친 욕심이다!

각각의 문제는 동일한 결과에 이르게 만든다. 술 취하는 자들은 자신의 모든 것을 술 먹는 습관에 쏟아붓게 되고, 결과적으로는 가난하게 될 것이다. 그러한 행동에 뒤따르는 게으름과 졸음은 결국 경제적인 어려움에 이르게 만든다.

23:29-35. 이 구절들은 술에 대해서 말하는 성경의 가장 길고 감명적인 설명이다. 이것은 풍자와 설교가 적절히 어우러진 것이다. 30절에서는 문제를 이렇게 설명한다. 술에 잠겨 사는 것은 그 사람이 늘 술을 떠나지 못하게 하고, 더 좋은 술을 구하러 다니면서 늘 어려움을 겪게 한다는 것이다. 이런 장면은 때때로 사회 관계 속에서 하는 음주의 수준을 넘어서는 사람에 대한 것이며, 결국에 이르게 될 문제의 상황에 대해 설명해주고

있다.

술주정뱅이는 감정적인 문제도 가지고 있는데 그것은 재앙과 근심이다. 그는 사회적인 문제로 분쟁과 원망을 가지고 있다. 술은 육체적인 문제도 겪게 하는데, 그것은 술을 먹고 시비를 다투다가 생기는 폭행과 상처로 인해 생기는 창상이며, 붉은 눈 혹은 흐릿한 눈은 술 취하여 무감각한 상태로 인해 시야가 흐려지는 것을 뜻한다.

술은 시각(붉고 번쩍이며)을 자극하고, 맛을 자극한다(순하게 내려간다). 그러나 일시적인 쾌락은 결국에 나타나게 될 고통스러운 현실에 맞닥뜨리게 한다. 그것은 뱀처럼 물어뜯는 것이며, 독사처럼 독을 주입한다.

결과적으로 술은 환영을 더욱 자극하며, 다른 정신적인 문제들도 악화시킨다. 술을 먹는 사람은 자신의 감각을 믿을 수 없게 될 것이다. 그의 마음은 혼란과 타락한 생각으로 가득 차 있기 때문이다. 그는 앞뒤로 흔들리는 배의 갑판에서 잠든 사람처럼 극도로 불안한 상태에 있게 될 것이다. 스스로가 너무나 무감각한 상태에 있어서 고통마저도 느낄 수 없는 지경에 이르게 된다.

결국 그가 할 수 있는 일이란 술을 좀더 마시는 것밖에는 없게 된다.

Main Idea 복습	자기 절제가 안 되는 것보다 더 큰 재앙으로 가는 방법은 없다. 자기 감정을 다스리지 못하고, 욕구를 절제하지 못하는 사람은 얼마 지나지 않아 전혀 상상해본 적이 없는 어려움에 빠지게 될 것이다.

결론

D. L. 무디의 회개

복음 전도자였던 D. L. 무디(D. L. Moody)는 19세기의 '빌리 그래함' 이었다. 하지만 그는 급한 성격의 소유자였고, 그것은 그가 끊임없이 조심해야 하는 부분이었다. 어느 날 밤 그는 두 번의 전도 집회를 인도하게 되었는데 연이어 이틀 동안 진행되는 것이었다. 그 집회가 시작되기 전에 그는 문 옆에 서서 사람들이 들어올 때 그들을 환영하는 일도 맡았다. 그때 어떤 사람이 그에게 다가와서 매우 무례하고 모욕적인 말을 하였다. 무디는 그가 뭐라고 말했는지를 다른 사람에게 말하지는 않았다. 하지만 화가 폭발해서 그 사람을 입구까지 난폭하게 밀어제쳐 그가 그곳을 떠나가게 만들었다.

그가 다치지는 않았지만 그것을 지켜본 사람들은 무디가 그런 모습을 보여주고 나서 제대로 설교를 할 수 있을지 걱정하였다. 또한 그것을 본 사람들이 무디의 설교에 불편한 마음이 들 수도 있었다.

그러나 무디는 평정을 되찾았고, 단상에 올라가서 떨리는 음성으로 이렇게 말했다.

> 여러분, 오늘 이 집회가 시작되기 전에 저는 한순간의 감정을 다스리지 못하고 저 밖에서 안 좋은 일을 했다는 것을 고백하고 싶습니다. 저는 오늘 여기에서 한 남자로 인해 자제력을 잃었지만 여러분 모두 앞에서 제 잘못을 뉘우치고 싶습니다. 그리고 제가 분노를 폭발했던 그분이 여기 오셨다면 저는 그분께 용서를 구하고 싶습니다. 그리고 하나님이 저를 용서해주시기를 원합니다. 함께 기도합시다.

집회의 분위기는 흐트러지지 않았고 놀랍게도 그날 밤 모인 회중들은 성령님의 능력에 감화를 받아서 많은 사람들이 그리스도께로 돌아왔다.

이 이야기는 우리에게 많은 것을 깨우치게 해준다. 먼저, 그것은 우리가 항상 자제력을 잃지 않도록 스스로 조심해야 한다는 것이다. 두 번째, 우리가 자제력을 잃어버린다면 얼마나 빨리 우리의 명성과 지금까지의 사역을 위한 노력을 잃어버릴 수 있는가 하는 것이다. 세 번째, 그러한 일이 일어난 다음에 해야 할 가장 중요한 일은 하나님과 사람들 앞에서 회개하는 것이다. 마지막으로, 하나님은 항상 어떠한 죄라도 회개하고, 하나님의 죄 사하심을 의지하는 자를 사용하신다는 것이다.

■ 진리 알기

- 미리 살펴보지도 않고 행동하는 자들은 항상 어려움을 겪게 될 것이다.
- 사소한 일에 화를 내지 않는 것이 큰 사람을 만든다.
- 만약 우리가 절제하지 않는다면 먹을 것과 마시는 것의 노예가 된다.

■ 적용하기

- 당신의 결정 과정의 스타일을 분석하라. 만약 당신이 어떤 일들을 충분히 고려하기도 전에 말하고 행동하는 경향이 있다면 삶 속에서 좀더 신중하기 위한 계획을 세워보라.
- 당신이 마지막으로 화를 냈던 때를 생각해보라. 당신의 분노가 합당한지, 합당하지 않은지 혹은 적절한지, 적절하지 않은지를 생각해보라. 만약 적절하지 않다면 주님께 좀더 인내심이 있는 사람이 되게 해달라고 간구하라. 그리고 만약 필요하다면 적절하지 않은 분노를 다스리며 성장할 수 있도록 영적 책임감을 주지시켜줄 수 있는 사람을 찾아보라.
- 만약 당신이 먹고 마시는 것에서 절제를 실천하고 있지 않다면 그러한 삶을 실천할 수 있는 계획을 세워보라. 만약 도움이 필요하다면 영적 책임감을 주지시켜줄 수 있는 사람을 찾아보라.

삶의 적용

어려움인가, 불편함인가

「어, 이런(Uh-oh)」이라는 책을 쓴 작가 로버트 풀검(Robert Fulgham)은 자신이 젊은 시절에 학교를 그만두고 캘리포니아의 시에라 네바다 산 근처에 있는 페더(Feather) 강 호텔에서 일했던 때를 기록하였다. 어느 한 주간에 그는 매우 화가 난 적이 있었는데 그 이유는 모든 직원들이 매일 점심 식사로 동일한 것을 먹었기 때문이다. 그 메뉴는 비엔나 소시지 2개와 소금에 절인 양배추 그리고 오래된 롤빵이었다. 이 끔찍한 메뉴보다 더 심한 것은 그 음식 값이 급료에서 차감되었다는 것이다. 그 주간의 금요일 밤 그는 주말에도 동일한 음식을 계속 먹게 될 것임을 알게 되었다.

풀검은 자제력을 잃고, 그 좌절감을 그날 야근 감사관이었던 지그문드 울맨(Sigmund Wollman)에게 쏟아놓았다. 그는 자신이 여기서 그런 쓰레기만을 먹으며 생활해왔고, 인간이 살기 위해서는 그런 형편없는 것만을 먹으며 살 수는 없으며, 그 음식이 2센트 정도 될 텐데 지금 당장 가서 사장을 깨워 그 사람한테 그 돈을 던져주고 싶다고 불평을 터트렸다. 그리고 자신의 급료에서 음식 값을 차감하는 것은 심각한 생계 위협이고 모욕이라고 했다. 그는 계속 불평을 늘어놓으면서 이 호텔은 망해가고 있고, 말들은 노쇠하였으며, 손님들은 정신머리가 없는 사람들이고, 사장은 우둔한 사람이며, 자신은 이런 일을 할 사람이 아니라서 짐을 꾸려 몬타나로 가고 싶다고 했다. 그곳에는 비엔나 소시지나 양배추는 상상도 할 수 없고, 그런 음식은 돼지에게조차도 먹이지 않을 거라고 떠들어댔다. 그는 20분이 넘도록 흥분해서 불평을 토로했고, 그의 장황한 말은 듣기 민망할 만큼 모욕적이었다.

지그문드 울맨은 2차 대전 때 독일의 포로 수용소에서 3년 동안이나 있었던 사람이라서 그런지 아무 말도 하지 않고 그를 바라보면서 잠자코 이야기를 들어주었다. 마침내 그가 입을 열었다. "풀검, 이제 다 했나?"

"아니요, 왜요?"

"내 말좀 들어 봐, 풀검. 자네한테 뭔가 문제가 있는 것 같지는 않은가? 문제는 비엔나 소시지도 아니고, 양배추도 아니고, 사장님도 아닐세. 또한 요리사도 아니고, 이 직업도 아닐세."

"그러면 저한테 어떤 문제가 있단 말인가요?"

"풀검, 자네는 자신이 모든 것을 다 알고 있다고 생각하네. 그렇지만 자네는 어려움과 불편함의 차이점을 잘 모르고 있어. 만약 자네가 목이 삐끗했거나 먹을 것이 아무것도 없거나 혹은 자네 집이 불탔다면 분명 자네에게 어려움이 생긴 것이네. 그 외 다른 모든 것들은 그저 불편함일 뿐이야. 원래 인생은 불편한 것이네. 삶은 그 자체가 쉽지 않은 것이지. 진짜 문제와 단지 불편한 것을 구별하는 법을 배우게. 자네는 나보다 더 오래 살 거야. 그러니 나에게처럼 다른 사람들을 귀찮게 만들지는 말기를 바라네. 그럼 잘 자게."

그리고 그는 젊은 풀겸에게 손을 흔들고는 잠을 자러 가버렸다.

이들의 대화 속에는 놀라운 지혜가 있다. 분노를 품고 있는 사람은 불편함과 진짜 문제를 구별하는 법을 배우지 않는다. 이와 동일한 원리가 질투심 많고 탐욕스러운 사람들에게도 적용된다. 그들은 삶의 진정한 모습이 무엇인지를 깨닫지도 못했고, 인생이 자기 뜻대로 되기를 바라는 끊임없는 요구 때문에 자신과 관계 있는 사람들과 자기 자신을 망가뜨린다. 솔로몬은 우리에게 경고하기를, 우리가 이기심을 다스리는 법을 배우지 않는다면 우리 주변 사람들과 우리 자신을 파멸시킬 것이라고 말한다.

기도

하나님 아버지, 우리가 우리 자신의 마음을 분별하여서 이기적으로 행동하거나 무엇인가를 지나치게 요구하거나 자기 파괴적일 때가 언제인지를 깨닫게 해주십시오. 우리가 사랑하는 자들을 괴롭히지 않도록 도와주십시오. 우리가 주님의 이름을 부끄럽게 하지 않는 자가 되게 해주십시오. 하나님이 우리에게 행하신 그 모든 것으로 인해서 주님과 다른 사람들을 기꺼이 섬기며, 자신의 욕구를 주장하는 마음을 버릴 수 있도록 강하게 해주십시오. 아멘.

심층 연구

A. 인내

'노하기를 더디 함' (14:29; 15:18; 16:32; 25:15)이라고 번역된 이 단어는 문자적으로 '코나 혹은 콧구멍이 길다' 는 의미의 히브리어 표현에서 파생된 것이다. 이러한 상징적인 표현은 사람들이 코를 실룩거리거나 거칠게 숨을 쉬면서 분노를 표현하는 방식을 의미하고 있다. 우리는 어떤 사람이 '긴 호흡의 분노' 를 가지고 있다고 말할 수 있는데, 이는 다른 말로 분노를 터트리기 전에 길고 깊은 숨을 쉰다는 뜻이다. 이러한 표현은 신약 성경에서 하나님의 인내하심과 심판을 더디 하심에 대한 설명으로 '오래 참으심' 과 같은 뜻으로 쓰여지고 있다.

B. 알코올 음료

잠언에서 사용된 포도주는 히브리어로 '야인(yayin)' 이다. 이것은 발효된 포도 주스를 의미한다. 포도는 팔레스타인 지역의 주된 작물 가운데 하나였고, 최대의 수확기는 8월과 9월이었다. 인부들은 거대한 포도즙 틀에 포도를 넣고, 그 속에 맨발로 들어가 포도를 으깨어 그 즙이 흘러 대접에 담기게 한다. 그 포도즙은 토기 그릇이나 가죽 부대에 담겨 발효가 끝날 때까지 저장된다. 증류법이 개발되기 전에는 어떤 포도주나 맥주도 알코올 농도가 7도에서 10도 이상을 넘지 않았다. 오늘날의 알코올 음료보다는 훨씬 약한 것이었지만 그 당시에는 술 취하게 만들기에 충분하였다.

고안

A. 들어가는 글

1. '참기 어려운 시합' 이야기로 시작하라.
2. 배경 설명: 이기심은 자기 파괴적이다. 그것이 분노이거나 질투이거나 탐욕이거나 어떤 것이든지 우리가 이러한 것들을 통제하지 못할 때 우리 주변 사람들과 우리 자신은 위태롭게 된다.
3. 적용: 솔로몬은 세 가지 본성의 위험성에 대해서 설명하고 있다. 그것은 충동, 조급함 그리고 중독이다.

B. 본문 이해

1. 충동과 조급함
2. 인내심과 분노
3. 중독과 탐심

C. 결론: D. L. 무디의 회개

토의 질문

1. 당신의 삶 속에서 인내를 실천하기 가장 어려운 분야는 어떤 것인가? 왜 그렇다고 생각하는가? 당신이 인내심을 기르기 위해서 할 수 있는 일은 무엇이라고 생각하는가?

2. 당신의 가족들이 당신에게 분노의 문제를 가지고 있다고 말하는가? 직장 사람들은 무엇이라고 말하는가? 당신은 하나님이 그 문제에 대해서 어떻게 말씀하신다고 생각하는가? 분노를 다루기 위해서 당신이 해야 한다고 생각하는 어떤 단계가 있는가?

3. 당신은 술이나 음식에 중독되어 있는가? 그러한 중독을 이겨내기 위해서 어떤 도움을 필요로 하는가? 당신은 당신을 지배하고 있는 어떤 것들로부터 자유로워지기 위해서 필요한 대가를 치를 용의가 있는가? 이를 위해서 당신이 해야만 한다고 생각하는 일이 있는가?

18장

잠언 10:19-21, 31-32; 11:11; 12:13-14, 23; 13:2-3; 14:3; 15:1-2, 7, 23, 28; 16:21, 23-24; 17:4, 27-28; 18:6-7, 13; 19:1; 21:23; 23:15-16; 25:11, 15; 27:14

은혜로운 말이 주는 유익

"사람의 인격을 검증하는 가장 좋은 방법은 그의 말을 살펴보는 것이다."

- 오스왈드 챔버스(Oswald Chambers)

말은 마음속에 있는 것을 드러낸다. 지혜로운 마음에서는 지혜로운 말이 나오고, 어리석은 마음에서는 어리석은 말이 나온다. 지혜로운 사람은 말과 행동에서 올바른 것을 행하기로 다짐하는 자이다. 그는 각 상황에서 올바른 것을 어떻게 말하는가를 연구한다. 그리고 그는 자신의 분노를 다스리고, 그로 인해서 다시 주워 담을 수 없는 악한 말을 하지 않는다.

들어가는 글

요기의 천재적인 언어

때로 우리 입에서는 다시 되돌릴 수만 있다면 다시는 그렇게 말하지 않을 것 같은 말이 생각지도 않게 튀어나올 때가 있다. 이 점에 있어서는 요기 베라(Yogi Berra)를 능가할 사람이 아무도 없다. 그는 말 실수로 인해서 오히려 전국적으로 갈채를 받았던 사람이다. 요기는 1950년대와 1960년대에 뉴욕 양키즈가 월드 시리즈 챔피언이 되는 데 공헌하여 명예의 전당에 오른 야구 선수이자 가장 훌륭한 경기를 펼쳤던 최고의 포수 가운데 한 사람이었다. 그렇지만 전혀 예상치 못하고 특이한 것을 말하는 행동으로 명예의 전당이 있었다면 그는 당연히 그 주요 멤버가 되었을 것이다. 지금까지 인간이 말한 것 가운데 가장 비논리적인 말들이 그에게서 나왔다.

시즌이 시작되기 전, 어느 날 어떤 크기의 배트를 사용하느냐는 질문을 받았을 때, 그는 이렇게 말했다. "나도 잘 몰라요. 아직 완전히 몸이 다듬어진 것이 아니니까요." 또한 야구의 지성적인 측면에 대해서 말하면서 그는 이렇게 이야기했다. "야구 경기의 90퍼센트는 거의 정신적인 것이지요." 고향에 있는 어떤 음식점에 관하여는 이렇게 말했다. "이제 더 이상 그곳에는 아무도 가지 않아요. 너무 붐비거든요." 골프에 대해서는 새로운 통계를 제시하는 듯이 이렇게 말했다. "짧은 거리의 샷은 90퍼센트 정도는 들어가지 않아요." 그 외에도 그가 남긴 이런 말들이 있다.

"5센트 동전은 이제 더 이상 10센트의 가치가 없다. 만약 내가 일어나지 않았다면 나는 여전히 잠들어 있는 것이다. 미래는 늘 된 대로만 되지 않을 것이다. 항상 사람들의 장례식장에 가라. 그렇지 않으면 당신의 장례식에는 그들이 오지 않을 것이다. 당신이 길에서 갈래 길(fork)에 이르렀다면 그것을 먹어버려라(fork)."

그리고 가장 유명한 요기의 인생관을 보여주는 말이 있다. "삶의 모든 일들은 항상 이전에 있었던 일이 다시 일어나는 반복이다."

이러한 많은 말들에 대해서는 그저 머리를 갸웃거리거나 웃어 넘기는 것 외에는 다른 방법이 없다. 사실 그것은 별로 해를 끼치지 않는 것이며, 오히려 인생을 재미있게 만드는 것이다. 하지만 다른 말 실수들은 해를 끼치고 전혀 재미있지도 않다. 우리 삶 가운데서 중요한 위치를 차지하는 말이 있다. 좋은 것과 나쁜 것, 옳고 그름에 관한 말 그리고 격려하거나 낙심하게 만드는 말이 바로 그것이다. 말에는 어떤 측면이 있어서 그것은 마음을 드러내고, 우리의 인간관계와 명예에 영향을 미친다. 그리고 그것은 우리의 삶을 풍성하게도 하고, 축소시키기도 한다.

솔로몬은 우리 삶을 격려하고, 더욱 발전시키는 데 말을 사용하라고 조언하면서 어리석고 혼란스러운 말은 우리 자신과 주변 사람들을 해롭게 한다고 경고한다.

본문 이해

은혜로운 말의 선물

Main Idea	야고보 사도가 그의 서신서 3장에서 말의 힘에 대해 언급할 때 그는 이미 잠언에서 언급한 가르침을 다시 풀어 설명하고 있다. 우리의 말은 다른 사람에게 말할 수 없는 영향을 미칠 뿐만 아니라 우리 마음의 상태까지도 나타낸다.

A. 지혜로운 말과 어리석은 말(14:3; 15:2,7; 16:23; 18:6-7; 19:1; 23:15-16)

Supporting Idea	마음속에 지혜가 가득 차 있을 때 그것은 우리의 말로 넘쳐흐르게 된다. 그러나 어리석은 사람의 말은 그의 사려 깊지 못하고 완고한 인품을 그대로 드러낼 뿐이다.

14:3. 히브리어 본문은 사실 미련한 자의 말이 '거만함에 대한 매'를 더 부른다고 설명한다. 사람들은 단지 그의 말을 듣기만 해도 그가 얼마나 거만한지를 알 수 있고, 대부분의 사람들은 그의 '콧대를 낮추어줄 수 있는' 기회가 온 것을 두 손 들고 환영할 것이다. 그러한 오만불손한 말은 필연적으로 고통을 불러일으키게 되어 있다. 그러나 어

리석은 자 혹은 거만하고 미련한 자는 그런 것에 별로 신경을 쓰지 않는다. 반면에 지혜로운 자의 말은 그러한 매의 결과를 만들지 않는다.

15:2. 지혜로운 자의 혀가 지식을 베푼다고 할 때 이는 문자 그대로 하면 '말을 기술적으로 혹은 온화하게 사용한다' 는 뜻이다(잠 30:29; 겔 33:32 참고). 그가 지식을 기술적으로 사용하는 모습은 지식의 가치를 보여주고, 다른 사람들로 하여금 스스로 그것을 원하도록 동기 부여를 한다. 그러나 어리석은 자는 악을 쏟거나(15:28) 혹은 분수대에서 뿜어 나오는 물처럼 어리석음을 '뿜어' 낸다. 그의 말은 자신의 어리석은 마음을 드러낸다.

15:7. 이 구절이 지혜로운 자의 입과 어리석은 자의 마음을 대조해서 보이는 방식에 주목하라. 성경은 계속해서 말과 그 마음이 함께 움직인다는 것을 가르친다. 입술이 아무 생각 없이 말하는 바는 마음이 느끼는 바가 무엇인가를 드러낸다. 지혜로운 사람은 지식을 더 넓히는 데 유익한 말을 사용한다. 그러나 어리석은 자는 말을 통해 할 수 있는 그 어떤 일도 하지 않는다.

16:23. 지혜로운 선생은 주의 깊게 말을 선택한다. 그의 지혜로운 마음이 입술을 주장하는데, 즉 '그의 입이 신중하게 하는' 것이다. 그 결과 그의 말은 남을 돕고, 상처를 치료하며, 아프게 하지 않는다. 그러한 사람의 말은 무엇인가를 배우고 싶게 만든다.

18:6-7. 입술과 입은 한 사람의 말의 수준을 의미한다. 그리고 이 구절들은 어리석은 자가 말을 할 때 나타나는 많은 문제들이 어떠한 것인가를 설명한다. 그의 말은 다툼과 분쟁이 일어나게 한다. 그의 표현은 너무나 상식을 벗어난 것이어서 다른 사람들은 그를 때리기까지 한다. 그의 말은 그가 멸망하거나 파멸하게 만들고, 그를 사로잡는 그물이 된다.

19:1 여기서 나타나는 잠언의 가르침은 하나님의 가치와 이 세상의 가치를 서로 비교하고 있다. 아무도 가난하게 되기를 바라는 사람은 없지만 정직한 가난은 어리석은 부자가 되는 것보다 더 낫다. 이 구절은 흠이 없고 도덕적으로 완전한 삶을 부패하고 타락한 어리석은 자의 언어 생활과 대조하고 있다.

23:15-16. 이 구절은 지혜를 얻기 위해 노력해야 하는 또 다른 동기에 대해서 언급하고 있다. 그것은 당신이 더욱 의미 있는 삶을 살 수 있도록 도와줄 뿐만 아니라 당신의 부모님에게 큰 기쁨을 가져다줄 수 있을 것이다. 그것은 지혜에 대한 사랑을 당신과 가

장 가까운 사람과의 사랑에 비유하면서 온전한 유익을 얻도록 촉구하는 매우 설득력 있는 내용이다. 여기서 내 속은 문자적으로는 '신장(kidney)'을 의미하는데, 이는 종종 감정의 처소로 나타나는 부위이다. 아버지는 아들이 의로움을 온전히 따르고자 하는 마음을 보여주는 말을 할 때 더욱 기쁠 것이다.

B. 의로운 말과 악한 말(10:20-21, 31-32; 11:11; 12:13-14; 13:2; 15:28; 17:4)

Supporting Idea	잠언에서 지혜와 의로움은 서로 연합되어 있다. 지혜로운 사람은 행위로도 올바른 것을 행할 뿐 아니라 말로도 그러하다. 하지만 어리석은 자는 신뢰할 수가 없다. 그의 말은 단지 그가 원하는 것을 얻기 위한 음모일 뿐이다.

10:20-21. 20절은 의로운 사람의 말의 가치에 대해서 말하고 있고, 21절은 왜 그것이 그렇게 가치 있는가에 대한 이유를 설명한다. 잘 정제된 은과 같이 의로운 마음에서 나오는 말은 보기 힘든 희귀한 보화이다. 그리고 우리는 그러한 사람의 이야기를 들을 때 깊은 만족감을 느낀다. 반면에 악한 사람은 너무 경망스러워서 그의 생각이 가치가 있을 때에라도 그의 말을 외면하게 된다.

말은 영혼을 살찌우고, 든든한 영혼은 몸도 건강하게 만든다. 의로운 사람은 자기 자신과 다른 많은 사람에게 충분한 영양분을 공급하지만 어리석은 자는 스스로를 유지하지도 못한다. 그는 결국 죽게 되는데, 그 이유는 자신의 어리석음으로부터 돌아서야 한다는 판단이 부족하였기 때문이다.

10:31-32. 이 두 구절은 의로운 사람이 무엇을 말할지 알고 있다는 점을 강조하고 있다. 그의 말은 내적인 의로움의 자연적인 발로로 지혜를 드러낸다(문자적으로 '열매를 맺는다'). 반면에 악한 자는 오직 패역한 말을 내어놓는데, 이는 정상적인 의미도 악한 말로 뒤바꿔버리는 왜곡된 본성의 표현이다. 패역한 혀는 베임을 당할 것이라는 위협이 다소 상징적인 의미를 갖긴 하지만 그런 사람은 결국 어떤 식으로든 가혹한 처벌을 받게 될 것이다. 하지만 구약의 율법은 결코 그러한 처벌 규정을 만들어놓지 않았다.

11:11. 도시에 사는 사람들은 의로운 이웃을 둔 것으로 인해 유익을 얻게 된다. 신실한 사람은 하나님께 자신의 이웃에게 축복을 베풀어달라고 간구할 수도 있고, 하나님이

자신의 종에게 축복을 베푸실 때 반사 이익을 얻을 수도 있다(창 30:27; 39:5). 하지만 악한 사람들이 말로써 주변 환경을 오염시킬 때에는 사회가 경제적, 도덕적 파멸의 위험에 처하게 된다.

12:13-14; 13:2. 이 구절들은 선한 말과 악한 말의 결과에 대해서 설명하고 있다. 악한 사람은 자신의 악한 말로 인해서 올무에 걸리게 된다. 왜냐하면 그들의 말이 자기 자신을 올무에 걸리게 만들기 때문이다. 그러나 의로운 사람은 그러한 함정에서 벗어난다.

한 사람의 입술의 열매가 의미하는 바는 그의 말과 그로 인한 결과이다. 말은 행동과 같이 확실하고, 선한 결과로 넘치는 열매를 거두게 할 수 있다. 말은 인간관계를 더욱 세우며, 미래를 위해 더욱 유익한 생각들을 키워낼 수 있다.

사랑이 넘치는 행동과 같이 도움을 주는 말은 진정한 축복이 될 수 있다. 잠언은 그의 말로 다른 사람을 다스리는 자는 선한 것을 말하기를 즐거워하는 사람이어야 한다고 강조한다. 그러나 신실하지 않고 훈계를 받아들이지 않는 사람은 자신만의 욕구가 있고 (히브리어로 '네페쉬', nephesh: 영혼), 깊게 뿌리박은 탐욕이나 강퍅함이 있어서 그들의 말은 다른 사람의 마음을 상처받게 하고 만다.

15:28. 의로운 사람을 악한 사람과 구별하는 한 가지 방법은 그의 말하는 것을 듣는 것이다. 의로운 사람은 신중하게 말한다. 이 말은 원래 '우물우물하다' 라는 뜻이었는데, 나중에는 '깊게 숙고하다' 의 뜻을 갖게 되었다(시 1:2; 63:6). 선한 사람은 말하기 전에 주의 깊게 생각하므로 그의 말은 더욱 믿을 만하다. 반면에 악한 사람은 분수에서 쏟아지는 물처럼 악한 말을 내뱉는다(문자적으로 뿜어낸다).

17:4. 사람은 자기와 동일한 말을 하는 사람에게 귀를 기울이게 되어 있어서 악한 사람은 자신의 악한 의도를 나눌 수 있는 사람들에게 더 깊은 관심을 보인다. 그는 다른 사람을 악의적으로 험담하는 소문거리나 기타 다른 것들을 듣는 것을 즐거워한다.

C. 적절한 말(15:23; 16:21, 24; 25:11; 27:14)

Supporting Idea	단지 올바른 것을 말하는 것만으로는 부족하다. 우리는 상황을 파악하고 올바른 시기에 적절한 말을 할 수 있어야만 한다.

15:23. 때에 맞는 적절한 대답을 할 수 있는 능력은 구약의 지혜서에서 가장 귀한 것으로 인정된다. 올바른 때에 올바른 것을 말하는 것은 하나의 예술이며, 그런 예술가를 본다는 것은 큰 기쁨이다. 전도서는 우리에게 말하기를, 모든 것에는 때가 있고, 그것이 격려할 때와 꾸짖을 때를 알아차리는 지혜를 얻게 한다고 하였다.

16:21. 지혜로운 사람은 그의 분별력과 문제의 핵심을 보는 능력으로 인정받는다. 그리고 그런 사람의 말은 더할 나위 없는 즐거움('달콤함' 이라는 의미에서 파생되었음)이 된다. 그들은 학식을 매우 매력적인 것으로 여긴다. 학생들은 그러한 학식을 배우기를 원할 것이다.

16:24. 선한 말은 꿀송이같이 달고 뼈에 양약이 된다. 꿀은 고대 사회에서 얻을 수 있는 것 가운데 가장 단 것이었다. 그래서 이러한 비유는 매우 강력한 의미를 갖는다. 그러한 대화는 그 영혼에 유익할 뿐만 아니라 몸에도 치료의 효과를 가져다줄 수 있다.

25:11. 적절하고 시기에 알맞는 말은 금속 공예의 최고봉인 은쟁반에 금사과같이 아름답고 고귀한 것이다. 마치 말이 올바른 상황에서 주의 깊게 고려된 것이라면 아주 잘 어울리는 것처럼 사과도 예술적인 기법으로 정성을 들여 세공되는 것임을 주의 깊게 생각하라.

27:14. 시기가 맞지 않는 경우의 우스꽝스러운 예로서 이 구절은 잘못된 때에 올바른 것을 말함으로 당하게 될 어려움에 대해서 말하고 있다. 분명 이웃을 축복하거나 칭찬하는 것은 아무 잘못도 아니다. 하지만 그 말이 이른 아침에 곤한 잠을 방해하면서 하는 말이라면 그것은 축복보다는 오히려 저주에 가깝게 들릴 것이다.

D. 침묵해야 할 때(10:19; 12:23; 13:3; 17:28; 18:13; 21:23)

Supporting Idea	때로 우리는 무엇인가를 말해야만 한다는 생각에 사로잡히게 된다. 그러나 가장 지혜로운 행동은 아무 말도 하지 않는 것일 때가 있다.

10:19. 말을 많이 하면 할수록 어리석은 것을 말할 수 있는 가능성도 더욱 커지기 때문에 말은 되도록 적게 해야 한다. 끊임없이 지껄이는 것은 결국 죄를 낳는다. 하지만 지혜로운 사람은 말을 하지 않아야 할 때를 알고 있다.

12:23. 슬기로운 자는 선한 생각을 재빠르게 하는 사람인데, 이러한 사람은 지식을

전해주는 데 주의를 기울인다. 그는 말하기 전에 생각한다. 그래서 그의 말은 이해가 되고, 혼란스럽지 않으며, 도움이 되고 헛되지 않다. 그러나 어리석은 자는 그 말이 넘쳐흐르는 것을 주체할 방도가 없다. 그래서 그 마음속의 어리석음까지도 그의 말을 통해 다 터져 나온다.

13:3; 21:23. 당신의 입술에 문지기를 세워두라. 그러면 당신의 삶(히브리어로 '영혼')을 보존하게 될 것이다. 말을 주의 깊게 선택함으로써 당신은 심각한 재난도 피할 수 있다. 그러나 입술을 크게 벌리는 자는 멸망하게 된다. 그는 성급하게 지킬 수 없는 약속을 하고, 아무 생각 없이 개인적인 정보를 남발하며, 다른 사람을 화나게 만들고, 진실을 잘못 전달한다. 그런 사람이 문제를 일으키는 것은 이상한 일이 아니다.

17:28. 어리석은 자의 말은 자기 인격의 공허함을 그대로 드러낸다. 하지만 강퍅하고 미련한 자(히브리어로 '에윌')는 그저 잠자코만 있어도 자신의 지혜와 분별력에 대한 이미지를 유지할 수 있다. 하지만 불행하게도 대부분의 어리석은 자들은 그저 잠자코만 있는 것도 도저히 불가능하다.

18:13. 성급하게 결론을 내리는 것은 특히 자기 중심적인 사람들에게는 견디기 어려운 유혹이다. 그들은 문제를 충분히 듣기도 전에 해답을 제시하려고 한다. 이것은 거만하고, 말을 들으려 하지 않으며, 선입관이 있는 사람들의 공통점이기도 하다. 그들은 자신의 의견과 충돌이 될 수 있는 사실이나 그 외 다른 것들을 듣는 일에는 별로 관심이 없다.

E. 다스림을 받는 말(15:1; 17:27; 25:15)

Supporting Idea	우리는 분노할 때 후회할 말을 해버리기 쉽다. 하지만 말을 하고 나면 그때는 너무 늦은 것이다. 그러한 큰 실수를 피할 수 있는 유일한 방법은 말이 우리의 입술을 떠나기 전에 스스로를 잘 통제할 수 있도록 훈련하는 것이다.

15:1. 우리는 어떻게 화난 사람을 다스릴 수 있는가? 이런 사람에 대한 우리의 본능적인 반응은 격동되고, 마음을 상하게 하는 대응만을 일으킬 뿐이다. 이는 분노를 더욱 극대화하는 방법이다. 이와는 다른 방법이 있는데, 그것은 부드럽고 온화한 말이다. 지

혜로운 사람은 긴장된 분위기를 유연하게 만듦으로써 불필요한 다툼을 피할 수 있다. 그러한 기술을 사용하기 위해서는 사려 깊음과 인내심, 자기 통제력과 친절함이 있어야 한다.

17:27. 지식과 명철이 있는 사람은 말을 아끼며 말을 할 때에도 주의 깊게 말한다. 그는 성품이 안존한 자이므로(문자적으로 '영혼이 깨끗한 사람') 그의 마음은 감정의 폭풍에 사로잡히지 않는다.

25:15. 여기서는 인내하고 통제된 말의 능력에 대한 칭송이 나온다. 어떤 특별한 과정을 밟기 위해서 관원을 설득하는 것은 가장 어려운 일 가운데 하나이며, 그를 협박하지 않고서는 도저히 그 일을 할 수가 없을 것이다. 감정을 격동시키지 않으려는 인내심만이 이 일을 해낼 수 있는 유일한 도구가 된다. 그리고 그것은 놀라운 결과를 가져올 수 있다. 부드러운 혀가 몸에서 가장 단단한 뼈를 꺾는 것처럼 부드러운 말은 가장 신랄하고 강력한 저항마저도 무너뜨릴 수 있다.

Main Idea 복습	야고보 사도가 그의 서신서 3장에서 말의 힘에 대해 언급할 때 그는 이미 잠언에서 언급한 가르침을 다시 풀어 설명하고 있다. 우리의 말은 다른 사람에게 말할 수 없는 영향을 미칠 뿐만 아니라 우리 마음의 상태까지도 나타낸다.

결론

칭찬의 능력

우리 말이 은쟁반의 금사과처럼 때에 맞는 말일 때 아름다운 것이 되는 경우가 많다. 예를 들면, 우리는 서로를 칭찬해줄 수 있다. 칭찬은 말로 나타나는 햇빛이라는 말이 있다. 게르하르트 프로스트(Gerhard Frost)는 이런 말을 했다. "우리는 햇살과 이슬 속에서 피는 꽃처럼 칭찬 속에서 능력을 발휘한다. 칭찬과 더불어 우리는 마음을 열고,

목표를 이루며, 정신적으로 성장한다." 마크 트웨인(Mark Twain)은 이런 말을 한 적이 있다. "나의 능력은 칭찬 한 마디로 2개월이 유지된다." 데살로니가전서 5장 11절은 이렇게 말한다. "그러므로 피차 권면(격려)하고 피차 덕을 세우기를 너희가 하는 것같이 하라."

서로를 격려하는 데는 여러 가지 방법이 있다. 첫 번째, 순수한 마음으로 격려하라. 가식적인 격려는 대부분 얼른 알아차린다. 우리 또한 격려가 지나치거나 진지하지 않을 때가 언제인지 잘 알고 있다. 하지만 진지한 격려는 오래 기억되는 귀한 위로가 된다. 내가 신학교에 다닐 때 어느 날 교실로 올라가고 있는데, 마침 담당 교수님이 올라오는 나를 보고 기다렸다가 맞아주었던 일이 기억난다. 그러고 나서 우리는 함께 교실로 걸어 들어갔다. 이 일로 인해 나는 놀라운 감화를 받았고, 진심으로 큰 격려를 받았다.

두 번째, 우리는 격려해주어야 할 특별한 시간을 알아차릴 수 있다. 2차 대전의 마지막 중요한 작전이 이루어지고 있을 때 드와이트 아이젠하워(Dwight Eisenhower) 장군은 라인 강 근처를 걷고 있다가 풀 죽은 한 군인을 만났다.

"자네, 기분이 어떤가?" 그가 물었다.

"예, 장군님. 저는 몹시 긴장됩니다."

이 말에 아이젠하워가 대답했다. "좋네, 그러면 자네와 나는 이제 한 짝이 되었구만. 왜냐하면 나도 몹시 불안하기 때문이네. 아마 우리가 함께 조금 걷는다면 서로에게 위로가 될 걸세."

거기에는 어떤 설교도, '정신 차리라' 는 명령도, 특별한 조언도 없었다. 그저 그가 관심을 가지고 중요하게 생각했던 한 병사에게 몇 마디 말을 했을 뿐이었다.

언젠가 빈스 롬바르디(위스콘신에 있는 '그린베이 패커스' 팀을 최고의 팀으로 만든 전설적인 감독 - 역자 주)가 훈련 중에 몇 번 실패한 한 수비 선수를 질책한 적이 있다. 훈련이 끝난 뒤에 그는 선수 탈의실로 갔다. 그 선수는 그곳에 앉아 머리를 숙이고 자책하고 있었다. 롬바르디는 그의 머리를 흐트러뜨리고 그의 어깨에 팔을 얹고 나서 이렇게 말했다. "언젠가는 네가 NFL(미국 프로 풋볼)에서 최고의 수비수가 될 거야." 그리고 그는 정말 그것을 증명해보였다. 명예의 전당에 오른 제리 크레이머(Jerry Kramer)가 바로 그 선수였던 것이다. 만약 당신이 어떤 사람에게 좋은 점과 장점을 발견하였다면 그것을 말해주라. 그는 아마 그것을 알지 못할 것이다. 그리고 그것을 믿지 못할 수도 있다. 그러나 그것이 그가 최선을 다할 수 있도록 도와줄 수는 있다.

만약 당신이 어떤 사람에 대해 좋은 점을 듣게 되었다면 그것을 그 사람에게도 알게 하라. 그는 아마 그것을 알지 못할 수도 있고, 한 번도 들어보지 못했을 수도 있다. 다른 사람이 들을 수 있도록 다른 사람들 앞에서 각 사람을 칭찬하라. 개별적으로 그 사람에 대한 어떤 것을 말해주지 말고, 그 이야기를 들을 수 있는 다른 사람들이 있을 때까지 기다려라. 혹은 감사의 글을 그들에게 보내거나 이메일로 축하의 말을 전하라. 그것은 마치 꽃에 비춰지는 햇빛처럼 메마른 영혼에 단비와 같은 것이다.

말은 놀라운 능력을 가지고 있을 뿐 아니라 사람들이 그들의 잠재력을 발휘하도록 돕고 하나님이 각 사람에게 계획하신 모습대로 될 수 있도록 도울 수 있는 힘을 가지고 있다. 그것은 그리 어렵지 않은 일이다. 우리가 해야 할 일은 하나님이 다른 사람의 삶 속에 우리를 얼마나 사용하기를 원하시는가를 깨닫는 것뿐이다.

■ 진리 알기

- 지혜로운 말은 지혜로운 마음에서 나온다. 당신의 마음속에 무엇이 있는지를 깨닫지 못하고서는 말에 어떤 노력을 기울이는 것이 헛된 일이다.
- 격려는 이 세상에서 가장 강력한 능력 가운데 하나다.
- 때로 침묵은 정말 금과 같은 것이고, 가장 적절한 대답이기도 하다.

■ 적용하기

- 적어도 하루에 한 사람을 격려하는 것에 대해서 생각해보라. 그 사람을 격려할 때 할 수 있는 말을 미리 생각해보고 그 일을 실천하라.
- 좀더 지혜롭게 말할 수 있는 사람이 되도록 도움을 줄 수 있는 성경의 내용을 외우라.
- 만약 당신이 말로써 다른 사람에게 상처를 입혔다면 그에게 가서 용서를 구하라. 그렇게 하는 것이 올바를 뿐 아니라 다음 번에 말을 조심하게 되는 데도 도움이 될 것이다.

삶의 적용

코리의 지혜로운 아버지

잠언에서 지혜로운 말을 하기 위한 첫 번째 단계는 어리석고 해로운 것을 말하는 것을 그만두는 것이다. 두 번째는 격려의 말을 하는 것이다. 세 번째는 지혜로운 말을 하는 것이다. 잠언 16장 23절은 이렇게 말한다. “지혜로운 자의 마음은 그 입을 슬기롭게 하고 또 그 입술에 지식을 더하느니라.” 우리의 마음은 지혜로워야 한다. 그리고 그 마음이 우리의 말을 결정해야만 한다.

이 일에는 많은 노력과 주의를 기울이는 것이 필요하다. 잠언 15장 28절은 말하기를, “의인의 마음은 대답할 말을 깊이 생각하여도 악인의 입은 악을 쏟느니라”고 하였다. 즉, 의로운 마음은 이 상황에서 어떻게 대답하는 것이 최선인가에 대해서 생각한다는 것이다. 그 대답은 항상 머릿속에서 금세 튀어나오는 것이 아니다. 때로 의로운 마음은 잠깐이라도 그 문제에 대해서 생각하고 기도하는 것을 필요로 한다. 그래서 의로운 마음은 듣는 사람이 그 뒤에 있는 지혜를 붙들 수 있도록 돕기 위한 방법으로써 무엇을 어떻게 말해야 할지를 고민하는 것이다. 잠언 16장 21절은 이렇게 말하고 있다. “마음이 지혜로운 자가 명철하다 일컬음을 받고 입이 선한 자가 남의 학식을 더하게 하느니라.”

얼마나 우리에게 도전을 주는 말씀인가! 우리는 이러한 지혜를 어떻게 얻을 수 있는가? 또한 우리는 이러한 말을 어떻게 할 수 있는가? 첫 번째, 하나님의 진리에 대해서 열심히 배우고, 그 말씀에 순종함으로써 가능하다. 성경은 말하기를, “네가 진리의 말씀을 옳게 분별하여 부끄러울 것이 없는 일꾼으로 인정된 자로 자신을 하나님 앞에 드리기를 힘쓰라”(딤후 2:15)고 하였다. 이는 말씀을 잘 이해하기 위해서 열심히 노력하면, 그 말씀이 반대로 당신을 다스리게 될 것이라는 뜻이다. 두 번째, 그러한 열심 있는 노력이 하나님께 대한 순종의 태도와 연결되게 하라. 우리가 순종할 때 성령님이 성경을 통해서 우리를 위해 마련하신 것을 잘 배울 수 있다.

지혜를 분명하게 실천하는 일은 격려하는 것이다. 코리 텐 붐(Corrie ten Boom)은 그의 책 「은신처(The Hiding Place)」에서 자기 아버지의 놀라운 지혜에 대해 이야기하고 있다. 코리가 초등학교 어린 소녀였을 때 그녀는 네덜란드의 하를렘(Haarlem)에 있는 집에서 암스테르담까지 기차를 타고 아버지와 함께 여행을 하였다. 그녀의 아버지는 시계 장인이었는데, 부품을 수리하고 자신의 시계 가게에서 팔 새로운 시계를 알아보기 위해 일주일에 한 번씩 여행을 하였다. 그리고 암스테르담에 있는 특별한 시계에서 정확한 시간을 확인해서 하를렘에 있는 그의 모든 시계가 정확한지를 확인할 수 있었다. 그는 여분의 부품과 도구를 담고 있는 크고 무거운 가방을 들고서 코리와 함께 여행을 떠났다. 코리는 이전에 '섹스' 라는 단어를 읽어본 적이 있었지만 그것이 무엇을 의미하는지 정확하게 알지는 못했다. 그래서 기차를 타고 가면서 아버지에게 그것을 물어보았다.

> "아버지, 섹스가 뭐예요?"
>
> 아버지는 나를 돌아보셨고, 그 모습은 항상 어떤 질문에 대답해주실 때 하시는 행동이었다. 그런데 놀랍게도 아버지는 아무 말씀도 하지 않으셨다. 갑자기 아버지는 일어서시더니 머리 위의 선반에서 여행 가방을 끌어내려 바닥에 놓으셨다.
>
> "네가 이것을 기차에서 가지고 내리겠니, 코리야?" 아버지가 말했다.
>
> "하지만 그건 너무 무거운데요." 내가 말했다.
>
> "그래." 아버지가 말했다. "그래서 너처럼 어린아이한테 그렇게 큰 짐을 들고 가게 하는 것은 아마 어리석은 아버지나 하는 일이겠지. 네가 한 질문도 마찬가지란다. 코리야. 어떤 지식은 어린이가 알기에 너무 무거운 것일 수 있어. 네가 더 나이가 들고 충분히 감당할 수 있게 되면 그때에는 그것에 대해서 알 수 있단다. 지금 너는 아빠가 널 위해 하라는 대로만 믿고 따르면 된단다."

나는 이러한 지혜에 대해서 경탄해마지 않는다. 그것은 마치 다른 신비한 세계에서 온 대답과 같다. 그래서 나는 그가 어떤 사람인지에 대해서 생각해본다. 그는 신실한 사람, 말씀의 사람, 기도의 사람, 순종의 사람, 바로 지혜의 사람인 것이다. 그의 지혜와 논리정연한 말은 그가 주님과 동행하고 있는 사람이라는 증거였다. 그것이 바로 지혜가 나타나는 방식이다. 우리가 온전히 이 일에 헌신할 때 이 일은 우리에게도 가능하다.

기도

하나님 아버지, 우리 마음을 변화시키시고 그 가운데 우리의 말도 변화시켜주십시오. 우리가 지혜롭고, 순종적이며 또 신실하게 해주십시오. 그래서 우리의 말이 다른 사람들로 하여금 주님과 동행하도록 돕는 것이 되게 해주십시오. 아멘.

심층 연구

A. 혀를 베어버림(10:31)

잠언에서 패역한 혀가 베임을 당할 것이라고 경고하는 것은 보기 드문 극단적인 경우다. 모세의 율법하에서 죄인에 대한 형벌로는 사형, 매질 그리고 벌금이나 배상이 있었다. "눈에는 눈, 이에는 이"(출 21:24-25)라는 원리는 몸의 어떤 부분을 잘라내는 것을 요구할 수도 있었다. 그러나 구약의 율법에는 그 어디에도 혀를 잘라내라는 규정은 없다. 그러나 이 형벌은 주변 이방 지역에서는 실행되기도 하였다.

B. 슬기로움(12:23)

두 가지 종류의 단어가 일반적으로 잠언에서 '슬기로움' 이라고 번역된다. 가장 일반적인 것은 '사칼(sakal)' 인데, 이는 항상 긍정적인 인격의 특징을 설명하면서 적어도 18번 정도 나타났다. 이러한 종류의 슬기로움을 가진 사람은 복잡한 상황에서도 주의 깊게 생각할 수 있고, 실제적으로 일반적인 상식을 따르는 길을 선택할 수 있다. 그러나 12장 23절에서는 슬기로움을 말하는 흔하지 않은 '이아름('arum)' 이라는 단어를 사용했다. 이것은 12장 16, 23절, 13장 16절, 14장 8, 15, 18절, 22장 3절, 27장 12절에서도 나타나는데, 항상 긍정적인 함축적 의미를 담고 있다. 그렇지만 성경의 다른 곳에서 이 단어군은 대개 다른 사람을 해치려는 음모를 가진 사람의 교활하고 간교한 행동을 뜻한다. 잘 알려진 구절은 창세기 3장 1절에서 사탄이 다른 어떤 동물보다 더 교활하였음을 설명하는 부분이다.

교안

A. 들어가는 글

1. '요기의 천재적인 언어' 이야기로 시작하라.
2. 배경 설명: 말은 마음을 나타낸다. 그것은 그 속에 무엇이 있는지를 드러낸다. 우리는 우리 마음을 살펴보고 점검해야 한다. 그럴 때 우리의 말이 지혜롭고, 도움이 되며, 격려하는 것이 될 수 있다.
3. 적용: 지혜로운 사람은 격려의 말을 언제, 어떻게 하는지를 연구하며, 자신의 말을 주의 깊게 살펴서 해로운 것을 말하지 않는다.

B. 본문 이해

1. 지혜로운 말과 어리석은 말
2. 의로운 말과 악한 말
3. 적절한 말
4. 침묵해야 할 때
5. 다스림을 받는 말

C. 결론: 칭찬의 능력

토의 질문

1. 당신은 다른 사람에게 말로 크게 격려받은 때를 기억하는가? 그때 왜 당신이 격려를 받았다고 생각하는가? 동일한 방식으로 당신은 다른 사람들을 격려하고자 노력

하는가? 만약 그렇지 않다면 그 이유는 무엇인가?

2. 당신은 다시 주워담고 싶은 말을 한 적이 있는가? 왜 그것을 말하였는가? 당신은 자주 그런 후회를 하는가? 당신은 유익한 것을 말하고, 해로운 것은 말하지 않는 사람이 되기 위해서 열심히 노력하고 있는가?

3. 당신은 너무 많이 말하지는 않는가? 효과적인 침묵의 기술을 습득하기 위해서 노력해본 적이 있는가? 당신은 신중하게 말하는 사람으로 알려져 있는가? 그렇지 않다면 그러한 사람이 되기 위해서 무엇을 할 수 있다고 생각하는가?

19장

잠언 10:18; 11:12-13; 12:18-19, 22; 15:4; 16:27-28; 17:9, 14, 19-20; 18:8, 20-21; 19:5, 22; 20:3, 19; 21:6; 22:10; 25:23; 26:2, 20-22, 28; 28:23; 29:5

문제를 일으키는 말(악의적인 말)

"한순간의 미끄러짐은 곧 회복될 수 있지만 말의 실수는 결코 극복될 수 없다."

- 벤자민 프랭클린(Benjamin Franklin)

우리가 말하는 것은 지속적으로 영향을 미친다. 그것은 아주 좋은 영향일 수도 있고, 다른 사람에게 심각한 상처가 되는 것일 수도 있다. 아첨하지도 말고, 아첨하는 사람을 믿지도 말라. 다른 사람의 명예를 공격하지 말라. 결코 거짓말하지도 말라.

Proverbs

들어가는 글

신문 머리기사의 제목

이 글을 쓰고 있을 때 등장한 신문의 머리기사는 유명한 정유 회사의 임원이 거짓말과 사기 혐의로 기소되었고, 형량을 감량받기 위해서 협상중이라는 것과, 연방 안보국이 9.11 테러 사건이 발생하기 전에 미리 충분히 경고를 했었는지의 여부에 대해서 의문이 제기되고 있다는 것과, 클리어 채널(clear channel) 라디오 회사가 자사의 공중파 채널에서 악명 높은 라디오 진행자를 해고시켰는데, 그가 대통령에 대한 잘못된 판단과 해설로 인해 고소를 당한 상태라는 것과, 보수적인 라디오 토크쇼의 진행자가 자신에 관해 발언한 진보주의자들의 명예 훼손에 대해서 분통을 터트렸는데, 이에 반해 진보주의자들은 그 진행자를 끌어내리고 자신들의 진보적인 토크쇼를 시작하려고 은밀한 계획을 세우고 있었다는 것이었다. 이처럼 문화적인 차이에 상관하지 않는 뜨거운 논쟁의 말들이 신문 머리기사로 하루의 시작을 알리고 있었다. 이 모든 것이 전부 말, 말, 말 때문인 것이다!

말은 야고보 사도가 말한 것처럼 불과 같다. 그는 말이란 지옥에서 나와서 모든 것을 불태우는 불의의 세계라고 하였다(약 3:6). 우리는 이러한 불의의 세계가 신문에서 매일같이 나타나는 것을 본다. 미움, 분노, 이야깃거리, 명예 훼손 그리고 사기 등이 매일같이 신문의 전면을 차지하고 있는 것이다. 개개인이 당하는 고통과 깨어진 관계, 황폐해진 환경 등이 얼마나 되는지 계산하기가 어렵고, 그러한 것들은 다시 말을 악의적으로 하는 행동으로 악순환될 수밖에 없다.

이 장에서 우리는 솔로몬을 통해 고통 속의 불의의 세계가 어떤 것인지를 살펴보게 된다. 저주와 죽음 그리고 상처받은 마음에서부터 아첨과 중상 모략 그리고 거짓말에 이르기까지 말은 잠언의 시작부터 마지막까지 모든 고통의 원인이 된다.

솔로몬의 목표는 악의적인 말이 가져다주는 황폐화된 결과가 무엇인지를 깨닫게 하는 것이다. 그는 이스라엘의 왕의 아들로서, 이기적인 형제들 가운데 한 사람으로서, 아들에겐 아버지로서 말에 대한 냉정하고 명확한 진리를 전해줄 수 있는 환경과 그 자신만의 특출한 재능을 가지고 있었다. 이제 경고는 이것이다. 말이 악의적으로 사용될 때 나쁜 일이 일어난다는 것이다. 다른 사람에 대해서 스스로를 지키도록 하라. 그리고 당신 자신에 대해서도 스스로를 지키도록 하라!

본문 이해

문제를 일으키는 말

Main Idea	오래된 구전 동요 중에 "막대기와 돌은 나의 뼈를 부러뜨릴 수 있어도 말은 나를 다치게 할 수 없다네"라는 구절이 있다. 하지만 이 말은 전혀 사실이 아니다. 우리는 말로 인해서 우리 삶과 다른 사람들의 삶에 엄청난 파멸을 가져올 수 있다. 아무런 생각 없이 하는 말이 다툼으로 이어질 수 있고, 한번 다툼이 시작되면 감정을 억제하기가 어렵다.

A. 혀의 능력(11:12; 12:18; 15:4; 16:27; 18:20-21; 25:23; 26:2)

Supporting Idea	우리가 하는 말은 지속적인 영향을 미친다. 그것은 정말 놀라운 유익을 거둘 수도 있지만 반대로 다른 사람에게 깊은 상처를 남길 수도 있다.

18:20-21. 이 구절에서는 말의 선한 능력과 악한 능력을 강조하기 위해서 열매와 수확물의 비유를 사용하고 있다. 입의 열매와 입술의 수확물(12:14; 13:2 참고)은 말로 인한 결과를 의미한다. 문자적으로 열매는 그 맛까지도 포함하는데, 지혜로운 말은 만족스러운 결과를 얻게 할 것이다.

반면에 혀는 죽고 사는 것에 대한 무한한 잠재력을 가지고 있다. 그래서 말하기를 좋아하는 사람들은 자신의 말의 결과를 경험하게 될 것이다. 그것이 좋은 것이든 나쁜 것이든 말이다.

11:12. 때로 우리는 이웃을 멸시하고 조롱하거나 모욕을 주고 싶을 때가 있다. 그러나 말로써 하는 공격은 말하는 사람이 분별력이 없음을 보여주는 것이고, 이는 문자적으로 말하면 마음이 없는 것이다. 무엇인가 그의 마음 중심에서 문제가 생기거나 그가 다른 사람보다 확실히 우월하다고 느낄 때에도 해당된다. 분별력이 있는 사람은 그럴 때 자신의 말을 조심할 수 있는 지혜를 가지고 있다.

12:18; 15:4. 어리석은 사람은 함부로 하는 말을 통해 다른 사람을 해치지만 지혜로운 사람은 주의 깊고 심사숙고한 말을 통해서 다른 사람을 치료한다. 이런 경우에 말하는 사람은 해치려는 의도가 없었을 수도 있지만 그 결과로 볼 때 아무런 생각 없이 자신의 마음을 노출한 것이 된다. '함부로' 라는 말의 어근이 되는 동사는 모세가 말하고 나서 가나안에 들어가지 못하게 되었던 그의 성급한 말을 표현하는 데 사용된다(시 106:33). 그리고 그런 말에는 악의가 없었더라도 그 피해는 날카로운 칼에 베이는 것 같은 상처를 입힐 수 있다. 지혜로운 사람은 그런 사람이라도 함께 잘 지낼 수 있고, 자신의 말을 통해 그 상처를 치유할 수 있다.

이렇게 지혜로운 사람은 생명 나무(3:18; 11:30; 13:12)와 같아서 강하게 하고 성숙하게 하는 근원이 된다. 그런 사람은 마음을 새롭게 하고, 일시적인 고통에 대한 위로를 제시할 뿐만 아니라 전체적인 마음의 평안과 온전케 함이라는 의미에서 치료하고 회복시킨다. 반대로 속이는 혀는 다른 사람의 영혼을 파괴한다. 패려한이라는 히브리어는 왜곡되고 불성실한 사람을 의미한다(11:3).

16:27. 이 구절은 여러 종류의 악한 사람들에 대한 위험성을 설명하는 짤막한 단락의 한 부분이다(16:27-30). 불량한 자는 문자적으로 '악마의 자식' 이라는 의미로서 불량하고 도덕적으로 망나니와 같은 사람을 의미한다(6:12). 그런 사람은 사냥감을 포획하기 위해 구덩이를 파는 사냥꾼처럼 선량한 사람에게 피해를 입히기 위해 악한 계략을 꾸민다(1:10-14; 6:14; 12:20; 14:22; 24:2,8). 신약 성경에서 야고보 사도와 같은 성경 기자는(약 3:5-6) 그런 사람의 말을 파괴적이고 소멸하는 불이라고 표현하였다.

25:23. 성경 학자들은 이 구절의 의미에 대해서 많은 논란을 벌여왔다. 왜냐하면 이스라엘에서 북풍은 대개 마른 바람이기 때문이다. 그러나 이 구절의 요점은 아주 분명하다. 문자적으로 히브리어 본문은 북풍이 불행한 사태를 가져오거나 비를 내리게 한다

고 말한다. 날씨를 잘 아는 사람들은 북풍이 불 때 무슨 일이 일어나는지를 잘 알고 있다. 이와 동일하게 우리는 교활하고 음흉한 말의 결과가 무엇인지 잘 알고 있다. 사람을 등 뒤에서 공격하면 반드시 분노의 대응이 일어나는 것이다.

26:2. 말의 능력에는 분명한 한계가 있다. 비록 어떤 사람이 다른 누군가를 저주했다고 하더라도 그 말은 아무런 효과가 없을 것이다. 선량한 사람은 아무것도 두려워할 필요가 없다. 그러한 저주는 참새 같은 작은 새가 이르지 못하고, 아무 영향도 주지 못하는 것처럼 그렇게 별다른 영향을 미치지 못할 것이다. 이러한 진리는 발람의 사건에서 분명하게 나타나고 있다(민 23:8).

B. 아첨(26:28; 28:23; 29:5)

Supporting Idea	당신은 진실을 과장하는 칭찬으로 당신에게 아첨하는 사람을 신뢰해서는 안 된다. 그것은 단지 속이기 위한 연막일 뿐이다.

26:28. 미움은 여러 가지 방법으로 스스로를 나타낸다. 어떤 때에 그것은 다른 사람을 해롭게 하거나 압박하는 거짓말을 해대면서 직접적으로 공격한다. 다른 경우에 그것은 진실을 벗어난 과도한 칭찬을 하면서 아첨하는 모습으로 나타난다. 그 부드러운 말들은 속이고자 하는 대상을 현혹시켜서 올무가 드리우기 전에 자기 도취에 빠지게 하는 것이다. 어떤 계략이든지 미움을 나타내는 무기로 거짓을 사용한다.

28:23. 아첨하는 것은 친구를 얻고, 더 많은 환심을 사고, 모든 사람들이 원하는 신뢰나 용납을 얻을 수 있는 가장 쉬운 방법처럼 보인다. 그러나 지혜로운 사람은 결국 말하기 힘든 진실을 말할 것이다. 누군가를 책망하는 사람은 그와의 관계가 끊어질 수 있는 위험성도 있지만 그것을 감수할 수 있는 사람이면 오히려 더욱 친근한 관계를 얻을 수도 있다. 이것은 예수님이 마태복음 10장 39절에서 가르치신 원리를 의미하기도 한다.

29:5. 이웃에게 아첨하는 사람은 부드러운 말로 그를 홀리는 것이며, 어떤 악의적인 목표로 그를 속이는 것이다. 그는 목표한 대상이 자신의 환상 속에 홀리게 하고, 방이력을 무력화시켜서 올무에 빠지도록 고안한 그물을 펴고 있는 것이다. 아첨의 말에 현혹되었을 때는 어리석은 결정을 내리거나 어려움 속에 빠지게 되는 것이 시간 문제다.

C. 중상과 한담(10:18; 11:13; 16:28; 17:9; 18:8; 20:19; 26:20, 22)

Supporting Idea	등 뒤에서 다른 사람의 명예를 훼손하는 말을 하지 말라. 그러한 중상은 미움과 질투의 태도를 드러내며 듣는 사람에게 거부감을 준다.

10:18. 10장 18-21절은 말에 대해 주로 다루는 부분이고, 18절은 중상이 실제로 미움으로 나타나게 됨을 설명한다. 미움을 나타내는 것은 분노를 촉발한다. 그러나 어떤 사람이 자신의 미움을 숨기기로 결심한다면 그는 상대에 대해서 거짓된 모습을 보이게 될 것이다. 그는 자신의 유화적인 태도가 영리한 것이라고 생각하겠지만 성경은 그가 어리석은 자라고 올바르게 지적하고 있다.

11:13; 20:19. 잠언에서 한담은 문자 그대로 비밀을 누설하는 것이며, 다른 사람에 대해서 해로운 정보를 퍼트리는 사람이 되는 것이다. 그의 이야기는 거짓말이거나 기껏해야 진실에 대한 왜곡된 정보일 뿐이다. 그러한 사람은 너무나 경솔해서 비밀을 지킬 수가 없다. 그는 말을 많이 하는 자이므로 그 사람에게 비밀을 털어놓지 않도록 조심해야 한다. 사실 다른 구절들도 한담하는 것이 그저 부주의하기만 한 것이 아니라 악의적이기까지 한 것이라고 말한다. 그는 의도적으로 당신을 해롭게 하기 위해서 비밀을 다른 사람들에게 말한다. 그러나 신실한 자는 당신의 비밀을 지킬 것이다. 적절하지 않은 것은 어떤 것도 그의 입에서 나오지 않을 것이다.

16:28. 한담하는 것은 패역하고 비뚤어진 인격에서 나온다. 이러한 악한 사람은 삼손이 블레셋 사람들의 밭에 꼬리에 불을 붙인 여우들을 풀어놓았던 것처럼 불화가 번져나가게 한다(삿 15:5). 그리고 그는 자신의 말로 친한 벗들도 서로 의심하고 신뢰하지 못하게 이간질한다. 그러한 관계의 파괴 행위는 하나님의 눈앞에서 심각한 죄가 된다(6:14, 19).

17:9. 누군가가 당신에게나 다른 사람에게 잘못을 저질렀을 때 당신은 두 가지 선택을 할 수 있다. 침묵을 지킴으로써 그 일을 덮어두거나 아니면 소문을 내거나 직접적으로 항의를 해서 그것을 드러내는 것이다. 당신의 선택은 당신 자신뿐 아니라 더 많은 것에 영향을 미친다. 잘못을 덮어주는 것은 신뢰의 분위기를 더욱 유지함으로써 사랑을 고양시키지만 그 문제를 반복해서 말하는 자는 불신을 더욱 크게 해서 심지어는 가까운 친구도 멀어지게 만든다.

18:8; 26:22. 이 두 구절은 비슷하다. 그리고 각각은 한담하는 것과 말에 대한 잠언의 여러 가지 격언 가운데 일부를 차지하고 있다. 각각의 구절은 사람들이 얼마나 한담하는 것에 유혹받는지를 보여주고 있다. 한담의 말을 듣는 것은 별식과 같다는 것은 말하자면, '게걸스럽게 먹어대는 것' 을 의미한다. 우리 가운데 많은 사람들이 새로운 소식에 열광하는데, 이는 어떤 폭식가가 새로 나온 별미를 정신없이 먹어대는 것과 같다. 그래서 한담거리를 듣게 되면 그것이 뱃속 깊은 곳으로 내려가서 자리를 잡고 생생하게 기억되며 영혼을 황폐화시킨다.

26:20. 한담하는 것은 다툼의 불길을 부추기는 연료와 같다. 그 불꽃은 더 이상 태울 것이 없으면 사라지는 것처럼 새로운 이야깃거리로 채워지지 않는다면 그 다툼은 자연스럽게 소멸해버릴 수도 있다. 이와 비슷한 개념이 21절에서 반복되고 있다.

D. 다툼(17:14, 19; 20:3; 22:10; 26:21)

Supporting Idea	생각 없이 하는 말은 다툼으로 이어지고, 한번 다툼이 시작되면 중단하기가 어려워진다.

17:14. 잠언은 다툼의 본성을 설명하기 위해서 자연에서 볼 수 있는 극적인 장면을 이용한다. 예를 들면, 다툼은 댐에서 물이 새는 것과 같다. 일단 물이 작은 구멍으로 새어 나오기 시작하면 그것은 더 큰 구멍을 만들어내고 그 댐이 무너질 때까지 계속된다. 일단 그 과정이 시작되면 걷잡을 수가 없다. 그래서 한번 다툼이 시작되면 그 정도는 급격하게 상승된다. 유일한 해결책은 도저히 손쓸 수 없기 전에 시비를 그치는 것이다. 여기서 '다툼' 은 법적인 소송을 의미할 수 있다. 개인적인 사소한 말다툼도 결국에는 엄청난 비용이 드는 소송으로 끝날 수 있다.

17:19. 다툼을 좋아하는 자는 또한 죄를 사랑하는 자이다. 죄를 짓지 않고는 다투는 것이 불가능하기 때문이다. 또한 자기 문을 높이는 것과 파괴나 관계 단절을 구하는 것 사이에는 떼려야 뗄 수 없는 밀접한 관계가 있다. 어떤 사람들은 자기 문을 높이는 것을 말 그대로 부를 과시하고자 건축하는 인상적인 과시용 선전 도구라고 본다. 또한 이것은 방어적인 태도로 스스로 벽 안에 거하겠다는 자존심의 상징적인 측면도 있는 것 같다. 이 경우 공격적이 된다든지 수동적이 된다든지 하는 것들은 모두 자기 중심적인 것

이며 결국에는 문제를 일으키게 된다.

20:3. 역사적으로 볼 때 어떤 경우에는 자신의 명예를 지키기 위해서 결투를 하는 사람들이 있기도 하다. 이 세상에는 조금이라도 소홀하게 대우받았다고 생각되면 거침없이 화를 내는 사람들이 많이 있다. 하지만 잠언은 오직 어리석은 자가 쉽게 다툼을 일으킨다고 말한다. 가장 큰 영예를 얻을 수 있는 사람은 어떤 상황에서든지 가능한 싸움을 피할 수 있는 사람이다.

22:10. 다툼이 격화되는 상황에서 우리는 본능적으로 그 상황을 변화시킴으로써 문제를 해결해보려고 시도한다. 그러나 어떤 때에는 근본적인 문제가 기술이나 대응 방법이 잘못되었기 때문이 아니라 거만한 자가 그곳에 있기 때문인 경우가 있다. 그를 떠나가게 하라. 그러면 다른 문제들도 사라질 것이다. 문제를 일으키는 자는 다툼과 싸움과 수욕을 일으킨다.

26:21. 사람들은 불을 피우기 위해 나무를 사용하고, 숯은 그 화력을 계속 유지하기 위해서 사용된다. 연료가 없으면 불은 꺼진다. 이와 동일하게 다툼을 좋아하는 자는 계속적인 다툼을 만들어낼 것이다. 그는 갈등을 조성하고, 격화시키며, 시비를 가리고자 하면서 더욱 싸움을 부추긴다.

E. 거짓말(12:19, 22; 17:20; 19:5, 22; 21:6)

Supporting Idea	하나님은 완전한 진리의 하나님이시며 거짓말하는 것을 싫어하신다. 우리는 하나님 앞에서 스스로가 거짓에 익숙해지지 않도록 노력해야 한다.

12:19. 거짓말은 어쩔 수 없는 상황에서 빠져나갈 수 있는 유일한 길처럼 보일 수도 있다. 그러나 거짓말하는 혀는 그저 잠시 동안의 결과를 만들어낼 뿐이다(욥 20:5). 진실한 말은 당신에게 더 큰 문제를 일으킬 것처럼 보이지만 오직 진실만이 궁극적이며, 영원히 지속되는 성공을 가져다준다.

12:22. 왜 진실을 이야기하는 것이 중요한가? 이는 단순히 거짓말이 당신으로 하여금 더 큰 문제에 빠져들게 하기 때문이 아니라 하나님이 그것들을 싫어하시기 때문이다. 그분은 완전한 진리의 기준이 되시기 때문에 거짓말을 싫어하신다. 그분의 본성이

진리 그 자체이기 때문에 주님은 그 백성들에게 진실하라고 명령하신다(12:17, 19; 14:5, 25).

17:20. 비뚤어진 마음이나 생각은 결국 속이는 말을 통해서 그 모습을 드러내고, 이 둘은 모두 하나님의 심판을 받게 된다. 그러한 사람은 하나님의 축복을 받지 못할 것이며, 성공할 수도 없다. 그는 어떤 식으로든지 재앙에 빠지게 될 것이다.

19:5. 구약의 율법에는 위증죄에 대한 가혹한 형벌이 포함되어 있다(신 19:18-21). 그러나 그것은 항상 그대로 시행되는 것은 아니었다. 이 구절은 하나님이 항상 죄로 정죄하시는 거짓 증언에 대해서 경고하고 있다. 이는 나봇이나 예수 그리스도에 대한 참소함과 같은 경우에서 인간의 법정이 그 거짓 증인에게 처벌을 내리지 않았다고 할지라도 하나님은 그것을 죄로 정죄하신다. 거짓 증언하는 자 혹은 거짓말을 내는 자는 결코 벌을 면치 못할 것이다.

19:22. 우리의 가장 큰 바람은 단지 사모함을 받는 것이 아니라 인자함을 우리 스스로 나타내는 것이다. 우리는 돈이 없어도 살 수 있지만 인격이 없이는 살 수가 없다. 거짓말하는 자는 사모함을 얻지 못하며, 그렇게 거짓말하는 자로 알려지는 것보다 차라리 가난한 자가 되는 것이 더 낫다.

21:6. 속이는 말로 재물을 얻는 것이 가능한가? 그렇다. 하지만 그 재물은 사라지는 안개처럼 신속하게 없어질 것이다. 그리고 결국에는 정직하지 못함이 끔찍한 올무가 될 것이다.

Main Idea 복습	오래된 구전 동요 중에 "막대기와 돌은 나의 뼈를 부러뜨릴 수 있어도 말은 나를 다치게 할 수 없다네"라는 구절이 있다. 하지만 이 말은 전혀 사실이 아니다. 우리는 말로 인해서 우리 삶과 다른 사람들의 삶에 엄청난 파멸을 가져올 수 있다. 아무런 생각 없이 하는 말이 다툼으로 이어질 수 있고, 한번 다툼이 시작되면 감정을 억제하기가 어렵다.

결론

말싸움

위대한 청교도 설교자였던 리처드 백스터(Richard Baxter)는 어떤 글에서 자신은 퀘이커 교도들을 "늘 술취해 있고, 욕을 잘하며, 호색한이고, 음탕하며, 비열한 자들" 이라고 간주한다고 썼다. 그러고 나서 그는 그래도 후련하게 그들을 비난하지 못했다고 생각했는지 퀘이커 교도들은 '카톨릭 교도' 들보다 나을 게 하나도 없다고 주장했다. 그때 퀘이커교의 지도자였던 제임스 네일러(James Naylor)는 자신이 그러한 신랄한 비판에 반응하는 것을 '예수 그리스도의 영' 이 막으신다고 선언하였다. 그러면서도 그는 계속해서 그 청교도 비판자를 '사탄' 이나 '거짓말쟁이' 그리고 '사탄의 자녀', '저주받은 위선자', '어리석은 개' 라고 단정지었다.

하나님의 자녀들조차도 꼭 필요한 상황이라고 생각한다면 결코 사용해서는 안 되는 언어를 사용하도록 유혹받는 것이 사실이다. 수백 년이 지난 지금에도 백스터와 네일러의 말은 너무 지나쳐보인다. 하지만 우리가 일상생활에서 우리의 배우자나 자녀들 혹은 동료들에게 하는 말을 자세히 생각해본다면 적절한 말이 아니지 않는가? 하나님의 자녀들은 어떤 말이 적절하고 또 어떤 말이 적절하지 않은지에 대한 기준으로 개인적인 판단보다는 성경을 사용하는 것이 더욱 중요하다. 우리 마음속에 솔로몬의 경고가 분명히 자리잡도록 하자. 말이 악하게 변해버린다면 선한 것은 아무것도 생겨나지 않을 것이다.

▣ 진리 알기

- 혀는 선과 악에 대해서 강한 능력을 가지고 있다.
- 혀에서 나오는 말은 마음의 상태를 반영한다.
- 말은 항상 자신에게로 되돌아오는 부메랑과 같다. 우리는 다른 사람들로부터 우리가 준 것을 다시 받게 된다.

■ 적용하기

- 당신의 말을 분석해보라. 그리고 당신의 마음 상태에 대한 통찰을 얻으라.
- 당신의 말에 대한 다른 사람들의 반응을 들어보라. 당신은 그들의 마음을 얻으며, 이끌고 있는가? 아니면 관계를 망가뜨리고 있는가?
- 사람들이 당신을 격려해주었던 때를 돌이켜 생각해보라. 그때를 사람들이 말로써 당신에게 고통을 주었던 때와 비교해보라. 그 차이점을 생각하면서 스스로 다른 사람에게 도움이 되며, 격려의 말을 행하도록 결심하라.

삶의 적용

자기 문을 높이는 것

이 장에 나타난 많은 진리들을 적용할 수 있는 부분은 아주 많다. 그중에서 한 가지 중요한 것은 17장 19절에 나오는 '자기 문을 높이는 것' 과 관계가 있다. 이 '자기 문을 높이는 것' 은 다른 사람들에게 스스로 자존심의 벽을 세우는 것에 대한 좋은 예가 된다. 켄트 휴(Kent Hughes)는 자신의 책 「신실한 성도들의 제자도(Disciplines of a Godly Man)」에서 이렇게 썼다.

> 지금까지 교외 지역의 건설 부문에서는 흥미로운 발전이 있었다. 모든 집들이 넓은 안뜰과 들어가기 쉬운 정문 그리고 이웃에 있는 다른 사람들과 금세 친해질 수 있게 집을 만들었던 예전의 건축 방법들은 오래전에 사라졌다.
>
> 1990년대에 이르러 우리는 현대의 가치 기준을 좀더 극명하게 보여주는 건축물을 갖게 되었다. 이 집의 가장 특이한 부분은 두 개 혹은 세 개의 차고이다. 집 안에는 내가 자라던 때의 욕실보다 훨씬 더 크고 햇볕이 잘 들고 수납장이 있는

> 욕실이 있다. 현대 건축술은 작은 거실과 주방을 채택하였고, 부엌은 더욱더 작아졌다. 왜냐하면 가족 간의 나눔의 요소가 더 이상 최우선 순위가 아니기 때문이다. 오늘날의 집은 높은 담장으로 이웃의 영향력을 줄이면서 마당은 더욱 작아지는 추세이다.
>
> "한 사람의 집은 그의 성이다"라는 오래된 격언은 오늘날에도 그대로 들어맞는다. 그의 성에는 그것을 둘러싸고 있는 연못과 같은 의미의 잔디밭이 있고, 그가 다니는 길에는 교각과 창살문과 같은 자동 차고문이 있으며, 그 길로 그는 번쩍거리는 자동차의 화려함과 함께 집으로 들어간다. 일단 안으로 들어가면 그는 자신의 갑옷을 벗고 집 안으로 들어가서 다시 새로운 날이 시작되기까지 머무르다가 다시 집에서 출발할 때 자신만의 특별한 복장으로 갈아 입고 손에는 서류 가방을 들고 자신의 준마인 브롱코나 무스탕(역자 주: 말의 종류이자 자동차 브랜드 이름)에 올라타 시동을 걸고는 전쟁터로 힘차게 달려 나가는 것이다.
>
> 오늘날의 가정은 개인주의와 격리주의 그리고 사생활주의에 대한 현대적인 가치 개념을 보여주고 있다.

이것은 언제나 자존심을 중요하게 생각하는 분위기의 결과가 아닐 수도 있다. 때때로 그 속에는 안전을 보장하는 합리적인 요소도 포함되어 있다. 또 다른 면에서 예외가 허용되지 않는 일반적인 삶에서 탈피하는 뭔가 색다른 삶을 갖고 싶은 마음이 있기도 하다. 그럼에도 불구하고 우리 각 사람은 이 시대에 팽배해 있는 현대 문화는 우리의 마음 상태와는 별로 상관이 없다는 것을 확실히 해야 할 필요가 있다. 주님은 우리에게 이 세상에서 고립되어 살아가지 말고 자만심이 아닌 섬기는 마음으로 다른 사람들에게로 나아가라고 명하신다. 우리의 마음을 반영하고 있는 우리의 말은 현대 문화의 잠재적이고 방어적인 분위기뿐 아니라 다른 사람들에게로 나아가는 것을 막는 많은 방해 요소들을 극복하는 데 매우 필수적이다.

기도

하나님 아버지, 우리가 주님께 말씀드리듯이 사람들에게 말하게 하시고, 다른 사람을 섬기는 말을 하게 하시며, 당신의 마음을 반영하는 말을 하도록 도와주십시오. 우리의 말이 항상 성경과 주님의 거룩하신 성령의 기준에 합당하게 하시고, 주를 기쁘시게 하는 것이 되게 해주십시오. 아멘.

심층 연구

A. 북풍

잠언 25장 23절은 북풍이 비를 가져온다고 말한다. 실제로 북풍은 10월에 잠깐 부는 바람인데, 대개 마른 찬바람을 몰고 온다(욥 37:9). 팔레스타인에서 비구름은 대부분 서쪽 지중해 부근에서 불어온다. 어떤 학자들은 제안하기를, 그 잠언의 내용이 애굽에서 쓰여진 것일지도 모른다고 하였는데, 그곳에서는 바다가 북쪽에 있기 때문에 비구름이 그 방향에서 오는 것이다. 또한 이것은 내륙 지역에 습기를 몰고 오는 북서풍을 의미하는 것일 수도 있다.

B. 경멸하는 자

경멸하는 자는 잠언에서 가장 강퍅한 유형의 어리석은 자라고 할 수 있다. 그 단어는 '자랑하듯이 이야기함, 크게 과장하여 이야기함' 을 의미하는 어근에서 파생된 말이다. 경멸하는 자는 빈정대는 말이나 혹독한 비판의 말 속에서 자만심에 찬 만족을 느낀다(1:22). 그는 책망을 무시하기 때문에(9:7-8; 13:1; 15:12) 물리적인 처벌이 필연적이다. 이러한 물리적인 처벌은 심판의 의미이기도 하고, 덜 강퍅한 어리석은 자에게는 경고가 되기도 한다(19:25, 29).

교안

A. 들어가는 글

1. '신문 머리기사의 제목' 이야기로 시작하라.
2. 배경 설명: 말이 악의적이 될 수 있는 많은 방법들이 있다. 아첨하는 것, 한담하는 것, 중상, 다툼 그리고 거짓말들이 그 방법들이다. 이는 솔로몬이 우리에게 말했듯이 다른 사람을 해칠 수 있는 말이다.
3. 적용: 우리의 삶이 평안하기를 원한다면 먼저 우리의 말을 제어하는 법을 배워야 한다. 다른 사람에게 상처가 되는 말은 우리 자신에게도 아픔이 될 수 있다는 사실을 늘 마음속에 새겨야만 한다.

B. 본문 이해

1. 혀의 능력
2. 아첨
3. 중상과 한담
4. 다툼
5. 거짓말

C. 결론: 말싸움

토의 질문

1. 1에서 10까지의 척도 중에서 10을 최악이라고 했을 때 당신은 악의적인 말에 있어서 당신 자신을 어떻게 평가할 수 있는가? 당신의 언어 생활에서 개선이 필요한 부분은 무엇인가? 당신이 좀더 나아질 수 있기 위해서 우선적으로 할 일은 무엇인가?

2. 누군가 당신에게 상처를 주는 말을 했을 때를 돌이켜 생각해보라. 당신 자신이 다른 사람에게 그렇게 기억되기를 원하는가? 당신은 스스로 남에게 상처를 주는 말을 버려야겠다고 결심하는가?

3. 누군가 당신에게 정말 도움이 되고 격려가 되는 말을 해주었던 때를 생각해보라. 당신은 누군가에게 그렇게 기억이 되고 싶지 않은가? 당신은 말로써 다른 사람에게 좋은 영향을 미칠 수 있는 삶을 살기 위해 준비하고 있는가? 만약 그렇다면 어떻게 시작해야 하겠는가?

20장

잠언 1:10-19; 3:29-32; 6:16-19; 16:29; 17:1; 18:18-19; 20:22; 21:7, 29; 24:28-29; 26:17; 25:26; 27:3; 28:10, 17

문제를 더욱 악화시킴

"우리가 누군가에게 복수를 하는 것은, 문자적으로는 우리가 어떤 행동을 하는 것이지만 사실은 우리가 복수를 위해 그들의 수준에까지 떨어져서 복수를 하지 않으면 얻을 수 있었을 모든 도덕적인 유익을 포기하는 것을 뜻한다."

- 시드니 J. 해리스(Sydney J. Harris)

문제가 터지기 전에 갈등을 해결하는 것이 가장 좋은 일이다. 만약 그 문제가 터지기를 기다리면 우리가 자존심에 상처를 입었다고 느낄 때 복수심이 반사작용처럼 나타나게 된다. 그러나 그것은 파멸로 가는 길이다. 우리는 우리에게 피해를 입혔다고 생각되는 사람들에게 복수하라고 재촉하는 사람들에 대해서 주의해야만 한다. 법을 지키지 않는 사람들이 악한 폭력 조직처럼 함께 연합하게 되면 가장 나쁜 폭력의 형태를 띠게 된다. 그들은 서로에게 도둑질과 살인 등 혼자서 개별적으로 할 때보다는 함께 무리를 지어서 할 때 더 악한 일들을 행하도록 강요한다. 그러한 폭력 조직에 들어가는 것보다 더 치명적으로 청년의 삶을 망치는 것은 없다.

들어가는 글

물어뜯어야 할 사람들

어쩌면 당신은 의사한테 진찰을 받으러 갔다가 자신이 광견병에 걸렸다는 것을 알게 된 사람의 이야기를 들어보았을 것이다. 자신의 병명을 알게 된 그 사람은 즉시 펜을 들어 뭔가를 쓰기 시작했다.

의사는 그 남자가 마지막 소원이나 유서를 쓰고 있는 것이 아닐까 생각했다. 그래서 이렇게 말했다. "제 말을 잘 들어보세요. 이 병은 곧 죽게 되는 그런 병이 아닙니다. 광견병에 대한 치료법이 있어요."

"저도 압니다, 선생님." 그 남자가 대답했다. "사실 전 지금 제가 물어뜯어야 할 사람들의 명단을 적고 있습니다."

이 이야기에 우리는 폭소를 터트리지만 복수에 대한 충동은 더욱 강해질 수 있다. 누군가 우리에게 악한 행동을 하면 우리는 화를 내게 된다. 그리고 우리가 성경적으로 반응하지 않는다면 우리가 해서는 안 되는 일과 해서는 안 되는 말을 하고 있음을 스스로 깨닫게 된다. 솔로몬은 복수의 충동과 모든 형태의 폭력에 대해서 경고한다. 우리는 그러한 충동에 사로잡혀서는 안 된다. 그렇게 되면 혹독한 대가를 치르게 될 것이다.

본문 이해

문제를 더욱 악화시킴

Main Idea	신문의 머리기사는 폭력 사건으로 가득 차 있고, 우리 사회는 자신의 분노를 무절제하게 폭발시키려고 작정한 사람들로 가득 차 있는 것처럼 보인다. 잠언은 우리에게 경고하기를, 문제를 해결할 수 있는 가장 좋은 때는 그 일이 일어난 직후라고 말한다. 문제로 인한 상처가 더 큰 분노의 행동으로 발전하기 전에 갈등을 해결하는 것이 중요한 것이다.

A. 분쟁과 다툼(6:16-19; 17:1; 18:18-19; 26:17)

Supporting Idea	논쟁은 우리를 분노하게 한다. 그러나 우리는 그 악함에 대해서는 크게 주의를 기울이지 않는다. 하지만 하나님은 그런 일들을 매우 심각하게 다루신다. 잠언에 의하면, 분쟁을 더 크게 일으키는 것은 주님의 '가장 싫어하시는 죄' 의 목록에 올라 있다.

6:16-19. 이 구절은 구약 성경의 '일곱 가지 심각한 죄' 라고 부를 수 있다. 처음에 여섯 가지라고 했다가 다시 일곱 가지라고 하는 구성은 다소 특이해보이지만 이런 방식은 히브리어의 일반적인 문학적 기법이다(30:15-16, 18-19, 21-31). 분명한 것은 이 목록이 과장된 것이 아니고, 하나님이 싫어하시는 구체적인 것들을 담고 있다는 점이다. 첫 번째 다섯 가지는 여러 가지 몸의 각 부분들과 연결이 되어서 머리에서부터 짚어 내려오고 있다. 마지막 두 가지는 특별한 유형의 사람들을 의미한다. 이 모든 것들은 주님이 싫어하시는 것들인데, 하나님이 우리를 창조하실 때의 뜻을 다 망가뜨리는 것들이기 때문이다.

교만한 눈을 가진 사람은 그 거만한 눈빛을 낮추기를 거부한다. 이는 하나님께 대한 겸손과 경외심조차 거부하는 것이다. 그는 이 세상에 자기보다 더 뛰어난 사람은 없다고 생각한다.

거짓된 혀를 가진 사람은 옳고 그름에 대한 하나님의 기준을 따르기를 거부할 뿐만 아니라 자기 자신의 목적을 위해 진실을 왜곡시키고자 노력한다.

무죄한 자의 피를 흘리는 손은 자신의 분노를 통제할 수 없는 사람에게 존재하며, 자신이 아무런 이유 없이 죽이는 인간 생명에 대한 죄책감이 전혀 없다.

악한 계교를 꾀하는 마음을 가진 사기꾼은 그를 둘러싸고 있는 사람들에게 위험이 된다. 그가 원하는 것은 오직 자신에게 유익이 되는 상황이나 국면일 뿐이다. 그리고 그는 편리할 때만 법을 지킨다.

빨리 악으로 달려가는 발을 가진 사람은 그가 타락으로 깊게 빠져 들어가고 있음을 보여준다. 이 사람은 향락적인 열정을 가지고 죄를 지을 수 있는 기회를 찾는다. 그가 이렇게 행동하는 이유는 어떤 실질적인 유익이 있어서가 아니라 전적으로 쾌락을 즐기려는 악한 본성 때문이다.

거짓말하는 망령된 증인은 아마 법률적인 사건에서 위증하는 사람을 뜻하는 것 같다. 반면에 형제 사이를 이간하는 사람은 가족과 친구들 사이에서 문제를 일으키는 사람이다.

17:1. 가난한 것과 부자가 되는 것 중에서 하나를 선택하라면 누가 고민하겠는가? 하지만 잠언 기자는 한 가지 요소를 덧붙이고 있다. 너무나 가난해서 오직 마른 떡 한 조각만 있는 가정을 생각해보라. 그러나 그 가정에는 평안과 화목함이 있다. 반대로 잔치를 벌일 정도로 먹을 것이 풍부한 가정이 있다. 하지만 그 음식을 먹는 사람들은 서로 싸우면서 살아간다. 대부분의 잔치가 화목제와 연결이 되어 있지만(신 12:11-12, 21) 이 가정의 잔치는 말 그대로 다툼의 제사를 지낸 것이다. 비록 비현실적인 상황이기는 하지만 이제 그 대답은 분명하다. 평화로운 집을 선택하라!

18:18-19. 제비뽑는 것은 논쟁을 해결하는 데 맞지 않는 방법 같다는 생각이 들 수도 있다. 그러나 유대인들에게 그것은 하나님께 선택을 맡겨 드리는 하나의 방법이었다. 만약 양측이 그 결과를 은혜롭게 받아들이고자 한다면 그들은 서로 강력한 상대자들끼리 갈등이나 소송으로 타격을 받지 않게 피할 수 있을 것이다.

그런 다툼이 전면전으로 확대되기 전에 초기에 갈등을 해결하는 것이 중요하다. 19절이 지적하는 바와 같이 일단 형제(친구나 친척 등)를 노엽게 하면 그의 마음을 돌리기는 쉽지 않다. 그의 방어적인 태도는 견고한 성이나 산성 문빗장과 같아서 열기가 어렵다. 그러한 성은 직접적인 공격으로는 거의 무너지는 법이 없다. 그러나 진정한 정복자는 그저 그 성을 둘러 포위하고 안에서 수비하는 자들이 항복할 때까지 기다린다.

26:17. 당신이 개의 귀를 잡아당기면 어떤 일이 일어날지를 예상하는 것은 매우 쉬운 일이다. 당신은 물어뜯기게 될 것이다! 이와 같이 당신이 다른 사람의 다툼에 끼어들면 그 결과는 불을 보듯 뻔하다. 간섭이라는 단어는 '자기 자신을 자극한다'는 뜻으로 누군가 그 자신이 온전히 이해하지도 않은 상황에 관여할 때 나타나는 매우 위험천만한 행동을 의미한다.

B. 복수에 대한 열정(20:22; 24:28-29)

Supporting Idea	분쟁은 곧이어서 자기 자신을 피해자로 생각하는 왜곡된 감정을 일으킨다. 그들은 자신들이 잘못된 대우를 받고 있다고 생각하고, 그 무례함에 대해 상대편이 대가를 치를 방법을 찾기 시작한다. 이것은 아주 위험한 징조다. 만약 이런 마음이 당신에게도 생긴다면 당장 그것을 버려라!

20:22. 자신에게 해를 입힌 자에게 되갚아주고 싶다는 욕구를 갖는 것은 대부분의 사람들에게 본능적인 것이다. 그러나 잠언은 이 문제를 우리 자신의 뜻대로 하도록 내버려두지 않는다. 우리는 우리 스스로 복수하는 것이 아니라 주님이 그 문제를 처리해주시기를 기다려야 한다. 이 구절은 하나님이 우리를 구원하실 것이라고 약속한다. 그래서 우리는 스스로 그 죄값을 치르게 해야 한다는 책임감을 가질 필요가 없다. 이 개념은 로마서 12장 17절에서부터 13장 4절까지에 더욱 확장되어 나타나는데, 로마서에서는 원수 갚는 것이 하나님의 일이라고 설명한다. 우리는 주님이 우리의 원수에게 올바른 일을 행해주실 것이라고 신뢰할 수 있다.

24:28-29. 어떤 사회에서는 사람들이 잘못된 일에 대해서 직접 원수를 갚기 위해 결투를 하거나 보복 살인을 저지르기도 한다. 다른 측면에서 결투는 법정에서 이루어지기도 한다. 그곳에서 자신에 대해 거짓말을 한 사람에 대응해서 거짓 증언을 내어놓기도 하는 것이다. 그러나 그것이 물리적인 공격이든 아니면 법적인 공격이든 원리는 동일하다. 우리는 누군가 우리에게 악을 행했기 때문에 우리도 악을 행할 수 있다는 정당성을 가지고 있지 않다.

C. 해를 입히려는 계략(3:29-30; 16:29)

Supporting Idea	당신은 복수하고픈 마음을 품기가 얼마나 쉬운지를 잘 알 것이다. 왜냐하면 해를 당할 아무런 이유가 없는 선량한 사람들에 대해서 악한 계획을 세우는 나쁜 사람들이 있기 때문이다. 그러나 우리는 그러한 죄인들의 무리에 끼지 않도록 조심해야 한다.

3:29-30. 당신의 선한 뜻을 믿어주는 이웃을 배반하는 악한 계교는 나쁜 일이다. 모해하는 것은 밭에서 고랑을 파는 것이나 계획을 짜는 것을 의미한다. 호세아 10장 13절은 그 두 가지 개념을 잘 조합하여 악을 심어서 악한 행실을 거두는 사람들에 대해서 말하고 있다. 그러한 속임은 여러 가지 계교(3:29)의 형태를 띨 수도 있고, 악의적인 소송(3:30)으로 나타나기도 한다. 고전적인 구약의 사례는 나봇에 대해 이세벨이 거짓 증인을 내세웠던 것을 들 수 있다(왕상 21:1-27).

16:29. 강포한 사람은 자신의 이웃이 파멸로 가는 자신을 따라오도록 그들을 설득할 것이다. 이것은 그의 미끼가 함정에 걸리게 현혹시키는 것이나 방황하는 영혼이 자신의 죄악된 삶에 동참하도록 이끄는 것을 의미한다.

D. 폭력과 살인(3:31-32; 21:7, 29; 25:26; 27:3; 28:10, 17)

Supporting Idea	예수님은 다른 사람을 미워하는 사람은 살인죄를 저지르는 것이나 마찬가지라고 말씀하셨다. 그가 다른 사람을 건드리지는 않았을지라도 그의 마음속에서 끓어오르는 분개심은 결국 폭력으로 이어질 수도 있다. 그를 더욱 잘못된 방향으로 나아가도록 악화시켜보라. 그러면 그 모든 감정이 행동으로 튀어나왔을 것이다.

3:31-32. 자신이 얻고자 하는 바를 얻기 위해서 폭력을 사용하는 사람은 돈이나 쾌락도 손쉽게 이용하려고 할 것이다. 그리고 당신은 그런 사람의 죄악된 성공에 대해서 부러워하는 마음도 들었을 것이다. 그러나 하나님은 이에 대해서 경고하신다. 질투는 결국 따라하는 것으로 나아간다. 그리고 다른 사람의 삶의 방식을 따라하는 데 죄의식도 느끼지 않게 된다.

하나님이 경고하시는 이유는 무엇일까? 주님은 왜곡되고 비뚤어진 마음을 가진 사람을 싫어하시기 때문이다. 죄를 지은 자가 그 악한 행동으로 인해 악한 결과만을 얻게 되는 것은 아니다. 그는 또한 개개인과 함께 거하시기로 하셨던 하나님의 분노에 직면하게 된다. 반면에 정직한 사람들은 하나님과의 친밀한 관계를 누릴 수 있다.

21:7. 강포함은 그것을 나타내는 자에게 다시 돌아온다. 결국 그들은 그물에 걸린 고기처럼 사로잡히게 되고 끌어올려질 것이다. 그들은 옳은 일이 무엇인지를 알고 있었지만 그 일을 행하기를 싫어하였다.

21:29. 악인은 대개 자신의 행위에 대해서 허세를 부리면서 그 얼굴을 굳게 한다. 그 결과 그는 사려 깊은 생각을 하지 못한다. 그렇지만 정직한 사람은 마음속 깊이 신중하게 생각하기 위해서 노력한다. 의로운 자의 조심스러운 말투는 그가 자기 자신의 말에 신중하다거나 악한 자의 말에 조심하고 있다는 것을 보여주는 것이다.

25:26. 팔레스타인과 같은 황량한 기후에서 물은 사느냐 죽느냐의 문제인데, 샘물이나 우물을 찾는 사람에게 물이 다 말라버리거나 먹을 수 없는 우물을 찾았다는 것은 더없이 실망스러운 일이다. 이와 마찬가지로 의로운 사람은 다른 많은 사람들에게 생명의 근원이 될 수 있지만 그가 악과 타협하고 나면 자신을 의지하고 있던 많은 사람들을 실망시킬 것이다.

27:3. 돌과 모래는 매우 무겁다. 그래서 조금만 담아도 무거워서 들기가 어렵다. 그러나 그것은 물리적인 무게일 뿐이다. 이보다 더 움직이기 어려운 것은 어리석은 자의 분노다. 그 분노의 정확한 성격이 무엇인지는 나타나 있지 않다. 그러나 분명한 것은 우리가 충동적으로 반응하게 될 때까지 그 어리석은 자가 우리를 자극하도록 내버려두어서는 안 된다는 것이다.

28:10. 악은 그 자체로도 나쁜 것이다. 그러나 그것이 선한 사람들을 동일한 죄로 끌어들이려고 할 때 더욱 나쁜 것이 된다. 하나님은 그러한 사람은 스스로 함정에 빠져서 죽게 될 것이라고 약속하신다. 반면에 성실한 사람은 하나님의 축복을 받게 될 것이다. 이것은 악한 자들로부터 빼앗아서 주시는 것이기도 하며, 그 스스로 풍성하게 받아 누리는 것이기도 하다.

28:17. 살인자가 법을 피할 수 있을지 몰라도 처벌을 피할 수는 없다. 그는 고통을 받게 되거나 자신의 양심에 의해서 괴로움을 얻게 될 것이다. 그는 끊임없이 피해 다니는 도망자가 될 것이다. 그리고 죽음만이 그의 유일한 피난처가 될 것이다. 24장 11-12절은

우리에게 의로운 자들을 도우라고 말한다. 그러나 이 구절은 악한 자들이 그 한 일에 대해서 마음의 고통을 덜 느끼도록 도와줌으로써 하나님의 공의를 막아서지도 말라고 경고하고 있다.

E. 범죄의 무리 (1:10-19)

Supporting Idea	폭력은 무법한 사람들이 무리를 지어 함께 참여할 때 가장 끔찍한 형태를 띠게 된다. 그들은 서로에게 도둑질과 살인을 부추기기 때문에 개별적으로 저지르는 범죄보다 무리를 지어서 행하는 범죄가 더욱 위험하다. 그러한 무리에 끼는 것보다 더 결정적으로 젊은 청년의 삶을 파괴하는 것은 없다.

1:10. 잠언은 아들에게 범죄단에 가입하는 위험성에 대해 경고하는 말로 시작된다. 그 서두는 다음의 내용에 대한 요약을 보여준다. 먼저 그는 그 위험성을 강조하고 있다. 11-14절에 나와 있는 대로 죄인이 너를 꾈지라도라고 하면서 경고하는 것이다. 그리고 15-18절에서 더욱 분명하게 말한다. 그들과 함께 다니지 말라.

1:11-14. 그들의 제안은 순진한 젊은 사람의 호기심을 자극하기 위해서 교묘하게 꾸며진 것이다. 이 악당은 아무것도 모르는 희생자를 덮치고 붙들기 위해서 가만히 엎드려 기다린다는 묘한 흥분을 제안하고 있다. 그는 시신을 받아들이는 무덤과 같이 목표 대상자를 집어삼키자는 음모를 말하면서 아무런 위험이 없다는 말로 성공을 약속하고 있다. 그 악당은 돈을 쉽게 벌 수 있다는 말로 유혹한다. 그리고 우리나 함께라는 말을 반복적으로 사용하면서 자신의 무리 가운데 한 사람으로 받아들여주겠다고 약속한다.

1:15-18. 아버지는 젊은 아들에게 "싫다고 말하라!"고 신신당부한다. 그러한 사람들과 함께 다니지 않고 그들과 사귀지도 않는 것은 하나의 명령이기도 하다. 왜냐하면 한번 그 길에 들어서면 빠져나오는 것이 거의 불가능하기 때문이다. 이러한 자들은 죄로 달려가며 주저함 없이 피를 흘리는 자들이다. 그들은 결국 재앙을 만나게 될 것이다. 새도 영리해서 사냥꾼이 쳐놓은 그물을 보면 그것을 피해 도망간다. 그러나 어리석은 악당들은 새처럼 지혜롭지 못하다. 그들은 가만히 엎드려 있기로 계획하였지만 사실은 자기 스스로 올무를 파고 있는 것이다. 그들은 남을 해치기 위해서 숨어서 기다리는 것을 궁리하지만 그들을 잡기 위해 숨어 기다리는 자들에게 잡히게 될 운명에 놓인다.

1:19. 결론적으로 아버지는 자신의 경고 이면에 놓여 있는 일반적인 원리에 대해서 말하고 있다. 단지 이러한 악당들뿐만 아니라 악한 방법으로 유익을 얻고자 하는 모든 사람들은 그 과정 속에서 자신의 생명을 잃게 될 것이다.

Main Idea 복 습	신문의 머리기사는 폭력 사건으로 가득 차 있고, 우리 사회는 자신의 분노를 무절제하게 폭발시키려고 작정한 사람들로 가득 차 있는 것처럼 보인다. 잠언은 우리에게 경고하기를, 문제를 해결할 수 있는 가장 좋은 때는 그 일이 일어난 직후라고 말한다. 문제로 인한 상처가 더 큰 분노의 행동으로 발전하기 전에 갈등을 해결하는 것이 중요한 것이다.

결론

웨딩 드레스를 팝니다

신문에 다음과 같은 개인 광고가 등장하였다. "웨딩 드레스를 팝니다. 한 번도 입지 않은 것입니다. 38구경 권총과 교환 원합니다."

이것은 솔로몬이 우리에게 경고하는 바로 그 마음이다. 분노의 마음, 복수의 마음, 앙갚음하고자 하는 마음, 폭력과 살인의 마음 그리고 보복을 원하는 우리의 욕구를 만족시키기 위해서 필요한 일은 무엇이든지 다 하고자 하는 마음인 것이다. 그러나 그러한 고삐 풀린 분노는 결코 대안이 될 수 없다. 그것은 우리 자신과 다른 사람들을 해치게 될 뿐이다. 이러한 분노는 일시적인 집착증을 만들어내어 정의를 이루겠다는 일념 하나로 파괴적이고 자기 파멸적인 일들을 전적으로 행하고자 준비하기도 한다. 그러나 성경은 우리에게 개인적인 차원에서 정의를 이루려고 노력해서는 안 된다고 일러준다. 성경은 이렇게 말하고 있다. "원수 갚는 것이 내게 있으니 내가 갚으리라"(롬 12:19).

우리는 솔로몬의 경고를 따라야 한다. 복수심이나 미움, 분노, 해를 입히고자 하는 계획 등에서는 어떤 것도 선한 것이 나올 수가 없다. 솔로몬은 그의 형제가 다른 형제를 죽이는 것과 심지어 아버지를 죽이려 했던 것도 보았다. 그는 가장 가까이에서 복수의 파괴적인 마음이 소용돌이와 같이 그 나아가는 길에 있는 모든 것을 파괴시키고 끔찍하게 쓸어버리는 것을 목격했다. 이제 솔로몬은 그가 받은 지혜를 가지고 복수의 마음이 우리 마음 한구석을 차지하기 전에 그것을 내어버리라고 강조한다. 그것이 우리 마음에 들어선 다음에 없애는 것보다는 들어서지 않도록 막는 것이 더 쉬운 일이다.

■ 진리 알기

- 우리의 생각은 우리 행동의 예행 연습이다.
- 폭력은 미움과 같이 갑작스럽게 시작된다.
- 신중하지 않은 친구들은 우리도 신중하지 않도록 부추길 것이다.

■ 적용하기

- 주님이 당신의 행동에 대해 복수하시는 것을 바라지 않는다면 당신도 다른 사람에게 그대로 갚으려고 해서는 안 된다. 용서하라. 그리고 복수하고자 하는 마음을 주님께 내어드려라.
- 복수심이 당신의 마음에 자리잡지 못하게 하라. 그것이 마음에 자리잡은 다음에 없애는 것보다 자리를 잡지 못하게 하는 것이 훨씬 쉬운 일이다.
- 당신의 친구들을 지혜롭게 선택하라. 주님께 헌신하는 마음에서 벗어나는 태도와 가치관과 행동을 부추기는 자들과 친구가 되지 말라.

삶의 적용

흥을 깨는 사람

복수를 충동하는 제어되지 않은 분노는 다른 사람들을 해치며, 우리 자신을 파멸시키는 두 가지 결과를 모두 나타낸다. 알렉산더 대왕에 대한 다음과 같은 이야기가 있다. 그에게는 자신의 군대 장군이었던 절친한 친구가 있었는데, 그 친구가 한번은 알렉산더 대왕과 함께한 술자리에서 술에 너무 취한 나머지 사람들 앞에서 황제를 흉보기 시작하였다. 순간적으로 분노에 눈이 멀어버린 알렉산더는 한 병사의 손에서 창을 빼앗아 들고는 그 친구를 향해 집어던졌다. 그는 단지 술 취한 장군에게 겁을 주려 한 것이었지만 그의 조준이 너무 정확하여 어린 시절부터 사귀었던 친구의 생명을 앗아가버렸다. 알렉산더의 분노는 그의 친구를 파멸시키고 만 것이다.

그러나 분노는 그 자신에게도 심각한 피해를 입혔다. 그 분노 다음엔 깊은 후회와 자책감이 이어졌다. 죄의식을 이기지 못한 알렉산더는 그 창으로 자기 목숨을 끊고자 하였다. 그러나 그의 부하들에 의해 제지되었다. 여러 날 동안 그는 몸져 누워 있었고, 친구들과 가족들에게 자신을 살인자라고 불러달라고 요구하기도 하였다.

프레드릭 뷰크너(Frederick Buechner)는 자신의 책 「바람직한 생각(Wishful Thinking)」에서 이렇게 썼다.

> 일곱 개의 심각한 죄 중에서 아마 분노는 가장 저지르기 쉬운 죄일 것이다. 당신의 상처를 더 아프게 만드는 것, 오래전의 슬픔을 다시 떠올려서 말하는 것, 당신의 잘못된 말로 고통스러운 책망을 다시 받게 되는 것, 당신이 받았던 고통과 당신이 다시 돌려주는 고통을 한 번 더 경험하게 되는 것 등이 잔칫집에서 흥을 깨는 것들이다. 그리고 그중에서 가장 안 좋은 것은 당신이 깎아내리고 있는 대상이 자기 자신이라는 것이다. 흥을 깨는 사람은 바로 당신 자신인 것이다.

고통스러운 분노와 복수심 속에서 우리 자신의 뼈가 썩어 들어가기 전에, 말이나 행동으로 분노의 창을 다른 사람에게 날리기 전에 복수가 당연하다고 생각하는 마음을 내려놓도록 하자. 주님께 그 모든 원수 갚음을 맡겨드리기로 결심하자. 예수님이 자신을 죽인 자들을 용서하셨기에 우리도 우리에게 잘못을 행한 자들을 용서할 수 있을 것이다. 복수하고자 하는 우리의 욕망을 모두 포기할 수 있게 되기를 바란다.

기도

하나님 아버지, 우리에게 죄 지은 악한 사람들을 용서하는 마음을 갖도록 도와주십시오. 그리고 속히 용서할 수 있게 해주십시오. 다른 사람들이 우리에게 해주기 원했던 일을 우리가 행하게 해주십시오. 그리고 복수심이 우리 마음에 자리잡지 않게 도와주십시오. 폭력을 계획하지도 말고, 다른 사람을 해치지도 않게 해주십시오. 그리고 그런 일을 행하고자 하는 사람들과 함께하지 않게 도와주십시오. 아멘.

심층 연구

A. 잔치와 화목제(17:1)

유대인들은 결혼이나 자녀의 돌, 양털을 깎을 때 혹은 생일과 같은 경우에 잔치를 벌이는 것을 즐겨 하였다. 모세 율법하에서 잔치의 가장 대표적인 한 가지 특징은 화목 제물과 연계된 잔치라는 것이었다. 이스라엘 사람은 짐승을 가지고 와서 그것이 화목 제물로 드려지기를 원한다고 말한다(레 3장). 다른 제사와는 달리 이 제사에는 음식이 뒤따른다. 짐승의 어떤 특정한 부위는 제단 위에서 불태워지거나 제사장에게 주어지고, 남은 것은 그 제물을 가져왔던 자에게 다시 돌아가 집에서 여는 잔치의 음식이 된다.

B. 제비를 뽑는 것(18:18)

성경은 제비를 뽑을 때 사용되는 방법에 대해서 구체적으로 명시하고 있지는 않지만 그것은 중요한 결정에서 하나님의 뜻을 구하는 가장 일반적인 방법이었다. 속죄일에 대제사장은 어떤 염소가 희생되어 광야로 보내질 것인가를 결정하기 위해 제비를 뽑았다(레 16:7-10). 여호수아의 가나안 정복 이후에 제비는 부족 간의 지역 경계를 나누는 데 사용되었다(호 14:2). 제비는 성전에서 일하는 사람들의 근무 순서를 결정하는 데도 쓰여졌다(대상 25:7-8). 어떤 학자들은 대제사장의 흉패 안에 있는 우림과 둠밈이 제비의 역할을 하였다고 주장하기도 하였다(출 28:30).

C. 성을 포위함(18:19)

평원에서 적의 군대와 싸워 승리하는 것은 단단히 방어되고 있는 성을 공격하는 것보다 더 쉬운 일이다. 사실 여호수아가 기브온의 전투에서 날의 길이를 더 길게 해달라고 하나님께 간구했던 이유는, 그 군대가 자신들의 안전한 성으로 도망가기 전에 그들을 멸망시키기 위함이었다(수 10:11). 공격하는 군대는 성벽을 올라가려고 하거나 성벽이나 성문을 파괴하기 위해 '파성퇴(battering ram)' 와 같은 큰 망치로 무너뜨리거나 성벽 높이만큼 망대를 짓거나 혹은 밑으로 굴을 파거나 하였다. 만약 그러한 공격이 실패로 돌아가면 군대는 그저 성을 둘러싸고 성 안에서 음식과 식량이 다 떨어지기만을 기다렸다. 그러나 이것은 많은 시간이 걸렸다. 앗수르는 사마리아를 3년 동안 포위하고 있었고(왕하 17:5), 바벨론은 예루살렘 주변에 18개월 동안 진 치고 있었다(렘 52:4).

교안

A. 들어가는 글

1. '물어뜯어야 할 사람들' 이야기로 시작하라.
2. 배경 설명: 분노는 복수를 낳고, 복수는 자제하지 않으면 폭력으로 이어진다. 사람들이 문제를 더욱 악화시킬 때 남는 것은 괴로움뿐이다.
3. 적용: 복수심이나 주체할 수 없는 분노가 당신의 마음속에 자리잡지 않도록 하라. 거리낌 없이 악을 행하는 자들이 당신에게 폭력적인 행동을 부추기지 않도록 하라. 그런 마음이 당신을 사로잡아서 끔찍한 일을 저지르기 전에 그 모든 것을 다 내어버려라.

B. 본문 이해

1. 분쟁과 다툼
2. 복수에 대한 열정
3. 해를 입히려는 계략
4. 폭력과 살인
5. 범죄의 무리

C. **결론:** 웨딩 드레스를 팝니다

토의 질문

1. 당신의 삶 가운데 심각한 복수심을 심어주었던 일은 무엇이었는가? 그때 당신은 복수를 했는가, 하지 않았는가? 했다면 왜 그렇게 했으며, 안 했다면 왜 하지 않았는가?

2. 지금 당신의 생각 속에 뭔가 점검되지 않은 것이 있어서 결국에는 당신이 후회하게 될 어떤 일을 저지르게 할 무언가가 있는가? 당신은 그것을 어떻게 없애버릴 수 있다고 생각하는가?

3. 당신의 친구들에게 나쁜 일을 행하도록 강요받은 적이 있는가? 지금 당신이 그 일에 대해 고민해볼 시간이 있다고 생각해보라. 만약 당신이 그 일들을 다시 생각해보고, 그들이 당신에게 아무런 영향을 미칠 수 없었다면 당신은 어떤 일을 하였겠는가?

21장

잠언 10:2; 11:1; 12:20; 13:5, 11; 15:27; 16:11; 17:8, 23; 20:10, 17, 21, 23; 21:14; 22:28; 23:10-11; 24:26; 26:18-19

정직의 중요성

"나는 사람들에게 가장 귀감이 될 수 있는 정직한 인품을 계속 유지할 수 있는 굳건함과 미덕을 항상 갖게 되기를 소원한다."

- 조지 워싱턴(George Washington)

정직은 어떤 사회에서든지 가장 기초가 되는 가치이다. 속임과 거짓말은 악한 자의 표상이다. 시장에서의 부정직함은 고객을 속이는 거짓된 저울을 사용하는 것과 다른 이웃의 영역을 조금이라도 더 빼앗기 위해서 점유 공간을 침해하는 것 등이 있다. 뇌물 역시 정직하지 못한 것이다. 그것은 뭔가 도움이 되긴 하겠지만 옳지 않은 것이다. 이런 것들과 그 외 다른 모습들의 부정직이 바로 죄다. 그것들은 때로 우리에게 해가 된다. 뿐만 아니라 하나님은 그러한 죄를 저지르는 자들을 심판하실 것이다.

Proverbs

들어가는 글

양방향 거울 같은 인생

시편 51편 6절은 이렇게 말한다. "중심에 진실함을 주께서 원하시오니 내 속에 지혜를 알게 하시리이다." 하나님은 우리가 그분 앞에서 진실하기를 원하신다. 왜 그럴까? 그것은 전지전능하신 그분의 눈앞에서는 아무것도 숨길 수가 없기 때문이다. 그분이 모든 것을 알고 계시는데 왜 정직하지 않은 모습으로 나아가려고 하는가?

내가 신학대학원에 다닐 때 장애가 있는 어린아이들을 치료하는 한 병원에서 아이들을 가르친 적이 있었다. 독서의 기본적인 방법을 가르치는 시간이 있었는데, 우리는 양방향 거울(자신의 모습도 보이고, 거울 너머에 있는 사람도 보이는 거울 - 역자 주)이 있는 교실에서 수업을 했다. 그 거울 뒤에는 교사와 부모들이 교실 안에서 일어나고 있는 일을 볼 수 있는 작은 방이 있었다. 우리는 학생들에게 그 거울이 양방향으로 볼 수 있는 거울이라고 말해주었고, 때때로 교실에 자기들끼리 있게 하고 우리는 그 방으로 들어가 있곤 하였다.

많이 가르쳐주고 경고도 했지만 교사가 거울 뒤 작은 방으로 가면 오래지 않아서 어떤 학생들은 그 말을 다 잊어버리곤 하였다(어쩌면 기억하고 있었을지도 모른다). 그 아이들은 우리가 뒤에 있음에도 불구하고 교실을 뛰어다니며 다른 친구들을 괴롭히거나 거울에 자기 코를 문지르면서 마치 양방향 거울이 없는 것처럼 또 선생님이 자신들을 지켜보고 있지 않는 것처럼 행동하였다.

우리는 다시 교실로 돌아가서 이렇게 말하곤 하였다. "얘, 빌리야. 너는 친구 좀 괴롭히지 말고 공부하고 있으라고 했는데 그렇게 안 하는구나." 당신은 이렇게 생각할지 모른다. '선생님이 그 자리에 없지만 단 30분이라도 선생님이 있다고 생각하면서 살아갈 수는 없을까?'

그렇다면 그리스도인의 삶에 대해서 한번 생각해보라. 우리도 이와 동일하다. 인생은 양방향 거울과 같다. 주님은 우리를 볼 수 있고, 우리도 믿음의 눈으로 주님을 볼 수 있다. 주님은 우리에게 그분이 우리를 보고 계시다고 말씀해주시고, 우리는 그분이 우리와 함께 거하시는 것처럼 살아야 한다. 왜냐하면 주님은 정말 우리와 함께하시기 때문이다.

시편 139편 1-4절은 이렇게 말하고 있다.

> 여호와여 주께서 나를 감찰하시고 아셨나이다
> 주께서 나의 앉고 일어섬을 아시며 멀리서도 나의 생각을 통촉하시오며
> 나의 길과 눕는 것을 감찰하시며 나의 모든 행위를 익히 아시오니
> 여호와여 내 혀의 말을 알지 못하시는 것이 하나도 없으시니이다.

우리가 거짓말할 때 주님은 알고 계신다. 우리가 악한 것을 생각할 때 주님은 알고 계신다. 우리가 속일 때 주님은 알고 계신다. 우리가 정직하지 않을 때 주님은 알고 계신다. 우리가 이기적이거나, 탐욕스럽거나, 교만하거나, 물질주의적이거나, 음란할 때 주님은 알고 계신다. 그분은 모든 것을 알고 계신다. 그래서 솔로몬이 정직에 대해 가르친 것은 너무나 중요하다. 정직하지 않은 것은 아무 의미가 없다. 지혜로운 사람은 솔로몬의 가르침에 귀를 기울일 것이다.

본문 이해

정직의 중요성

Main Idea	우리 사회에서 어떤 사람이 '정직'하다고 칭찬받을 때는 그가 TV 프로그램에 나와서 반성의 기미나 양심의 가책 없이 혼외 정사에 대해서 고백할 때다. 하지만 잠언은 정직에 대한 오래된 정의를 그대로 보여준다. 그것은 삶의 모든 부분에서 진실하고 도덕적으로 온전하게 사는 것이 바로 정직이라는 것이다.

A. 진실함(12:20; 13:5; 24:26; 26:18-19)

Supporting Idea	진실의 필요성보다 더 분명한 도덕적인 원리는 존재하지 않는다. 사회가 어떻게 생각하는지와 상관없이 선한 사람은 정직하다. 속임수와 거짓말은 악한 사람의 표시이다.

12:20. 우리는 대개 궤휼 혹은 속임수를 진실함과 대비시켜 생각한다. 그러나 이 구절은 그것을 **기쁨**과 대비시키고 있다. 하지만 이 말이 틀린 것은 아니다. 당신이 다른 사람에 대한 악한 계획을 세우는 데 시간을 보낼 때 그 속임수의 방식은 당신의 마음속에 자리잡게 될 것이다. 꾀한다는 말은 때로 '쟁기질한다'라고 번역된다. 밭농사를 하기 전에 첫 번째 하는 일로, 고랑을 파는 농부처럼 악인은 끔찍한 결과를 가져오기 위한 생각으로 고민한다. 반면에 다른 사람들에게 **화평**과 번영을 얻게 하는 사람은 희락 그 자체가 주는 축복을 누리게 될 것이다.

13:5. 만약 당신이 하나님을 경외한다면 하나님이 싫어하시는 것을 당신도 싫어하게 될 것이다. 하나님은 거짓을 싫어하신다(12:22). 그러므로 **의로운** 사람은 거짓된 것은 어떤 것이든지 질색하며 멀리할 것이다. 그러나 악한 사람은 정직하지 않은 것이 특징이다. 그 결과로 그들은 **부끄러움**(문자적으로 고약한 냄새를 풍기는)과 **불명예**를 받게 되며, 주변의 다른 사람들도 그런 부끄러움을 당하게 만든다.

24:26. 만약 **입맞춤**이 진정한 사랑이나 존경에서 나오는 것이라면 그것이 이상하다고 생각할 사람은 아무도 없을 것이다. 고대 사회에서의 입맞춤은 항상 이성 간의 낭만적인 행동만은 아니었다. 바로는 모든 애굽인이 요셉에게 입맞추고 복종하라고 명령하였다(창 41:40). 이와 같이 모든 사람은 **정직함**이나 올바른 **대답**에 대해서 감사를 표한다. 우리가 적절한 것을 이야기한다면 다른 사람에게 관심과 존경을 나타내는 것이다.

26:18-19. 어떤 사람들은 그들의 행동이 단지 장난이었다고 변명함으로써 악한 의도를 덮어버리려고 할 때가 있다. 하지만 단순한 농담보다 더 큰 의미가 그 속에 숨겨져 있다. 그런 행동은 매우 해로운 것이며, **횃불을 던지며 화살을 쏘는** 광포한 궁수(26:10)와 같이 사람들에게 해를 입히는 것이다. 이 구절은 하나님이 자기 행동의 의미에 대해서 미리 생각해야 할 책임을 사람들에게 물으신다는 것을 보여준다. 그저 사소한 장난이었다는 말은 다른 사람에게 상처를 입힌 것에 대한 변명의 여지가 되지 않는다.

B. 정확한 중량과 경계(11:1; 16:11; 20:10, 23; 22:28; 23:10-11)

Supporting Idea	사기는 여러 가지 형태를 띤다. 이스라엘에서 사기꾼은 시장 같은 곳에서 손님들을 속이기 위해 거짓된 저울을 사용하였다. 또는 자기 이웃의 지경을 조금이라도 더 차지하기 위해서 자신의 상점 경계를 일부러 더 확장하기도 하였다. 이러저러한 형태의 수법들이 죄였고, 하나님은 그런 일을 하는 자들을 심판하실 것이다.

11:1; 16:11; 20:10, 23. 돈을 건네주기 전에 손님은 금이나 은의 규정된 무게에 달아봄으로써 가격을 알아보려고 할 것이다. 비양심적인 상인들은 정확하지 않은 저울을 사용하여 조금이라도 더 유익을 보기 위해서 손님을 속일 수도 있었다. 이러한 부정직한 추(문자적으로는 속이는 추)나 맞지 않는 저울 등은 비슷한 유형의 사기다. 상인에게는 그저 단순히 약삭빠른 상술에 불과할 뿐이라고 생각되겠지만 잠언의 각 구절은 그러한 부정직함을 중요한 문제로 다루고 있다. 속이는 것은 대놓고 하나님을 거역하는 것이다. 정직한 추와 공평한 저울은 주님께로부터 나온다. 그분은 옳고 그름의 완전한 기준이시며, 우리는 그분의 완전한 진리와 거룩하심에 따라서 모든 것을 판단한다. 이와 같이 장사꾼에게 저울은 사업적인 면에서의 정직을 확인할 수 있는 도구다. 어떤 사람이 자신의 유익에 따라서 그 무게를 변경할 수 있는 권한이 있다고 주장한다면 그는 하나님을 욕되게 하는 것이다. 하나님이 그런 속이는 자를 미워하시는 것은 당연한 일이다!

22:28; 23:10-11. 이스라엘에서는 돌로 토지의 경계를 표시했다. 그래서 그 돌을 몰래 옮기는 것이 이웃의 지경을 훔쳐 자신의 지경을 늘리는 가장 쉬운 방법이었다. 그 돌은 옛날 여호수아 시대로 거슬러 올라가서 지파의 지경을 결정하였던 아주 오래된 것이었다. 그때 각 가정은 자신들의 영원한 소유물이 되었던 땅을 차지할 수 있었다. 탐욕스러운 이웃이 한쪽 면에서 그 돌을 몇 미터 굴려서 움직여놓으면 그는 자신의 선조 때부터 지켜져 내려왔던 법적인 영역에 대한 규칙을 무시하는 것이었다.

이웃의 것을 훔치는 것은 나쁜 일이었다. 더욱이 고아나 과부의 지경을 훔치는 것은 더 나쁜 일이었다. 하나님은 특별한 방법으로 가장이 없는 자들을 돌보신다(신 10:18; 시 10:14, 17-18; 68:5; 82:3; 146:9). 그리고 자기 자신을 보호할 수 없는 자들의 보호자가 되어주신다. '보호자' 라는 의미의 '구속자' (히브리어로 '고엘' , goel)라는 단어는 때로 '구원자' 라고도 번역되고, 어려운 형편에 놓여 있는 사람을 구원하는 가까운 친척을 일

컨기도 하였다(레 25:25; 룻 3:12-13; 4:1). 그리고 누군가 고아를 속여 이익을 차지하려고 할 때 하나님은 직접 개입하셔서 그들의 원한을 풀어주실 것이다. 하나님이 죄를 정죄하실 때는 그 어떤 악한 변명도 통하지 않을 것이다!

C. 윤리적인 문제들(10:2; 13:11; 20:17, 21)

Supporting Idea	다른 사람들을 속이면서 쉽게 재물을 벌 수는 있지만 결국엔 문젯거리만 얻게 될 것이다.

10:2. 아무런 가치가 없는 재물이라는 말은 모순된 말 같지만 그것이 도둑질이나 속임수를 통해 얻은 것이라면 그것의 가치는 곧 사라져버릴 것이다. 그것은 그 사람의 인생을 보장해주지 못한다. 그러나 의로움은 당신을 죽음에서 건져낼 수 있다. 그것은 더 오랫동안 살 수 있게 하며, 가족들의 안전을 지켜줄 뿐만 아니라 생명을 길게 만드는 하나님과의 든든한 관계를 얻게 해준다.

13:11. 불의한 재물은 말 그대로 '아무런 노력 없이 번 재물' 이다. 그러한 소득에는 불의하게 얻은 것이라는 의미뿐 아니라 성실한 노력으로 얻은 재물이 아니라는 의미도 있다. 상속이나 복권 당첨을 통해서 부자가 되었다면 그 재물을 유지하기 위해 필요한 재정적인 검소함을 배우지 않을 때 곧 그것을 다 잃어버릴 것이다. 그렇지만 정직한 과정을 통해서 조금씩 돈을 모은 사람은 자신의 재물을 잘 관리할 것이고, 점차 늘어나는 것을 보게 될 것이다.

20:17. 사기꾼은 사기를 통해서 자신이 얻고자 하는 것을 얻을 수 있다. 짧은 기간 동안에는 그것이 만족스러울 수 있다. 그는 그 돈으로 산 음식을 먹고, 자신에게 달콤함을 주는 경험을 할 수 있을 것이다. 그러나 결국에 그러한 사람은 슬픔을 경험하게 될 것이다. 그 달콤함은 그의 입에서 자갈을 씹는 것 같고, 자신의 범죄의 결과로 인해 괴로움을 당하게 될 것이다.

20:21. 아들은 누가복음 15장에 나오는 탕자처럼 어릴 때에 재산을 상속받을 수도 있고, 정직하지 못한 방식으로 빠르게 재산을 모을 수도 있다(19:26). 그가 그것을 정직하게 받았든지 아니든지 간에 그러한 재물은 결국 축복이 되지 않을 것이다. 즉, 쉽게 돈을 버는 사람은 그것을 간수하는 방법을 알지 못한다. 그리고 그들이 게으름이나 부정

직함에 빠지게 되면 그들은 하나님의 축복마저 잃어버리게 될 것이다.

D. 뇌물(15:27; 17:8, 23; 21:14)

Supporting Idea	뇌물은 일반적인 타락의 형태이며, 거의 모든 나라에서 사업을 할 때 꼭 요구되는 것이기도 하다. 그런 관습은 결국 도덕적 해이라는 비싼 대가를 치르게 만든다.

17:8; 21:14. 이 두 구절은 뇌물에 대한 인간적인 관점을 보여주면서 그것이 일을 하는 데 효과적인 수단이 될 수도 있다고 말한다. 뇌물이 보석 같은 작용을 한다고 말할 수 있는 것이다. 여기서 보석은 문자 그대로 하자면 '귀한 돌' 이라는 의미로 어떤 사람이 원하는 결과를 얻게 되리라고 기대할 수 있는 도구다. 또한 '선물' 은 다른 사람의 분노를 가라앉히고, 때로는 법정 밖에서 소송을 합의할 수 있는 합법적인 방법이기도 하다. 그것은 매우 강력해서 분을 그치게 할 수도 있다. 그러나 정당한 선물과 공의를 굽게 하는 뇌물 사이에는 엄연한 경계선이 존재한다.

15:27; 17:23. 이 구절들은 뇌물이 악한 것이라는 하나님의 관점을 보여준다. 이익을 탐하는 자는 그 이익을 빨리 얻을 수 있는 방법으로 뇌물을 기꺼이 받을 것이다. 그러나 그의 행위는 결국 자신의 가족에게 어려움을 가져다줄 것이다. 반대로 뇌물을 싫어하는 자는 그의 생명이 길 것이며, 어려움을 피하게 될 것이다.

뇌물을 주고받는 것은 도덕적으로 옳지 않다. 악한 자는 공의의 길을 왜곡하고 훼방하는 일의 대가로 은밀하게 돈을 받을 것이다. 뇌물은 각 사람의 존엄성을 떨어뜨릴 것이고(출 23:8; 신 16:19; 전 7:7), 자신의 집과 영혼을 위협할 것이며, 하나님의 명령을 무시하게 만들 것(엡 5:5)이라고 성경은 분명하게 가르친다.

Main Idea 복 습	우리 사회에서 어떤 사람이 '정직' 하다고 칭찬받을 때는 그가 TV 프로그램에 나와서 반성의 기미나 양심의 가책 없이 혼외 정사에 대해서 고백할 때다. 하지만 잠언은 정직에 대한 오래된 정의를 그대로 보여준다. 그것은 삶의 모든 부분에서 진실하고 도덕적으로 온전하게 사는 것이 바로 정직이라는 것이다.

결론

아이들은 정직이 무엇인지를 알고 있다

고대 사회에서는 시장에서 파는 물건을 저울에 달아 무게를 잴 때 저울의 한쪽 편에 '1kg' 이라고 말하면서 무거운 것을 올려놓고, 다른 편에 밀이나 혹은 버터를 올려놓은 후 무게를 잼다. 그런데 불의한 상인들은 저울추의 밑부분을 약간 잘라내어 정확한 무게보다 더 나가게 만들었다. 그렇게 해서 1kg의 버터나 밀을 올려놓을 때는 사실 1kg이 안 되었다. 물건을 사는 사람은 아무것도 모른 채 말이다.

성경은 이것이 잘못이라고 말한다. 속이는 것이나 말과 행동에서 정직하지 않은 것은 잘못된 일이다. 직장에서든, 교회에서든 혹은 집에서든 우리는 반드시 우리 자신의 행동에 정직해야만 한다. 「영혼을 위한 닭고기 수프(Chicken Soup for the Soul)」에서 우리는 페트리샤 프립(Patricia Fripp)이 말하는 다음과 같은 이야기를 들을 수 있다.

> 그날은 오클라호마에서 보내는 햇살이 화창한 어느 토요일 오후였다. 내 친구와 두 아이의 아버지였던 바비 루이스(Bobby Lewis)는 그의 두 아들을 데리고 미니 골프를 하기 위해서 갔다. 그는 아이들을 데리고 걸어 올라가면서 먼저 입장권 판매소로 갔던 그녀에게 물었다. "들어가는 데 얼마래요?"
>
> 그러자 그녀가 대답하였다. "성인은 3불이고, 여섯 살 이상 된 어린아이도 3불이래요. 여섯 살 미만이면 공짜로 아이들을 데리고 들어갈 수 있어요. 아이들이 몇 살이죠?"
>
> 바비가 대답하였다. "변호사가 될 둘째는 세 살이고, 의사가 될 첫째는 일곱 살이니까 내가 당신에게 6불을 주면 되겠네요."
>
> 판매소에 있던 사람이 말했다. "손님은 3불을 더 절약할 수도 있었는데 아깝네요. 저에게 큰 아이가 여섯 살이라고 하지 그러셨어요. 그래도 저는 잘 모르고 지나갔을 텐데요."
>
> 그러자 바비가 대답했다. "네, 그 말도 맞긴 하네요. 하지만 아이들은 그것이 정

직하지 않다는 것을 알고 있을 거예요."

하나님은 우리에게 하나님과의 관계에서나 다른 사람들에게 하는 말이나 행동 또 우리가 하는 모든 일에서 진실하고 정직하라고 말씀하신다. 어떤 논문에서 다른 사람의 말을 인용할 때 그것에 대한 출처를 분명히 밝히는 것이나 어떤 계약의 세부 내용이 정확한지를 확인하는 일 또는 판매고를 보고할 때 과장하지 않는 일 등 우리는 말이나 행동에 있어서 정직하고 진실해야만 한다.

■ 진리 알기

- 진실은 사회를 구성하는 근본 요소이다. 이것이 없으면 사회는 약육강식이라는 정글의 법칙이 지배하는 수준으로 떨어지고 만다.
- 사업을 할 때 부정직은 자기 파괴적인 것이다. 얼마 동안은 이득을 볼 수 있지만 결국에는 모든 것을 잃어버릴 것이다.
- 뇌물은 외부와 격리된 상황에서는 효과를 발휘할지도 모른다. 그러나 뇌물을 인정하는 사회는 강자가 약자를 집어삼키는 법도 원칙도 없는 악한 사회가 되고 만다.

■ 적용하기

- 정직한 삶을 살아가기로 결심하라. 당신 자신의 삶을 잘 다스리고, 다른 사람들도 당신처럼 행동한다면 모든 일이 잘될 것이다.
- 당신이 다른 사람에게 속고 싶지 않다면 당신도 그들을 속이지 말라.
- 정직과 의로움을 올바르게 세우고자 노력하는 후보자에게 투표하라. 그러면 이 나라가 부정과 부패로 만연된 사회로 전락하는 것을 막을 수 있을 것이다.

삶의 적용

우리의 코가 커지고 있다

우리는 이 세상 모든 삶의 영역에서 정직이 쇠퇴해가는 것을 보고 있다. 메릴랜드의 한 학교 교장 선생님은 교장으로서 자신의 업무수행 평가서에 아이들이 써야 할 내용을 조작하였다는 이유로 사직하게 되었다. 오하이오에 있는 한 학교 선생님들은 학생들의 점수를 올리는 방법으로 부정을 저질렀다. 뉴욕 시에서는 30개교의 48명이 넘는 교사와 행정 담당관들이 여러 가지 공식적인 시험에서 학생들이 부정을 저지르도록 방조하였다는 혐의로 기소되었다. 학생들이 시험 부정으로 인해 퇴교당하는 것도 정말 나쁜 일이지만 이렇게 많은 수의 교사와 교장들이 범죄를 저질렀다는 것은 정말 충격적인 일이 아닐 수 없다.

이러한 부정적인 영향을 받는 영역은 분명 교육계만이 아니다. 우리는 진실을 은폐하는 정부 관리와 거짓으로 연구를 한 과학자, 취직하기 위해 자신의 업무 경력을 위조하는 직원 등에 대해서도 알고 있다.

우리 경제는 은행계에서, 전문 사업 영역에서 그리고 금융 회사 내에서 일어나는 부정 행위로 인해 충격을 받는다. 전반적인 사회 각처에서의 기강은 최근 수십 년간 극도로 해이해졌고, 그 결과 여러 종류의 부정이 더 많이 생겨났다. 오늘날에는 그것이 사라지지 않을 바에는 자신도 직접 나서서 그런 일을 저지르겠다는 태도가 팽배해 있다.

거짓말을 할 때마다 조금씩 코가 자랐던 피노키오처럼 우리 사회 분위기의 코는 부자연스러울 정도로 커져가고 있다. 선서를 해놓고도 거짓말을 했다고 고백하는 백악관 관리에서부터 시험에서 부정행위를 하고서 다시 거짓말하는 초등학생에 이르기까지 우리 문화는 정직에 대한 단호한 결심이 없는 부정직한 상태로 더욱 나아가고 있다. 우리는 그것이 다른 사람에게는 중요한 것이고, 또 그들이 정직하기를 원하지만 정작 우리 자신의 경우에는 그것이 자신의 유익에 합한 것이라면 결과를 조작할 수도 있는 자유로움을 원하고 있다. 부정직한 세계 속에서 살고 싶은 사람은 아무도 없다. 그러나 우리는 우리 자신의 권리만은 지켜지기를 원한다.

이것은 그리 긍정적인 이야기는 아니다. 더군다나 사회에 영향을 미치는 것들은 더 나아가서 교회에도 영향을 미친다. 만약 거짓말하는 것이 이 세상에서 더욱 팽배해지면 그것은 필연적으로 교회에서도 더욱 증가하게 된다. 이러한 현상 앞에서 성경은 말한다. "거짓 입술은 여호와께 미움을 받아도 진실히 행하는 자는 그의 기뻐하심을 받느니라"(12:22). 그러므로 교회에 있는 우리는 누구를 본받을 것인가를 결정해야만 한다. 세상인가 아니면 그리스도인가? 만약 우리가 그리스도를 닮기로 결정한다면 정직의 영역에 들어가기 위해 이전의 잘못들을 고백하고 회개하는 일을 해야 할 것이다.

기도

하나님 아버지, 우리가 주님이 계시다는 것을 항상 의식하며, 주님이 항상 우리와 함께하시며, 우리가 생각하고 행동하는 모든 것을 다 알고 계시다는 사실을 잊지 않게 해주십시오. 그러한 깨달음으로 우리가 항상 주님과 사람들 앞에서 정직한 삶을 살도록 도와주십시오. 그리고 우리를 예수님의 형상으로 변화시켜주십시오. 아멘.

심층 연구

A. 중량과 저울

팔레스타인 지방 사람들은 구약 성경 기록의 마지막 시기인 페르시아 왕조가 들어서기 이전에는 동전을 사용하지 않았다. 그들은 화폐나 다른 도구를 사용하는 대신에 금이나 은의 중량을 달아 값을 지불하였다. 그들은 바르게 설 수 있도록 지지하는 막대와 양편에 드리워 내려진 추로 이루어진 작은 저울을 사용하곤 하였다. 사람들은 기본적인 중량의 돌을 사용하여서 평소엔 자루에 넣어두었다가 필요할 땐 꺼내어 저울 한쪽편에 올려 그 저울의 반대쪽에 있는 다른 물품이나 은의 중량을 다는 데 사용하였다. 구약 성경은 자주 부정직한 저울을 사용하는 것이 일반적인 문제임을 말하면서 그런 일에 대해서 경고하곤 하였다.

B. 지계석

이스라엘에서 사람들의 거주 지역은 그가 가진 땅에 따라 결정되었다. 그래서 토지 경계선을 조작하는 것은 심각한 범죄 행위였다. 유대인들은 토지 경계선을 나타내기 위해서 여러 종류의 표시를 사용하였는데, 비석, 돌(글귀가 새겨진) 혹은 다른 기념비와 같은 것들이었다. 지계석을 옮기는 것은 바벨론, 이집트 그리스에서 존재했던 범죄였고, 로마인들은 이러한 죄를 매우 심각하게 취급해서 그런 일을 하는 자를 사형에 처하곤 하였다. 모세 율법 역시 이런 일을 하는 것에 대해서 엄중한 경고를 하였다(신 19:14; 27:17).

C. 구속자

'고엘(Goel)' 이라는 단어는 종종 '구속자' 로 번역되는 말이다. 하지만 그것은 가장 가까운 친족이라는 의미도 담고 있다. 왜냐하면 그런 친척은 어려움에 빠진 친족을 도와야 하는 책임도 가지고 있었기 때문이다. 친족 구원자는 친족의 살인에 대해서 복수를 하거나(신 35:12) 형제의 미망인과 결혼하는(신 25:5-10) 의무를 지기도 하였다. 그러나 그런 구속자의 우선적인 책임은 재정적인 어려움에 빠진 형제를 위해서 땅을 되갚아 사는 것이었다(레 25:25-28). 인간적인 책임감에 입각하여 성경은 종종 하나님을 그 백성들의 구속자라고 표현하고 있고, 그들을 위해 일어나시며 그들을 보호하시는 분으로 묘사한다(특히 이사야서에서 두드러지게 나타난다).

교안

A. 들어가는 글

1. '양방향 거울 같은 인생' 이야기로 시작하라.
2. 배경 설명: 부정 행위, 도둑질, 윤리적인 문제들, 뇌물 등은 사회가 타락하고 있다는 표시다. 그런 것들은 하나님을 잊어버리고 있다는 표시이기도 하다.
3. 적용: 우리는 이러한 도덕적인 문제들에 대해서 우리가 해결의 한 부분이 되지 않는다면 문제의 한 부분이 된다는 것을 이해해야만 한다. 그리스도인들은 이러한 문제에 대해서 세상과 닮는 것이 아니라 그리스도와 닮아야만 한다.

B. 본문 이해

1. 진실함
2. 정확한 중량과 경계
3. 윤리적인 문제들
4. 뇌물

C. 결론: 아이들은 정직이 무엇인지를 알고 있다

토의 질문

1. 1에서 10까지의 척도에서 당신의 정직도는 얼마나 되는가? 당신의 삶에 변화가 필요하다고 생각되는 영역이 있는가? 그렇다면 당신은 무엇을 해야만 하는가?

2. 도둑질에는 두 가지 종류가 있다. 하나는 소비자가 값을 치르지 않고 들고 가는 것이고, 다른 하나는 판매자가 상품을 거짓으로 제시하거나 가격을 높여 부르는 것이다. 당신은 누군가의 것을 도둑질하는 죄를 지은 적이 있는가? 만약 그랬다면 당신은 그것을 옳다고 생각했는가? 이제는 그런 일을 하지 않기로 결심하였는가?

3. 만약 당신이, 뇌물이 사업을 하는 데 반드시 필요한 다른 어떤 나라에서 일을 하고 있다면 그런 뇌물을 주는 것이 잘못이라고 생각하겠는가?

22장

잠언 12:17; 14:5, 25; 17:15, 26; 18:5, 17; 19:9, 28; 21:15, 28; 24:11-12, 23-25; 25:18; 28:5; 29:26

공의의 필요성

"공의는 행동으로 나타나는 진실이다."

- 벤자민 디스라엘리(Benjamin Disraeli)

하나님은 악의적인 거짓 증언을 미워하신다. 판사들과 그 외 공적인 자리에 있는 사람들은 의로운 사람들이 혐의를 벗을 수 있고, 죄인들이 정죄를 받을 수 있는가를 주의 깊게 살펴야 한다. 그럴 때 하나님의 눈으로 공평하게 대하는 것이 큰 지혜를 얻는 방법이다. 우리는 억울한 누명을 쓴 자들을 돕기 위해 노력해야 하며, 결국 공의는 인간으로부터가 아니라 하나님으로부터 나타난다는 것을 기억해야 한다.

Proverbs

들어가는 글

나는 공의를 원해요!

우리는 모두 삶 속에서 공의가 이루어지기를 원한다. 아니, 그렇게 생각한다. 그러나 사실 정말로 원하는 것은 아니다. 우리가 진정으로 원하는 것은 자비다. 마더 테레사 수도회에 속한 한 수도사가 성직자 회의에 나와서 이렇게 말했다. "마더 테레사여, 내 동료 가운데 한 사람이 나에 대해서 사실이 아닌 소문을 퍼트리고 있습니다. 나는 공의를 요구합니다." 이에 대해 마더 테레사(Mother Teresa)는 이렇게 말했다. "그냥 잊어버리세요. 그리고 그가 정말로 진실을 알고 있었다면 뭐라고 했을지를 한번 생각해보세요!"

이 얼마나 옳은 말인가. 몽테뉴(Montaigne)는 말하기를, 사람의 내면의 생각이 외부로 알려졌을 때 정죄받지 않을 사람은 아무도 없다고 하였다.

그러므로 마더 테레사 수도회의 그 수도사도 공의를 원했던 것이 아니었다. 그는 자비를 원했다. 그럼에도 불구하고 사회가 체계적으로 기능하기 위해서는 공의가 요구된다. 공의는 모든 사람에 대한 도덕적 기준의 공평한 적용이다. 만약 율법이 공의롭지 않고, 판사들이 공의롭지 않다면, 인생은 결코 이해할 수 없고 예측할 수 없는 야생과 같은 무법한 약탈 장소가 되어버릴 것이다. 척 콜슨(Chuck Colson)은 일전에 이렇게 말했다. "그리스도인들의 목표는 권력이 아니라 공의다. 우리는 공평한 권력의 법제화를 이루기 위해 노력해야 한다. 또한 이 일을 이루는 데 필요한 과정 속에서 일어날 수 있는 목표의 변질이라도 용납되어서는 안 된다."

공의는 하나님의 성품에서 발견된다. 만약 율법과 어떤 결정들이 하나님의 성품인 하나님의 사랑을 나타내는 것이 아니라면 그것은 결코 공의로울 수 없다. 조지 맥도날드(George MacDonald)는 이렇게 썼다. "공의가 공의롭기 위해서는 공의보다 더 큰 무엇이어야 한다. 사랑은 우리 삶의 형태에 대한 법이다. 이것이 없다면 우리는 고작 어둠 속에서 걸어갈 때 올바른 길을 겨우 유지할 수 있는 공의를 나타내는 것일 뿐이다."

이 장에서 솔로몬은 모든 사람이 공의롭게 되기를 강조하며, 모든 재판관들에게 공평하게 판단할 것을 요청하고 있다. 그는 또한 모든 사람에게 하나님과 그분의 성품을 공의의 기준으로 바라볼 것을 가르치고 있다.

본문 이해

공의의 필요성

Main Idea	대부분의 사람들은 사법 체계에 대해서는 큰 관심을 갖지 않고 살아간다. 하지만 잠언은 법정이 인간의 삶과 운명에 영향을 미치는 곳임을 깨닫게 한다. 하나님은 법정에서 일어나는 일들을 살피신다. 그리고 그분은 법정이 의로운 자들을 구하고, 죄인들을 처벌하는 도구가 되기를 원하신다.

A. 위증죄(12:17; 14:5,25; 19:9, 28; 21:28; 25:18)

Supporting Idea	선한 결정은 정확한 증거에 근거한다. 그래서 진실한 판결이 반드시 필요한 것이다. 잠언은 반복해서 경고하기를, 하나님은 악의적인 거짓 증인을 미워하신다고 말한다.

12:17; 14:5, 25. 이 세 구절은 진실을 말하는 증인과 거짓 증인의 차이를 극명하게 보여준다. 그 상황은 재판정에서 피고인과 고소인의 쌍방 간 쟁점에 대한 논란이 최고조에 이르렀을 때다. 이제 거짓 증언은 피고인을 사형에 처할 수도 있지만 진실한 증언은 그의 생명을 살릴 수도 있다(6:17, 19 참고).

12장 17절에 나타나는 진실한 증인은 정직한 증언을 말한다(문자적으로는 터져 나오다, 갑자기 외치다). 그는 본성적으로 정직한 사람이고, 그의 말은 진실을 나타낸다. 반면에 거짓 증인은 본성적으로 속이는 사람이며, 그는 일부러 애써 준비한 거짓 증언을 터트린다.

19:9; 21:28. 여기서는 모든 위증죄가 하나님께 처벌을 받을 것이라고 경고한다. 19장 9절은 그 죄에 대한 심각성을 반복해서 경고하는 19장 5절과 매우 흡사하다. 솔로몬은 분명히 많은 거짓 증인들의 말을 들었을 것이다. 그래서 그는 그들이 처벌을 피하지 못할 것이라고 선언한다. 거짓 증언을 하는 사람은 분명히 망하게 될 것이다. 또한 그는 공의를 굽게 하려는 그의 음모에 연합하는 재판관도 망하게 할 것이다. 그런 재판관이나 증인은 모두 진리에 대해서 책임을 지게 된다.

19:28. 망령된 증인은 글자 그대로 말하자면 'belial(벨리알)', 즉 '무익하고 악한 사람'을 뜻한다. 그는 공의를 멸시하고, 법을 존중하는 마음을 갖지 않는다. 그 대신 그는 죄악을 맛있는 음식을 삼키듯이 삼키는데, 그의 죄악에 대한 선호는 도저히 만족될 수 없고 끝이 없는 것이다.

25:18. 위증을 하는 사람은 위험한 무기와 같다. 마치 위험한 무기처럼 인생이나 명예를 파멸시키는 것이다. 상반절의 히브리어 본문은 '흩어버리는 사람'이라고 해석될 수 있다. 하지만 모음을 약간 바꾸면 '쳐서 때리는 사람'이라고 해석할 수 있다. 이처럼 이웃에 대해 거짓 증언하는 것은 곤봉으로 쳐서 때리는 것처럼 타격을 입힐 수 있다. 칼처럼 베는 것이며 화살처럼 꽂히는 것이 되게 할 수도 있다.

B. 재판관의 책임(17:15, 26; 18:5,17; 21:15; 24:23-25)

Supporting Idea	법정에서 진술을 하는 사람은 의로운 사람이 누명을 벗고, 악한 사람이 정죄를 받는다는 것을 확인할 중대한 책임을 가지고 있다. 공의에 대한 하나님의 원칙을 나타내기 위해서 증언을 하는 일에는 큰 지혜가 필요하다.

17:15. 하나님은 어떤 형태든 공의롭지 않은 것은 미워하신다. 그것은 죄인을 눈감아 주는 것이나 의인을 처벌하는 것이나 모두 마찬가지다. 율법은 말하기를, 하나님은 죄인들을 심판받지 않은 채로 내버려두지 않으신다고 하였다(출 34:7). 왜냐하면 그분의 본성이 바로 공의를 원하시기 때문이다. 이것은 우리 죄를 사하시기 위한 방법으로 우리 죄를 대신해서 그리스도가 죽는 것이 필요했던 이유이기도 하다(롬 3:24-27).

17:26; 18:5. 이 두 구절의 내용은 선하지 않은 행동이 무엇인가를 설명하고 있다

(19:2; 24:23; 25:27; 28:21 참고). 먼저 의로운 사람을 처벌하는 것은 잘못된 일이다. 그로 인해 그 사람은 반드시 얻어야 하는 법적 권리를 잃어버리게 된다. 두 번째, 귀인이나 담당자가 자신의 의무를 성실하게 했다고 해서 처벌하는 것은 더더욱 나쁜 일이다. 세 번째, 악한 자들에게 동정적이거나(17:15, 26; 24:23; 28:21) 논쟁에서 그들 편에 서는 것 역시 잘못이다. 여기서 악한 자들이라는 말은 하나님께 충성스럽지 않고, 그분의 말씀에 대항하여 싸우며, 동료들을 멸시하는 것을 의미한다. 네 번째, 의로운 자들의 공의를 박탈하여 그들을 억울하게 하는 것이 잘못이다. 이는 법정에서뿐 아니라 일상적인 삶의 상황에서도 모두 적용된다.

18:17. 공의를 이루기 위해서 재판관은 결정을 내리기 전에 양쪽의 이야기를 모두 들어보아야만 한다. 대개 고소인이 먼저 말하고, 그 다음에 피고소인이 그 뒤를 잇게 된다. 이러한 원리는 두 자녀 사이에서 다툼을 중재해야 하는 부모의 입장과 같이 많은 일상적인 상황에서 동일하게 적용된다. 먼저 말하는 사람이 옳은 것 같기도 하다. 그러나 나중에 말하는 피고소인의 이야기는 그 문제의 전혀 다른 측면을 보여준다.

21:15. 공의는 사회가 적절히 기능하는 데 반드시 필요하다. 그리고 의로운 사람들은 항상 공의가 행해질 때 기뻐할 것이다. 그들은 아무것도 거리끼는 것이 없다(롬 13:1-7). 그러나 악을 행하는 자들은 진짜 공의를 두려워한다. 이러한 두려움은 자신의 파멸이나 후회스러운 행동에 대한 절망을 포함한다.

24:23-25. 성경은 계속해서 악한 자의 편을 드는 행동에 대해서 정죄하고 있다. 하나님이 그런 일을 싫어하실 뿐 아니라 일반 사회조차도 변질된 재판관을 경멸한다. 나라의 지도자가 죄 있는 자들을 무죄로 만들어버리는 일로 소문이 나게 되면 하나님의 율법의 유익을 가지고 있지 못한 이방 나라들도 그를 경멸할 것이다. 그것은 모든 곳에서 다 알게 되는 부끄러운 죄다. 반면에 재판관이 죄 있는 자들을 정죄하는 자로 알려지면 그는 사람들에게 존경을 받고, 영광과 축복을 얻게 될 것이다.

C. 공의의 근원(24:11-12; 28:5; 29:26)

Supporting Idea	인간의 권위에는 단점이 많고, 때로는 악의적이기까지 하다. 종종 국가 체제는 의로운 사람들을 억압하기도 한다. 그러한 일들이 일어날 때 우리는 학대받는 자들을 돕기 위해 일해야 하고, 항상 공의는 궁극적으로 인간이 아니라 하나님께로부터 온다는 사실을 기억해야 한다.

24:11-12. 우리는 종종 '태만죄'에 대해서 말하는데, 그것은 우리의 의무를 행하지 않을 때 생겨난다. 그리고 잠언은 우리가 죽음으로 치닫고 있는 자들을 구원하기 위해 노력해야 할 책임이 있음을 경고하고 있다. 그것은 살인자에 대해서 합법적인 처형을 의미하는 것이 아니라 불의하게 억압받고 있는 사람들을 대하는 태도에 관해서 말하는 것이다. 그 사람들은 살육을 당하게 되어 있으며, 절박하게 자신들을 파멸에서 구원해줄 누군가를 찾고 있다.

이 구절은 이 일에 대해서 아무것도 알지 못했다고 주장하는 사악한 무관심에 대해서 정죄하고 있다. 우리의 마음과 동기를 눈여겨보시는 하나님은 우리가 정말로 그 불의함을 깨닫지 못했는지 아닌지를 알고 계시며, 우리가 두려움이나 이기심으로 그것을 못 본 체하기로 한 것은 아닌지를 다 알고 계신다. 주님은 각 사람의 영혼을 꿰뚫어보시기 때문에 우리를 지키기도 하시고, 우리를 판단하기도 하신다. 그리고 판단을 내리실 때에는 마음과 행동을 모두 고려하신다.

28:5. 어떤 사람의 행동은 하나님의 공의를 얼마나 이해하고 있는지에 따라 결정된다. 악한 사람은 습관적으로 율법을 어기면서 점차적으로 도덕적인 문제에 대해서 올바르게 생각하지 못하게 될 것이다. 그러나 주님을 따르고자 하는 사람은(1:7 참고) 자신이 선과 악에 대한 도덕적인 문제를 분명하게 이해하고 있음을 발견하게 될 것이다. 신약 성경도 이 부분에 대해서 가르치기를, 하나님의 기준을 거부하면 도덕적으로 둔감하게 되지만(롬 1:21, 28), 순종하는 것은 지식을 낳을 것이라고 하였다(요 7:17).

29:26. 우리가 불의에 직면하게 될 때 국가에 도움을 요청하는 것은 당연한 일처럼 보인다. 우리가 만약 위정자들에게 말할 수만 있다면 도움을 얻을 수 있다고 생각한다. 그러나 세상의 지도자들은 공의에 대한 믿음직한 근원이 될 수 없다. 주님만이 공의의 궁극적인 근원이 되시며, 우리는 주님이 마침내 일을 올바르게 만들어주실 것을 확신할

수 있다.

Main Idea 복 습	대부분의 사람들은 사법 체계에 대해서는 큰 관심을 갖지 않고 살아간다. 하지만 잠언은 법정이 인간의 삶과 운명에 영향을 미치는 곳임을 깨닫게 한다. 하나님은 법정에서 일어나는 일들을 살피신다. 그리고 그분은 법정이 의로운 자들을 구하고, 죄인들을 처벌하는 도구가 되기를 원하신다.

결론

공의는 재판관들을 가르친다

공의에 대한 전통적인 표지는 한 손에는 저울을, 다른 한 손에는 칼을 들고서 양팔을 벌리고 있는 여인의 그림이다. 양팔을 벌리고 있는 여인은 그리스 신화에서 법과 관습과 윤리의 여신인 테미스(Themis)를 의미한다. 이러한 개념은 그녀 이전부터 존재하고 계시는 분에 대한 깨달음 없이 그저 그녀가 모든 사람에게 공의를 가져다줄 것이라는 믿음을 나타내는 것이다.

그러나 스위스 베른(Bern)에 있는 대법원 건물에는 공의에 대해서 훨씬 더 정확한 의미를 나타내는 기독교 화가인 폴 로버트(Paul Robert)의 특별한 그림이 있다. 그 그림은 대법원 법정으로 이어지는 복도 맞은편에 걸려 있다. 그 그림의 이름은 '재판관들을 가르치는 공의' 라고 되어 있다. 그림 속의 마당에는 모든 형태의 다툼이 벌어지고 있다. 남편 대 아내, 건축가 대 건물주 등. 그리고 다른 사람에 대항해서 논쟁을 벌이는 또 다른 사람이 있다. 그들의 모습 위로 작고 하얀 새 그림이 있는 스위스 재판관이 서 있다. 과연 재판관들은 그들 앞에 있는 사람들을 어떻게 판단할 것인가? 로버트는 공의의 여신을 그렸다. 그러나 거기에서 등장하는 여인은 양팔을 벌리고 있지 않았다. 그녀는 칼을 가지고 서서 아래에 있는 한 책을 가리키고 있었다. 그리고 그 책에는 '하나님의 말씀' 이라고 쓰여 있었다.

하나님만이 공의로우시다. 오직 그분의 말씀으로만 우리는 무엇이 공의인지를 알 수 있다. 사람들이 공의로 판단할 수 있는 것은 오직 그분의 인도하심을 통해서만 가능하다. 이것은 솔로몬이 잠언을 통해 우리에게 전해주고자 했던 메시지이다. 오직 우리가 하나님의 진리를 나타내려고 할 때 우리는 참된 공의를 이룰 수 있다.

▣ 진리 알기

- 하나님의 성품은 모든 참된 공의에 대한 기준이 되신다.
- 오직 사랑만이 하나님이 이루시는 방법에 따라 공의를 이룰 수 있다.
- 만약 우리가 법적인 사건에 연루되었다면 공의의 기준에 충실해야만 한다.

▣ 적용하기

- 법정에서뿐 아니라 집과 교회 그리고 직장에서도 공의를 행하는 자가 되도록 결심하라.
- 당신이 판단을 받고자 하는 기준대로 다른 사람들을 판단하라.
- 당신의 삶에서 계속적으로 공의와 의로움을 따라 살아갈 수 있도록 하나님의 말씀을 살펴 보라.

삶의 적용

공의, 자비 그리고 은혜

한 사람이 한 조각의 빵을 훔쳤다. 그는 잡혔고, 법정에 섰다. 그리고 그가 정말로 빵을 훔쳤다는 사실이 밝혀졌고, 그는 유죄를 선고받았다. 그러나 판사는 그 남자가 직업이 없고, 그의 가족이 굶주리고 있다는 것을 알게 되었다. 그는 일자리를 찾고자 했지만 실패하였다. 결국 가족들을 굶주리지 않게 하기 위해 그는 빵을 훔치게 된 것이다.

판사는 판결문을 낭독하였다. "당신은 빵을 훔쳤고, 유죄를 선고받았습니다. 법은 누구에게나 공평한 것입니다. 나는 당신에게 10달러의 벌금을 낼 것을 명령합니다. 그러나 당신이 10달러를 가지고 있지 않다는 것을 잘 알고 있습니다. 그래서 내가 직접 그 벌금을 내주도록 하겠습니다." 판사는 10달러짜리 지폐를 꺼내어서 그 남자에게 주었다.

그 남자가 돈을 받자 판사는 말했다. "이제 나는 그 벌금형을 면제해주고자 합니다." 그 말은 그 남자가 더 이상 벌금을 낼 필요가 없다는 것이었다. 판사는 계속해서 말했다. "한 가지 더, 나는 집행관이 지금 법정에 있는 모든 사람에게 모자를 돌리게 할 것입니다. 그리고 나는 이 재판정에 있는 모든 사람들에게 빵을 구하기 위해서 도둑질을 해야만 했던 도시에 살고 있다는 죄목으로 50센트(약 500원)를 벌금으로 부과하도록 하겠습니다." 그 돈은 금세 걷혔고, 그 피고인에게 주어졌다.

공의가 이루어졌는가? 그렇다. 뿐만 아니라 은혜도 이루어졌고, 자비도 이루어졌다.

우리는 이 이야기가 진짜 있었던 일인지 세부적인 내용이 각색된 일인지는 알지 못한다. 그러나 이 이야기는 하나님이 원하시는 공의가 무엇인지를 잘 보여준다. 공의는 항상 하나님의 자비와 은혜를 통해 나타난다. 이것은 오직 사랑만이 진정한 공의를 이룰 수 있다는 사실을 잘 설명하고 있다.

기도

하나님 아버지, 주님의 공의가 주님의 은혜와 자비를 통해 나타난다는 것에 너무 감사드립니다. 그렇습니다. 공의는 반드시 이루어져야 합니다. 주님은 은혜와 자비로 예수 그리스도 안에서 공의를 이루시며, 그로 인해서 우리가 믿음으로 주님의 의로우심을 얻게 하셨습니다. 우리에게 다른 방법이란 없습니다. 우리는 우리 죄로 인해서 주님이 자비와 은혜를 베푸셔야만 했던 것에 대해 너무나 부끄럽습니다. 그러나 우리는 하나님 나라에 이르렀을 때 공의가 우리에게 온전히 이루어지며 즐거워하게 될 것이라는 사실로 인해 큰 기쁨을 누립니다. 공의는 예수 그리스도 안에서 온전히 이루어질 것입니다. 다시 한 번 하나님 아버지께 감사드립니다. 아멘.

심층 연구

A. 이스라엘에서의 소송

모세가 애굽에서 이스라엘 백성들을 이끌고 나왔을 때, 그는 재판관으로 사역하면서 사람들 간의 논쟁을 해결하는 일을 하였다. 그러나 송사가 너무 많아졌을 때, 그는 여러 문제들에 대해서 재판관으로 일할 수 있는 여러 단계의 지도자들을 임명하였다. 그중 어려운 송사는 모세에게 인도되었다(출 18:19-26). 이스라엘 백성들이 가나안에 정착하였을 때 각 도시에는 재판관으로 봉사할 수 있는 지역 관리들이 존재하였다(신 16:18). 그리고 역시 복잡한 문제는 성전에 있는 제사장의 법정으로 가져갈 수 있었다(신 17:8; 19:16-17).

왕정 제도가 시행되었을 때 지역 재판소의 기능은 여전히 존재하고 있었지만 왕이 최종 재판관의 역할을 맡았다. 솔로몬은 이스라엘을 다스리는 재판관으로서 보여준 지혜로 명성이 자자하였다.

재판소에서 재판이 진행되는 과정은 매우 단순하였다. 재판을 맡은 지역 관리들은 송사를 판단하기 위해서 성문 가까이의 공개된 장소를 지정하였다. 그리고 그 과정은 일반인들에게 공개되었다(신 21:19, 22). 솔로몬은 송사를 듣기 위한 한 장소로 '재판하는 낭실' 을 지었다(왕상 7:7). 소송에서 고소인과 피고인 양측은 재판장 앞에 서서 서로 돌아가며 자신의 논지를 진술하게 되었다(신 1:16; 21:19). 이때 필요한 증거는 단순한 서약이나(출 22:11), 고소인의 말(출 21:18)이 되기도 하였다. 대체로 다른 증인들의 증언이 요구되있고, 두세 명의 증인이 그 증언이 유효하다고 판단하는 데 필요하였다(신 19:15). 정확한 증언은 공정한 재판에 너무나 중요한 것이어서 율법에는 거짓 증인을 하게 되면 그가 고소하는 사람에게 해당되는 처벌을 받을 수 있다는 조항이 존재하였다(신 19:18-19).

교안

A. 들어가는 글

1. '나는 공의를 원해요!' 이야기로 시작하라.
2. 배경 설명: 하나님은 거짓된 증언과 불의한 재판관을 미워하신다고 솔로몬은 경고한다.
3. 적용: 하나님의 공의는 우리가 공의롭게 되는 것을 요구하신다. 우리는 의로운 자를 보호하고, 죄인들을 정죄해야만 한다. 그것이 하나님이 행하시는 일이기 때문이다. 우리는 모든 참된 공의를 만드시고 이루시는 분으로 주님을 인정해야만 한다.

B. 본문 이해

1. 위증죄
2. 재판관의 책임
3. 공의의 근원

C. 결론: 공의는 재판관들을 가르친다

토의 질문

1. 법정에 서면 누구나 자신이 위증을 하지는 않았는지 조심스럽게 생각하게 한다. 일상적인 삶 가운데서도 당신은 진실과 공의에 대해 주의를 기울이고 있는가? 당신의 말 가운데 항상 진실하기 위해 당신은 얼마나 주의를 기울이고 있는가?

2. 아마 그리스도인들에게 가장 자주 그리고 일반적으로 기대되는 일들은 모두 집에서 일어나는 일들일 것이다. 만약 당신이 자녀를 둔 부모거나, 같은 방을 쓰는 친구가 있거나 혹은 부부라면 당신은 다른 사람의 문제를 대할 때에 공정해지기 위해서 노력하는가? 당신은 자녀나 친구, 배우자에 대해서만 공의가 이루어지도록 성경을 들이대고 있지는 않는가?

3. 당신은 하나님이 불의를 다루시는 것처럼 그렇게 불의를 대하고 있는가? 아니면 당신은 이 세상의 부의 불균형이라는 문제에 대해서 갖는 태도보다 지금 당장 처해 있는 교통 체증 속에서 끼어드는 누군가에 대해서 더욱 분개해하지는 않는가? 당신은 현재 자신의 삶의 영역에서 변화가 필요한 부분이 있다고 생각하는가?

23장

잠언 3:9-10; 10:15; 11:4, 28; 13:8; 14:20; 15:16; 17:16; 18:11, 23; 19:4, 6-7; 22:2, 7; 23:4-5; 27:7; 28:6, 8, 11, 20-22

돈에 대한 헛된 노력

"돈은 결코 인간을 행복하게 할 수 없고, 그렇게 하지도 않을 것이다. 그 자체로 행복을 가져다줄 수 있는 것이란 존재하지 않는다. 인간은 더 많은 것을 가질수록 더 많은 것을 원한다. 공허함을 채우는 대신에 공허함을 만드는 것이다. 만약 그것이 누군가의 욕심을 채울 수 있다면 그 다음엔 욕심을 다른 방식으로 두 배, 세 배 더 크게 만들어버릴 것이다."

- 벤자민 프랭클린(Benjamin Franklin)

돈은 우리의 필요를 채우고, 하나님께 영광을 돌리는 일에 사용될 수 있다. 그러나 그것은 우리를 행복하게 할 수 없고, 우리의 영혼을 구원해주지도 않는다. 실제로 재물은 때로 자기 파괴적인 태도만을 만들어낼 뿐이다.

Proverbs

들어가는 글

돈은 끔찍한 굴레이다

미국 남부의 한 교회에서 설교를 하던 어떤 목사님이 설교 시간이 거의 끝날 때쯤 되어 점차 목소리가 고조되면서 이렇게 말했다. "절름발이와 같던 우리 교회는 이제 일어서서 걸어야 합니다!"

그러자 회중들이 대답했다. "아멘! 이제 일어서겠습니다."

여기에 만족한 목사님이 다시 외쳤다. "우리 교회는 갈멜산에 선 엘리야와 같이 달려가야 합니다."

"아멘, 아멘. 이제 달려가겠습니다."

"우리 교회는 독수리가 날아가는 것같이 날개를 달고 산 위로 날아가야 합니다."

"날아갑시다, 목사님. 날아갑시다."

그러고 나서 목사님은 다음과 같은 말로 끝을 맺었다. "이제 우리 교회가 날고자 한다면 많은 돈을 벌게 될 것입니다!"

"아멘! 힘을 내겠습니다! 힘을 내겠습니다!"

이 이야기는 주일 오전 예배가 끝난 뒤에 교회 문을 나서던 한 남자가 목사님께 다음과 같이 말했다는 이야기와 흡사하다. "목사님, 저는 목사님이 이 교회를 운영할 수 있는 돈이 어디서 나올지 알지 못한다고 말씀하셨을 때 기뻤습니다. 저는 목사님이 저희들에게 돈을 내라고 할까 봐 걱정했거든요."

우리는 우리가 가진 돈에 마음을 두고 살기 쉽다. 우리는 더 많은 돈이 우리를 행복하게 할 것이라는 본능적인 개념을 가지고 있고, 돈이 적으면 우리가 덜 행복할 것이라고 생각한다. 그러나 솔로몬은 돈에 대한 성경적인 관점을 보여준다. 그는 우리로 하여금 하나님의 관점으로 물질을 바라보게 하는 것이다. 그는 살기 위해서 돈이 필요하다고 말한다. 하지만 돈을 위해서 산다면 결코 돈에 만족할 수 없을 것이다. 여기서 솔로몬은 돈을 위해서 사는 대신에 올바른 관점을 가지고 돈을 관리하라고 가르친다. 그것은 악한 주인의 모습이 아니라 놀라운 청지기로서의 모습으로 가능하다.

본문 이해

돈에 대한 헛된 노력

Main Idea	인생을 살아가는 데는 돈이 필요하다. 그러나 그것은 돈을 위해서 살아가는 것과는 전혀 다른 문제다. 우리는 대개 많은 수입을 얻게 되는 일에 기뻐하고, 우리가 그렇게 많은 수익을 얻을 수 있다는 것에 대해서 즐거워한다. 그러나 그 물질의 한계와 위험성을 기억해야만 한다. 돈은 우리의 영적인 필요를 채워줄 수 없고, 우리가 그것에 너무 몰두하게 되면 우리의 성품은 변질되어버린다.

A. 돈이 해줄 수 있는 일(3:9-10; 10:15; 13:8; 14:20; 18:11; 19:4, 6-7)

Supporting Idea	아무도 재물의 유익을 부정할 수는 없다. 낡은 자동차가 멈춰 서 버리면 차를 바꿀 수 있는 돈이 있어야 좋은 것이다. 또한 재물은 인생의 수많은 계획을 쉽게 세울 수 있도록 한다. 심지어 하나님께 영광을 돌리는 데도 돈이 필요하다.

10:15; 18:11. 재물은 어느 한도 내에서 보호 수단이 될 수 있다. 사실 이 구절의 상반절은, 부자들이 자신의 재물을 견고한 성과 같이 생각한다고 말하고 있다. 그리고 가난은 결코 낭만적으로 생각할 것이 못 된다. 가난은 그로 인해 고통받는 자에게는 패망에 이르게 하는 것일 뿐이다. 가난한 자들을 지칭하는 여러 가지 히브리 단어 중에 여기에서 사용된 것은 '희미한, 연약한, 도움이 없는' 을 뜻하는 것이다.

하지만 돈의 잠재력은 쉽게 과장될 수 있다. 부자들은 재물이 그들과 위험 사이에 도저히 넘어설 수 없는 장벽을 세워준다고 상상한다. 그러나 유일한 난공불락의 요새란 오직 주님뿐이고, 그분의 이름만이 의인들에게 든든한 성벽이 되어주신다(18:10).

13:8. 이스라엘에서 부자는 몸값을 받아내기 위한 납치 위협에 항상 노출되어 있었다. 그리고 자신의 몸값이 지불될 수 있는 충분한 여력이 있을 때 비로소 안도할 수 있게 된다. 반면에 가난한 사람은 그러한 위협을 두려워할 필요가 전혀 없다. 왜냐하면 아무도 그를 납치해서 무엇인가를 얻을 수 있다고 생각하지 않기 때문이다. 많은 경우, 부

자는 가난한 사람과는 전혀 상관이 없는 위험에서 자신을 지키기 위해 돈을 소비하게 된다.

14:20; 19:4. 돈은 또한 사람이 소외당하지 않게 해주기도 한다. 부자는 항상 친구가 많다. 비록 그들의 동기가 불순하다 하더라도 역시 친구가 많은 것은 좋은 일이다. 그러나 불행하게도 가난한 자들은 자신의 이웃이나 친구들조차도 자신과 어울리지 않으려고 한다는 것을 깨닫는다. 이것은 14장 21절에 나오는 대로 잘못된 행동임에도 불구하고 그들은 그렇게 한다. 가난은 그 자체로 힘든 것이다. 그렇지만 그로 인해 친구를 잃어버릴 때 더욱 고통스러운 것이 된다.

19:6-7. 이 구절은 바로 위의 두 구절에서 나온 원리를 더욱 확장시키고 있다. 6절은 부자들의 강력한 영향력에 대해서 설명한다. 은혜를 구하는 자(문자적으로 '얼굴을 어루만지는 자')가 너그러운 지도자에게 많다는 것은 그의 부와 권력의 유익을 얻기 위해 아첨하면서 그 사람에게 부탁하는 것을 의미한다. 반면에 가난한 자는 친구를 얻을 수 있는 아무런 방법도 없다. 그의 끊임없는 물질적인 결핍은 그의 가족들을 부끄럽게 하고 화나게 만든다. 사람들은 그가 자꾸만 자신을 도와달라고 강제적으로 요구하기 때문에 점차 그를 피하게 된다.

3:9-10. 부요함은 또한 주님께 영광을 돌릴 수 있는 방법이 될 수도 있다. 이 구절은 명령을 내리고 있다. 그리고 그 순종함에 대한 보상을 약속한다. 신실한 사람은 소출의 맨 처음 것을 주님께 헌물함으로써 그의 재물을 하나님께 영광을 돌리는 데 사용한다. 이 내용은 모세의 율법에도 나타나 있고(신 26:1-3, 9-11), 잠언에서 구약의 절기 예식을 언급한 유일한 부분이기도 하다. 소출의 처음 익은 열매로 하나님께 드리는 것은 믿음과 경배의 표현이었다. 왜냐하면 그것은 분명히 스스로 취하는 것이 가장 유익한 일이었기 때문이다.

하나님은 그러한 자에게 풍성한 수확으로 복을 내리시고, 그의 창고가 가득히 차며, 그의 포도즙 틀에 새로운(신선한) 포도가 넘치도록 축복해주실 것이라고 약속하신다. 이와 비슷한 내용으로 빌립보서 4장 19절은 하나님이 자신에게 영광을 돌리는 일에 충성스러운 자들에게 그 모든 필요를 공급해주실 것이라고 약속하신다.

B. 돈이 해줄 수 없는 일(11:4, 28; 15:16; 17:16; 22:2; 28:6, 11)

Supporting Idea	재물의 능력을 과대평가하는 일은 쉬운 일이다. 그런 일은 오직 사람을 미혹시킬 뿐이다. 돈은 인간과 하나님의 관계를 호전시켜주지 않는다. 그리고 그것은 하나님의 심판으로부터 구원해주지도 않는다. 그것은 인간의 인격이나 지혜를 강화시켜주지도 못한다. 그리고 문제로 가득 찬 인생을 변화시켜주지도 않는다.

11:4. 돈으로는 결코 장수할 수 없다. 오직 의로움만이 그것을 얻을 수 있다(10:2 하). 사실 장수할 수 있는 방법은 돈을 쌓음으로써가 아니라 하나님을 경외하는 삶 속에서 이루어진다. 우리 모두는 하나님의 분노가 터져 나오는 때인, 그분이 삶과 죽음을 판단하시는 날에는 재물이 무용지물이 된다는 것을 잘 알고 있다.

11:28. 돈을 갖는 것은 합법적인 일이다. 그러나 돈을 신뢰하는 것은 어리석은 일이다. 잠언 기자는 이 점을 설명하기 위해서 나무의 예를 사용하고 있다. 자신의 부요함을 의지하는 사람은 한쪽으로 쓰러져 말라 죽어가는 나무 같아서 패망할 수밖에 없다. 성경은 반복해서 가르치기를, 돈은 쉽게 사라져버릴 수 있다고 한다(시 62:10; 잠 23:5; 27:24; 약 1:11). 그렇지만 의로운 사람은 푸른 잎사귀와 같다. 이것은 시편 1편 3-4절, 92편 12-15절, 예레미야 17장 7-8절에서 반복되고 있는 개념이다.

15:16. 이것은 잠언에서 많이 다루고 있는 형식 가운데 하나로서 두 가지 경우를 비교하면서 어느 것이 더 나은가를 말하고 있다. 대부분의 사람들은 부가 가난보다 더 좋다는 것에 동의할 것이다. 그러나 좀더 신중하게 생각해보자. 부요하지만 그 속에 많은 문제와 혼란과 괴로움이 있다면 어떨까? 가난하지만 주님을 경외하면서 살아간다면 또 어떨까? 여기에 대한 선택은 분명하다.

17:16. 재물이 사람을 지혜롭게 만들지는 못한다. 어리석은 사람은 그 값이 얼마가 되더라도 결코 지혜를 사지 못한다. 그는 지혜를 가지려는 마음도 없다('관심도 없다'). 그는 그저 지혜를 얻을 수 있는 가장 좋은 방법을 살 수 있더라도 지혜롭게 될 수 있는 능력을 가지고 있지 못하다.

22:2. 재물이 있다고 해서 하나님의 계획 가운데 특별한 지위를 차지하는 것은 아니다. 부자나 가난한 자나 동일하게 하나님의 계획의 일부일 뿐이다. 다시 말하면, 그들은 나름대로의 의미가 있는 것이다. 모든 사람은 하나님의 손으로 만들어진 피조물일 뿐

이다. 그분은 우리 모두를 만드셨다. 그래서 특별히 자랑하거나 절망할 필요가 없다. 우리 각 사람은 우리가 창조주께 어떠한 존재인지를 기억할 때 겸손해야만 한다. 그리고 하나님이 그 모든 피조물들을 돌아보시기 때문에 소망을 가질 수 있다.

28:6. 재물은 사악한 도덕성을 정당화시켜주지 않는다. 이것은 어떤 것이 다른 것보다 더 낫다고 말하는 19개의 잠언 내용 가운데 마지막에 해당된다. 여기서 잠언 기자는 의롭지만 가난한 사람을 악하지만 부자인 사람과 비교하고 있다. 한 사람은 빈 지갑을 가지고 있지만 매일의 삶을 건실하게 살고 있으며, 흠 없는 생활을 유지하고 있다(2:7, 21; 11:5; 28:10, 18 참고). 다른 사람은 부자이지만 그의 삶은 패역하고 타락하였다. 그래서 그는 선을 악이라고 하고, 악을 선이라고 주장한다. 이 구절은 거룩함이 세상의 부귀로 항상 보상받는 것은 아니지만 그래도 더 좋은 길임을 분명히 하고 있다.

28:11. 어떤 부요한 사람들은 자신의 재물이 지성적으로나 윤리적으로 자신들이 더 뛰어나다는 것을 증명한다고 생각한다. 그들은 자기들이 더 지혜로운 것 같고, 자신들이 모든 것을 다 안다고 생각한다. 그러나 가난하지만 통찰과 분별력이 있는 사람만이 그 허상을 깨닫고 진정한 인품이 무엇인지를 분별할 수 있다. 시편 139편 23절에서 시인은 하나님이 자신의 마음을 살피셔서 제3자적인 시각으로 엄밀하게 살펴보고, 자신의 마음을 깨우쳐달라고 기도하고 있다.

C. 돈에 대한 태도(18:23; 22:7; 23:4-5; 27:7; 28:8, 20-22)

Supporting Idea	돈이 자동적으로 사람을 행복하게 하거나 기분 좋게 만들지는 않는다. 사실 재물은 때로 자만심이나 인색함 그리고 불만족 등 자기 파괴적인 태도를 갖게 만든다.

18:23. 가난한 사람은 공정한 대우를 요구할 수 있는 처지가 아니다. 그래서 그는 종종 그런 대우를 받지 못한다. 그가 자비를 구할 때 부자는 그에게 자비를 베풀어야 할 의무가 없다고 생각한다. 그래서 자비 대신에 더 거칠게 대답한다. 그 간청은 빌린 돈의 상환 기일을 연장해달라는 것이거나 어떤 종류의 법적 소송이 될 수도 있을 것이다. 여기서는 정당하지 않은 이 세상 사람들의 악한 태도에 대해서 말하고 있다.

22:7. 부요한 사람은 때로 정부 관리의 권력에 상응하는 능력을 갖기도 한다. 그래서

그들은 가난한 자들을 다스릴 수 있고, 가난한 자들은 자신을 지배하는 사람들의 권력에 항의하지도 못한다. 가난은 종종 빚으로 이어지고, 그것은 채권자에게 더 많은 권력을 갖게 한다. 잠언 기자는 돈을 빌리게 되면, 나중에는 채권자의 노예나 종이 되는 것으로 이어진다고 말하고 있다. 심리적인 면에서도 그렇지만 고대 사회에서는 실제로도 그런 일이 이루어졌다(왕하 4:1).

23:4-5. 살아가는 데 필요한 것을 얻기 위해 힘들게 일을 하는 것은 선한 모습이다. 그러나 부를 얻기 위해서 자기 자신을 혹사하는 것은 어리석은 일이다. 자신의 모든 노력을 더 많은 재물을 얻기 위해 쏟아 붓는다면 그것은 더 중요한 목표를 희생시키게 된다. 그렇게 되면 당신은 쉽게 날아가버릴 수 있는 것을 위해서 자기 자신을 혹사하는 것이다. 어리석은 자가 되지 말고, 스스로를 절제할 수 있는 지혜를 가져라(문자적으로 당신의 이기적인 목표를 내려놓으라). 자기 중심적인 계획을 내려놓으라!

허무한 것에 주목한다는 구절은 히브리어로 '만약 당신이 자신의 눈을 날아가는 것에 두면' 이라는 뜻이다. 당신이 재물을 좇아 날아갈 때, 그 재물이 당신이 날갯짓하는 것보다 더 빨리 달아난다는 것은 얼마나 안타까운 일인가! 쌓아놓은 재물은 날개가 돋쳐 독수리같이 하늘로 날아가버릴 수 있다.

27:7. 사람들은 종종 부자들은 다른 사람들보다 더욱 인생을 즐긴다고 생각한다. 그러나 부귀는 너무 많이 갖게 되었을 때 그 매력을 잃어버린다. 꿀은 고대 이스라엘에서 가장 단 음식이었지만 그 맛에 익숙해지면 곧 그것이 지겨워진다. 그러나 주린 자에게는 쓴 음식이라도 달게 느껴진다. 배고픔은 우리가 얻는 모든 것에 대해서 감사하는 마음을 갖게 한다.

28:8. 구약 성경에 폭리를 취하는 주요 수단 가운데 하나가 과도한 대출과 많은 이자를 내게 하는 것이었다. 무자비한 사람은 가난한 자들을 이용하여 재물을 모았고, 가난한 자들은 너무나 약해서 스스로를 방어할 수가 없었다. 하지만 하나님은 도움을 받지 못하는 연약한 자들을 특별히 긍휼히 여기셔서 그런 일에 직접 개입하시기로 약속해주셨다. 그렇게 모은 재물은 결국 가난한 자들을 긍휼히 여기는 사람에게 돌아가게 되어 있다.

28:20-22. 하나님은 말씀하시기를, 복을 받는 길은 진실하고 신뢰할 만한 사람이 되어서 자신의 책임에 충성하는 것이라고 하셨다. 그러나 많은 사람들은 악하고, 부정직

한 방법으로 빨리 부자가 되는 것을 더 선호한다. 그러한 비윤리적 편법들이 하나님께 혹은 사회법상으로 아무런 처벌을 받지 않는 것은 아니다.

잠언은 선하지 않은 몇 가지 것들에 대해서 언급하는데, 이 단락은 그러한 것들 가운데 마지막에 속한 것이다. 개인적인 삶에서 하나님은 편애하는 것이나 법정에서 편파적인 것을 미워하신다. 재판장이 뇌물을 받을 수는 없으리라고 생각할 수도 있겠지만 실제로 어떤 사람들은 빵 한 조각을 위해서 악을 저지르기도 한다.

인색한 사람(문자적으로 악한 눈을 가진 사람, 잠 23:6; 마 20:15)은 재물을 얻는 데만 혈안이 되어 그 노력이 자신에게 전혀 유익이 되지 않는다는 것은 깨닫지 못한다. 만약 당신이 자신의 정직을 팔아버린다면 가난하게 될 뿐이며, 당신 내면의 가난은 물질적인 풍요가 이어진다고 하더라도 계속해서 당신을 괴롭힐 것이다.

Main Idea 복 습	인생을 살아가는 데는 돈이 필요하다. 그러나 그것은 돈을 위해서 살아가는 것과는 전혀 다른 문제다. 우리는 대개 많은 수입을 얻게 되는 일에 기뻐하고, 우리가 그렇게 많은 수익을 얻을 수 있다는 것에 대해서 즐거워한다. 그러나 그 물질의 한계와 위험성을 기억해야만 한다. 돈은 우리의 영적인 필요를 채워줄 수 없고, 우리가 그것에 너무 몰두하게 되면 우리의 성품은 변질되어버린다.

결론

돈은 당신을 만족시킬 수 없다

「로빈슨 크루소(Robinson Crusoe)」는 우리가 잘 아는 세계적으로 유명한 모험 이야기다. 그러나 많은 사람들이 알지 못하는 것은 그것이 원래 기독교인의 삶에 대한 비유로 쓰여졌다는 사실이다. 그 이야기는 의도적이면서도 강력하게 그리스도인이 살아가는 방법에 대한 저자 다니엘 드포우(Daniel Defoe)의 이해를 보여주고 있다. 크루소는 외딴 섬에 고립되었고, 얼마 지나지 않아 자신이 그 섬에서 쉽게 탈출할 수 없으며, 어쩌면 영원히 못 나갈지도 모른다는 사실을 받아들이게 되었다. 그 섬에는 아무도 없었고, 섬을 빠져나갈 방법도 없으며, 지나가는 배도 없었다.

그 절박하고 소망 없는 상황을 순순히 받아들인 크루소는 이렇게 말했다.

> 나는 내가 처한 상황 속에서 밝은 면을 더 많이 보고, 어두운 면은 덜 보는 방법 그리고 내가 원하는 것보다는 내가 즐거워하는 것을 더 많이 생각하는 법을 배웠다. 이것은 내게 뭐라 표현할 수 없는 은밀한 위로를 가져다주었다. 그리고 나는 여기서 불평 많은 사람들을 이해하는 법을 배웠다. 그들은 하나님이 그들에게 주신 것을 편안하게 즐길 수 없는 자들인데, 그 이유는 하나님이 주시지 않은 것만을 바라보며 부러워하기 때문이다. 우리가 원하는 것에 대한 모든 불평은 우리가 가진 것에 대한 감사가 부족해서 생기는 것들이었다.

이것은 다른 많은 사람들이 했던 말을 효과적이면서도 구체적으로 표현한 말이다. 벤자민 프랭클린은 이런 글을 남겼다. "불평은 부자를 가난하게 만들지만, 만족은 가난한 자를 부자로 만든다." 존 번연(John Bunyan)은 이렇게 말했다. "만약 우리가 마음속에서 '평정심' 을 갖지 못하면 외적인 평안함은 아픈 발에 신은 금 신발에 불과할 것이다."

만족은 하나의 좋은 덕목이고, 반대로 '더 많이' 얻고자 하는 채워지지 않는 욕심은 하나의 악덕이다. 솔로몬은 우리에게 경고하기를, 우리의 소망을 물질에 두지 말고, 하나님께 두며, 그분이 말씀을 통해 나타내시는 진리 가운데 두라고 한다.

■ **진리 알기**

- 돈으로는 인생을 보람 있게 만드는 것을 살 수 없다.
- 당신이 돈에 대해 적절한 관점을 가지고 있다면 그것을 잘 유용할 수 있을 것이다.
- 당신이 돈을 위해서 산다면 그것은 당신의 마음을 강팍하게 만들 것이다.

■ **적용하기**

- 당신을 승리하게 만드는 살아 계신 하나님의 기준에 따라 살 것을 결심하라.
- 하나님이 당신에게 주시지 않은 것에 대한 불평이 아니라 하나님이 당신에게 주신 것에 대한 감사를 깨달아라
- 교회 사역의 필요와 다른 사람의 필요를 따라 당신의 돈에 대해서 관대해져라. '주는 것' 은 이기심을 버릴 수 있는 유일한 해결책이다.

삶의 적용

당신은 혼자서 그것을 감당할 수 없다

중이 제 머리 못 깎는다는 옛말이 있다. 그 이유가 무엇인가? 그것은 자기 혼자서 그 모든 일을 할 수는 없기 때문이다. 그러나 여기에 그보다 더 귀중한 원리가 있다. 당신 혼자서 그 일을 할 수는 없다. 하지만 다른 사람들과 함께 나눌 수는 있다.

존 록펠러(John D. Rockefeller)는 당대의 가장 인기 있는 사람이었고, 가장 부유했던 사람 가운데 한 사람이다. 그가 죽은 뒤에 어떤 사람이 그의 재산에 대해서 물어보았다. "그는 얼마나 많은 재산을 남겼습니까?" 그러자 지혜로운 회계사가 말했다. "그는 가지고 있던 모든 것을 남겼습니다. 그는 아무것도 가지고 가지 못했습니다."

하지만 예수님의 놀라운 가르침은 우리가 미리미리 다른 사람들과 함께 가진 것을 나눌 수 있다고 말씀하신다.

그러면 왜 그렇게 하지 않는가? 당신의 기본적인 필요가 충족되었을 때 돈은 당신을 더 이상 행복하게 하지 않는다. 벤자민 프랭클린은 이런 말을 했다. "돈은 결코 사람을 행복하게 하지 않았고, 앞으로도 그렇게 하지 않을 것이다. 그 자체로 행복을 가져다줄 수 있는 것이란 존재하지 않는다. 사람은 많이 가질수록 더 많이 요구할 것이다. 그 빈 부분을 채우기보다는 오히려 더 큰 공백을 만들어낼 것이다. 그 사람의 소원을 만족시

키기 위해서 요구되는 것은 두 배 내지 세 배로 점차 늘어나게 될 것이다."

20세기에 가장 부자였던 사람들이 했던 말을 들어보라.

반더빌트(W. H. Vanderbilt)는 이렇게 말했다. "나의 2억 달러의 재산은 한 사람의 생명을 앗아가기에 충분하다. 그 속에 기쁨이란 전혀 없다."

존 제이콥 아스토르(John Jacob Astor) 역시 가장 부자였던 사람 가운데 한 사람인데, 그는 이렇게 말했다. "나는 이 세상에서 가장 비참한 사람이다."

존 록펠러는 이런 말을 남겼다. "나는 수백 만 불을 벌었지만 그 돈은 내게서 행복을 앗아가버렸다."

앤드류 카네기(Andrew Carnegie)는 "백만장자들은 거의 웃지 않는다"라고 말했다.

그리고 헨리 포드(Henry Ford)는 "나는 기계 수리공 시절에 더 행복했다"라고 말했다.

당신은 복권에 당첨되기 전보다 당첨되고 난 뒤에 더욱 비참하게 된 사람들의 이야기를 읽어봤을 것이다. 그들이 꿈꾸었던 재물이 그들에게 행복을 가져다주지 못한 것이다.

만약 우리가 가지려고만 하지 않고 주고자 한다면, 일시적인 것이 아니라 영원한 것에 투자한다면, 그래서 하늘에 우리 보화를 쌓아둔다면 결코 잃어버리지 않을 것이다. 우리가 이 세상에 쌓아두는 보화는 그것이 얼마든 나중에는 다 두고 떠나게 될 것이다. 하나님이 우리에게 이 세상에서 맡겨두시는 돈은 영원한 세계를 위한 투자 자본이다. 매일의 시간은 그분의 영원한 나라에서 더 많은 부분을 얻을 수 있는 기회가 된다.

분명, 이것이 솔로몬이 잠언서를 통해서 우리가 얻기 원하는 돈에 대한 올바른 관점이다.

기도

하나님 아버지, 우리가 하나님 나라의 부요함으로 만족하게 하시고, 이 세상의 부요함을 갈망하지 않게 해주십시오. 우리가 돈을 사랑하는 것에서 자유로워지게 해주십시오. 또한 우리가 주님이 주시지 않은 것에 불평하는 것이 아니라 우리에게 주신 것에 감사할 수 있게 해주십시오. 아멘.

심층 연구

A. 구약에서의 빚과 이자

이스라엘에서 돈을 빌리는 사람은 부자가 아니라 가난한 자들이었다. 장사를 위해 돈을 빌리는 것은 흔치 않은 일이었고, 대부분 급박한 상황에서 도움을 필요로 하는 자들에게 주어졌다. 가난한 자에게 꾸어주는 것은 선한 행위로 인식되었다(시 37:21). 그러나 율법은 같은 이스라엘 동족에게 이자를 지불하게 하는 것을 금지하였다(레 25:35-38). 그러나 유대인들은 이방인들에게 대출금에 대한 이자를 물렸다(신 23:19-20). 모세 율법에는 빌린 사람과 꾸어준 사람을 모두 보호하는 법규가 있었으며, 매년 칠 년째와 매 50년째의 희년에는 모든 빚을 탕감해주는 법이 있었다(신 15:1-6; 레 25:28).

무자비한 사람들이 무엇인가를 빌려주는 것은 종종 가장 흔한 형태의 강탈이 되기도 하였다. 꾸인 사람은 자신의 소유물이나 자녀들 혹은 자기 자신의 자유마저 잃기도 하였다(사 50:1). 이자를 뜻하는 히브리어 중에는 실제로 '독사가 무는 것' 이라는 의미를 가진 것도 있었다.

B. 좋은 것, 더 좋은 것 그리고 '좋지 않은 것'

잠언은 이 책 속에 있는 지혜로운 말을 설명하는 몇 가지 일반적인 방법을 사용하고 있다. 그리고 이 단락에서 살펴본 구절들은 가장 일반적인 구조 가운데 두 가지 예를 드는 방법을 사용한다.

28장 21절은 '그것은 좋지 않다' 라고 선언하는 여섯 개의 구절 가운데 마지막 부분이다(17:26; 18:5; 19:2; 24:23; 25:27; 28:21). 그 여섯 개 구절 가운데 네 개가 특히 자기 자신의 목적에 따라 거짓된 판결을 내리려는 재판장의 불공평함에 대한 죄를 다루고 있다는 점에서 매우 특이하다.

그리고 28장 6절은 잠언에서 매우 일반적인 형태인 최종적인 결과에 대한 예를 보여주고 있는데, 이는 두 가지를 비교하고 어느 것이 더 나은 것인가를 선언한다. 이러한 형태를 띠는 열아홉 개의 구절 대부분이 돈에 대해 다루면서 부자들만이 화목한 집이나 깨끗한 양심과 같은 다른 요소들을 중시하지 않는다고 말한다(15:16-17; 16:8, 16; 17:1; 19:1, 22; 21:9, 19; 22:1; 25:24; 28:6). 다른 구절들은 실제로 부요한 것이 단순히 부자인 것처럼 보이는 것보다 더 좋은 것이라고 설명한다(12:9).

겸손함은 교만함보다 더 좋은 것이고(16:19), 자기 절제는 전쟁터에서의 용기보다도 더 좋은 것이다(16:32). 새끼 빼앗긴 암곰을 만나는 것이 미련한 일을 행하는 어리석은 자를 만나는 것보다 더 좋은 일이다(17:12). 하석에 앉아 있다가 상석으로 인도되는 것이 상석에 앉아 있다가 말석으로 물러나는 것보다 더 좋은 일이다(25:7). 차라리 혼내는 것이 사랑을 감추고 있는 것보다 더 나은 일이며(27:5), 가까이에 사는 이웃이 멀리 사는 형제보다 더 큰 도움이 된다(27:10).

교안

A. 들어가는 글

1. ‘돈은 끔찍한 굴레이다’ 이야기로 시작하라.
2. 배경 설명: 솔로몬은 다음과 같은 세 가지를 명확하게 말한다. 돈은 삶의 필요를 채워줄 수 있으나 하나님과의 관계를 회복시킬 수가 없고, 더 나은 사람으로 만들어주지도 않으며, 그것을 위해 살면 마음을 더욱 강퍅하게 만든다.
3. 적용: 만약 당신이 더 많은 돈이 있으면 더 행복해질 것이라고 생각한다면 그 생각을 버리고 이 점을 생각해보라. 무엇을 위해 돈을 사용하겠는가? 당신 자신을 위해 쓰겠는가, 아니면 하나님과 다른 사람들을 위해서 사용하겠는가?

B. 본문 이해

1. 돈이 해줄 수 있는 일
2. 돈이 해줄 수 없는 일
3. 돈에 대한 태도

C. 결론: 돈은 당신을 만족시킬 수 없다

토의 질문

1. 당신은 솔직히 더 많은 돈이 당신을 행복하게 해줄 것이라는 생각을 한 적이 있는가? 있다면 그 이유가 무엇이며, 그렇지 않다면 그 이유가 무엇인가?

2. 당신은 그리스도인이 자신의 삶을 망가뜨리지 않고 돈을 버는 일에 전심을 다할 수 있다고 생각하는가?

3. 당신은 많은 돈이 어떤 방식으로 자신을 파멸시킬 수 있다고 생각하는가?

24장

잠언 3:27-28; 11:24-26; 13:22-23; 14:21, 31; 15:15; 16:8; 18:16; 19:17; 21:13; 22:9, 16, 22-23; 25:14; 28:27; 29:7, 13

나눔의 미학

"우리는 우리가 가진 것을 통해서 인생을 살아간다. 그리고 우리가 주는 것을 통해서 인생의 의미를 알게 된다."

- 윈스턴 처칠(Winston Churchill)

하나님은 우리가 다른 사람에게 베푸는 것에 관대하기를 원하신다. 주님은 가난한 자들을 착취하고, 그들을 압제하는 자들을 극도로 미워하신다.

Proverbs

들어가는 글

열 배의 선물

유명한 자동차 회사 설립자인 헨리 포드가 아일랜드를 여행하고 있을 때 새로 설립되는 고아원에 기부 요청을 받았다. 그는 2천 파운드 수표를 써주었고, 이 소식은 그 지역 신문의 머리기사가 되었다. 그런데 그 신문은 예기치 않게 그 기부금을 2만 파운드라고 잘못 보도하였다. 고아원의 원장이 포드에게 사과하였다. "제가 편집장에게 즉시 전화해서 실수를 바로잡으라고 말하겠습니다."

"그럴 필요 없습니다." 포드는 이렇게 대답하고서 즉시 부족분인 1만 8천 파운드의 수표를 써서 건네주었다.

관용의 마음이란 항상 할 수 있을 때에는 언제든지 그 필요를 채워주는 마음이다. 물론 우리는 이 세상의 모든 필요를 다 채워줄 수는 없다. 또한 우리는 항상 하나님이 채워주기를 원하는 사람에게로 우리를 인도해달라고 기도해야만 한다. 그렇지만 우리의 마음이 관용하고자 하는 결심으로 채워져 있다면 분명 주님은 우리의 물질까지도 인도해주실 것이다.

이 단락의 중요한 요점은, 하나님은 우리가 물질적으로 풍요롭지 않은 사람들에게 베푸는 일에 관대하기를 원하신다는 것이다. 그분은 우리의 시간과 재능과 물질을 전해줄 수 있는지를 물어보신다. 재물과 그 양은 하나님께 달린 것이다. 그렇지만 다른 사람에게 베풀고자 하는 준비된 마음과 주님의 인도하심에 순종하고자 하는 마음을 갖는 것은 우리에게 달린 것이다.

본문 이해

나눔의 미학

Main Idea	하나님은 우리가 우리 자신을 위해서 재물을 취하고 사용하는 방법에 관심을 가질 뿐만 아니라 그것을 다른 사람들과 나누는 방법에 대해서도 관심을 갖기를 원하신다. 그분은 우리에게 가난한 자들을 도와야 하는 의무가 있음을 분명하게 말씀하신다. 그분은 자기 백성을, 필요를 채우지 못하는 자들에게 은혜를 베푸는 도구로 사용하기를 원하신다.

A. 관대함으로 베푸는 것(3:27-28; 11:24-26; 13:22; 14:21; 18:16; 19:17; 21:13; 22:9; 25:14; 28:27)

Supporting Idea	우리의 본성은 우리 자신의 것을 쌓아두는 것이다. 비록 미래에 더 많은 것들을 얻게 된다 할지라도 그렇다. 풍성한 수확물을 쌓아두기 위해 더 큰 창고를 짓는 예수님의 비유에 나온 부자처럼 우리는 항상 조금 더 많은 것을 원한다. 하지만 하나님은 우리에게 필요 이상의 재물을 주셨을 때 우리가 다른 사람들의 필요를 채워주기 위해 우리의 것을 나누는 관대한 마음을 갖기를 원하신다.

3:27-28. 이 구절은 우리에게 일반적인 '태만죄'에 대해서 경고하고 있다. 그것은 사람들에게 그들이 받을 수 있는 것을 주지 않는 죄다. 받을 자격이 있는 자라는 말은 글자 그대로 하면 '그 소유자들'이다. 그래서 이 특별한 선행이나 유익을 베풀지 않고 그저 가지고만 있는 자들은 단순히 사려 깊지 못한 자들이 아니라(신 24:14-15) 공의롭지 못한 자들(레 19:13)이다. 이것은 노동자의 하루 품삯이나, 가난한 자들의 정당한 구제 신청이나, 법정에서 고소인에게 주어야 하는 배상금 같은 법적인 의무를 지닌 것을 뜻한다. 이러한 문제는 특히 정부 관리들이나 부자들처럼 조치를 취해줄 수 있는 권한을 가지고 있는 자들에게 적용되지만 그 원리는 일반 사회 생활에서도 똑같이 적용된다.

3장 28절은 특별히 시일을 지체하는 죄에 대해서 설명하고 있다. 노동자들은 하루의 필요를 채우기 위해서 그날의 품삯에 절대적으로 의존하고 있다. 그에게 품삯을 미루는 것은 이기적이며, 다른 사람을 해롭게 하는 나쁜 행동이다.

11:24-26. 이 단락은 이기심에 반대되는 관대함이라는 개념에 중점을 두고 있다. 첫 번째 문장은 예수님이 가르치셨던 것과 같은 모순에 대한 이야기를 보여준다. 주고자 하는 자는 잃지 않고 더욱 얻을 것이요, 자기 자신을 위해서 모든 것을 갖고자 하는 자는 결국 잃어버리게 된다. 여기서 구제를 좋아한다는 것은 가난한 자들에게 자발적으로 기부하는 것을 의미하지만 또한 일꾼들에게 공정한 품삯을 주는 것도 포함한다(약 5:1-4 참고).

11장 17절과 같이 두 번째 구절은 관대한 자가 번성할 것이라는 약속을 보여준다. 그는 다른 사람을 섬기기 위한 자신의 노력이 결국에는 자신이 도와주었던 사람들과 하나님에 의해서 보상받게 된다는 것을 경험하게 될 것이다.

26절은 탐욕의 특별한 형태인 재물을 끊임없이 모으는 것에 대해서 살펴본다. 구약의 세계에서 곡식은 물물 교환의 주요 수단이었다. 땅을 가진 부요한 사람들은 일부러 공급원을 줄이고, 가격을 올리고자 곡식을 시장에 내어놓지 않기로 결정을 내릴 수도 있었다. 자연히 그런 계획의 희생자가 되는 사람들은 부자들을 저주할 수 있었고, 반면에 낮은 가격에 물건을 팔고자 하는 사람에게는 더욱 감사할 수도 있었다.

13:22. 사람이 어떻게 다음세대에까지 물려줄 수 있는 풍성한 재물을 쌓을 수 있는가? 선한 사람이 되어야지, 악한 사람이 되면 안 된다! 잠언은 지속적으로 가르치기를, 하나님은 의인에게 복을 주셔서 그들이 자녀들에게 남길 수 있는 유산을 갖게 하신다고 말한다. 실제로 그들의 신실한 삶의 유익은 자손들에게까지 확장된다. 물론 욥과 같이 이 원리에서 예외가 되는 경우도 있다. 그러나 의로운 자들이 많은 재물을 갖고 있지 않더라도 그들은 항상 재물보다 더 중요한 영적 유산을 물려줄 수 있다. 이와 반대로 악인들은 재물을 모으기는 하지만 나중에는 어리석은 재물 운용이나 악한 성품의 결과 혹은 하나님의 직접적인 간섭하심으로 그 모든 것들을 잃어버린다.

14:21. 가난한 자들에 대한 우리의 태도는 물질적으로 도와주는 것만큼이나 중요하다. 주님은 선언하시기를, 그들을 경멸하거나, 하찮게 여기거나, 놀리거나, 모욕하는 것은 분명한 죄라고 말씀하신다. 20절은 사람들이 가난한 자들을 피하는 경향이 있음을 지적하고 있다. 하지만 그것은 도덕적으로 잘못된 것이다. 하나님은 도움을 필요로 하는

자들을 불쌍히 여기는 사람을 인정하시고 축복하신다(잠 14:31; 19:17; 28:27).

18:16. 잠언의 몇몇 구절들은 공의가 뇌물로 인해 변질될 수 있음을 보여준다(17:8, 23). 그러나 여기서 선물이라는 말은 뇌물을 의미할 수도 있지만 합법적인 선물을 의미할 수도 있다. 선물을 잘못 사용하는 위험성도 있지만 우리는 그것을 경외와 감사의 순수한 표현으로 사용할 수 있다(삼상 17:18; 창 43:11). 이 구절은 단지 선물이 마음 문을 열 수 있다는 사실을 언급하는 것이지 그것을 명령하거나 금지하는 뜻은 아니다.

19:17; 21:13. 여기서 가난한 자들을 뜻하는 말로 사용된 단어는 때로 '연약한', '희미한', '도움을 얻지 못하는' 이라는 의미를 갖기도 한다. 가난한 자들은 스스로를 유지해나갈 수가 없기 때문에 긍휼이 많은 사람은 단지 그들을 불쌍하게 여기는 것뿐 아니라 그들을 돕기 위한 어떤 행동을 취함으로써 그들에게 도움이 될 수 있다. 모세 율법은 그러한 행동을 권장하고 있다(신 15:7-11). 이러한 의미에서 가난한 자들에게 주는 것은 주님께 꾸어드리는 것과 같다. 왜냐하면 그분은 분명히 그러한 사랑의 행위에 대해 보상해주실 것이기 때문이다. 당신이 돈을 돌려받지 못할 수도 있지만 하나님은 어떤 방법으로든지 당신의 행동을 가치 있게 해주실 것이다.

이와 반대되는 경우도 가능하다. 만약 어떤 사람이 도움을 필요로 하는 사람에게서 눈을 감아버리면 그는 악한 마음을 가지고 있는 사람이고, 그 자신이 도움을 필요로 할 때 도움을 얻지 못할 것이다. 신약 성경은 마태복음 25장 31-46절과 누가복음 16장 19-31절에서 이에 대한 극적인 대비를 보여주고 있다.

22:9. 어떤 사람들은 이렇게 반대할지도 모른다. "나는 그렇게 남들을 긍휼히 여길 수 있는 형편이 안 돼요!" 하지만 잠언은 관용이 있는 사람이 관용을 얻게 될 것이라고 약속한다. 하나님은 그러한 자들에게 축복으로 보상하신다. 왜냐하면 가난한 자들에게 기꺼이 나누어주고자 하는 행동은 그 사람의 마음속에 있는 진실함을 보여주기 때문이다. 관대함이란 문자 그대로 '선한 눈을 가지고 있다' 는 뜻이지만 인색한 사람은 '악한 눈' 을 가지고 있는 사람으로 묘사된다(28:22).

25:14. 건조한 날씨에 농부는 구름과 바람을 간절히 기다리는데, 그것은 절박하게 필요로 하는 비를 가져다주기 때문이다. 만약 구름이 비를 내리지 않고 그냥 지나가버린다면 그 상실감은 엄청날 것이다. 이와 같이 도움을 필요로 하는 사람들은 어떤 무정한 사람이 선물을 약속하였으나 아무것도 주지 않을 때 자신의 소망이 산산조각이 나는 경

험을 하게 될 것이다. 약속을 지키지 않음으로써 사람을 절망하게 만드는 것보다는 차라리 약속을 하지 않는 것이 더 낫다! 신약 성경은 관심을 끌기 위해서 지킬 생각이 없는 약속을 하는 거짓 선지자들을 통해 이와 비슷한 예를 보여주고 있다(벧후 2:19; 유 1:12).

28:27. 이 구절은 이전에 살펴보았던 몇 개의 주제를 요약하여 설명한다. 우리는 가난하고 궁핍한 자들에게 베푸는 관대함을 가질 수 있다. 왜냐하면 하나님이 우리의 개인적인 필요는 충족되었다고 확인해주실 것이기 때문이다. 하지만 가난한 사람들의 필요를 무시하는 사람은 많은 저주와 그를 둘러싸고 있는 사람들의 분개와 하나님의 미움을 얻게 될 것이다.

B. 가난한 자들을 압제하는 죄(13:23; 14:31; 15:15; 16:8; 22:16, 22-23; 29:7, 13)

Supporting Idea	가난한 사람들은 때로 많은 재물과 권력을 가진 사람들에게 부당한 대우를 받기 쉽다. 그래서 주님은 스스로를 보호할 수 없는 사람들을 보호해주신다고 약속하신다. 그분은 약한 자들을 이용하여 유익을 얻고자 하는 자들을 심판하신다.

13:23. 배고픔은 종종 게으름과 다른 죄 된 행동의 결과기도 하다(13:25). 그러나 가난한 사람이 아무리 열심히 일해도 불의한 상황 때문에 여전히 가난에 빠져 있는 경우가 있다. 이스라엘의 경제 상황에서 어떤 사람은 풍성한 소출을 내는 땅을 가질 수도 있었지만 만약 정치 체제가 그를 불의함으로부터 보호해주지 않는다면 그의 모든 노력은 순식간에 사라져버릴 수도 있었다.

14:31. 이 구절은 가난한 자들을 압제할 수 있는 위치에 있는 왕들과 관리들에게 전하는 많은 가르침들을 담고 있는 단락 가운데 위치한다. 단지 인간적인 측면에서 가난한 자들을 억압하는 것에 대한 사회적 접근이나 도움을 필요로 하는 자들에게 관대하게 대하는 방향으로 문제를 다루는 것은 쉬운 일이다. 하지만 잠언은 그 속에 담긴 영적인 문제에까지 나아가고 있다. 가난한 자들에 대한 경멸은 실제로 그들을 지으신 하나님을 경멸하는 것이다. 도움이 필요한 자들에 대한 친절한 행동은 하나님을 경외하며 그분이 사랑하는 자들을 섬기는 마음에서 우러나온다.

15:15. 압제는 항상 다른 어떤 사람들에 의해 주어지는 것이 아니다. 그것은 우리가 경험하는 모든 일을 분석하는 태도가 될 수도 있다. 압제를 받는 사람들은 굴복할 수밖에 없고, 괴롭힘을 당하며, 비참한 상태에 있는 자들이다. 힘든 상황이 그들의 괴로움을 더욱 가중시키기도 한다. 이 구절의 하반절은 압제와 번영이 아니라 압제와 마음의 유쾌함을 대비시키고 있다. 만약 당신이 감정적으로 절망적인 상황에 있다면 모든 것은 고통스러울 것이다. 그러나 당신의 마음이 유쾌하다면 삶은 상황에 관계 없이 계속해서 열리는 잔치와 같을 것이다.

16:8. 사람들은 많은 소득과 수입을 갖게 되면 즐거워할 것이다. 그러나 그 재물이 불의함으로 얻은 것이라면 하나님은 분명 심판을 내리실 것이다. 의롭게 되는 것이 적은 재물을 갖게 되는 것일지라도 의로운 삶을 살아가기로 결심하는 것이 더욱 좋은 일이다.

22:16. 이 구절에서 히브리어는 매우 압축된 표현으로 되어 있고, 영어 번역은 그 의미를 설명하기 위해서 매우 장황하게 풀이되어 있다. 그러나 전체적인 요지는 명백한 사회적 죄에 대한 두 가지 경고다. 그것은 가난한 자들을 착취함으로써 재물을 쌓는 것이며, 부자들의 비위를 맞춤으로써 어떤 유익을 얻고자 하는 행위이다. 이 두 가지 간교한 행위는 모두 유익을 주는 것 같지만 궁극적인 실패로 돌아가게 된다.

22:22-23. 고대 사회의 이방인 작가들도 가난한 자들에게 관심을 기울였지만 이스라엘에서는 오직 하나님만이 압제받는 자들의 보호자가 되어주신다. 부요한 자들과 권력 있는 자들은 법적 하자가 없는 간계로 가난한 자들의 소유물을 빼앗거나 완력으로 그것을 탈취하기도 하였다. 가난한 자들을 의미하는 단어는 그들이 약하고, 도움을 받지 못하며, 스스로를 보호할 수 없는 자들임을 보여주고 있다. 그러나 그러한 자들을 법정으로 끌고 가는 자들은 그들 스스로가 더 높은 법정인 하나님이 심판주로 서신 심판대 앞에 놓여 있음을 깨닫게 될 것이다. 가난한 자들을 약탈하는 자들은 하나님이 그들을 정죄하실 때 자신들이 아무런 도움을 받지 못한다는 것을 알게 된다.

29:7. 의로운 사람들은 가난한 자들과 미약한 자들을 위해 공의가 이루어지기를 원한다. 그들은 저들의 권리에 대해서 관심을 가지며, 그 권리가 이루어지도록 노력한다. 반면에 악한 자들은 그러한 일에 전혀 관심을 갖지 않는다. 문자적으로 그들은 '진실을 이해하려고 하지도' 않는다. 그들은 옳고 그름을 알지 못하고, 특히 압제받는 사람들의 문제를 외면한다.

29:13. 가난한 자들을 압제하는 자들은 대체로 자기 자신이 그들보다 더 우월한 존재이고, 전혀 다른 계급의 고귀한 자라고 생각한다. 그러나 하나님은 이 모든 사람들이 똑같이 하나님께 속한 자들이라고 말씀하신다. 그들의 눈으로 깨달을 수 있는 진정한 사실은 그들이 누리고 있는 모든 것들은 자신들의 업적이 아니라 하나님의 선물이라는 것이다.

Main Idea 복 습	하나님은 우리가 우리 자신을 위해서 재물을 취하고 사용하는 방법에 관심을 가질 뿐 아니라 다른 사람들과 나누는 방법에 대해서도 관심을 갖기를 원하신다. 그분은 우리에게 가난한 자들을 도와야 하는 의무가 있음을 분명하게 말씀하신다. 그분은 자기 백성을, 필요를 채우지 못하는 자들에게 은혜를 베푸는 도구로 사용하기를 원하신다.

결론

선(善)에는 한계가 있는가

멕시코 남서부에 사는 마자텍(Mazatec) 인디언들은 다른 사람에게 무엇인가를 주는 것에 대한 이상한 관점을 가지고 있다. 그들은 자신들이 반드시 남에게 주어야만 하는 '일정량'이 있다고 믿는다. 예를 들면, 그들은 다른 사람이 잘 되기를 거의 빌지 않는다. 뿐만 아니라 그들은 서로에게 가르치거나 지식을 전하는 일을 매우 꺼려 한다. 만약 "누가 너에게 빵 굽는 법을 가르쳐주었느냐?"라고 묻는다면 그 부족의 빵 굽는 사람은 이렇게 대답한다. "저는 그냥 알게 되었습니다." 이는 그가 어느 누구의 도움 없이도 그 지식을 알게 되었다는 의미다. 이런 이상한 관심은 '제한된 선'이라는 인디언들의 독특한 사고에서 유래되었다. 그들은 세상에는 오직 살아가기에 적절한 선과 적절한 지식, 적절한 사랑만이 있을 뿐이라고 생각한다. 다른 사람들을 가르치는 것은 자신의 지식을 갉아먹는 일을 의미할 뿐이다. 둘째 아이를 사랑하는 것은 첫 번째 아이를 덜 사랑해야 한다는 것을 의미한다. '잘 지내라' 고 인사하면서 어떤 사람이 잘 되기를 바라는 것은 당신 자신의 행복이 줄어드는 것을 의미하며, 그렇게 되면 행복은 결코 다시 회복될 수 없게 된다.

이것은 분명히 진리와 상반되는 이기적인 생각이다. 성경은, 하나님이 우리가 행하기를 원하시는 모든 선한 일에 대해서 풍성한 능력을 허락하셨다고 가르친다. 또한 주님은 우리에게 주실 수 있는 많은 축복을 가지고 계신다고 말한다. 또한 당신이 더 많이 사랑하면 할수록 더 많이 사랑하게 된다고 하셨다. 만약 당신이 다른 사람에게 지식을 더 많이 전해주면 줄수록 당신은 더 많은 지식을 쌓게 될 것이다.

하나님의 관점에서 당신은 더 많이 주면 줄수록 더 많이 얻게 될 것이다. 솔로몬은 우리에게 마자텍 인디언처럼 생각하지 말고, 성경이 알려주는 대로 생각해야만 한다고 가르친다.

▣ 진리 알기

- 하나님은 우리에게 많은 자원들을 주시면서 우리가 그것들을 사용할 때 주님을 신뢰하기를 원하신다.
- 하나님은 더 많은 것을 가지고 있는 자들이 도움을 필요로 하는 자들을 도와주기를 원하신다. 가난한 자들에게 베푸는 것은 주님께 꾸어드리는 것이다.
- 우리가 스스로의 생계를 유지해나갈 수 없는 자들을 약탈할 때 하나님은 분노하신다.

▣ 적용하기

- 당신이 가진 것들을 주님께 헌신하라. 당신의 시간과 재능과 물질을 드려라.
- 소득의 십일조를 주님께 드릴 때 주님이 당신의 필요를 채우실 것을 믿으라.
- 자기 자신을 돌볼 수 없는 자들이나 가난한 자들을 착취하지 말라. 그것은 하나님을 거역하는 것이다.

삶의 적용

파데레프스키의 자비

관용은 자기 자신을 새롭게 돌아볼 수 있는 좋은 방법이다.

스탠포드 대학교를 다니면서 학비를 벌기 위해 일을 하고 있던 두 명의 젊은이가 있었다. 생활비가 떨어져 더 이상 견디기 힘들게 되었을 때 그중 한 사람에게 좋은 아이디어가 떠올랐다. 그것은 위대한 피아니스트인 파데레프스키를 초청해서 피아노 독주회를 열고, 그 이익금을 그들의 생활비와 학비로 쓰자는 것이었다. 그 위대한 피아니스트의 매니저는 2,000불의 출연료를 요구했고, 그 두 학생은 콘서트를 열기로 합의하였다.

그런데 그 콘서트는 그들이 열심히 준비했음에도 불구하고 고작 1,600불의 수입을 올리는 데 그쳤다. 콘서트가 끝난 뒤에 학생들은 피아니스트를 찾아가 자신들의 노력과 그 결과에 대해서 말했다. 그들은 그에게 총 수입인 1,600불을 주었고, 거기에다 400불의 약속 어음을 전해주면서 자신들이 가능한 빨리 그 돈을 벌어서 갚겠다고 사정하였다.

"아니요." 파데레프스키가 대답했다. "그럴 수는 없습니다." 그러고 나서 그는 그 어음을 찢어버리고, 돈도 돌려주면서 말했다. "이제 이 1,600불 중에서 당신들이 쓴 모든 경비를 제하십시오. 그리고 수고의 대가로 그 나머지의 10%를 각자의 몫으로 가지십시오. 그런 다음에 남은 것을 저에게 주시면 됩니다."

시간이 흐르고 흘러 격변의 시간이 찾아왔다. 파데레프스키는 고국 폴란드에서 국무총리가 되었다. 끔찍한 전쟁이 일어났고, 파데레프스키는 전력을 다하여 굶고 있는 수천 명의 폴란드 사람들을 먹이기 위해 애를 썼다. 파데레프스키와 그의 국민들을 도와줄 수 있는 사람은 전세계에서 오직 한 사람뿐이었다. 그의 헌신적인 노력 끝에 수천 톤의 식량이 폴란드로 들어오기 시작했다. 굶고 있던 국민들이 어느 정도 그 굶주림을 해결한 뒤에 파데레프스키는 자신을 도와주었던 헐버트 후버 미국 대통령에게 감사하기 위해 파리로 여행을 했다.

그런데 그곳에서 만난 후버 대통령은 이렇게 대답했다. "괜찮습니다. 파데레프스키

수상님. 당신은 아마 기억하지 못하시겠지만 당신은 내가 대학생 시절 정말 어려웠을 때 저를 도와주었습니다."

기도

하나님 아버지, 우리가 마음으로부터 관대해질 수 있도록 도와주십시오. 그러면 우리가 가진 것이 돈이든, 재능이든, 지식이든, 위로든, 사랑이든 그것을 다른 사람들에게 기꺼이 나누어줄 수 있게 될 것입니다. 아멘.

심층 연구

A. 관심에 대한 문제

성경은 지속적으로 하나님의 백성들은 가난한 자들과 도움이 필요한 자들에게 관심을 가져야 하고, 생계를 유지할 수 없는 자들을 경멸하거나 박대하지 말아야 한다고 강조하고 있다. 구약 성경은 우리에게 가르치기를, 부자나 가난한 자들 모두 하나님께는 동일하다는 것을 깨달으라고 한다. 부자나 가난한 자 모두 동일한 기원을 가지고 있다. 즉, 그들은 모두 하나님이 지으신 자들인 것이다(욥 31:13-15; 잠 22:2). 또한 부자나 가난한 자 모두 생명과 빛과 같은 동일한 축복을 받아 누린다(29:13). 그리고 두 부류 다 세상을 떠날 때에는 세상에서의 모습을 버리게 된다(욥 3:19).

신약 성경은 우리가 가난한 자들에게 관심을 기울여야 할 이유를 몇 가지 더 추가하고 있다. 마태복음 25장 35-40절에서 예수님은 도움이 필요한 사람에게 음식이나 물을 주는 것은 예수님을 사랑으로 섬기는 것과 같다고 말씀하셨다. 야고보는 분명히 말하기를, 하나님은 이 세상의 가난한 자들을 택하셔서 미래의 하나님 나라에서 영적 특권을 상속받는 자들이 되게 하셨다고 하였다(약 2:5). 요한은 도움이 필요한 동료 그리스도인을 위해서 무엇을 했느냐 하는 시험을 통해서 하나님께 대한 우리의 사랑을 알 수 있다고 하였다(요일 3:17-18).

B. 가난한 자들에 대한 태도

창세기에서부터 성경은 가난한 자들에게 관대한 태도를 가질 것을 말하고 있다. 욥은 자신의 올바른 삶에 대해서 설명할 때 자기가 가난한 자들을 구원하고, 고아를 도왔으며, 과부를 격려하고 도움을 받지 못하는 자들을 변호하였다는 점을 강조하였다(욥 29:12-17). 모세 율법 역시 유대인들에게 어려움에 빠진 동족을 강퍅하게 대하지 말며,

그들에게 손을 벌려 그들이 필요로 하는 것을 할 수 있는 대로 도우라고 명령하였다(신 15:7-11).

고안

A. 들어가는 글

1. '열 배의 선물' 이야기로 시작하라.
2. 배경 설명: 하나님은 우리가 도움이 필요한 자들에게 관대하기를 원하신다. 그분은 가난한 자들을 압제하는 것에 대해서는 극도로 분노하신다.
3. 적용: 우리는 우리 마음이 '관대함'을 갖도록 결심해야 한다. 그러면 하나님은 우리가 베풀기를 원하시는 시간이나 재능이나 물질을 다른 사람들에게 베풀 수 있도록 도와주신다.

B. 본문 이해

1. 관대함으로 베푸는 것
2. 가난한 자들을 압제하는 죄

C. 결론: 선(善)에는 한계가 있는가

토의 질문

1. 당신이 가장 관대한 것은 무엇인가? 당신의 시간인가, 재능인가, 아니면 물질인가? 당신은 이러한 영역들에서 균형을 이루고 있는가? 이 중에서 어느 한 부분 혹은 세 가지 부분 모두에서 변화가 일어나야만 하는 영역이 있는가?

2. 당신은 가난한 사람들의 필요에 민감한가? 당신은 가난한 사람들의 필요를 채워주기 위해서 어떤 희생을 한 적이 있는가? 당신은 그러한 절박한 필요에 대해서 정말 안타깝게 여기고, 마음이 뭉클해진 적이 있는가?

3. 얼마나 많은 돈이 있어야 만족할 수 있는가? 당신은 물질을 충분히 가지고 있는가, 아니면 좀더 필요한가? 당신이 재물을 좀더 가지고 있다면 어떤 일을 하겠는가? 당신이 더 많은 돈을 가지고 있다면 당신의 구제하는 삶이 어떻게 바뀔 것이라고 생각하는가?

25장

잠언 6:9-11; 10:4, 26; 12:24, 27; 13:4; 14:23; 15:19; 16:26; 18:9; 19:15, 24; 20:4, 13; 21:17, 25-26; 24:30-34; 26:14-15; 28:19

일반 경제 생활 - 열심히 일하는 것의 의미

"당신이 앞으로 백 년은 더 살 수 있을 것이라고 생각하며 일하라. 당신이 내일 죽을 수도 있다고 생각하며 기도하라."

- 벤자민 프랭클린(Benjamin Franklin)

지혜로운 사람은 근면이 재물의 안정을 얻기 위한 대가이며, 다른 많은 축복의 근원이라는 것을 알고 있다. 게으른 사람은, 힘든 일은 자신에게 맞지 않는 일이라고 생각한다. 그러나 그러한 태도는 그의 인생에 어려움만 가져다줄 뿐이다. 잠은 좋은 것이고, 필수적인 것이지만 잠을 사랑하는 것은 잘못된 것이고, 게으른 사람은 호된 질책만 받게 될 것이다.

Proverbs

들어가는 글

주님을 위해 일하는 것

골로새서 3장 22-24절은 우리가 누구를 위해서 일해야 하는가를 말해주고 있다.

> 종들아 모든 일에 육신의 상전들에게 순종하되 사람을 기쁘게 하는 자와 같이 눈가림만 하지 말고 오직 주를 두려워하여 성실한 마음으로 하라 무슨 일을 하든지 마음을 다하여 주께 하듯 하고 사람에게 하듯 하지 말라 이는 유업의 상을 주께 받을 줄 앎이니 너희는 주 그리스도를 섬기느니라.

여기서 말하는 것은 우리의 상전이 누구인가 하는 것이다. 이 말씀은 우리가 어떤 일을 하느냐보다는 누구를 위해서 일하느냐가 중요하다고 말한다.

만약 당신이 부모님과 함께 살고 있는데, 여러 가지 집안일이 많고, 방을 청소하거나 침대를 정리해야 한다면 당신은 이 모든 일을 부모님을 위해서 하지 말고, 주님을 위해서 해야 한다. 만약 당신이 배구나 축구 선수로서 경기를 좀더 잘하기 위해 열심히 연습을 해야 한다면 단지 당신 자신이나 코치 혹은 당신이 속한 팀을 위해서 하지 말고, 주님을 위해서 해야 한다. 당신은 운동 신경이 발달하였거나, 근력이 있거나, 지적인 재능이 있거나, 사람들을 잘 만나는 재능을 가지고 있거나 또는 손재주가 좋거나 일을 잘 진행시키는 기술이 뛰어날 수 있다. 우리는 이러한 재능을 더욱 발전시키기 위해서 열심히 노력해야 한다. 왜냐하면 그런 것들은 모두 주님이 우리에게 주신 것들이고, 우리는 그것들을 더 발전시켜서 주님께 다시 돌려드려야 하기 때문이다.

만약 우리가 물건을 파는 일을 하고 있거나, 공장에서 조립을 하고 있거나, 가르치거나, 돈을 계산하는 일을 한다면 우리는 최선을 다해서 그 일을 해야 하며, 무엇보다도 주님을 섬기듯이 해야 한다.

때로 그런 일들은 하나님의 일을 하는 것일 수도 있지만 지극히 개인적인 일이라 하더라도 주님은 그 일을 기뻐하신다. 예를 들어, 당신은 아름다운 화단을 가지고 있지만 그것을 화려하게 가꾸지 않을 수도 있다. 하지만 당신은 그런 화단이 있는 것으로 인해 감사할 수 있고, 주님도 그것을 기뻐하신다는 것을 깨닫게 된다. 이렇게 우리는 받은 재능에 감사하는 것만으로도 우리의 재능을 활용할 수 있다. '불의 전차'로 유명한 스코틀랜드 육상 선수인 에릭 리델(Eric Liddell)은 이렇게 말했다. "나는 달릴 때 그분이 기뻐하신다는 것을 느낀다."

우리는 우리의 새로운 주인이신 예수님을 위해서 일한다. 그분을 기쁘시게 하는 방법으로 당신의 일에 최선을 다하라.

본문 이해

일반 경제 생활 - 열심히 일하는 것의 의미

Main Idea	게으른 사람을 부자로 만들어줄 비법은 존재하지 않는다. 잠언에 의하면, 부요케 되는 방법은 열심히 일하는 것이다. 그리고 정직한 노동을 회피하고, 그저 누워서 '편안히 쉬는 것' 만을 좋아하는 사람은 가난하게 될 것이다.

A. 근면의 유익(10:4; 12:24; 13:4; 14:23; 15:19; 16:26; 18:9; 20:13; 21:17, 25-26; 28:19)

Supporting Idea	많은 사람들은 그들의 에너지를 더 이상 일하지 않으려고 노력하는 데 쓴다. 하지만 지혜로운 사람은 근면이 물질적 안정을 얻기 위한 대가일 뿐만 아니라 다른 많은 축복의 근원이 된다는 것을 알고 있다.

10:4. 이것은 간단하며 이해하기 쉬운 원리다. 게으름은 가난을 낳지만 열심히 노력하는 것은 재물을 낳는다. 잠언은 계속해서 근면은 재물을 얻을 수 있는 가장 확실한 방

법이며, 게으름은 가난하게 되는 지름길이라고 경고한다.

12:24. 솔로몬은 수천 명의 노동자들을 강제 동원하여 성전을 짓고, 그 후에 자신의 궁전을 지었다. 그래서 그는 사람을 부리는 체계를 알고 있었다. 부지런한 손을 가진 사람은 나중에 사람을 다스리는 자리에 올라서게 되지만 게으른 사람은 계속해서 지시를 받는 자가 된다. 그중에서도 나태한 사람은 다른 사람들보다 더 힘들게 일하게 된다.

13:4. 게으른 사람은 그의 생각을 지배하고 있는 뿌리 깊은 육체적 욕구에 의해 지배를 받는 사람이다. 그러한 욕심은 그가 그 욕심을 만족시키기 위해서 필수적인 분량의 일을 수행하는 것을 거부하기 때문에 결코 채워질 수가 없다. 부지런한 사람은 자신의 욕구를 절제하는 마음을 가지고 있다. 그리고 그는 좀더 일하고자 하기 때문에 항상 자신의 욕구를 충족할 수 있다. 즉, 그의 영혼은 더욱 살쪄서 충분히 만족할 수 있게 된다.

14:23. 나태한 사람은 실제로 일을 하기보다는 그 일에 대해서 더 많은 말을 하려고 할 것이다. 이 구절은 말과 행동의 결과를 비교하는 분명한 대조를 보여주고 있다. 수고에는 반드시 어떤 유익이 있지만 행동을 하지 않고 말만 하는 것은 가난하게 만들 뿐이다.

15:19. 나태한 사람은 계속해서 자신의 성공의 길이 여러 가지 방해로 인해 막히고 있다고 불평을 늘어놓는다. 실패가 결코 그의 잘못이 아니라고 생각하는 것이다. 실제로 그의 길은 가시덤불에 의해 차단되는 것처럼 보이기도 한다. 그러나 정직하고 올바른 사람은 분명한 인생길을 걸어간다. 그것은 아무 방해거리가 없는 똑바른 길이다. 어떤 의미에서는 그의 근면함이 길을 막고 있는 모든 것을 제거해버리기 때문이며, 또 다른 의미에서는 하나님이 의로운 자에게 복을 내리신다고 약속하셨기 때문이다.

16:26. 아무리 게으른 사람이라도 배가 고프면 일을 하려고 할 것이다. 그래서 적절한 굶주림은 근면의 동기가 된다는 말이 있다. 데살로니가후서 3장 10-12절에서도 동일한 원리를 사용하고 있다. 인간 본성에 대한 실제적인 평가는, 인간은 자신의 필요를 채워주는 일에 가장 열심히 일한다는 것을 인정하게 한다.

18:9. 자기 일에 나태하거나, 불성실하거나, 조심성 없이 일하는 것이 별로 심각한 문제가 아니라고 여길 수도 있다. 그러나 잠언은 말하기를, 자기 일을 나태하게 하는 사람은 가산을 부수거나 없애버리는 자의 형제(비슷한 자)라고 하였다. 그 결과는 가산이 남아나지 않는 것이다.

20:13. 여기서 잠을 사랑하는 것은 게으름과 동일시되고, 늦게까지 깨어 있는 것은 근면의 표시가 된다. 침대에 좀더 누워 있기를 좋아하는 게으름뱅이는 결국 굶주리게 될 것이다. 왜냐하면 그는 어떤 결실을 만들어낼 수 있는 훈련을 받지 못한 자이기 때문이다. 열심히 일하는 농부는 풍성한 소출을 얻게 될 것이다.

21:17. 가난하게 되는 지름길은 쾌락을 사랑하며, 즐기는 것을 좋아하는 것이다. 올바르게 행동하고자 노력하는 사람은 그 결과물로 즐거움을 얻게 되지만(15절), 반대로 쾌락을 추구하는 사람은 기름기가 넘쳐흐르는 돼지를 붙잡으려는 것과 같이 즐거움이 그의 손아귀에서 벗어나고 말 것이다(17절). 술과 기름은 잔치와 기쁜 일에 사용하는 정당한 재료지만 화려함을 사랑하는 자는 곧 가난하게 될 것이다. 그가 자신의 소득을 다 허비하기 때문이다. 여기에서는 즐거움과 음식을 정죄하는 것이 아니라 그것을 사랑하는 것을 경고하고 있다.

21:25-26. 게으른 사람의 삶은 끊임없는 욕심으로 뒤덮여 있다. 그리고 그는 일하는 근면한 삶을 그저 쾌락을 추구하는 삶으로 바꾸어버린다. 그 결과 그는 자기 자신을 망가뜨리게 되고, 그의 삶은 사망으로 끝나고 만다. 그는 무엇인가를 간절히 바라지만 일하기를 거부하기 때문에 결과적으로 굶주릴 수밖에 없다. 그렇지만 의로운 사람은 열심히 일을 하고 많은 열매를 거둔다. 그는 자기 욕심의 노예가 아니고, 다른 사람에게 즐겁게 베풀 줄 아는 사람이다.

28:19. 열심히 노력하는 것은 번성케 되는 유일한 길이다. 여기에는 다른 지름길이 없다. 그렇지만 게으른 자들은 환상(텅 빈 것들)을 좇기를 더 좋아한다. 그는 위험 부담이 큰 계획에 많은 시간을 허비하고, 그를 실제로 번성케 해줄 수 있는 일을 행하기보다는 즉각적인 부귀를 약속해주는 헛된 노력을 따르기를 원한다.

B. 게으른 사람의 모습(10:26; 12:27; 19:24; 26:14-15)

Supporting Idea	게으른 사람은 스스로를 힘든 일을 할 필요가 없는 똑똑한 사람으로 생각하면서 열심히 일하는 순진한 사람들을 오히려 측은하게 생각한다. 그러나 그들은 지혜로운 자들이 아니라 어리석고 웃음거리가 될 뿐이다.

10:26. 게으름뱅이는 일을 시키는 주인에게 골칫덩이다. 왜냐하면 그가 자신의 책임을 다하지 못하기 때문이다. 식초는 시어져버린 포도주로 만드는데, 그 맛을 좋아할 사람은 아무도 없다. 그리고 사람의 눈에 불어오는 연기는 불쾌한 것이 될 뿐이다.

12:27. 이 구절에서 히브리어로 잡을 것이라고 번역된 단어는 사실 그 의미가 확실하지 않다. 어떤 해석자들은 그 구절이 너무나 게을러서 음식을 구하러 나가지도 않는 사람을 묘사한다고 말한다. 그러나 유대 전통과 아라비아 문화권에서 그 단어는 말 그대로 자신이 잡은 것을 요리하기도 귀찮아하는 사람의 모습을 나타내고 있다고 볼 수 있다. 반대로 부지런한 사람은 자기가 잡은 것을 잘 관리함으로써 온전히 유익을 누리는 자가 된다.

19:24; 26:15. 여기에서 우리는 게으른 자의 극단적인 모습을 발견하게 된다. 그는 자신의 손으로 음식물을 잡았음에도 불구하고 너무 게을러서 그것을 입으로 가져다가 넣지도 않는다는 것이다! 만약 이것이 사실이라면 그는 곧 굶어 죽고 말 것이다.

26:14. 이제 그 게으름뱅이는 침대 위에서 발견된다. 사실 그곳은 그러한 자를 발견할 수 있는 유일한 곳이기도 하다. 그는 마치 침대에 묶여 있는 것처럼 보인다. 마치 문틀에 고정된 문짝처럼 말이다. 그 안에서 이러저리 굴러다니지만 그는 결코 일어나서 움직이려는 노력을 하지 않는다.

C. 잠을 사랑하는 것의 위험성(6:9-11; 19:15; 20:4; 24:30-34)

Supporting Idea	성경은 힘든 노동을 잠시 쉴 수 있는 반가운 것으로 잠에 대해 설명하고 있다. 그러나 유익한 일을 할 수 있는 오전 시간에 침대에서 뒹구는 사람에게는 잠이 매우 위험한 것이다. 잠자는 것은 좋은 것이지만 그것을 사랑하는 것은 잘못이다.

6:9-11. 잠언 기자는 게으른 사람이 자리에서 일어나 일을 시작할 수 있도록 동기 부여를 하고자 그가 얼마나 오랫동안 자리에 누워 있으려고 하느냐고 두 번 질문하고 있다. 그러고 나서 그는 경고의 말을 한다. 일을 해야 할 때 낮잠을 자는 사람은 곧 가난하게 될 것이다. 그것은 일종의 탐닉처럼 보일 수 있다. 하지만 어려움으로 인해 그의 상황은 더욱 심각해질 것이다. 강도라는 단어는 사실 말 그대로 방랑자나 부랑자처럼 '정

처 없이 돌아다니는 사람' 을 뜻한다. 영어 번역은 게으른 자의 운명을 마치 강도의 습격을 받는 불의의 희생자처럼 빈곤이 갑작스럽게 찾아오는 사람의 운명으로 묘사하고 있다. 그것은 사실 갑작스러운 습격으로 인한 재난이 아니라 모든 소유를 다 잃어버릴 때까지 자신의 것을 허비하면서도 더 많은 것을 원하고, 여기저기 다니는 방랑자의 고집스런 방황으로 인한 것으로 묘사하고 있다는 설명이 더 적절해보인다. 도적에 의한 것이든, 방랑에 의한 것이든 그 결과는 동일하게 궁핍하게 되는 것이다.

19:15. 게으른 사람은 이렇게 말할 것이다. "나는 조금만 더 쉴 거야." 그러나 그는 곧 수렁에 빠지는 것처럼 깊은 잠에 빠질 것이다(욥 4:13; 33:15). 그는 자신이 얼마나 시간을 허비하고 있는지 전혀 깨닫지 못하고 있다. 여기서 '잠들다' 라는 단어는 때로 하나님이 주시는 마취와 같이 매우 깊은 잠을 설명할 때 사용되는 말이다(창 2:21; 15:12; 삼상 26:12). 해태한 사람이라는 말은 '애매모호한 사람' 이라는 뜻으로 열심히 일해야 할 때 그냥 아무 생각 없이 쉬고만 있는 자이며, 결국 굶주리게 된다.

20:4. 게으름은 인과 관계를 무시하는 비이성적인 행동이다. 게으른 농부는 지체함으로 인해서 적절한 시기에 밭을 가는 일을 하지 못할 것이다. 이 구절은 실제로 늦은 가을이나 겨울 초입을 의미한다. 날씨는 점차 추워질 것이고, 게으른 자는 빈둥거리다가 쌀쌀한 날씨에 밭갈이를 하는 힘든 일을 감당하지 못할 것이다. 하지만 그는 밭을 갈지 않고, 적절한 시기에 씨앗을 뿌리지 않았음에도 불구하고 여전히 추수 때에는 수확물이 있을 것이라고 기대한다. 그는 추수란 농부가 적절한 때에 씨앗을 심는 수고를 감당할 때 이루어진다는 사실을 잊어버린다.

24:30-34. 이 단락은 교훈적인 짧은 이야기를 들려주고 있다. 잠언 기자는 그가 게으른 사람에게 속한 밭을 지나가게 될 때의 경험담을 들려주고 있다. 그 밭에는 포도원이 있었는데 언뜻 보기만 해도 그 주인이 올바른 판단을 하지 못했음을 알 수 있는 상황이었다. 그 밭은 뒤죽박죽이었고, 완전히 버려진 상태였다. 가시덤불과 거친 풀이 밭에 그득하게 펼쳐져 있었다. 주변의 돌담 역시 보수되지 않아서 동물들이 쉽게 들어와 포도를 먹어치울 수 있었다.

그는 잠시 걸음을 멈추고 이것에 대해 생각하며(32절), 하나의 교훈을 얻었다(33-34절). 그것은 게으름은 가난하게 만든다는 것이다. 6장 10-11절의 말씀과 매우 비슷한 표현으로 잠언 기자는, 게으름은 결국 모든 것을 파멸시킬 것이라고 경고한다. 가난으로 인해 모든 소유물은 다 사라질 것이고, 모든 것을 다 도둑맞은 사람처럼 그는 비참하게 될 것이다.

Main Idea 복습	게으른 사람을 부자로 만들어줄 비법은 존재하지 않는다. 잠언에 의하면, 부요케 되는 방법은 열심히 일하는 것이다. 그리고 정직한 노동을 회피하고, 그저 누워서 '편안히 쉬는 것' 만 좋아하는 사람은 가난하게 될 것이다.

결론

주어진 일을 하는 것과 최선을 다하는 것

조지 마셜(George C. Marshall) 장군은 이런 말을 했다. "성취된 작은 일은 계획된 커다란 일보다 낫다." 이 말은 사실이다. 만들다가 중단된 케이크나 반만 지어진 집 혹은 심겨지긴 했지만 열매를 맺지 못하는 씨앗은 아무런 유익이 없다. 인생은 신뢰성에 의해 좌우된다. 인생은 자기 일을 완성하기 위해 힘써 노력하는 것에 달려 있다. 그것이 달에 우주선을 보내는 것과 같은 큰일이든 잔디를 깎는 것과 같은 작은 일이든 간에 완성될 때 가치가 있고, 그 일을 완성하기 위해서는 부단한 노력이 필요하다. 성공과 실패의 차이는 노력에 달려 있다.

하지만 오늘날 이렇게 노력하는 것은 중요한 덕목이 아니다. 우리는 일을 더 잘하기 위해 노력하는 것보다는 어떻게 해서든지 그 일을 하지 않는 데 더 많은 관심이 있다. 나의 대학 친구 가운데 한 사람이 공장에 들어가서 일을 했는데, 그곳은 노동 조합의 영향력이 지대한 곳이었다. 그 공장에서 일꾼들은 자신이 만든 제품 수에 따라서 임금을 받는 능력급제로 보수를 받았다. 그들은 한 시간에 일정한 개수의 제품을 만들어야 했고, 그 수를 채울 때 자신의 시급을 받을 수 있었다. 하지만 그 정도의 제품을 만드는 데는 사실 15분 정도밖에 걸리지 않았다. 그래서 일꾼들은 15분 동안 일을 하였고, 그 일이 끝난 다음에는 앉아서 45분 동안 카드놀이를 했다. 즉, 하루 종일 매시간 15분 일하고 45분 동안 놀았던 것이다.

내 친구는 이것이 옳다고 생각하지 않았고, 그는 카드 놀이를 할 줄 몰랐기 때문에 매우 심심하였다. 그래서 그는 계속해서 제품을 만들었다. 그는 놀라울 정도의 분량을 만들었고, 이는 다른 일꾼들이 만든 양의 네 배에 해당하는 것이었다. 다른 일꾼들은 이것을 별로 좋아하지 않았다. 그래서 그들은 제품을 그렇게 많이 만드는 일을 그만두라고 했다. 일이 이렇게 되자 그는 이 일을 알려야겠다고 생각했고, 사장을 찾아가 자신이 생각하고 있는 생산 체계의 문제점에 대해서 말하였다. 그리고 근로자들에게 일을 계속하게 한다면, 그 공장의 생산량은 네 배가 될 것이라고 말했다. 그는 자신이 정확하게 지적하고, 그 해답을 제시하였으므로 상이나 혹은 다른 유익을 얻게 될 것이라고 생각했다.

그러나 사장은 별로 탐탁하게 생각하지 않는다는 어조로 분명하게 잘라 말하기를, 그는 이 문제에 대해서 노조와 오랫동안 협상을 해왔고, 힘들여서 제품의 생산 개수를 현재 수준으로 올려놓았다고 하였다. 그리고 누군가가 이 일에 끼여들어서 문제를 복잡하게 만드는 것을 원치 않고, 만약 자기 자신에게 유익한 것이 무엇인지를 깨닫는다면 그냥 주어진 개수만 만드는 것이 나을 것이라고 하였다.

열심히 노력하는 것은 고작 이런 식이었다.

그렇지만 열심히 노력하는 것은 존경받는 덕목이기도 하였다. 예전에 유명했던 말들을 한번 들어보자. 랄프 왈도 에머슨(Ralph Waldo Emerson) 은 이렇게 말했다. "만약 어떤 사람이 풍성한 곡물이나 임야, 목재, 가축, 더 좋은 의자나 칼, 도자기나 교회 오르간을 다른 어떤 사람들보다도 잘 만들거나 판다면, 그가 비록 산 속에 있다 하더라도 당신은 그의 집 앞에 널찍한 도로가 생기는 것을 보게 될 것이다." 마틴 루터 킹(Martin Luther King)은 이렇게 말했다. "만약 어떤 사람이 거리의 청소부가 되도록 부르심을 받았다면 그는 미켈란젤로가 그림을 그리는 것이나 베토벤이 음악을 작곡하는 것이나 혹은 셰익스피어가 문학 작품을 쓰는 것처럼 거리를 쓸어야만 한다. 그가 거리를 잘 청소하면 하늘과 땅의 모든 권세들이 소리를 높여서 '여기 자신의 부르심에 충실한 거리의 청소부를 보라' 고 노래할 것이다."

에이브러햄 링컨(Abraham Lincoln)은 이렇게 말했다. "사람을 이끄는 주도적인 삶의 원리는 바로 근면함이다." 오스왈드 챔버스(Oswald Chambers)는 이렇게 말했다. "만약 하나님이 근면하시다면 분명 우리는 그분께 대한 우리의 의무를 다하는 일에 근면해야만 한다." 하나님이 얼마나 우리에 대해 인내하시며 열심이셨는지를 생각해보라. 우리가 본받도록 노력해야 하는 성품은 바로 하나님의 성품이다. 하나님은 근면하시다. 그러므로 우리도 근면해야 한다.

▣ 진리 알기

- 열심히 노력하는 것은 선한 삶을 위해 필요한 것이다.
- 게으름은 경제적 어려움에 처하게 만든다.
- 부주의하고, 게으르고, 책임감이 없는 것은 삶에 어려움을 가져올 뿐만 아니라 하나님께 영광이 되지 못한다.

▣ 적용하기

- 비록 당신의 능력 밖의 일에 대해서도 열심히 일하라. 그것은 발전하는 길이 된다.
- 이 점을 항상 기억하라. 당신은 주님을 위해서 일을 하고 있는 것이다. 당신의 일을 잘 하도록 하라. 그러면 주님으로부터 상급을 얻게 될 것이다.
- 만약 당신이 당신을 의지하고 있는 다른 사람들을 사랑한다면 그들을 위해서도 열심히 일하라. 게으름과 부주의함은 그들에게도 큰 고통을 가져다줄 것이다.

삶의 적용

직장에서 즐거움 찾기

22장 29절은 "네가 자기 사업에 근실한 사람을 보았느냐 이러한 사람은 왕 앞에 설 것이요 천한 자 앞에 서지 아니하리라"고 말하였고, 27장 18절은 "무화과나무를 지키는 자는 그 과실을 먹고 자기 주인을 시종하는 자는 영화를 얻느니라" 고 말하고 있다.

만약 어떤 사람이 근면하다면, 그는 만족할 만큼 인정을 받게 될 것이다. 내가 대학생 때 어떤 직장에서 일했던 때가 생각난다. 그곳에서 내 임무는 바닥에 떨어진 지저분한 것들을 치우는 일이었는데, 그 일은 끊임없이 해야 하는 고된 일이었다. 사장님은 이 일이 내게 쉬운 일이라고 생각했기 때문에 나는 그 일을 하면서 동시에 바닥을 잘 닦는 일도 해야 했다. 나는 그해 12월에 학기가 마칠 때까지 일하기를 원했는데 정말 그때까지 그 일을 계속 할 수 있었다. 지금 생각해보니 그는 내가 열심히 일을 한다고 생각했고, 그 건물이 깨끗해진 것을 마음에 들어했기 때문에 내게 계속해서 일을 시켰던 것 같다. 추수감사절이 되었을 때 그는 나를 불러서 칠면조 한 마리를 주었다. 정직원이 아니었지만 그런 선물을 준 것이다. 나는 언제나 그 일을 할 수 있었던 것과 칠면조 선물에 대해 감사하게 생각해왔다. 그것은 내 일에 충실했던 것에 대한 보상이었다는 생각이 든다.

그 일은 내게 내 능력 밖의 일이라도 열심히 하였을 때 인정을 받게 되고, 보상을 얻게 된다는 큰 기쁨을 얻게 하였다. 우리는 항상 일을 잘한 것에 대해서 보상을 얻지는 못한다. 그리고 대개 우리가 별로 원하지 않는 일을 해야 할 때도 있다. 당신은 어쩌면 지금 전혀 하고 싶지 않은 일을 맡아서 하고 있는지도 모른다. 때로는 수고한 것에 대해서 어떤 보상을 얻지도 못하고, 맡은 일이 즐겁지도 않을 때 우리는 어떻게 해야 그 일에서 즐거움을 찾을 수 있을까?

당신이 이 세상을 다스리는 하나님의 계획 속에 있다는 것을 다시 한 번 상기해보라. 창세기 1장 26절은 이렇게 말한다. "하나님이 가라사대 우리의 형상을 따라 우리의 모양대로 우리가 사람을 만들고 그로 바다의 고기와 공중의 새와 육축과 온 땅과 땅에 기는 모든 것을 다스리게 하자 하시고." 우리는 사회적 계층 속에서 함께 연합되어 있다. 어떤 사람은 빵을 만든다. 다른 사람은 치즈를 만든다. 또 다른 사람은 밭에 고랑을 판다. 다른 사람은 토지를 경작한다. 그 외에도 많은 사람들이 있다. 우리가 하는 모든 일은 그것이 불법적이거나, 비윤리적이거나, 무도덕한 일이 아니라면 이 세상에 대한 인간의 다스림에 공헌하는 것이다.

당신이 자동차를 몰고 식료품 가게에 가는 경우를 예로 들어보자. 어떤 사람은 도로를 만들어야 했고, 다른 사람은 타이어를, 또 다른 사람은 자동차 기름을, 또 어떤 사람은 도로에 표지판을 만들었다. 누군가는 자동차 기름을 위해서 석유를 정제해야 했다. 다른 어떤 사람은 식료품을 공급해야 했다. 이렇게 각 사람의 많은 역할이 있다. 우리가 어떻게 상호 연결되어 있는가와 각 사람이 자신의 일을 하지 않는다면 우리가 필요를 채우지 못하게 될 것을 생각해보라.

- 하나님이 그리스도를 위해 섬기라고 부르신 이 세계 속에서 당신은 어떤 역할을 맡고 있는지를 생각해보라.
- 당신이 하나님을 위해 일하고 있다는 것을 받아들여라.
- 당신이 할 수 있는 한 최선을 다해 일하라(당신이 할 수 있는 것보다 미달되거나 당신이 할 수 있는 것보다 넘치게 감당하라는 것이 아니다. 어떤 사람은 자기 능력보다 못하기도 하고, 또 어떤 사람은 심각한 타락에 빠지기도 한다.)
- 도덕적이며, 인격적이 되라.
- 정중함과 존경심을 가지고 다른 사람들을 대하라.
- 그리스도를 믿는 믿음에 대해서 설명할 것을 미리 준비하라.
- 모든 영광을 주님께 돌려라.

기도

하나님 아버지, 주님이 맡기신 일을 열심히 하고 잘 해냄으로써 주님께 영광을 돌리게 도와주십시오. 제가 하고 있는 일이 무엇이든지 그 속에서 기쁨을 발견하게 하옵시고, 주님을 위해서 일하고 있다는 것을 깨닫게 하시며, 주님으로부터 궁극적인 상급을 누릴 수 있게 해주십시오. 아멘.

심층 연구

A. 가난의 이유

잠언은 가난이 문제가 된다는 것을 지적하면서 종종 그 이유가 되는 가난한 자들에 대한 압제에 대해서 경고한다. 잠언은 또한 사람들이 자신들의 어리석은 행동으로 인해서 가난을 초래한다는 사실도 강조하고 있다. 일하는 대신에 말만 하는 사람은 가난하게 될 것이며(14:23), 또한 신중하게 계획을 세우고 근실하게 노력하기보다는 많은 돈을 벌기 위해 급하게 서두르는 사람 역시 가난하게 되리라고 말한다(21:5). 자기 자신을 위해서 모든 것을 취하고자 하며, 다른 사람들의 정당한 대가를 빼앗으려고 하는 탐욕스러운 사람은 결국 모든 것을 잃어버리게 될 것이다(11:24; 28:22). 모든 것을 잃어버리는 또 다른 길은 쾌락을 사랑하는 자가 되어서 순식간에 그 재물을 허비하는 사람이 되는 것이다(21:17). 그리고 가난한 자들을 압박하는 사람이나 부자에게 아첨하는 사람은 자신의 간교함이 도리어 화가 됨을 보게 될 것이다(22:16).

B. 농부의 시기

이스라엘 농부들은 대개 자신의 땅에 여러 가지 다른 곡물을 경작하기 때문에 건조한 여름철 동안 각각 다른 시기에 추수를 준비하게 된다. 보리 추수는 4월이나 5월에 이루어지고, 그 다음 늦은 6월에 시작되는 밀 추수가 있다. 그리고 무화과와 포도 등 각종 열매들이 늦은 여름 기간에 무르익는다.

일단 마지막 소출이 다 수확되면 생산 주기는 다시 시작된다. 농부는 다시 밭을 갈고, 9월 말에서 10월 초에 파종을 준비해야 한다. 그리고 나서 지면이 딱딱해지기 전인 11월 중순에 씨를 뿌린다. 파종 시기 말쯤에 갑작스럽게 추워지는 경우도 있지만 다음 해에 수확을 거두고자 한다면 겨울이 시작되기 전에 파종을 마치기 위해서 많은 노력을 기울여야 한다.

교안

A. 들어가는 글

1. '주님을 위해 일하는 것' 이야기로 시작하라.
2. 배경 설명: 힘을 다해 노력하는 것은 축복을 가져다주지만 게으름은 저주를 받게 한다.
3. 적용: 우리는 우리가 하는 모든 일을 그리스도께 하듯이 해야 한다. 어떤 직업이나 분야에서 무슨 일을 하든지 우리는 하나님의 영광을 위해서 해야 한다.

B. 본문 이해

1. 근면의 유익
2. 게으른 사람의 모습
3. 잠을 사랑하는 것의 위험성

C. 결론: 주어진 일을 하는 것과 최선을 다하는 것

토의 질문

1. 당신은 최선의 노력을 기울인 것으로 인해 복을 얻게 되거나, 게으르고 무책임한 태도로 인해 어려움을 겪어본 적이 있는가? 그것은 당신에게 어떤 영향을 주었는

가? 당신은 그 일을 통해서 어떤 교훈을 얻었는가?

2. 당신은 당신의 자녀들과 또는 당신이 섬기고 있는 사람들에게 책임감이나 열심히 노력하는 태도를 심어주기 위해서 어떤 일을 할 수 있는가?

3. 현재 당신의 삶 가운데 어떤 부분이 열심히 일하는 것으로 인한 보상을 받게 되는데 가장 큰 방해가 되고 있는가?

26장

잠언 6:1-8; 10:5; 11:15; 12:11; 14:4; 17:18; 20:16; 21:20; 22:26-27, 29; 24:27; 27:13, 18, 23-27

일반 경제 생활 - 지혜로운 일 처리

"일하는 것은 저주가 아니라 인간이 세상을 다스리고 발전시켜나가게 하신 하나님의 선물이다. 그러므로 창조 때의 하나님의 역사하심은 인간의 지능과 노력과 더불어 지금도 계속되고 있다."

- 존 폴 2세(John Paul II)

우리는 열심히 일할 뿐만 아니라 지혜로운 선택을 해야 하고, 어리석은 위험을 피해야 한다. 우리는 올바른 때에 그에 맞는 계획을 가지고 올바른 일을 해야만 한다. 다른 사람에 대한 지나친 염려로 인해 어리석은 위험을 무릅쓰지 않도록 주의하라. 그렇지 않으면 당신과 그 사람 모두 다 실패하게 될 것이다.

들어가는 글

기회를 놓치지 않음

대부분의 성공은 판단력에 근거한다. 그것은 바로 지혜로운 선택을 할 수 있는 능력이다. 이 장에 나오는 각 단락에서 솔로몬은 우리에게 그저 열심히 일하는 데 그치는 것이 아니라 지혜롭게 일하라고 말한다. 하지만 이렇게 말하기는 쉬워도 실제로 행동하기는 어렵다! 피터 드러커(Peter Drucker)는 그의 책 「유능한 관리자(The Effective Executive)」에서 이렇게 썼다.

> 결정은 판단력에 달려 있다. 그것은 여러 가능성 가운데 하나를 선택하는 것이다. 그것은 옳고 그름 사이의 선택이 아니다. 그것은 기껏해야 '거의 옳고 거의 그른 것들' 중에서 선택하는 것이다. 그러나 더 일반적인 의미는 두 가지 행동의 과정 중에서 하나를 선택하는 것이다. 여기에 다른 것에 비해서 더 올바르게 보이는 것이란 존재하지 않는다.
>
> 그것이 '지혜롭게' 일하기 위해서 분별력을 가져야 하는 이유다. 하지만 솔로몬은 이 구절 속에서 매우 귀중한 원리를 전해주고 있다. 그것은 의사 결정 과정에서 우리를 인도해줄 수 있는 성경적인 원리를 사용할 수 있는 능력을 얻게 한다. 한순간이 아닌 오래 지속될 수 있는 의미를 얻기 위해 결정을 내릴 수 있는 능력을 얻게 만든다.

척 스윈돌은 그의 책 「인격으로의 여행(Quest for Character)」에서 톰 패죠(Tom Fatjo)의 이야기를 들려주고 있다. 그는 라이스 대학(Rice University)의 졸업생으로 안정되고 탄탄한 기반을 가진 전문가의 삶을 살았다. 모든 일이 계획대로 잘 되었는데, 톰이 어느 날 휴스턴의 남서부 한 교외에서 집주인과 말다툼을 벌이게 되었다. 문제의 발단은 시에서 집집마다 뒷문에 놓아둔 쓰레기를 수거해가지 않아서 그들이 직접 쓰레기 수거 회사에 의뢰를 하면서 일어났다. 그런데 쓰레기 수거 회사에 심각한 문제가 생겨서 일을 제대로 하지 못했고, 쓰레기는 계속 쌓여만 갔다. 쓰레기 더미가 집집마다 뒷문에서 점차 거대한 무더기를 이루어가면서 상황은 더욱 심각해졌다.

그날 밤, 톰 패죠는 잠을 이룰 수 없었다. 어떤 기발한 생각이 그의 머리에 떠올랐다. 그는 쓰레기차를 구입했고, 그 쓰레기를 직접 다 실어서 버렸다. 그리고 나서 그 일은 아예 그의 사업이 되었다. 사업은 점차 확장되어 다른 쓰레기차를 구입하게 되었고, 또 다른 차를 구입하게 되었다. 결국에는 브라우닝 페리스 회사라는 세상에서 가장 큰 쓰레기 처리 회사가 되었고, 해마다 5억 달러의 수입을 올리는 기업이 되었다.

물론 이런 일을 우리가 똑같이 할 수는 없다. 하지만 중요한 점은, 이 사람이 성경적인 원리를 기회로 받아들이고, 성공으로 연결시켰다는 것이다. 좀더 작은 규모로 우리도 동일한 성공을 이룰 수 있을지도 모른다.

본문 이해

일반 경제 생활- 지혜로운 일 처리

Main Idea	단순한 노력만으로는 성공할 수 없다. 근면이 필수 요소이긴 하지만 그것은 단지 자신의 일을 이해하고, 다른 사람들과의 차이를 만들어내는 일에 열정을 쏟는 데 중요할 뿐이다. 적절한 시기에 적절한 일을 하는 것이 바로 유익을 얻는 길이다. 그리고 일단 당신이 유익을 얻게 되면, 그 모든 것들을 어이없이 날려버리게 만드는 남의 보증을 서는 일과 같은 위험천만한 일은 하지 않게 될 것이다.

A. 올바른 일을 하라(12:11; 14:4; 21:20; 22:29; 24:27; 27:18)

Supporting Idea	열심히 일하는 것만으로는 충분치 않다. 우리는 열매를 거둘 수 있는 일을 하는 데 우리의 노력을 다 쏟아 부어야 한다. 성장의 잠재력이 있는 분명한 일들을 추진하라. 그리고 허황된 계획에 현혹되지 않도록 하라.

12:11. 단순히 자기의 토지를 경작하는 농부는 계절의 변화에 따라 같은 일을 반복하는 아무 생각이 없는 사람처럼 보일 수도 있을 것이다. 그러나 그의 꾸준한 노동은 분명한 결과를 가져온다. 그는 풍성한 소출을 얻을 것이다. 이와는 반대로 큰 꿈을 좇는 사람들은 자신의 환상을 따르는 자가 될 수 있다. '따른다' 는 히브리어는 매우 강력한 의미를 내포한다. 하지만 결국에 그는 환상과 허무함만을 얻게 될 뿐이고, 무익한 계획만 세웠을 뿐이다. 그는 판단력을 잃어버렸다. 왜냐하면 매일 해야 할 일을 성실히 해야 한다는 생각이 없었기 때문이다.

14:4. 소는 다른 어떤 동물보다 더 효과적으로 쟁기질을 할 수 있는 힘을 가진 고대 사회에서의 농경 기구였다. 물론 소는 매우 비쌌고, 먹이를 주며 관리하는 데 많은 노력이 필요하였다. 차라리 소가 없을 때 더 편한 삶을 살아갈 수가 있었다. 구유나 여물통은 비어 있고(문자적으로는 '깨끗하고', 이 단어는 도덕적으로 흠이 없다는 것을 설명할 때 쓰이는 것이었다) 외양간은 잘 정돈되어 있었다. 또한 소를 키우는 데 드는 비용을 절약할 수 있었다. 하지만 그것은 소가 가져다주는 놀라운 생산량에 비교한다면 별 것 아니었다. 때로 우리는 발전의 결과로 생겨나는 많은 양의 일과 분주함을 받아들일 준비를 해야만 한다.

21:20. 투자에 반대되는 소비는 지혜로운 자와 어리석은 자를 구별짓는 중요한 기준이다. 지혜로운 사람은 재물을 벌 수 있는 근면과 미래를 위해 필요한 것을 저축하기 위한 절제력을 가지고 있다. 귀한 보배는 문자적으로 '값비싼 보화' 라는 뜻으로 단지 재산의 의미가 아니라 광범위한 범위의 소유물들을 총칭한다. 미련한 자는 오직 현재만을 생각한다. 그래서 그는 모든 것을 즉시 다 소비해버린다. 그 결과 그는 다음 번 추수가 돌아오기 전에 양식이 바닥나버리게 된다.

22:29. 일꾼은 어떻게 승진을 할 수 있는가? 승진을 할 수 있는 가장 좋은 방법은 자기 일에 근실한 것이다. 근실하다라는 단어는 빠르고 신속하다는 개념을 포함한다. 왕이나 다른 상전들은 '정말 잘 한다' 는 정도로 자기 일에 열심인 사람을 발견할 때 그를 높이 등용하고자 할 것이다.

24:27. 새로운 가정을 꾸릴 준비를 하는 젊은 이스라엘 청년은 자신의 아내를 위해 집을 짓고, 가축을 키우기 위해서 축사를 준비해야 한다. 이 중에서 먼저 해야 할 일은 무엇인가? 잠언은 조언하기를, 바깥일을 먼저 하라고 말한다. 그는 밭의 일을 먼저 해야

한다. 왜냐하면 그것이 그의 수입의 근원이기 때문이다. 집은 개인적인 유익을 얻게 하는 곳이다. 하지만 소출은 그 가정을 지탱하는 수단이다. 다시 말해, 소비를 하기 전에 생산을 하라는 것이다. 그리고 결혼을 심사숙고하는 젊은 사람들은 결혼 생활을 시작하기 전에 자신의 가족을 먹여 살릴 수단을 준비해야 한다.

27:18. 만약 당신이 좋은 직업을 가졌다면 그 직업으로 인해 큰 유익을 누리게 될 것이다. 이 원리는 농부에게 그대로 적용된다. 무화과나무를 기르고 재배한다면 그는 무화과를 먹게 될 것이다. 이와 동일한 원리로 성실하게 자기 주인의 일을 돌보는 사람은 그 주인으로부터 칭찬을 받게 될 것이다.

B. 적절한 시기를 붙잡으라(6:6-8; 10:5; 27:23-27)

Supporting Idea	농부는 적절한 때에 씨앗을 뿌리고 수확해야 한다. 그렇지 않으면 기회를 놓칠 것이다. 그리고 그 외의 다른 영역에서도 우리는 주변의 정황을 이해하고, 적절한 때에 필요한 일을 해야만 한다. 미리 계획을 세우라. 그렇지 않으면 마감일이 당신을 괴롭힐 것이다.

6:6-8. 개미는 근면함의 모범이 된다. 그래서 솔로몬은 게으른 사람들에게 그것을 교훈거리로 제시하고 있다. 개미의 행동을 유심히 관찰하는 사람은 그로 인해서 지혜를 얻게 될 것이다.

개미는 상급자로부터 어떤 지시나 명령을 받지 않고서도 유익한 일을 하고자 하는 본성을 가지고 있다. 개미 집단은 어떤 유형의 감독자도 가지고 있지 않다. 그러나 개미들은 지도자를 두고 있는 사람들보다도 훨씬 더 뛰어난 연합을 보여준다!

특별히 개미들은 미래의 필요를 준비하는 선견지명을 가지고 있다. 그들은 여름 동안에 먹이를 모으고 비축한다. 그래서 수확기가 될 때에는 음식을 충분히 갖게 된다. 그러고 나서 그들은 겨울 동안 그 풍성한 먹이를 가지고 넉넉하게 지낸다.

10:5. 개미가 적절한 때에 열심히 일을 하는 것처럼 농부들도 곡식이 익을 때에 수확을 마쳐야 한다. 신중하고 판단력이 있는 지혜로운 사람은 수확물이 다 떨어지기 전에 추수할 적절한 때에 해야 할 일을 하는 지혜를 가지고 있다. 추수기에도 잠을 자는 어리석은 사람은 그가 정말 일을 해야만 할 때 가족들을 실망시키는 사람이다. 그의 아무 쓸

데없음은 부모에게 부끄러움이 될 것이다.

27:23-27. 이 구절은 일반적인 삶에도 적용되는 원리로 농장 경영에 대한 것을 보여준다. 첫 번째로 기본적인 명령을 말하고 있다. 바로 자신의 양떼와 소떼에 마음을 두라는 것이다! 그것들은 많은 돌봄을 필요로 한다. 그리고 많은 문제들이 생길 수 있다. 그러한 문제들에 적절히 대처하지 못하면 그것들은 방치돼버릴 수 있다. 어떤 직업이든 지속적인 노력이 있어야 한다.

재물은 영원히 지속되는 것이 아니다. 만약 당신이 투자한 것을 지속적으로 돌보지 않는다면 당신의 재물은 금세 다 사라져버릴 것이다. 뿐만 아니라 왕의 면류관도 자동적으로 보전되는 것이 아니다. 왕국을 유지하는 것도 끊임없는 노력이 필요하다. 이처럼 지속적이고, 확실한 재물도 사라질 수 있다면 농부도 자신의 양떼와 소떼를 소홀히 해서는 결코 유지할 수 없을 것이다.

자연의 흐름을 깨닫고, 그 사이클에 맞게 일을 잘 수행하는 사람은 지속적인 유익을 누리게 될 것이다. 그는 적절한 때에 건초더미를 거둬 가축들에게 줄 먹이로 쌓아둔다. 그는 수확 기간 동안에도 새싹이 새롭게 움트는 것을 발견할 것이고, 이것은 필요할 때에 또다시 풍성한 양식을 약속해주는 것이 될 것이다. 이런 사람은 자기 일의 사이클을 이해하는 자이며, 점차적으로 자신의 소유물을 늘려갈 것이다.

양떼를 먹여라. 그러면 그것들이 당신의 필요를 채워줄 것이다. 양의 털로는 옷감을 얻게 될 것이며, 염소는 새로운 토지를 구입할 돈이 될 것이며, 염소의 젖은 온 가족의 영양분을 공급해줄 것이다. 그리고 어떤 기업이든지 이와 동일한 원리가 개인적인 필요를 얻는 일과 사업 확장을 위한 자원을 마련하는 일에 적용될 것이다.

C. 다른 사람의 위험에 끼어들지 말라(6:1-5; 11:15; 17:18; 20:16; 22:26-27; 27:13)

Supporting Idea	다른 사람에게 보증을 서주는 것은 그리 위험해보이지도 않고 배려하는 일처럼 보인다. 그러나 그것으로 당신은 큰 어려움에 빠질 수 있다. 당신이 통제할 수 없는 사람의 행동에 대해서 책임을 져야 하고, 그가 무책임하게 행동한다든지 운이 없다든지 할 때에는 당신이 그 모든 손해를 떠안아야 되는 것이다.

6:1-5. 솔로몬은 자신에게 엄청난 손해를 끼치게 될 약속을 하면서 보증을 서는 어리석음의 끔찍한 결과에 대해서 경고하고 있다. 그는 먼저 구체적인 상황을 설정하면서 그 어려움을 묘사하고 있다. 이웃을 위해서 담보하는 것은 만약 그 이웃이 어떤 일을 할 수 없으면 그의 빌린 것을 당신이 갚겠다고 약속하는 것이다. 타인을 위하여 보증하는 것은 그 계약을 공식적으로 인정하면서 악수를 하거나 점선에 사인을 하는 것이다. 그러한 결정을 내린 사람은 올무에 걸린 것이다. 그는 자기 자신의 말로 얽히게 되었다. 그의 경제적 운명은 그 자신의 통제를 벗어났고, 오직 그 이웃이 자신의 빌린 것을 갚고자 하는지 안 하는지에 달려 있다.

이럴 때 적절한 반응은 무엇인가? 보증 서약서의 굴레에서 벗어나라! 이 위험한 위치에서 자유를 얻는 것이 가장 우선적으로 해야 할 일이다. 당장 필요한 조치들을 취하고, 제3자에게 가서 그 책임에서 벗어나기를 원한다고 탄원해야 한다. 당신이 보증서에 이미 서명을 하였기 때문에 당당하게 주장할 수는 없다. 당신은 당신 자신을 겸손하게 낮추어야 한다(자존심을 접고 자세를 낮추거나 품위를 스스로 격하시키며 자신을 비천한 존재로 만들어야 한다). 간절하게 노력해서 스스로를 구원하라. 부정적인 대답을 얻더라도 포기하지 말고 미움을 받는 한이 있어도 끝까지 그것을 요구하라.

시간을 지체하지 말라. 낮잠을 자느라 중단하지 말고, 계속해서 그 일을 하라! 노루나 새가 올무에 걸렸을 때 도망치려고 애쓰기 전에 잠깐 잠을 자지 않는다. 그것들은 필사적으로 도망치려고 한다. 생사의 문제기 때문이다. 빚도 이와 같다. 파국을 맞기 전에 중요한 것은 오직 시간의 문제다.

11:15. 우리가 다른 사람의 보증이 될 때마다 원인과 결과의 단순한 법칙이 적용된다. 만약 당신이 다른 사람의 신용을 보장해주면 당신은 결국 손해를 입게 될 것이다. 그러나 당신이 보증 서주기를 거부한다면 당신은 안전할 것이다(신경 쓰지 않게 된다).

17:18. 17장 17절은 "친구는 사랑이 끊이지 아니하고"라고 말한다. 그러나 그는 재정적으로 올무가 되는 보증인이 되는 일은 하지 않는다. 그러한 도움을 원하는 친구는 매우 위험한 인물이다. 결국엔 당신이 그 모든 것을 대신 갚아주게 될 것이다. 당신이 생각하는 올바른 일이 무엇인지를 분명하게 말하는 편이 수렁에 빠지게 하는 무계획적인 보증을 서주는 것보다 훨씬 낫다.

20:16; 27:13. 대개 유대인들은 채무자의 겉옷이나 외투를 빚에 대한 담보물로 잡아

서는 안 되었다(출 22:26-27). 그러나 여기서는 타인이나 길거리 여인들의 대출금을 위해 보증을 설 정도로 어리석은 사람이라면 그 외투를 담보물로 취하라고 말한다. 외투를 잃는 것은 문제가 있고, 죄 된 관계를 위해 자신의 재물을 허비하는 자에 대한 작은 징계의 수단이 되는 것이다.

22:26-27. 이 구절들은 다른 사람의 빚에 연루된 결과가 어떤 것인지를 보여주고 있다. 당신은 아마 그 빚을 다 갚아야만 할 것이고, 만약 그렇게 할 수단이나 재산이 없다면, 모든 것을 잃어버리게 되고 심지어 누운 침상마저 빼앗기게 될 것이다!

Main Idea 복습	단순한 노력만으로는 성공할 수 없다. 근면이 필수 요소이긴 하지만 그것은 단지 자신의 일을 이해하고, 다른 사람들과의 차이를 만들어 내는 일에 열정을 쏟는 데 중요할 뿐이다. 적절한 시기에 적절한 일을 하는 것이 바로 유익을 얻는 길이다. 그리고 일단 당신이 그러한 유익을 얻게 되면, 그 모든 것들을 어이없이 날려버리게 만드는 남의 보증을 서는 일과 같은 위험천만한 일은 하지 않게 될 것이다.

결론

잘못된 선택

수년 전에 월트 켈리(Walt Kelly)가 그린 '포고(Pogo)' 라는 이름의 만화가 신문에 실린 적이 있었다. 그것은 남부 조지아에 있는 오키페노키(Okeefenokee) 습지에서 살아가는 포고라는 이름의 주머니 쥐와 악어, 개 그리고 다른 여러 가지 동물들 사이에서 생기는 이야기를 다룬 것이었다. 어느 날 이 만화에서는 습지에서 고기를 잡고 있는 포고의 모습을 그렸다.

오리가 한 마리 다가와서 포고 옆자리에 앉으며 말했다. "너, 내 사촌을 본 적이 있니?"

포고가 대답했다. "너의 사촌이라구?"

오리가 대답했다. "그래, 내 사촌은 북쪽의 키디 카(kiddy car)라는 곳에서 이사 왔어."

"키디 카에서?" 놀란 포고가 되물었다.

"그래, 그 애는 나는 것을 두려워해. 날다가 떨어지는 것을 무서워하는 거지."

"그러면 헤엄을 치는 건 어때?" 포고가 물어보았다.

"글쎄, 헤엄치는 것은 별로 안 좋아해. 왜냐하면 멀미 증상이 있거든."

그러자 포고가 안타깝다는 듯이 말했다. "네 사촌이 오리가 되기로 했다면 그는 영 잘못 선택한 것 같아."

날지도 않고, 헤엄도 치지 않으려고 하는 오리는 힘든 삶을 살 수밖에 없을 것이다. 그는 오리가 해야 할 가장 중요한 일을 하지 않는 것이다. 마찬가지로 우리 각자는 우리가 무슨 일을 해야 할지 선택해야 하고, 그 일에 가장 필요한 일들을 해야만 한다. 하나님이 이 세상에서 우리가 어떤 직업을 갖기를 원하시든지 간에 잠언에서 솔로몬이 말한 대로 우리는 성실하게 일하는 자가 되기로 결심해야만 한다. 우리는 열심히 그 일을 해야만 한다. 또한 지혜롭게 해야 한다. 다른 사람들의 빚에 책임을 지겠다고 하면서 문제를 떠안아서는 안 된다. 솔로몬의 가르침을 신중하게 따른다면 우리의 삶은 그것을 무시할 때보다 훨씬 더 유익하게 될 것이다.

■ 진리 알기

- 때때로 당신은 돈을 벌기 위해서 돈을 써야만 할 것이다. 그러나 그것은 항상 계획과 지혜로운 조언 가운데 지혜롭게 이루어져야 한다.
- 만약 당신이 성공의 법칙을 어긴다면 실패의 대가를 치르게 될 것이다.
- 만약 당신이 무리하게 재정적으로 압박을 가한다면 당신은 파산할지도 모른다.

■ 적용하기

- 당신의 일을 지혜롭게 선택하라. 열심히 하면서도 지혜롭게 일을 하라. 이익이 되지 않는

일을 어리석게 계속 붙잡고 있지 말라.
- 성공을 가능케 하는 원리와 노력에 집중하라. 농부가 날씨에 민감해져야 성공하는 것처럼 모든 일꾼들은 자신의 일에 성공의 원리를 적용해야 한다.
- 다른 사람의 빚 보증을 서지 말라. 그것이 당신의 경제적 안정을 무너뜨릴 것이다. 결국에는 보증을 선 사람과 함께 경제적으로 무너지게 될 것이다.

삶의 적용

하나님은 우리의 직업에 관여하시는가?

어떤 직업을 가질 것인가 하는 문제는 진정한 고민거리가 될 수 있다. 어떤 직업은 편하고 단조롭지만 어떤 것들은 그렇지 않다. 잠언의 원리에 충실하더라도 직업에 대한 선택은 고민거리가 아닐 수 없다. 오래전에 출간된 「비즈니스 속에서 그리스도인(The Christian in Business)」에서 존 미첼(John E. Mitchell)은 이렇게 말했다.

> 기독교와 직업은 조화를 이룰 수 있는가? 하나님은 우리가 직장에서 일하는 방식에 관심을 가지고 계시는가? 그분은 선반 작업과 그 일의 분량과 수준에 대해서 주목하고 계시는가? 그분은 경비원이 어둡고 조용한 밤에 자신이 지켜야 하는 집 주변을 순찰할 때 그의 일을 바라보시는가? 그분은 속기사가 원고를 타이핑할 때 그의 일에 관심을 가지시는가? 그분은 영업 사원의 일과 계약을 따기 위한 그의 열정적인 노력에 주목하시는가? 하나님은 직장인의 일에 관심을 가지시는가? 하나님은 직장인이 자신이 낸 세금을 환급받기 위해 노력하며, 그의 비용 지출을 엄밀하게 계산할 때 함께하시는가? 그분은 회사의 광고 전략과 생산 제품의 하자 발생률을 눈여겨보시는가? 그분은 회사 내의 개인 간의 대화와 부서 간의 회의와 임원

회동과 노사 간의 협상과 무역 협정과 회사의 신상품 출시와 회식자리가 마련될 때 그곳에 함께하시는가? 사업가가 성공하거나 실패하는 일에 대해서 하나님은 관심이 있으신가?

이 모든 질문에 '아니요' 라고 말하는 사람은 그의 시간 대부분을 소비하는 인생의 가장 역동적인 장소에 하나님이 아무런 관심을 갖고 있지 않다는 것으로 폄하하는 것이다. 반면에 이 모든 질문에 '예' 라고 말하는 사람은, 그가 대법원에서 일하고 있거나, 아니면 쓰레기 하치장에서 일하거나 어디서 일하든지 간에 자신의 직업을 엄숙하게 여기고, 만족스러워하며, 목표를 향해 나아가는 사람이다.

그렇다. 하나님은 우리의 직업 상황을 돌보신다. 그것은 주님이 솔로몬으로 하여금 직장에서 일어날 수 있는 일에 대해서 도전적인 글을 쓰게 영감하셨던 이유기도 하다. 주님은 우리가 일을 잘 할 뿐 아니라 그분의 원리에 따르기를 원하신다. 그래서 솔로몬의 교훈을 잘 따르는 것과 아울러 우리가 하는 모든 일에 하나님의 축복과 인도하심이 있기를 기도해야 하는 것이다. 만약 우리가 하나님께 순종한다면 그분은 우리를 풍성한 삶으로 인도해주실 것이다.

기도

하나님 아버지, 우리가 어떤 상황에서도 주님과 동행할 수 있게 해주십시오. 그리고 적절한 때에 올바른 일을 행할 수 있도록 도와주십시오. 우리가 빚진 자들의 위험한 올무에 얽매이지 않도록 인도해주십시오. 우리가 하는 모든 일에서 주님을 영광스럽게 할 수 있도록 하시고, 우리가 주님께 순종할 때 복을 내려주십시오. 아멘.

심층 연구

A. 돈을 빌려주는 것과 보증 서는 것

돈을 빌리는 것과 빌려주는 것에 대한 이스라엘의 관습에 대한 기록을 우리가 다 가지고 있지는 않지만 구약의 율법은 이러한 일들을 규정하는 기본적인 규례를 보여주고 있다. 돈을 빌려주는 것에 대한 구약의 우선적인 목표는 경제적으로 어려움에 빠진 이스라엘 사람에게 도움을 주는 것이다(레 25:35-37). 그래서 다른 유대인에게 대출금에 대한 이자를 징수하는 것은 불법이었다(신 23:19-20). 그러나 이방인들에게는 이자를 물릴 수 있었다. 매 7년째 되는 해에는 모든 빚이 탕감되었기(신 15:1-3) 때문에 아무도 빚 문제로 인해서 파멸되지 않았다.

돈을 빌려주는 사람은 대출금에 대한 담보물로 여러 가지 것들을 요구할 수 있었지만 그 가족의 생계와 연결되는 맷돌과 같은 것은 저당잡을 수 없었다(신 24:6-13). 채주가 소유물 가운데 담보물을 확보하기 위해서 그 집에 들어가는 것은 허락되지 않았고, 망토와 같이 살아가는 데 반드시 필요한 것은 밤에는 다시 사용할 수 있도록 돌려주어야만 했다.

이스라엘의 역사 가운데 이러한 율법은 남용되기도 하였고, 심지어는 어린아이들이 빚 때문에 노예로 팔려가는 지경에 이르기도 하였다(왕하 4:1-7; 느 5:1-11).

주목할 만한 장면으로 욥이 하나님 외에는 다른 사람이 자신을 보증해줄 수 없다는 것을 깨닫는 모습이 있다. 그래서 그는 주님께 자신을 위해 보증해달라고 요청하였다! 그리고 시편 119편 122절에서 주님께 그분의 종의 안전을 위해서 '보증' 이 되어달라고 간구한다. 하나님의 공급하심은 결코 끝이 없다는 것을 깨닫는 것은 큰 위로가 된다. 그분은 어떤 것이든지 간에 우리의 모든 빚을 감당하실 수 있으시며, 그 영광의 풍성함 속에서 모든 필요를 채워주신다.

고안

A. 들어가는 글

1. '기회를 놓치지 않음' 이야기로 시작하라.
2. 배경 설명: 솔로몬은 우리에게 적절한 때에 올바른 일을 행할 수 있도록 주의를 기울이라고 가르친다. 뿐만 아니라 다른 사람의 빚 보증을 서는 위험한 일을 하지 말라고 경고한다.
3. 적용: 우리 각 사람은 주님의 지혜를 따르기로 결심해야 한다. 그리고 솔로몬이 보여주었던 성공의 길을 걸어가기 위해 필요한 지혜로운 조언과 기도 그리고 성경 말씀에 순종해야 한다.

B. 본문 이해

1. 올바른 일을 하라
2. 적절한 시기를 붙잡으라
3. 다른 사람의 위험에 끼여들지 말라

C. 결론: 잘못된 선택

토의 질문

1. 당신이 하고 있는 일이 자신에게 잘 맞는다고 생각하는가? 당신의 일에서 어떻게 성공해야 하는지를 이해하고 있는가? 이것은 '부자'가 되는 것을 의미하는 것이 아니라 당신이 어떻게 일을 하며, 어떤 원리를 따라야 성공할 수 있는지를 이해하

고 있다는 의미다.

2. 당신의 일을 좀더 효과적으로 할 수 있는 방법을 어떻게 배울 수 있는가? 당신의 일을 좀더 발전시켜나가기 위해서 해야 할 일이 있는가?

3. 당신은 계획성 있게 빚을 갚아나가고 있는가? 다른 사람의 빚을 떠맡지 않는 것과 또한 당신 자신의 빚을 잘 관리하는 일에서 당신에게 어떤 새로운 변화가 있는가?

27장

잠언 1:8-9; 10:1; 11:22, 29; 12:4; 14:1; 15:20; 16:31; 17:2, 6, 21, 25; 18:22; 19:13-14, 26; 20:20, 29; 21:9, 19; 23:22-25; 25:24; 27:15-16; 28:24

화목한 가족 관계의 유익

"세상에서 가장 행복하면서 왕이자 또한 종이 되는 사람은 바로 가정에서 평안을 찾는 사람이다."

- 괴테(Goethe)

부모를 존경하는 자녀는 기쁨이 되지만 부모를 존경하지 않는 아이들은 고통이 된다. 신실한 배우자와 결혼하는 것은 삶에서 가장 큰 축복이지만 그 관계가 변질될 때는 삶이 끔찍한 것이 되어버린다. 성경은 가르치기를, 옛 세대는 모범이 되며, 이전 세대를 따르고 존경하는 것은 유익하다고 권고한다.

Proverbs

들어가는 글

모든 사회의 기초가 되는 가정

가정을 소재로 하는 많은 유머들이 있다. 코미디언이었던 로버트 어빈(Robert Orbin)은 이런 말을 했다. "윈스턴 처칠의 불후의 명언을 누가 잊어버릴 수 있을까요? '우리는 바다에서 싸웠고, 육지에 오르면서 싸웠고, 들판에서 싸웠고, 거리에서 싸웠으며, 언덕에서도 싸웠다.' 그런데 이 말은 우리 가족이 여행을 떠났을 때 일어났던 일과 정말 똑같습니다."

누군가 이런 말을 한 사람도 있었다. "아내에 대한 자신의 사랑을 확인시키기 위해서 남편은 강의 가장 깊은 곳으로 헤엄쳐 들어가고, 가장 험한 사막을 건너며, 가장 높은 산에 오른다. 그러나 결국 그녀는 남편과 이혼하였다. 왜냐하면 남편이 집에 있지를 않았기 때문이다."

우리는 이런 이야기를 들으며 웃음을 터트린다. 하지만 우리는 본능적으로 사무엘 존슨(Samuel Johnson)이 했던 말을 정말로 믿고 있다. "가정에서 행복하다는 것은 모든 소망의 궁극적인 결실이 된다. 그것은 모든 경영과 노력이 목표로 하는 최후의 결과다." 가정은 모든 사회의 기초 단위이다. 가정이 어떠한가에 따라서 모든 것들이 다 영향을 받게 된다.

척 콜슨은 그의 책 「기독교적 세계관을 위한 가르침들(Draper's Book of Quotations for the Christian World)」에서 이런 말을 했다.

> 가정을 대체할 수 있는 사회 구조는 존재하지 않는다. 가정이 없다면 우리 아이들은 아무런 도덕적 기반을 갖지 못할 것이다. 가정이 없다면 그들은 자기 자신이 도덕적 기준이 되는 안하무인의 사람이 될 것이다. 인간 사회의 가장 근본적인 구성 요소로 하나님께 책임을 부여받은 가정은 인간으로서의 행동을 배우는 첫 번째 학교다. 부모들은 자기 중심적인 작은 괴물들을 받는다. 이들은 많은 시간 반항적으로 소리를 지르고, 카펫에 완두콩을 뿌려대는 녀석들이다. 그리고 부모는 이들

이 다른 사람과 좋은 것을 나누고, 자기 차례를 기다리며, 다른 사람의 것을 존중하도록 가르친다. 이러한 교육은 다른 사람들에게는 존경과 절제, 규칙에 대한 순종 등으로 바뀌어 나타난다. 다시 말해, 사회에서 살아남기 위해 필수적인 개개인의 도덕성을 배우는 것이다.

솔로몬은 이 점을 알고 있었을 뿐만 아니라 잘 깨닫고 있었다. 그는 자녀들에 대해서, 남편과 아내의 관계에 대해서 그리고 형제 간의 관계에서 가족들에게 하지 말아야 하는 일이 무엇이고, 해야 하는 일이 무엇인가에 대한 구체적인 내용을 날카로운 조언을 통해 우리에게 제시하고 있다.

본문 이해

화목한 가족 관계의 유익

Main Idea	우리는 어디에서 가장 근원적인 행복을 발견할 수 있는가? 그것은 직업적인 성공도 아니고, 부자가 되거나 유명해지는 것도 아니다. 우리 삶의 가장 중요한 만족의 근원은 다른 사람들과의 돈독한 관계에 있다. 하나님은 자연스럽게 그러한 관계를 형성할 수 있는 곳으로 가정을 두셨다.

A. 부모와 자녀(1:8-9; 10:1; 11:29: 15:20; 17:2, 6, 21, 25; 19:26; 20:20; 23:22-25; 28:24)

Supporting Idea	자녀들이 잘 자라는 것보다 부모를 더 기쁘게 하는 것은 없다. 그리고 손자 손녀를 통해 얻는 즐거움은 더욱 크다! 하지만 악한 행동을 일삼는 자녀를 둔 고통보다 더 큰 슬픔은 없다.

1:8-9. 아들이 자기 부모를 기쁘게 할 수 있는 첫 번째 방법은 부모에게 순종하는 것이다. 잠언은 자주 부모의 말에 순종하라고 말한다(4:1, 10, 20; 5:1, 7; 7:24; 8:32; 19:20; 22:17; 23:19, 22). 이는 부모의 지혜에 순종하지 않는 자녀를 유익하게 할 수 있는 것은 아무것도 없기 때문이다. 이 구절은 아버지와 어머니를 모두 언급하고 있기 때문에 현자가 제자들에게 하는 교훈이라기보다는 가족에 대한 구체적인 가르침이 틀림없다. 잠언 1장부터 9장은 아버지의 가르침으로 제시되어 있고, 어머니의 가르침도 이 속에 포함되어 있다(3:1; 6:20). 훈계라는 단어는 히브리어로 '토라' 인데, 이는 종종 '율법' 이라고 번역된다. 하나님이 토라를 직접 주셨을 때 우리는 그것을 '율법' 이라고 부르고, 어머니가 그것을 자녀에게 말할 때에는 '훈계' 라고 부른다. 각각의 경우에서 그것은 한 사람의 행동을 지도할 뿐 아니라 동시에 어떻게 살아가야 할 것인가를 가르친다.

부모의 말에 순종하는 것은 분명한 유익을 얻게 한다. 머리에 쓰는 화관이나 목에 거는 금목걸이가 그 사람의 매력을 더욱 돋보이게 하고, 그의 성공과 높은 위치를 확인시키는 것처럼 지혜로운 부모의 조언은 다른 사람들의 존경과 부러움을 받는 자녀를 만든다.

10:1; 15:20. 이 두 구절은 매우 비슷해서 둘 다 부모의 행복이 그 자녀의 행동에 의해 큰 영향을 받게 됨을 보여준다. 아버지의 훈계를 듣는 아들은 지혜롭게 될 것이고, 이보다 더 아버지를 기쁘게 하는 것은 없다(23:15; 27:11; 29:3; 요삼 1:4 참고). 반면에 미련하고 어리석은 자는 어머니와 아버지를 슬프게 만들 것이다(17:21, 25; 19:13). 그는 너무나 무감각해서 자신의 어머니를 경멸하며 어머니에게 고통을 안겨주는 것에 대해 아무런 가책도 느끼지 못한다.

11:29. 아들이 순종하지 않는 어리석은 자일 때 그는 자기 가족에게 고통을 안겨주는 자가 된다. 이는 아간(수 7:25-26)이나 아합 왕(왕상 18:17-18)과 같은 자이다. 그는 자신이 아버지의 재산을 마음대로 사용할 수 있으리라고 생각할지 모르지만 아버지는 그것을 물려주려고 하지 않을 것이다. 그래서 그 아들은 아무것도 얻지 못하고 오직 바람만 얻을 수 있을 뿐이다. 그는 부와 종을 상속받을 것이라고 생각하겠지만 결국에는 아무것도 없게 될 것이며, 살아남기 위해 다른 사람의 종이 되어야 할 것이다.

17:2. 대부분의 문화권에서 한 사람의 위치는 그의 출생에 의해 결정된다. 부잣집에서 태어난 자는 권력을 물려받게 된다. 그러나 솔로몬은 강조하기를, 지혜와 온전한 성품은 혈통을 따르지 않는다고 말한다. 슬기로운 종은 교훈을 통해 배운 자이고(16:20

참고), 이러한 자는 때로 부모를 부끄럽게 하는 아들보다 더 큰 권력의 위치에 이르게 될 것이다. 그러한 운명의 뒤바뀜은 솔로몬의 아들 르호보암의 경우에서 잘 나타났다. 그는 자신의 왕국의 대부분을 이전에 자기 아버지의 신복이었던 여로보암에게 잃고 말았다.

17:6. 한 가족이 하나님과 온전한 관계를 맺고 서로에게 충실할 때 그 가정은 아름다운 모습을 갖게 되며, 각 세대는 다른 세대를 자랑스럽게 생각할 것이다. 부모 세대는 본능적으로 손주들을, 기쁨을 주고 영광의 표시가 되는 화관으로 생각한다. 그리고 자녀들이 자기 부모를 자랑스러워하는 것은 자연스럽고 올바른 모습이다. 이 모든 것은 하나님이 가정을 위해 계획하신 것이며, 하나님의 삼위일체 되심을 나타내는 사랑으로 연합된 모습을 보여준다.

17:21, 25. 부모들은 자녀가 지혜를 나타내면 기뻐하는 것처럼 자녀들이 어리석은 일을 저질렀을 때 슬퍼한다. 21절에 나타난 어리석은 자를 뜻하는 첫 번째 단어는 히브리어로 '케실(kesiyl)' 인데, 이는 둔하고 머리가 나쁜 사람을 의미한다. 두 번째 줄에 나오는 어리석은 자는 '나발(nabal)' 인데, 이는 야비하고 추악한 사람을 의미한다. 25절은 특히 아버지의 근심을 뜻하는 강한 단어를 사용하고 있는데, 이것은 성경 다른 곳에서는 '슬픔' 으로 번역되었고(전 1:18; 7:3), 분노하게 만드는 것(27:3)이나 짜증 나게 하는 것(12:16)이라는 의미를 갖기도 하였다. 뿐만 아니라 그러한 아들은 그 어미를 괴롭게 만든다.

19:26. 고대 사회에서 부모에게 함부로 하는 것보다 더 심각한 죄는 없었다. 그것은 권위에 대한 명백한 도전이었다. 아비를 구박한다는 의미는 공격하거나 다른 말로 학대한다는 것이고, 어미를 쫓아낸다는 것은 실제로 가산을 자기가 차지하고 부모를 밖으로 내보내는 것을 의미한다. 그것은 부모의 훈계를 멸시하는 것처럼 나쁜 일이었지만 사실 부모를 학대한다는 것은 도저히 용납될 수 없는 것이었다. 그리고 부모를 학대하는 자는 나중에 자신도 자녀로부터 그런 대우를 받으면서 고통스럽게 살 것이다.

20:20. 모세 율법은 아들이 도저히 구제할 수 없는 악한이 되었을 때 사형을 내리라고 말하는데, 이 잠언에서도 자기 부모를 저주하는 자는 비슷한 운명에 처하게 될 것이라고 말하고 있다. 그것은 사실 자기 아버지와 어머니를 저주할 정도로 패역한 자에게 저주를 내리는 것이기도 하다. 패역한 자의 등불이 유암 중에 꺼질 것이라고 말하는 것은

그의 신체적인 죽음을 의미하는 상징적인 표현이다(13:9; 24:20; 욥 18:5-6; 21:17). 그 모습은 마지막 구절에서 더욱 강조된다. 유암이라는 말은 문자적으로 '어두움의 눈동자' 이고, 이것은 한밤중의 가장 어두운 때를 의미한다.

23:22-25. 여기서 우리는 십계명의 다섯 번째 계명을 어떻게 지켜야 하는지 그 실제적인 가르침을 발견한다. 22절은 직접적인 명령을 보여주고 있지만 23-25절은 동일한 진리를 우회적으로 표현하고 있다. 두 가지 핵심 요점은 청종하고 경히 여기지 말라는 것이다. 어쩌면 잠언은 귀를 기울이라는 계명을 자주 반복하고 있는 것 같다. 그 이유는 그것이 너무나 쉽게 잊혀지기 때문이다. 경히 여기는 것은 경멸하는 것이고, 그것은 잠언이 단호하게 꾸짖는 죄악 가운데 하나다.

진리를 사라는 것은 그것을 얻기 위해서 시간이나 노력을 기울이라는 것인데, 이는 훈련을 하라는 명령이다! 이 구절의 하반절은 부모를 존귀하게 하는 가장 좋은 방법은 자신이 지혜롭고 의로운 자가 되는 것이라는 진리를 다시 한 번 극적으로 표현하고 있다. 어떤 것도 이보다 더 부모를 기쁘게 하는 것은 없다.

28:24. 아들이 부모의 물건을 도둑질하는 것은 그 물건을 파괴시키는 것과 동일한 의미를 갖는다. 그런 자녀는 부모에게 버림을 받는 것이다. 이보다 더 다섯 번째 계명을 확실하게 어기는 것이 또 있을까? 설상가상으로 회개하지 않는 자녀는 그가 아무 잘못도 저지르지 않았다고 주장한다. 예수님은 그 시대에 다소 복잡해진 이러한 죄의 형태에 대해서 비난하셨다. 그것은 '고르반' 이라는 풍습인데, 이는 자녀가 자신의 소유가 성전에 드려졌다고 선언함으로써 부모를 공궤할 의무를 법적으로 피할 수 있게 하는 행위였다(막 7:11). 초대 교회는 자기 부모를 공궤하지 않는 자녀를 정죄하는 데 동의하였다(딤전 5:4, 8).

B. 남편과 아내(11:22; 12:4; 14:1; 18:22; 19:13-14; 21:9, 19; 25:24; 27:15-16)

Supporting Idea	남자는 신실하고 근면한 여자와 결혼하는 것이 인생의 가장 큰 축복 가운데 하나임을 깨닫게 된다. 하지만 당신이 그러한 관계를 변질시켜버리면 결혼 생활은 비참한 것이 될 것이다!

11:22. 다소 우스꽝스러운 표현으로 잠언은, 아름다운 여인의 부조화스러운 행동은

도덕적으로 추한 것이라고 설명하고 있다. 이스라엘 여인들은 종종 장신구의 하나로 코걸이를 하곤 하였다. 그러나 돼지코에 금고리를 하는 것은 확실히 우스꽝스럽고 역겨운 것이다. 그것이 결코 돼지를 멋있어 보이게 하지는 않는다. 또한 어떤 여인이 삼가지 않는다면(분별력을 잃어버린다면) 단순히 외모로 아름다운 것은 그녀에게서 나타난 도덕적인 흠을 결코 덮어주지 못한다.

12:4. 아내의 성품은 그 남편을 전혀 다르게 만든다. 어진 여인은 룻에게서 나타나는 강함과 열심을 보이는데(룻 3:11), 그러한 여인의 모습은 31장 1-10절에서 자세히 그리고 있다. 그녀는 남편의 면류관이 되고, 그의 남편이 위엄과 존경을 얻게 한다. 그러나 욕을 끼치는 여인은 도덕적인 단호함과 곧은 성품이 없다. 그런 여인의 남편은 부끄러움의 고통을 겪게 되고, 그 여인이 점차 남편을 쇠약하게 만들기 때문에 뼈가 썩는 것 같은 무기력함 속에 빠지게 된다.

14:1. 이 구절은 아내의 능력이 그 가정을 세울 수도 있고, 흩어버릴 수도 있다고 강조한다. 이 내용은 논리적으로는 집을 건축하는 것에 대해서 말하는 것 같지만 잠언 기자가 말하고자 바는 집안 살림에 해당하는 것이라고 보는 편이 더 나을 것이다. 지혜로운 여인은 자기 가족을 살피고 번성하게 하지만 어리석은 여인은 스스로 망하는 방식대로 살아갈 뿐이다.

18:22. 지혜롭고 젊은 사람이라도 훌륭한 아내를 맞이하는 데는 어려움을 겪게 마련이다. 그들은 잘못된 이유로 여성을 선택하게 되고, 나중에서야 자신의 선택이 성급했다는 것을 깨닫게 된다. 사람이 자신에게 맞는 여인을 찾았다고 확신할 수 있는 것은 하나님의 인도하심 속에서만 가능하다. 그러므로 남편이 자신과 함께 행복한 가정을 만들어갈 수 있는 아내를 만났을 때는 하나님께로부터 귀한 선물을 받았다는 것을 깨달아야만 한다. 야고보서 1장 17절에서 말하는 바와 같이 모든 좋은 선물은 궁극적으로 하나님께로부터 내려온다. 그는 하나님의 사랑과 돌보심의 증표를 받은 것이다. 주님은 그에게 복 주시기를 기뻐하셨다.

19:13-14. 어리석은 아들을 둔 것은 그야말로 재앙이다. 아버지의 경우, 그것은 자기 인생의 파멸이다. '재앙' 이라는 단어는 '협곡' 과 관계가 있다. 이는 마치 절벽에서 떨어지는 것 같다. 이와 동일하게 고통스러운 것은 다투는 아내를 둔 것이다. '다투는' 이라는 단어는 성경의 다른 어떤 곳에서보다 잠언에서 더 자주 나온다. 그 의미는 '싸우

는' (21:9, 19; 25:24; 27:15), '분개하는' (6:14, 19; 10:12; 15:18; 28:25; 29:22), '논쟁하는' (18:18-19), '분쟁하는' (17:14; 22:10; 26:20) 그리고 '불화하는' (23:27)이라고 해석된다. 그런 여인이 일으키는 끝없는 분쟁은 비 새는 천장과 같이 계속해서 당신을 괴롭힌다. 끊임없이 떨어지는 물방울이 사람을 지치게 만들고, 집 자체에 심각한 해를 미치는 것처럼 그런 여인은 가족 관계에 회복할 수 없는 피해를 입힌다.

그러나 슬기로운 아내를 얻는 것보다 한 남자의 삶을 더욱 소망 있게 만드는 것은 없다. 그녀는 능력 있고, 성실하며, 사람들을 사랑으로 대하는 법을 잘 알고 있다. 그녀는 남편의 가장 큰 재산이다. 집과 토지 등 많은 재산은 부모로부터 물려받지만, 그러한 아내는 오직 하나님으로부터 얻게 된다.

21:9, 19; 25:24. 다투기 좋아하며 거친 성격을 가진 아내와 사는 삶은 얼마나 괴로운 것인가? 잠언에 의하면, 움막에서 혼자 쭈그리고 사는 것이 그러한 여인과 넓은 집에서 사는 것보다 더 쉬운 일이다. 아마 사막에서 천막을 치고 사는 것이 더 나을 것이다! 물론 어떤 아내들은 그러한 잠언 내용이 다투기 좋아하는 남편과 살아가는 삶을 표현하는 것으로 새롭게 개정되어야 한다고 정식으로 요구하기도 한다!

27:15-16. 15절은 반복해서 19장 13절의 내용을 말하고 있다. 그러면서 다투는 아내의 끊임없는 논쟁을 비 새는 지붕에서 계속해서 떨어지는 물방울에 비유하고 있다. 때로 그런 물방울은 비가 그친 다음에도 오랫동안 지속된다.

16절의 히브리어는 해석하기가 조금 난해하다. '제어한다'는 말은 대개 '보관하다, 간직하다, 숨기다'라는 뜻으로 호세아 13장 12절에서 나타난 바 있다. 이 문맥에서는 남편이 매우 민감한 주제의 대화를 피해가거나 어떤 사람과의 접촉을 피함으로써 논쟁을 회피하고자 한다는 것을 의미하는 것 같다. 하지만 그러한 노력은 별 소용이 없다. 당신은 바람이 부는 것을 막을 수 없을 것이다. 흘러내리는 기름을 움켜쥘 수 없을 것이다. 그리고 다투기 좋아하는 아내가 자기 생각을 말하지 않게 막을 수 없을 것이다.

C. 연장자 세대 (16:31; 20:29)

Supporting Idea	서양 문화권에서는 나이 든 사람을 경홀히 여기는 경향이 있다. 하지만 성경은 연장자들을 존경하라고 가르치며, 그들을 귀중히 여기라고 당부하고 있다.

16:31. 구약의 사회에서 연장자들은 존경받는 사람들이었다. 백발은 부끄러운 것이 아니라 존경의 표시요, 번영과 아름다움을 나타내는 것이었다. 잠언은, 오래 사는 것은 의로운 삶에 주어지는 보상이라고 가르친다(9:6; 10:27). 비록 예외도 있지만 이 점은 분명하다. 하나님을 경외하면서 오래 사는 사람들은 자신의 백발을 왕관처럼 생각해도 된다. 그는 그렇게 대우받을 자격이 있는 것이다!

20:29. 젊은 사람들은 자신의 힘에 의존하는데, 그것은 그 자체로 활발하게 활동할 수 있음을 보여준다. 나이 든 사람들은 오랜 기간 쌓인 자신의 지혜와 신실한 성품에 의존한다. 백발은 그러한 구별된 모습의 표지이다. 젊은 사람이나, 나이 든 사람이나 각기 장점이 있다. 이것은 각각 존중되어야 하고, 존경받아야 한다.

Main Idea 복습	우리는 어디에서 가장 근원적인 행복을 발견할 수 있는가? 그것은 직업적인 성공도 아니고, 부자가 되거나 유명해지는 것도 아니다. 우리 삶의 가장 중요한 만족의 근원은 다른 사람들과의 돈독한 관계에 있다. 하나님은 자연스럽게 그러한 관계를 형성할 수 있는 곳으로 가정을 두셨다.

결론

"소금 좀 집어달라니까, 안 그러면 때려줄 거야!"

자녀를 기르는 것은 항상 생각처럼 그렇게 뜻대로 되지 않는다. 「나는 우리 아이들과 즐거움을 같이 나누고 싶었다(I want to Enjoy My Children)」의 저자 아서 헨리 브랜트(Author Henry Brandt)는 젊은 시절 그가 다니던 대학의 총장을 저녁 식사에 초대했을 때의 이야기를 한 적이 있다. 그와 그의 아내는 저녁 식사를 준비하는 데 많은 시간을 투자하였고, 유치원에 다니는 아이들이 어떻게 행동해야 하는지, 또 무엇을 말해야 하는지도 연습시켰다.

총장이 왔을 때 그들은 모두 허리를 숙여 인사했다. 그리고 테이블로 그를 안내하였고, 그 옆에는 무슨 말을 해야 할지 잘 훈련된 어린 딸을 앉혔다. 그런데 그것이 큰 실수였다. 밥 먹는 동안 그 아이는 총장님에게 낭랑한 목소리로 이렇게 말했다. "소금 좀 집어주시겠어요?"

브랜트는 그 장면을 이렇게 기록하였다.

> 아무도 관심을 기울이지 않았다. 우리는 총장님의 말씀에 한창 귀를 기울이고 있었기 때문이다. 그러자 그 아이가 다시 말했다.
>
> "소금 좀 집어주시겠어요?" 총장님의 말씀에 너무 귀를 기울인 나머지 우린 그 아이의 말을 잘 알아듣지 못했다.
>
> 그러나 세 번째, 곱슬머리를 한 갈래로 딴 이 꼬마 숙녀는 우리가 그렇게 애써서 만들었던 브랜트 가족에 대한 이미지를 산산조각내버렸다. 그 애는 조그만 주먹으로 우리의 귀한 손님인 총장님을 치면서 소리쳤다. "소금 좀 집어달라니까, 안 그러면 때려줄 거야!"

아이를 키우는 과정 속에서 도저히 피할 길 없는 좌절이 있다 하더라도 인격을 성숙시키고 성경적인 원리에 따르고자 하는 부모의 노력은 언젠가 승리하게 될 것이다. 이는 솔로몬이 말한 바와 같다. "마땅히 행할 길을 아이에게 가르치라 그리하면 늙어도 그것을 떠나지 아니하리라"(22:6). 이것은 확고한 보증은 아니지만 대체로 올바른 원리를 말해주는 것이며, 우리가 신뢰함으로 따를 수 있는 잠언의 원리이다.

▣ 진리 알기

- 나이 든 세대들이 올바른 방법을 제시한다면 젊은 세대에게 강력하고 긍정적인 영향을 미칠 수 있다.
- 젊은 사람들이 어리석음이 아닌 지혜로움을 선택한다면 인생에서 더 큰 즐거움을 누리고, 고통은 더 많이 줄일 수 있다.
- 나이 든 사람들이 생애 동안 지혜 가운데서 계속 성장하고자 결심한다면 그들의 삶에 대해 자신감을 가질 수 있다.

■ 적용하기

- 어리석은 자들을 일깨우는 경고에 귀를 기울여라! 그들의 위치에서 한번 생각해보고, 어리석은 행동이 당신의 삶에 가져다줄 고통이 무엇인지를 깨달아라.
- 지혜의 삶으로부터 오는 좋은 것들을 귀중히 여겨라. 선한 삶을 살기로 결심하라!
- 당신의 삶의 목표를 정하고, 남은 날 동안 그 목표를 이루기 위해서 노력하라.

삶의 적용

오스왈드 샌더스(J. Oswald Sanders)는 그의 책 「영적 치료(A Spiritual Clinic)」라는 책에서 세계대전 당시 뉴잉글랜드 지방에서 살았던 두 가족에 대해 관찰하면서 그 두 가족이 다음세대에 끼친 서로 다른 영향력을 기록해놓았다. 한 가족은 맥스 쥬트 씨 가족이었고, 다른 한 가족은 유명한 신학자이자 미국 초기 건국 시대에 큰 공헌을 한 학자인 조나단 에드워즈의 가족이었다.

맥스 쥬트는 하나님을 믿지 않던 포악한 자였고, 역시 그와 비슷한 여성과 결혼하였다. 그들의 자손 중에서 약 1,200명이 연구 대상이 되었는데, 310명은 부랑자가 되었고, 440명은 방탕한 삶을 살고 있었으며, 130명은 평균 13년 동안 감옥에서 살았고, 그중 7명은 살인죄로 복역하였다. 100명의 알코올 중독자가 있었고, 60명은 도둑이었으며, 190명은 매춘부였다. 상업을 했던 20명 중에서 10명은 감옥에서 상업을 배운 것이었다. 그들이 생활하는 데 약 150만 불이 소비되었지만 그들은 사회에 아무런 공헌을 하지 않았다.

비슷한 시대에 살았던 하나님의 사람, 조나단 에드워즈 가문의 경우, 조나단 에드워즈는 비슷한 성품의 여인과 결혼을 하였다. 결혼 이후에 300명의 목사와 선교사들 그리고 신학 교수가 배출되었고, 100명이 넘는 대학 교수와 100명이 넘는 변호사가 있었는데, 그중 30명은 판사였으며, 60명의 의사와 60명이 넘는 작가 그리고 14명의 대학 총장이 나왔다. 그들 중에는 미국 산업화에 지대한 공헌을 한 자들이 있었다. 3명은 미국 연방 의회의 상원 의원이 되었고, 한 명은 부통령 자리에 오르기도 하였다.

신실한 아버지와 어머니의 영향력은 무한하며, 많은 세대에까지 이어질 수 있다. 잠언의 원리를 따르면서 신실한 성품으로 뒷받침되는 자들은 영적 유산을 통해 하나님의 축복을 받게 되며, 그러한 축복된 삶이 그들 자신에겐 큰 보상이 되고, 세상에는 큰 도움이 되며, 하나님께는 큰 영광이 될 것이다.

기도

하나님 아버지, 우리가 신실한 가족이 되기 위한 잠언의 원리를 진지하게 받아들이고 순종하게 도와주십시오. 또한 성령님의 능력과 은혜로 성경적인 책임감을 가지고 살아가게 하시고, 우리 삶에 복을 주셔서 다른 사람들, 특히 우리 자녀들과 자손들이 그로 인하여 예수님께로 인도되게 해주십시오. 아멘.

심층 연구

A. 지붕이 새는 집

전통적인 이스라엘의 집은 평평한 지붕을 가졌기 때문에 집 밖에 마련된 계단을 통해서 지붕 위로 올라갈 수가 있었다. 건축자들은 먼저 일련의 나무 기둥이나 종려나무 기둥을 박고 나서 골풀이나 작은 가지들로 만든 덮개로 그 위를 덮는다. 그러고 나서 전체 지붕은 진흙으로 바르거나 돌 굴림대로 평평하게 폈다.

그러한 지붕은 태양빛이나 강한 바람을 효과적으로 막아주는 역할을 했다. 하지만 비가 오래 내리면 습기가 스며들어서 비바람이 지나간 다음에도 물방울이 떨어지곤 했다.

B. 유산

구약 시대의 이스라엘 백성들에게 유산에 대한 법률은 간단 명료하였고, 확실하게 규정되어 있었다. 토지는 유산의 중심이었으며, 그 경계는 여호수아서에 나오는 대로 각 부족들과 가족들에게 정해진 대로였다. 아버지가 돌아가시면 그의 토지(집과 밭 등)는 아들들 사이에서 나뉘어진다. 큰아들은 다른 자녀들의 두 배를 받았고, 그와 함께 어머니와 결혼하지 않은 누이 동생들을 돌보아야 할 책임이 있었다. 그러나 아들이 없다면 그 토지는 딸에게 상속되고, 나중에는 구체적인 순서에 따라서 상속이 이루어졌다.

아버지는 변덕스러운 생각으로 맏아들의 장자권을 빼앗을 수가 없었다(신 21:15-17). 그러나 죄를 지은 아들에게는 상속권을 물려주지 않을 수 있었다(창 49:4; 왕상 5:1).

교안

A. 들어가는 글

1. '모든 사회의 기초가 되는 가정' 에 대한 이야기로 시작하라.
2. 배경 설명: 일반적인 가족 관계는 부모와 자녀 그리고 손주로 이루어져 있다. 잠언은 이들 각자의 역할을 어떻게 잘 할 수 있으며, 어떤 행동이나 태도를 피해야 하는지에 대한 유익하고 통찰력 있는 가르침으로 풍성하다.
3. 적용: 좋은 가족은 그냥 만들어지지 않는다. 그런 가족은 성경적인 원리를 따르는 헌신된 부모의 노력의 결과이다. 성도들이 자신의 역할을 다하기 위해서 모든 노력을 다 기울일 때 하나님은 그 노력을 들어 사용하시고, 더 큰 선한 결실을 맺도록 하신다.

B. 본문 이해

1. 부모와 자녀
2. 남편과 아내
3. 연장자 세대

C. 결론: "소금 좀 집어달라니까, 안 그러면 때려줄 거야!"

토의 질문

1. 1에서 10의 척도에서 10을 최고라고 하였을 때 당신은 자녀로서, 부모로서 혹은 연장자로서의 당신 자신의 역할에 얼마나 충실하다고 생각하는가? 그러한 역할을 행

하는 데 있어서 더욱 향상되는 모습을 보이기 위해서 가장 중요하다고 생각되는 것은 무엇인가?

2. 젊은 사람들은 선택하는 일에 있어서 더 이상 어린아이가 아니다. 그들은 단지 오래 살지 않았을 뿐이며, 지혜로운 사람의 유익을 많이 누리지 못했을 뿐이다. 이와 같은 원리는 나이 든 사람들에게도 적용된다. 그들은 선택을 하지 못할 정도로 나이 든 사람들이 아니다. 늙는 것은 시간의 흐름에 따른 피할 수 없는 결과일 뿐이다. 잠언이 말하고 있는 젊은 세대가 나이 든 세대에게 존경의 태도를 보여야 되는 이유는 무엇이며, 나이 든 세대가 젊은 세대에 대해서 좀더 다르게 대해야만 한다고 말하는 태도는 무엇인가?

3. 당신이 죽었을 때 당신에 대해서 사람들이 무슨 말을 해주기를 원하는가? 그러한 말을 듣기 위해서 지금부터라도 변화되어야 하는 점은 무엇인가?

28장

잠언 13:17; 14:28, 35; 16:10, 12-15; 17:7, 11; 19:12; 20:2, 8, 26, 28; 21:1; 22:11; 23:1-3; 24:21-22; 25:1-7, 13; 28:2-3, 15-16; 29:4, 12, 14

신실한 지도자가 되는 방법

"한 사람이 리더가 되기 위해서는 따르는 사람이 있어야만 한다. 그리고 따르는 사람을 갖기 위해서는 그들의 신뢰를 얻어야 한다. 그러므로 리더에게 있어서 가장 중요한 덕목은 의심할 나위 없는 성실함이다."

- 드와이트 아이젠하워(Dwight Eisenhower)

지도자는 일을 이뤄내며, 보상을 해주고, 처벌을 할 수 있는 능력을 가지고 있다. 그래서 신중한 사람은 그를 기쁘게 하려는 목표를 갖게 된다. 지도자는 자신의 행동에 있어서 거룩함을 몸소 실천해야만 하고, 선을 좇으며, 악을 거부해야만 한다. 만약 어떤 사람이 자신의 계획에 대해 일일이 점검하지 않아도 자신의 책임을 잘 수행하리라는 신뢰를 얻을 수 있다면 그는 자신이 섬기는 사람에게 귀중한 존재가 될 것이다.

Proverbs

들어가는 글

대중의 의견을 수렴하는 것

해리 트루먼(Harry Truman) 대통령은 전에 리더십에 대한 대중의 의견과 여론 조사의 중요성에 관한 의미 있는 말을 한 적이 있다.

> 나는 만약 모세가 애굽에서 여론 조사를 했다면 그가 얼마나 많은 표를 얻었을지 궁금하다. 예수님은 만약 이스라엘에서 자기 자신에 대한 여론 조사가 시행되었다면 어떠한 설교를 했을까? 만약 마틴 루터가 여론 조사를 했다면 종교 개혁은 어떻게 이루어졌겠는가? 중요한 순간은 여론 조사나 대중의 의견이 아니다. 중요한 것은 리더십과 옳고 그름의 문제이며, 바로 그것이 강인하고, 정직하며, 올바른 일에 신념을 가지고 있는 사람들에 의해 세계 역사 속에서 한 획을 긋는다.

그 말은 참으로 옳은 말이다. 그리고 이 말에 솔로몬의 가르침도 전적으로 일치한다. 잠언에서 솔로몬은 리더십에 관해 명쾌하게 설명하면서 지도자는 올바른 성품과 성실함을 가지고 대중을 이끌어야 하며, 그들의 우선적인 책임은 이 세상에 공의와 의로움을 더욱 나타내는 것임을 가르치고 있다. 위험하고 위태로운 때에 그러한 지도자는 기꺼이 홀로 서고자 결심해야 한다. 그것이 옳은 일이기 때문이다. 지도자는 올바른 일을 이루기 위해 대가를 치를 준비가 되어 있어야만 한다.

본문 이해

신실한 지도자가 되는 방법

Main Idea	잠언이 기록될 때 솔로몬은 왕으로서 나라를 다스리고 있었고, 리더십의 특권과 위험성에 대한 완전한 전문가로서 말할 수 있는 자리에 있었다. 그는 권력을 어떻게 나타내는지를 알고 있었다. 그렇지만 하나님이 또한 사람들에게 권력을 주시므로 그들이 한 나라에 공의를 나타낼 수 있다는 것도 깨달았다. 뿐만 아니라 그는 지도자가 자신을 따르는 자에 대해서 무엇을 추구해야 하는지도 정확히 알고 있었다. 잠언이 보여주는 원리는 모든 고용된 사람들에게 적용되며 선출된 관리와 왕에게까지도 그대로 적용된다.

A. 지도자의 권력(14:28; 16:15; 19:12; 20:2; 21:1; 25:1-3)

Supporting Idea	높은 위치에 있을 때는 나름대로의 만족스러움이 있다. 뿐만 아니라 지도자는 세상의 이목을 받으며 살아가고 있고, 자신의 위치에서 나오는 자랑스러움을 즐긴다. 그는 어떤 일이든지 이룰 수 있고, 상을 주거나 처벌을 할 수 있는 권력이 있다. 그러므로 신중한 사람은 그러한 자를 기쁘게 하기 위해서 노력할 것이다.

14:28. 만약 당신이 이끌어야 할 사람들이 아무도 없다면 높은 위치의 리더십이 무슨 소용이 있겠는가? 왕의 가장 큰 자원은 바로 그의 백성들이고, 그의 칭호 또한 그가 많은 수의 백성들을 거느리고 있지 않다면 아무 의미가 없을 것이다. 너무 어리석게 나라를 다스려서 자기 백성들을 잃어버리는 왕은 결국에는 파멸당하고 말 것이다.

16:15. 왕은 자기 백성들의 복지에 대해서 지대한 영향력을 가지고 있다. 그리고 그는 자신을 기쁘게 하는 자들에게 엄청난 유익을 줄 수도 있다. 그의 얼굴이 허락함으로 밝게 빛날 때에는 아무도 죽음을 두려워할 사람이 없다. 왕은 백성들이 인생을 기뻐하는 모습을 볼 것이다. 그리고 자신을 기쁘게 하는 자들에게 귀한 선물을 하사한다. 이는 농부가 잘 익은 수확물을 기대할 수 있게 만드는 봄철의 비구름과 같이 반가운 것이다.

19:12; 20:2. 이러한 병행 구절들은 왕의 자비로운 은혜 가운데 거하는 것이 중요하

다고 경고하고 있다. 그의 진노를 받는 것(14:35; 16:14; 20:2)은 사나운 사자의 울부짖음을 듣는 것(28:15)처럼 위험한 일이며, 그 먹이가 될 수도 있는 상황이다. 왕의 신임을 받는 것은 풀 위에 이슬이 내리는 것과 같이 사람을 새롭게 만든다. 하지만 그가 분노한다면 당신은 생명을 잃어버릴 수도 있다. 우리의 일상적인 삶에서 상급자의 분노로 인해 죽게 되는 경우는 없지만 괴로운 결과에 직면할 수는 있다!

21:1. 왕이 내린 결정은 아무도 방해하지 못하는 것 같아 보여도 하나님은 그의 마음 위에 앉아 계신다. 주님은 역사의 흐름을 주관하시며 통치자들이 공의를 위해 그분의 계획을 이루게 만드신다. 농부가 물길을 파서 수로를 만들고, 자신의 밭에 물을 대는 것처럼 하나님은 왕의 마음을 임의로 인도하신다. 그분은 일반 사람들의 갈 길을 결정하시는 것처럼 자신이 기뻐하시는 대로 왕의 마음을 움직이신다(16:1, 9).

25:1-3. 솔로몬 왕은 그 시대의 가장 완벽한 지도자상을 보여주었다. 그렇기 때문에 그가 리더십과 국가를 경영하는 것에 대해서 수많은 잠언을 쓴 것은 어쩌면 당연한 일이라고 할 수 있다. 솔로몬의 죽음 이후 1세기도 넘게 지난 다음에 유다의 히스기야 왕은 선조의 조언을 귀중하게 여겼고, 학자들에게 명을 내려 잠언의 책에 부록을 더하게 하였다.

왕은 자기 나라에서 무슨 일이 일어나고 있는지를 잘 알아야 한다. 그것이 바로 그의 영광이요, 그가 나라를 다스리는 방법을 잘 알고 있다는 표지이며, 그로 인해 자기 나라의 모든 측면을 잘 이해할 수 있게 된다. 반면에 하나님은 이미 모든 것을 알고 계신다. 그러므로 그분은 무슨 일이 일어나는지를 자세히 알아볼 필요가 없으시다. 그분의 지혜는 우리가 이해할 수 있는 범위를 훨씬 더 벗어난다는 사실에서 우리는 그분의 영광의 일부분만을 알 수 있을 뿐이다. 우리는 그분이 드러내시기로 한 부분만 알 수 있고, 우리에게 신비로 남아 있는 심오한 진리의 영역은 여전히 그대로 존재하고 있다(신 29:29). 하나님의 지혜의 깊이를 인식하는 것은 우리로 하여금 경외심과 존경심을 가지고 주님께 나아가게 만든다.

25장 3절은 하나님의 영원한 왕권과 세상 왕의 제한된 권위를 병행시켜 보이고 있다. 하늘과 땅이 사람의 제한된 이해보다도 더 넓게 펼쳐져 있는 것과 같이 세상 통치자의 권력도 때로 헤아릴 수 없고 일반 사람들에게는 감추어져 있다. 왕의 마음을 읽는 것은 불가능하고, 또한 통치자는 어떤 계획을 사람들에게 나타낼 때가 되기 전에는 그것을 숨겨야만 한다.

B. 지도자의 도덕 기준(16:10, 12; 17:7; 20:8, 26, 28; 25:4-5; 28:2-3, 15-16; 29:4, 12, 14)

Supporting Idea	강한 권력은 선을 위해서나 악을 위해서 사용될 수 있다. 그러므로 지도자가 공의와 의로움에 대해서 높은 기준을 가지고 있는 것이 매우 중요하다. 그는 자신의 행위 가운데 거룩함을 더욱 크게 나타내야 할 뿐만 아니라 선을 장려하고 악을 거부하는 정책을 수행해야 한다.

16:10. 16장 10-15절은 왕의 지도력에 관한 다양한 측면을 다루고 있다. 잠언의 많은 다른 구절들과 같이 이 구절은 모든 왕이 실제로 반드시 그렇게 해야 하는 것은 아니지만 일반적으로 왕이 따라야만 하는 모습을 설명하고 있다. 고대 세계에서 신의 말씀은 신으로부터 메시지를 받아 전하는 것으로 알려진 제자장이나 선지자에게 있었다. 그들의 말은 신으로부터 왔기 때문에 권위가 있었다. 그리고 이와 같이 왕은 최종 권위를 가지고 말할 수 있었다. 왜냐하면 하나님이 그에게 그와 같은 권위를 허락하셨기 때문이다. 그가 하나님을 위해서 말하기 때문에 그는 공명정대해야 했고, 그렇지 않으면 하나님을 잘못 나타내는 자가 되었다(신 17:18-20).

16:12. 자신의 책임을 인식하며 최선을 다하는 왕은 어떠한 형태의 악도 싫어할 것이며, 의와 진리를 중시할 것이다. 오직 의를 통해서만 보좌 위의 그의 자리는 굳게 세워질 것이며, 안전할 것이다.

17:7. 분외의 말을 하는 것은 문자 그대로 '과도한 입술' 로서 말을 너무 많이 하는 사람을 가리킨다. 이 구절에서 어리석은 자(히브리어로 '나발' , nabal)는 자신의 말을 통해서 스스로를 얼마나 노출시키고 있는지 깨닫지 못하는 일종의 원초적이고, 다른 사람을 전혀 고려하지 않는 악한을 뜻한다. 그러나 어리석은 자가 거만한 말을 한다는 것이 어울리지 않는다면 통치자나 관리가 거짓말을 하는 것은 더욱 있을 수 없는 일이다. 지도자는 신뢰할 만해야 하고, 그 신뢰를 깨는 사람은 거만하고 어리석은 자이다.

20:8, 26. 왕은 정의의 근원으로서 기능한다. 예를 들면, 솔로몬은 최고 상소 법원으로서의 역할을 나타내었다(왕상 3:16-28). 그러므로 선과 악을 분별하는 것은 매우 중요

한 일이다. 농부가 곡물을 키질하며, 그 수확한 것에서 쭉정이를 골라내는 것처럼 왕은 자기 앞에 있는 자들의 행위와 동기를 조사해야 하며, 의로운 판결을 내려야 한다.

일단 죄악이 드러나면 그는 공의에 부합한 공정한 처벌을 내려야 한다. 농부는 딱딱한 바닥에 볏단을 펼쳐놓고서 타작한다. 그러고 나서 타작하는 바퀴를 굴려서 볏단에서 곡물이 분리되게 하고, 겨에서 낟알이 떨어지게 한다. 이와 같은 엄정한 과정을 밟는 것은 때로 악인을 다스리는 데 필수적일 때가 있다.

20:28. 여기서 앞서 나왔던 엄격함(26절)은 자비로움에 의해 균형을 이루게 된다. 인자(히브리어로 '헤세드', chesedh)는 서로 간에 분명한 언약 관계에 있는 자들에게 존재하는 충성스러움과 진실함을 의미한다. 왕이 다스리는 동안에 인자와 진리를 나타내 보일 때 그를 따르는 자들은 충성스러움으로 화답할 것이다. 왕의 위는 굳건하며, 그의 왕국은 안전할 것이다. 이 잠언 구절은, 정치 권력이 포악한 압제를 통해서는 오랫동안 지속될 수 없다는 진리를 보여주고 있다.

25:4-5. 통치자들은 부패를 그냥 넘어가서는 안 된다. 특별히 위험해 보이지 않더라도 그렇다. 은 수공업자는 은 원광에서 불순물을 제거하기 위해 많은 노력을 기울인다. 그렇게 해야 순은으로 이루어진 제품을 만들어낼 수 있기 때문이다. 같은 원리로 통치자는 자신이 데리고 일하는 사람들 중에 악한 자를 반드시 색출해야 한다. 그가 자신의 부하들 중에서 그러한 사람들을 찾아내서 내쫓을 때 비로소 그의 왕위는 굳건해지고 안정되는 것이다.

28:2-3. 안정성이란 훌륭한 정부의 중요한 요소 가운데 하나다. 자주 바뀌는 제도는 리더십에 있어서 심각한 결함을 나타내는 증거가 된다. 지도자가 충분한 이해와 지식을 가지고 있을 때 그는 자신이 내린 명령을 지속시킬 수 있다. 지도자의 성품에 문제가 있을 때 그의 나라는 반란으로 인해 무너져버릴 것이다. 이스라엘의 역사는 이러한 원리를 잘 나타내는 많은 사례를 보여주고 있다.

3절의 히브리어는 문자적으로 가난한 자기 동료를 압제하는 '가난한 자(poor man)' 에 대해서 말하고 있다. NIV 영어 성경은 이것을 '통치자(ruler)' 나 '수장(chief man)' 으로도 해석할 수 있다고 보고 '가난한 자(poor man)' 가 아닌 '통치자(ruler)' 로 바꿔놓았다. 어떤 경우든지 간에 가난한 자와 도움을 받을 수 없는 자들을 학대하는 것은 지나치게 잔인한 일이다. 그것은 잘 자랐어야 하는 곡식을 다 망가뜨리면서 소망을 주는 비가 아니라 조금의 여유도 주지 않고 무자비하게 힘으로 내리치는 폭우와 같은 것이다.

28:15-16. 어떤 악한 사람은 많은 문제를 일으킬 수 있다. 하지만 악한 관원은 온 나라를 다 망가뜨릴 수 있다! 여기서 그러한 무자비한 통치자는 사자나 곰에 비유된다. 그의 포악함이 인간보다는 오히려 포악한 동물에 더 가깝기 때문이다. 다니엘서 7장은 세상의 왕들을 이와 같은 포악한 모습으로 그리고 있다.

28장 16절에서 무지한 치리자는 모든 사람들이 가지고 있는 기본적인 판단이나 이성마저도 가지고 있지 않다고 나타난다. 다시 한 번 그런 사람은 인간이 아닌 것처럼 나타나고 있는 것이다. 반면에 개인적인 유익을 위해 자신의 권력을 남용하지 않는 지도자는 하나님의 은혜를 받게 될 것이고, 보다 발전된 삶을 기대할 수 있다.

29:4. 잠언에 의하면, 통치자는 이해심(28:2)과 의로움(16:12), 인자와 진리(20:28) 그리고 공의(29:4)를 가지고 다스릴 때 나라의 안정을 얻을 수 있다. 뇌물을 좋아하는 자(문자적으로 뇌물의 사람)는 나라의 부귀를 헛되어 낭비해버리고 그의 재원을 다 소비해버린다.

29:12, 14. 통치자가 자기 나라를 오래 지속시키고자 한다면 높은 수준의 성실함과 공의를 가지고 있어야 한다. 그가 거짓말하는 자의 조언을 받아들일 때는 속임수가 횡행할 수 있는 분위기를 조성하게 된다. 그렇지만 사람들이 그가 계속해서 정직함에 대해서 상을 내린다는 것을 깨닫게 되면 정직함을 숭상하는 분위기가 더욱 넘쳐나게 된다. 그리고 왕이 혼자 힘으로 살아갈 수 없는 어려운 자들을 공정하게 대해주면 하나님과 사람들은 그런 지도자로 인해서 기뻐하게 된다.

C. 따르는 자들의 역할(13:17; 14:35; 16:13-14; 17:11; 22:11; 23:1-3; 24:21-22; 25;6-7, 13)

Supporting Idea	지도자는 따르는 자들이 없이는 성공하지 못한다. 그러므로 잠언은 어떻게 당신의 권위가 성공할 수 있는가에 대해서 지혜로운 조언을 하고 있다. 만약 당신이 자신의 계획에 대한 설명 없이 당신의 책임을 무난히 수행하고 있다고 신뢰받을 수 있다면 당신은 자신이 섬기고 있는 사람에게 귀중한 존재가 될 것이다.

13:17. 엄밀하게 이 구절을 번역하자면 여러 가지 내용이 가능하지만 이 구절의 전체적인 요지는 분명하다. 악한 사자는 믿을 수 없는 사람이고, 여러 가지 이유 때문에 그는 다른 사람에게 문제를 일으킬 뿐 아니라 그 자신도 문제에 빠지게 된다. 반대로 충성된 사신은 그 자신을 이롭게 하며, 다른 사람에게도 도움을 준다.

14:35. 여기서 우리는 지혜롭고 신중한 종과 자기 자신이나 주인에게 부끄러움만 끼치는 종의 분명한 차이를 보게 된다(10:5; 19:26; 29:15 참고). 전자는 왕을 기쁘게 하지만 후자는 분노만 일으킬 것이다. 만약 당신이 상관에게 지속적으로 질책을 받고 있다면 문제는 그의 어떤 편견이 아니라 당신 자신의 일 처리 능력이다.

16:13-14. 신하가 어떻게 해야 자신이 섬기는 왕이 기뻐할까? 먼저 왕에게 말할 때는 전적으로 정직해야 한다. 그는 자신이 신뢰할 수 있는 사람을 발견할 때 기뻐할 것이다. 두 번째 만약 그가 당신에게 분노를 나타낸다면 왕을 기쁘게 할 수 있는 일은 무엇이라도 해야 한다. 왕의 분노는 죽음을 명할 수도 있는 권력과 함께 나타난다. 그리고 통치자는 대개 행동을 쉽게 예측하기 어렵다. 그러므로 분별력이 있는 사람은 왕의 은혜 가운데 거할 수 있는 방법이 무엇인가를 깨닫는다. 물론 이러한 원리는 우리를 다스리는 권력을 가지고 있는 사람들과의 관계 속에서도 똑같이 적용된다.

17:11. 마음이 악한 사람은 자기 자신을 위해서 살고, 권위에 복종하는 것은 거의 불가능한 일이라고 생각한다. 그는 확고한 문젯거리가 되고, 반역하기 위해 애를 쓴다. 말로 하는 질책이 그를 전혀 바꾸지 못하고, 정부는 결국 그를 재판대에 세우기 위해 잔인한 사신을 보내어 그를 잡아오게 한다. 그것은 무자비한 것이지만 엄밀히 말해서 그 자신이 자초한 일이다.

22:11. 올곧은 성실성을 가지고 덕까지 겸비한 사람을 찾기란 힘든 일이다. 지도자는 정결한 마음을 가지고 그 말조차 덕이 있는 사람을 찾을 때 그러한 자를 찾게 되면 그를 반기고 절친한 친구로 삼는다.

23:1-3. 이 단락은 통치자가 베푼 저녁 식사에 초대받은 출세를 지향하는 사람에게 주는 지혜로운 조언이다. 그는 왕의 위엄에 경외심을 갖게 될 것이며, 왕의 부귀에 대한 칭송과 자기 앞에 펼쳐진 화려한 음식들에 대해 칭찬을 늘어놓느라 정신이 없을 것이다. 하지만 잠언은 '조심하라' 고 경고한다. 그는 조심해야만 하고 자기 주위에 대해 경계를 늦추지 말아야 한다. 만약 그가 음식을 탐하는 자라면 그는 반드시 고기 옆에 칼을

두는 것이 아니라 자기 목에 칼을 두어야 한다! 그러면 무엇이라도 먹고 싶은 생각이 싹 사라져버릴 것이다. 왜냐하면 그들은 종종 그 대가로 무엇을 원하기 때문이다. 그러므로 자기 앞에 펼쳐진 진수성찬을 아무 생각 없이 다 받아들여서는 안 된다. 그것은 속이는 것이다(말 그대로 하면, 거짓말의 떡이다). 당신은 그 대가로 실패자가 되어버릴 수도 있다.

24:21-22. 이 구절은 베드로전서 2장 17절과 로마서 13장 4절의 내용을 떠올리게 하면서 믿는 자들은 정부의 권위에 순종해야만 한다는 원리를 다시금 강조하고 있다. 하나님 자신과 그분이 세우신 왕은 모두 권위가 있고, 둘 다 반역자(문자적으로는 권력을 바꾸려고 하는 자들)들에 대해서는 처벌을 할 것이다. 자신들은 징벌을 받지 않을 것이라고 생각하는 바로 그때 갑작스러운 재앙과 멸망이 그들에게 임할 것이다.

25:6-7. 예수님은 이 말씀에 근거해서 하나의 비유를 말씀하셨고(눅 14:7-10), 왕 앞에서 높은 자리를 탐내는 사람들은 결국 부끄러움을 당하게 될 것임을 보여주셨다. 낮은 자리에 앉았다가 높은 자리로 초대받는 것이 스스로 높은 사람들 틈에 앉았다가 낮은 자리로 내려가는 수모를 겪는 것보다 훨씬 더 지혜로운 일이다.

25:13. 추수하는 날에 눈발이 뒤섞인 폭풍이 부는 것은 실로 엄청난 재난일 것이다. 그러나 추수 때의 힘든 일들로 인해 지친 일꾼에게는 산에서 불어오는 시원한 바람보다 더 상쾌한 것이 없을 것이다. 이와 같은 원리로 믿을 만한 충성된 사자는 그를 신뢰하여 일을 맡긴 자들에게는 더할 나위 없는 상쾌함이 된다. 아마 이 구절은 그 당시 믿을 만한 사자가 드물었다는 것을 암시하는 듯하다.

Main Idea 복습	잠언이 기록될 때 솔로몬은 왕으로서 나라를 다스리고 있었고, 리더십의 특권과 위험성에 대한 완전한 전문가로서 말할 수 있는 자리에 있었다. 그는 권력을 어떻게 나타내는지를 알고 있었다. 그렇지만 하나님이 또한 사람들에게 권력을 주시므로 그들이 한 나라에 공의를 나타낼 수 있다는 것도 깨달았다. 뿐만 아니라 그는 지도자가 자신을 따르는 자에 대해서 무엇을 추구해야 하는지도 정확히 알고 있었다. 잠언이 보여주는 원리는 모든 고용된 사람들에게 적용되며 선출된 관리와 왕에게까지도 그대로 적용된다.

결론

캐나다 두루미의 교훈

브루스 라슨(Bruce Larson)은 그의 책 「바람과 불(Wind and Fire)」에서 캐나다 두루미에 대한 재미있는 사실을 기록하고 있다.

대륙을 거쳐 아주 먼 거리를 여행하는 이 큰 새는 세 가지 놀라운 점을 가지고 있다. 첫 번째, 그 새들은 리더십을 교대로 갖는다. 어떤 새도 무리에서 항상 선두를 차지하고 있지는 않는다. 두 번째, 그들은 예기치 못한 어려움을 극복할 수 있는 지도자를 선택한다. 그러고 나서 그런 어려움이 있을 동안에는 오직 한 마리 새만이 무리를 인도하고, 나머지는 그 지도자에 대한 신임을 울음소리로 나타낸다. 이것은 교회에도 좋은 모델이 된다. 분명 우리는 어려움을 극복할 수 있고, 그 지도력을 공유해야 한다는 것을 분명히 깨닫고 있는 지도자를 필요로 한다. 그러나 무엇보다도 우리는 항상 지도자에게 격려와 신임을 나타낼 수 있는 교회를 필요로 한다.

이것은 잠언에서 보여주고 있는 솔로몬의 가르침에 대한 좋은 예다. 그는 우리에게 가르치기를, 우리가 능력이 있고, 신실함이 있는 지도자를 필요로 하지만 신실하게 따르는 자들도 필요하다고 말한다. 하나님이 우리로 하여금 지도자가 되기를 원하실 때 기꺼이 지도자가 되도록 하자. 그리고 하나님이 우리에게 따라오기를 원하실 때 따르는 자들이 되자. 그리고 주님이 우리가 가야 하는 곳으로 우리를 인도하시리라는 것을 신뢰하자.

■ 진리 알기

- 지도자는 그를 신뢰하는 사람들이 온전히 자신을 따를 수 있도록 성실함을 가지고 있어야 한다.
- 지도자는 다른 사람들이 자신에게 하기를 원하는 것처럼 자신도 다른 사람에게 행해야만 한다.
- 따르는 자들의 목표는 자신이 따르는 자를 성공하게 하는 것이다.

■ 적용하기

- 만약 하나님이 당신을 지도자로 부르셨다면(그분이 모든 사람에게 각각의 재능을 주신 대로), 온화한 인품과 성실함의 바탕 위에 당신의 지도력을 세워나가야 한다는 것을 명심해야 한다.
- 만약 하나님이 당신을 따르는 자로 부르셨다면(주님이 모든 사람에게 각각의 재능을 주신 대로), 당신은 온화한 인품과 성실함을 가지고 따라야 한다는 것을 명심해야 한다.
- 이끄는 자나 따르는 자나 기도로 모든 일을 해야 한다. 이는 모든 일 가운데서 선한 유익이 나타나는 것은 하나님의 축복이기 때문이다.

삶의 적용

당신은 돌보아야만 한다

톰 피터스(Tom Peters)는 그의 책 「완벽함을 위한 열정(A Passion for Excellence)」에서 육군 중장이었던 멜빈 자이스(Melvin Zais)가 했던 연설을 다음과 같이 인용하였다.

> 제 자신도 굳게 믿고 있는 한 마디 충고는 여러분이 더 훌륭한 지도자와 군인이 될 수 있게 해줄 것이며, 여러분에게 더 큰 행복과 자신감과 동시에 제가 여러분에게 할 수 있는 그 어떤 조언보다도 더 여러분의 능력을 향상시켜줄 것입니다. 또한 이 말은 어떤 특별한 성품을 필요로 하지 않으며, 어떤 특별한 변화도 필요로 하지 않습니다. 그리고 여러분이 할 수 있는 아주 간단한 것입니다. 바로 그 충고는… 부하를 돌아보아야 한다는 것입니다.
>
> 여러분이 정말 부하를 돌아보고 있는지는 어떻게 알 수 있을까요? 예를 들어봅

시다. 만약 여러분이 정말로 돌아보고 있다면 여러분은 부하 장교와 사병의 말에 귀를 기울일 것입니다. 지금 제가 귀를 기울인다고 말하는 것은 많은 장교들이 보이는 것처럼 거만이 잔뜩 든 모습으로 도열한 사병들 앞에 서서 "자네는 몇 살인가? 어디서 왔나? 여기에 얼마나 오래 있었나? 그럼 수고하게. 다음!" 이렇게 말하는 것을 의미하지 않습니다. 그건 그냥 거드름을 피우는 것뿐입니다.

돌아보기 위해서 여러분은 들어야만 합니다. 정말로 들어보십시오. 당신이 밖에서 골프를 치고 있을 때 병사들이 무엇을 하고 있는지를 궁금하게 여기는지 한 번 생각해보십시오. 공군 병사들은 무엇을 하고 있을까요? 수병들은 무엇을 하고 있을까요? 여러분이 골프를 치고 있을 때 그들은 어디로 가고 있을까요?

여러분이 어떤 지저분한 곳에 있다고 생각해보십시오. 저는 당신이 하얀 장갑을 끼고 접시나 도자기나 그릇을 닦고 먼지를 털어내려고 어떤 장소에 들어간다는 것을 뜻하는 것이 아닙니다. 당신이 그 지저분한 장소에 가서 보는 것은 계란 요리가 뒤범벅이 되어 있고, 다 타버린 빵이 어지럽게 흩어져 있으며, 베이컨은 기름이 뚝뚝 떨어지는 채로 놓여 있고, 요리하는 병사는 보이지도 않으며, 차가운 커피 포트는 전혀 데워지지 않은 채로 그대로 있는 장면입니다. 만약 이 모든 것들이 정말로 당신을 화나게 만든다면, 그리고 그것이 정말로 당신을 괴롭게 만든다면, 그래서 요리하는 병사들을 좀 혼내줘야겠다고 생각한다면, 당신은 이제 돌아보아야 합니다.

그 다음으로 나는 당신이 이 일을 억지로 하게 할 수는 없습니다만 당신은 정말로 병사들을 사랑해야만 합니다. 당신은 그들과 함께 웃어야만 합니다. 그들의 음담패설도 견뎌야만 합니다. 그리고 당신의 정책에 따라 그들이 고통스러울 수도 있으며, 당신의 배려에 따라 유익을 얻을 수도 있다는 것을 깨달아야 합니다. 당신은 정말 그들처럼 되어야 하고, 그들과 함께 있다는 것에서 기쁨을 누려야 합니다.

이것이 바로 돌아본다는 것의 의미다. 그리고 이것이 군대에서 좋은 지도자가 되기 위한 방법이다. 이것은 또한 어느 곳에서든 좋은 지도자가 되는 방법이기도 하다. 하나님이 돌아보시는 것과 동일한 것을 돌아보라. 그리고 올바른 일이 이루어지도록 돕는데 개인적인 소원을 나타냄으로써 그러한 마음을 표현하라. 만약 교회 지도자가 교회의 모든 사람들을 동일한 수준으로 돌아본다면, 연합과 일체의 분위기와 아울러 놀라운 일이 이루어질 것이다.

기도

하나님 아버지, 주님이 돌보시는 것과 동일한 수준으로 우리도 돌볼 수 있도록 도와주십시오. 우리는 주님이 생각하시지 않는 것에 대해서 지나치게 몰두하는 우리 자신의 모습을 봅니다. 주님의 말씀의 능력과 성령님의 임재하심을 통해서 우리 마음이 마치 주님이 우리 속에 거하셔서 돌보시는 것처럼 다른 사람을 돌아볼 수 있도록 해주십시오. 그리고 사랑하는 아버지, 우리가 다른 사람들을 잘 인도하게 하시고, 또한 주님이 이끄시는 대로 성실함으로 따르게 해주십시오. 아멘.

심층 연구

A. 관개 시설과 왕

21장 1절은 하나님이 왕의 마음을 움직이는 것을 농부가 관개 시설을 만드는 것에 비유하고 있다. 이스라엘 사람들은 나일 강에서부터 물길을 내어 자신의 밭에 물을 주는 이집트인들의 방식에 익숙해져 있었다. 그러나 가나안 지역의 대부분의 농업은 인간이 만드는 수로보다는 내리는 비에 더 많이 의존하고 있었다. 관개 시설은 여리고와 요단 언덕 끝자락과 같은 지역에서만 성행하였다.

B. 탐식자의 영혼

23장 2절에 나오는 '탐식자' 라는 단어는 히브리어로 '네페쉬(nephesh)' 라는 단어의 해석이다. 이것은 성경에서 700번 이상 나타났고, 대개 '영혼' 으로 해석된다. 창세기 2장 7절에서 하나님이 아담의 코에 생기를 불어넣으심으로 그는 '살아 있는 존재' 혹은 영혼(nephesh)을 가진 존재가 되었다. 신명기 6장 5절은 이스라엘이 온 마음과 영혼(nephesh)과 힘을 다하여 하나님을 사랑하라고 명령한다. 구약에서 이 단어는 종종 강한 욕구를 뜻하기도 하고, 인간 마음의 육체적 욕심을 의미하기도 한다. 그래서 때로 그것은 이 구절에서처럼 '탐심, 식욕' 으로 번역된다. 우리가 우리 영혼에서 자연적으로 흘러나오는 대로 다 행하게 하면 우리는 점차 욕구만을 만족시키고자 하는 사람이 될 뿐이다.

교안

A. 들어가는 글

1. '대중의 의견을 수렴하는 것' 이야기로 시작하라.
2. 배경 설명: 삶의 복잡한 상황 가운데서 하나님은 어떤 사람들은 지도자로 부르시고, 또 어떤 사람들은 따르는 자로 부르신다.
3. 적용: 우리는 이끄는 자든, 따르는 자든 간에 충성스러움으로 그 모든 일을 해야 한다.

B. 본문 이해

1. 지도자의 권력
2. 지도자의 도덕 기준
3. 따르는 자들의 역할

C. 결론: 캐나다 두루미의 교훈

토의 질문

1. 당신은 타고난 지도자인가? 당신이 타고난 지도자든 아니든 간에 하나님은 어떤 영역을 다스리도록 당신을 부르셨는가? 당신은 자신이 지도자의 기준에 합당하다고 생각하는가? 당신의 지도력을 향상시키기 위한 방법으로 어떤 것이 있는가?

2. 당신이 따르는 자일 때 당신은 충성스럽게 따르는가? 당신의 목표는 당신의 지도자가 성공하는 것인가? 아니면 그저 당신의 방식을 관철시키는 것인가? 지도자를 따르는 당신의 방식에서 변화되어야 할 부분이 있는가?

3. 당신은 불완전한 상황 가운데서 불완전한 사람들을 통해 당신을 인도하시는 하나님을 신뢰하는가?

29장

잠언 3:25-26; 13:12, 19; 14:10, 13, 32; 15:13, 30; 16:17; 17:22; 18:14; 22:1, 3, 5, 13; 23:17-18; 24:10; 25:9-10, 20, 25; 26:13; 27:11-12, 20; 28:1; 29:6

하나님을 따를 때 얻는 보상

"소망, 그것은 영원한 세계에 대한 끊임없는 바람이다."

- C. S. 루이스(C. S. Lewis)

지혜로운 사람은 위험한 상황에 말려드는 것을 피한다. 하지만 그와 함께 하나님이 인도하시는 곳이라면 어디든지 가고자 하는 용기를 갖는다. 온화한 인품과 성실함을 갖춘 선한 사람의 이름은 인생에서 가장 귀중한 것 가운데 하나며, 하나님의 자녀들은 그러한 사람들로 나타나야 한다. 진정한 기쁨은 하나님을 따르는 것에서 오는 것이지 세상의 즐거움을 따르는 것에서 오는 것이 아니며, 진정한 즐거움은 우리 소망을 하늘에 둘 때 얻게 된다.

Proverbs

들어가는 글

결국 모든 것은 잘 될 것이다

이 장에서 우리는 솔로몬이 신중함으로 균형 잡힌 용기와 현실에 근거한 명성 그리고 소망을 바탕으로 하는 기쁨에 대해서 기록하고 있음을 보게 된다. 이러한 세 가지 주제 가운데 소망은 우리가 하나님의 원하시는 방향으로 계속 나아갈 수 있게 하는 힘이 된다. 소망은 우리에게 하나님을 따라갈 수 있고, 명성을 얻는 일에 대해서 노력하게 만드는 용기를 준다. 소망은 하나님이 우리에게 원하시는 삶을 살아가기 위해서 반드시 필요한 요소이다.

빅터 프랭클(Viktor Frankl)은 「삶의 의미를 찾아서(Man' s Search for Meaning)」라는 자신의 저서에서 아우슈비츠와 다하우의 독일 포로 수용소에서 보냈던 자신의 끔찍한 경험담을 기록하였다. 동물보다도 더 비참한 취급을 받았던 그는 추위와 기근과 고통과 벼룩과 탈진 그리고 비인간적인 처사로 가득 찬 살아 있으나 죽은 것과 같은 삶을 살아야만 했다. 프랭클은 자신이 살아남을 수 있었던 이유는 오직 소망 때문이라고 하였다. 그는 자신이 구원을 받으리라는 믿음을 한순간도 버린 적이 없었다. 소망을 잃어버린 사람들은 죽어갔다. 프랭클은 이렇게 말했다. 어떤 사람이 소망을 잃어버렸다면 그 사람은 삶을 포기해버린 것이고, 마음속에서부터 이미 죽은 것이라고.

이런 일은 대개 아주 갑자기 일어난다. 어느 날 아침 한 수감자가 침대 밖으로 나오기를 거부하였다. 그는 옷을 입고 있지 않았거나, 씻지 않았거나, 밖에 나갔거나 혹은 밥을 먹는 것이 아니었다. 동료 수감자들의 도와주겠다는 정성스러운 말이나 간수의 잔인한 위협에도 불구하고 그는 자기 자신의 배설물 속에서 그냥 그렇게 누워 있었고 마침내 죽고 말았다. 그러나 계속해서 소망을 가지고 있는 사람들은 종종 지속적인 어떤 힘을 발견하게 되고, 그것으로 인하여 살아남을 수 있었다.

물론 이것은 하나님이 그렇게 소망을 가져야 하는 피조물로 우리를 만들어주셨기 때문이다. 그렇기에 주님은 우리에게 모든 소망 중에 가장 큰 소망인 하늘나라를 내려주신다. 그러므로 우리는 이 세상에서 여러 가지 소망 가운데 살게 되지만 이 세상이 주는 것이 무엇이든지 간에 결국 모든 것은 다 잘 될 것이라는 궁극적인 소망으로 인해 굳게 서 있게 된다.

본문 이해

하나님을 따를 때 얻는 보상

Main Idea	잠언 전체를 통해서 하나님은 자신을 경외하고, 지혜를 선택하며, 의로움 가운데 행하는 사람에게 복을 주신다고 약속하셨다. 그러한 사람들은 예수님이 요한복음 10장 10절에서 약속하신 것처럼 진정으로 풍성한 삶을 살며 즐거워한다. 그들은 용기를 가지고 현재의 도전들을 극복해나갈 것이며, 기쁨을 가지고 미래를 바라볼 것이다. 그리고 다른 사람들은 그들의 삶 속에서 하나님의 역사가 나타나는 것을 보게 될 것이다.

A. 신중함으로 균형 잡힌 용기(3:25-26; 14:32; 16:17; 22:3, 5, 13; 24:10; 26:13; 27:12; 28:1)

Supporting Idea	위험 가운데 휘말리는 것은 용기가 아니다. 그것은 부주의함일 뿐이다. 지혜로운 사람은 그러한 함정이 어디 있는지를 잘 알고 있으며 그것을 피해나간다. 하지만 어려운 문제가 생길 때 하나님을 경외하는 사람은 어떤 두려움에도 빠질 필요가 없다.

3:25-26. 이 구절에서 솔로몬은 지혜를 굳게 잡으라는 자신의 권면에 순종하는 사람들에게 오는 유익을 기록하고 있다(3:21). 당신이 분별력을 사용하고, 올바른 판단력을 활용하기로 다짐할 때 비로소 당신은 자신감을 가지고 미래를 바라볼 수 있게 될 것이며, 주님이 악한 자들이 만들어놓은 함정에 빠지지 않도록 당신을 지켜주시리라는 것을 알게 된다. 여기에서 사람은 자신의 지혜나 능력으로써 재난으로부터 구원받을 수 있는

것이 아니라는 점을 깨닫는 것이 중요하다. 그러한 도움들은 곧 사라져버릴 것이다. 오직 하나님의 보호하심만이 우리 자신감에 대한 굳건한 반석이 되신다.

14:32. 어떤 해석자들은 "의인은 그 죽음에도 소망이 있다"는 이 구절을 히브리어 문자 그대로 읽기 때문에 자살을 정당화하는 것으로 보여질 수 있다고 말한다. 그러나 그러한 생각은 성경의 다른 부분들과 모순되며, 죽음은 하나님의 교훈을 무시함으로 인한 끔찍한 결과라는 잠언의 주제를 무시하는 것이다. 이 본문의 요점은, 큰 환난은 소망이 없는 악한 자에게는 끔찍한 재난이지만 의로운 자들에게는 그들이 비록 죽게 되어도 하나님이 그들의 피난처가 되어주신다는 것이다.

16:17. 많은 다른 잠언들과 같이 이 구절도 신실한 사람은 길을 걸어갈 때 악을 피할 수 있는 길을 선택하고 나서 자신의 길을 안전하게 지켜나간다는 것을 보여주고 있다. 여기에서 '악'이라는 단어는 불운한 것이나 도덕적인 타락 모두를 뜻할 수 있으며, 후자의 경우가 여기서는 더 적절하다(3:7; 8:13; 16:6 참고). 올바른 행동을 계속 유지함으로써 자신의 길을 지키는 사람은 그 생명을 보존하고, 말 그대로 '자기의 영혼'을 보존한다. 이것은 물리적인 손해로부터 보호됨을 의미할 수도 있지만 대체로 유혹이나 도덕적인 타락에서 보존됨을 의미하는 것으로 여겨진다.

22:3; 27:12. 용기가 있다는 것은 위험이 있는 곳으로 아무 생각 없이 걸어 들어가는 것을 뜻하는 것이 아니다. 담대함은 반드시 신중함이나 사려 깊음으로 균형을 이루어야 한다. 그럴 때 당신은 앞을 바라보며 위협을 감지하고 그것으로부터 피해 나갈 수 있다. 위험이 눈앞에 뻔히 보이는데도 계속해서 자신의 일을 하고자 하는 사람은 어리석은 자다(단순히 미련한 것이 아니라 고집이 센 사람이다). 그는 자신의 경솔함으로 인해 고통을 받게 될 것이다.

22:5. 여기서 잠언 기자는 어떤 사람이 조심스러움 없이 문제 속으로 걸어 들어가는 무지함보다 더 나쁜 경우가 있음을 보여주고 있다. 그것은 바로 가시와 올무로 가득 찬 길을 일부러 선택하는 악한 자들이나 삐딱한 성품을 가진 자들이다. 가시는 그들의 일 처리를 방해하고, 올무는 그것이 완전히 멈춰 서도록 만든다. 안타깝게도 그들이 당한 어려움은 충분히 피할 수 있는 것이었다. 하나님의 경고를 듣는 자는 가능한 어려움으로부터 멀리 떨어짐으로써 자신의 영혼을 안전하게 보존할 것이다.

22:13; 26:13. 때로 게으른 자는 자신의 게으름에 대해서 구체적으로 변명을 늘어놓

는다. 이 구절은 나태한 자들이 자신의 일을 하지 않으려고 할 때 사용하는 흔한 구실들에 초점을 맞추고 있다. 사자가 거리에 들어오는 경우는 절대 없지만 이런 사람은 무서운 사자가 밖에서 으르렁거리고 있다고 말하는 것이다! 혹 그런 사람은 자신이 거리로 나가면 살해당할 수도 있다고 걱정하는 자일지도 모른다. 사람들이 하고 싶지 않은 일을 연기하거나 취소하기 위해서 얼마든지 손쉽게 갖가지 구실들을 만들어낸다는 사실은 놀라울 뿐이다.

24:10. 환난은 우리의 용기를 보여주거나 연약함을 드러내게 만든다. 문제가 생기는 것은 필연적이고, 인생 가운데 우리의 책임은 하나님의 도우심으로 각각의 도전을 어떻게 잘 극복해나가느냐 하는 것이다. 그분은 우리가 그런 상황 가운데 처하도록 하셨고, 그럴 때마다 우리에게 그분의 능력을 공급해주신다고 약속하셨다. 그러므로 우리가 환난 날에 낙담하면 그것은 우리의 부족함을 나타낼 뿐이다. 우리는 힘이 없기 때문에 주님께 의지해야 한다.

28:1. 우리가 깨끗한 양심을 가지고 있을 때 사자나 다른 어떤 것으로부터도 도망치지 않을 것이다. 악인은 늘 죄의식 가운데 살아가면서 자신이 법을 어겼음을 잘 알고 있다. 그들은 범죄자같이 아무도 쫓아오는 사람이 없어도 도망가며, 법이 자신을 쫓아온다고 생각한다. 반면에 의인은 사자와 같이 담대하다. 그들은 어깨를 움츠리고 살아갈 필요를 느끼지 못한다. 왜냐하면 그들은 자신이 아무런 잘못을 하지 않았다는 것을 알고 있기 때문이다.

B. 현실에 근거한 명성(22:1; 25:9-10)

Supporting Idea	누구나 인간관계의 처세술을 통해서 명성을 얻을 수는 있다. 하지만 열광보다 오래가는 훌륭한 명성을 얻을 수 있는 유일한 방법은 흔들림 없는 인격을 세워나가는 것이다. 중요한 것은 사람들이 겉모습 뒤에 있는 실체를 깨닫게 될 때 무엇을 발견하느냐이다.

22:1. 부자들은 하나님으로부터 축복을 받을 수 있지만 만약 그들이 그 명성에 걸맞는 대가를 치르려고 하지 않는다면 그런 축복은 헛된 것이다(1:19; 10:2; 13:11). 훌륭한 이름에는 선한 인격을 나타냄으로써 얻게 되는 영광스러운 평판도 함께 따른다. 그리고

그러한 이름은 쌓아놓은 재물의 양보다도 훨씬 더 중요한 것이다.

25:9-10. 다른 사람의 평판을 망가뜨리는 가장 빠른 방법 가운데 하나는 법정 소송과 같은 경우에서 은밀한 일을 드러내는 것이다. 당신은 그 재판에서 이길 수 있을지도 모른다. 하지만 그런 비열한 일을 알게 된 친구들과 다른 사람들의 신뢰는 잃어버리게 될 것이다. 물론 하나님은 그러한 일을 무자비한 죄라고 정죄하신다. 그리고 목표물이 되어버린 사람은 보복할 것이고, 더욱더 신랄하게 당신의 이중성을 드러내며 당신의 명성을 파괴할 것이다.

C. 소망에 근거한 즐거움(13:12, 19; 14:10, 13; 15:13, 30; 17:22; 18:14; 23:17-18; 25:20, 25; 27:11, 20; 29:6)

Supporting Idea	많은 사람들은 행복을 얻기 위한 헛된 노력 가운데 꿈을 좇고, 재물을 쌓는다. 그러나 잠언은 하나님을 사랑하고, 그분의 지혜를 따라 사는 사람이 진정한 기쁨을 누리게 된다고 분명하게 말한다. 하나님은 그러한 사람에게 복을 주신다고 약속하신다. 그리고 우리는 그분의 말씀 위에 우리의 소망을 둘 수 있다. 우리의 삶의 여정이 행복한 끝맺음이 된다는 것을 깨달을 때 우리는 즐거워할 수 있다.

13:12, 19. 사람은 소망 없이 살아갈 수 없다. 그래서 우리는 소망이 이루어지지 않고, 지연될 때 크게 괴로워한다. 소망은 약속이 연기될 때 더디 이루게 되고, 오랫동안 실현되지 않은 상태로 중단되기도 한다. 하나님은 때로 우리가 바라는 것보다 더 천천히 일하시고, 하나님이 일하고 계심을 잊어버리면 우리는 마음 가운데 큰 실망감을 느낀다. 하지만 우리의 바람이 마침내 이루어질 때 우리 영혼은 다시 되살아난다. 생명 나무처럼 그 소망의 성취는 우리를 새롭게 한다. 그것은 우리 영혼에 가장 달콤한 것이 된다. 19절의 하반절은 그 구절의 다른 부분과는 다소 동떨어진 내용처럼 보인다. 그러나 그것은 단지 악이나 자신의 죄에서 떠나는 것을 싫어하는 어리석은 자는 하나님이 그의 소원을 이루어주시기를 기대하지 말아야 한다는 것을 의미하고 있다.

14:10, 13. 우리는 우리 마음속에 무엇이 있는지를 알고 있다. 그러나 우리 가운데 그 누구도 다른 사람의 고통이나 즐거움의 감정을 온전히 공감할 수 있는 사람은 없다. 그런 의미에서 우리는 고독한 존재들이다. 하지만 하나님은 우리의 가장 깊은 곳의 비밀

을 알고 계신다. 그리고 그분은 다른 어떤 인간들보다 우리를 더욱 깊숙하게 이해하신다. 사람들은 그저 겉모습만을 볼 수 있고, 허탈한 웃음은 마음속 깊은 곳의 괴로움을 감춰버린다. 순간순간 기쁨을 경험할 수 있지만 우리의 상황과 감정은 신속하게 변화한다. 그리고 기쁨도 어느 틈엔가 슬픔으로 변해버릴 수 있다.

15:13, 30; 17:22. 전체적으로 이 구절은 밝은 얼굴과 밝은 마음이 어떻게 조화를 이루는지를 보여준다. 당신 마음이 즐거울 때에는 저절로 미소가 지어질 것이다. 그리고 당신이 밝은 표정(문자적으로 밝은 눈)을 보일 때는 당신 자신의 마음을 상쾌하게 할 뿐 아니라 주변에 있는 사람들의 마음까지도 밝게 할 것이다. 그렇지만 마음의 근심은 결국 영혼을 상하게 할 것이다. 이 구절들은 행복의 가장 중요한 요소가 우리의 상황에 있는 것이 아니라 우리의 생각 속에 있음을 분명하게 보여준다.

17장 22절은 행복이나 즐거운 마음은 감정뿐 아니라 육체에도 좋은 약이 되며, 치료가 된다는 것을 설명한다. 하지만 우울하거나 낙심된 마음은 뼈가 마르게 한다. 잠언은 때로 우리 건강에서 내적인 생명력의 효과가 크다는 것을 강조한다. 15장 30절에서는 좋은 기별이 뼈를 윤택하게 한다고 단언한다.

18:14. 누가복음 17장 22절에서처럼 이 구절은 우리의 태도가 병을 이겨내는 데 가장 중요한 요소임을 분명하게 말하고 있다. 강하고 든든한 마음을 가지고 있는 사람은 병을 능히 이겨낼 수 있지만 마음이 상하고, 굳센 마음이 사라지면 절망을 이겨낼 약이 없다.

23:17-18. 이 구절은 우리의 시선을 어디에 두어야 하는가를 가르쳐준다. 그것은 죄인들을 부러워하며, 그들이 한 일을 자신도 할 수 있게 되기를 바라는 마음으로 그들을 쳐다보는 것이 아니라(3:31; 24:1, 19; 시 37:1), 여호와를 경외함으로 그분을 열망하는 것이다. 또한 미래를 계속 바라보는 것도 유익한 일이다. 왜냐하면 하나님의 사람들은 하나님의 약속 가운데 있을 때 원래 바라던 것들보다 자신에게 더 유익한 일이 있으리라는 소망을 가지고 살아갈 수 있기 때문이다.

25:20. 활기차게 격려하는 것은 좋은 것이다. 그러나 신중하게 행하는 것이 중요하다. 어떤 사람에게 큰 근심이 있어서 무거운 마음으로 짓눌려 있을 때 그에게 아무 생각 없이 노래를 불러주는 것은 너무나 경솔한 행동이며, 그의 고통을 무시하는 것이다. 그러한 생각 없음은 괴로움에 빠진 사람을 더욱 비참하게 만드는 것이다. 그것은 마치 추운 날 그의 외투를 빼앗아서 추위에 떨게 만드는 것처럼 나쁜 짓이다. 혹은 그런 일은 소

다수에 식초를 부어 끓어 넘치게 하는 것과 같이 그 사람의 감정을 폭발시켜버릴 수도 있다.

25:25. 우리에게 즐거움을 주는 것 한 가지는 멀리서 오는 좋은 소식이다. 고대 사회에서는 소식 전달이 오랜 여행을 통해서 느리게 이루어졌다. 당신이 외국에 선적하여 보낸 상품의 판매 실적을 기다리든지 혹은 친구가 가족의 소식을 듣기를 기다리든지 간에 지체되는 것은 너무나 길게만 느껴질 것이다. 그러므로 마침내 어떤 소식이 도착했을 때 그 기쁨은 참으로 큰 것이다. 당신이 기다리고 있던 답을 받는 것은 목마른 사람이 생수를 얻는 것과 같은 기쁨이 된다.

27:11. 잠언은 반복해서 지혜로운 아들은 아버지의 마음을 기쁘게 한다고 말한다(10:1; 15:20; 23:15, 24; 29:3). 신실한 자녀들은 당신이 가장 믿을 만한 자들이고, 당신을 비방하는 자에게 대답할 말을 알게 해줄 것이다.

27:20. 잠언 기자는 먼저 음부(사망)와 유명(파멸, 문자적으로는 스올과 아바돈, 15:11 참고)을 결코 만족하지 않는 굶주린 사람으로 비유하고 있다. 무덤은 항상 넓게 열려 있으며, 또 다른 죽은 자를 받아들일 준비를 하고 있다. 이와 같이 사람의 눈은 만족함이 없다. 이것은 항상 새로운 것을 보기 원하는 호기심을 갖고 있다는 의미이며, 그것은 항상 새로운 것을 갖고자 하는 탐심에 더 가까운 것이다. 그러한 탐욕이 있다는 것은 사람이 만족을 알지 못하며, 결코 만족하지 않는다는 것을 보여준다.

29:6. 악한 사람은 자기 자신이 만든 올무에 걸린다. 그러나 의로운 사람은 자신의 행동으로 인해 나타날 일에 대해서 걱정할 필요가 없음을 알고 있기 때문에 마음을 놓을 수 있고 안심할 수 있다. 그는 정직한 양심과 즐거운 마음을 가지고 있으므로 노래하며 기뻐할 수 있는 것이다.

Main Idea 복습	잠언 전체를 통해서 하나님은 자신을 경외하고, 지혜를 선택하며, 의로움 가운데 행하는 사람에게 복을 주신다고 약속하셨다. 그러한 사람들은 예수님이 요한복음 10장 10절에서 약속하신 것처럼 진정으로 풍성한 삶을 살며 즐거워한다. 그들은 용기를 가지고 현재의 도전들을 극복해나갈 것이며, 기쁨을 가지고 미래를 바라볼 것이다. 그리고 다른 사람들은 그들의 삶 속에서 하나님의 역사가 나타나는 것을 보게 될 것이다.

결론

소망은 신학적인 덕목이다

C. S. 루이스는 그의 책 「순전한 기독교(Mere christianity)」에서 소망이라는 주제에 대해서 분명하고도 영감 넘치는 문체로 다음과 같이 기록하였다.

> 소망은 신학적 덕목 가운데 하나다. 이것이 의미하는 바는, 영원한 세계를 바라본다는 것은 어떤 현대인들이 생각하는 것처럼 도피주의나 기복주의의 한 형태가 아니라 그리스도인이 해야만 하는 일 가운데 하나라는 것이다. 이것은 우리가 있는 그대로의 현실 세계를 떠나야 한다는 말이 아니다. 만약 당신이 역사를 조금 들여다본다면 현실에 가장 최선을 다했던 그리스도인들은 그저 내세를 더 많이 생각하고 있었던 자들이었음을 발견하게 될 것이다. 로마 황제와 대화를 나누는 자리에 섰던 사도들과 중세 시대를 세워나갔던 위대한 성인들 그리고 노예 제도를 폐지했던 영국의 복음주의자들을 비롯한 모든 사람들은 이 세상에서 놀라운 업적을 이루었는데, 그것은 엄밀히 말해서 그들의 마음이 하늘나라로 채워져 있었기 때문이다. 그리스도인들이 이러한 부분에 있어서 그토록 무기력해진 것은 다음 세상에 대해서 생각하기를 중단해버린 이후부터다. 하늘나라를 목표로 하라. 그러면 당신은 그 속에서 이 세상도 얻게 될 것이다. 이 세상을 목표로 해보라. 그러면 당신은 아무것도 얻지 못하게 될 것이다.

그러므로 잠언을 배우는 그리스도인들은 이 세상에서 누리는 즐거움과 의미를 기반으로 하여 다음 세상을 소망하는 자들이다.

■ **진리 알기**

- 소망은 인간 마음의 가장 필수적인 부분이다. 소망 없이 우리는 살아갈 수 없다.
- 소망은 이 세상을 살아갈 때 필요한 강력한 요소다. 그러나 그리스도인에게는 이 세상의 삶

다음에 이루어지는 하늘나라에 대한 소망이 항상 있어야 한다.
- 소망은 모든 즐거움의 근본이 된다.

■ 적용하기

- 당신이 삶의 여러 가지 어려움 가운데 있을 때 성경적인 극복 방법으로서 소망을 가질 수 있는 이유를 찾아보라.
- 세상의 소망에 더하여서 당신의 소망을 하늘에 두어야 한다는 것을 명심하고, 이 세상에서의 삶이 아무리 힘들어도 결국에는 모든 것이 잘 될 것이라는 점을 기억하라.
- 다른 사람들도 소망을 갖도록 도우라. 그렇게 하면 당신이 다른 사람들의 삶 가운데 강력한 영향을 미치게 될 것이다.

삶의 적용

소망은 영원히 생겨난다

그리스도인들에게는 삶이 아무리 힘들다 하더라도 여전히 소망이 있다. 그 소망은 언젠가는 하나님 나라에 있게 될 것이며, 모든 것이 잘 될 것이라는 소망이다. 요한계시록 21장에서 하나님의 도시인 새 예루살렘은 하늘에서부터 내려온다. 그러고 나서 성경은 말한다. "모든 눈물을 그 눈에서 씻기시매 다시 사망이 없고 애통하는 것이나 곡하는 것이나 아픈 것이 다시 있지 아니하리니 처음 것들이 다 지나갔음이러라"(계 21:4). 이것이 바로 우리의 소망이다. 예수님이 거하시는 가운데 영원토록 다함이 없는 즐거움이 있을 것이다.

소망에 대한 많은 이야기는 전쟁 시대에 등장하였다. 2차 세계 대전 중에 2만 5천 여 명의 병사가 비인간적인 환경 속에서 포로 수용소에 수감되었고, 그중 많은 사람들이 사망하였다. 그러나 어떤 사람들은 살아남아 집으로 귀환할 수 있었다. 살아남은 자들이 사망한 사람들보다도 육체적으로 더 건강하고 튼튼했다고 믿을 수 있는 이유는 전혀 없었다. 하지만 분명 생존자들은 중요한 부분에서 뭔가 달랐다. 그들은 언젠가 풀려날 것을 굳게 믿었던 것이다.

그들은 자신들이 돌아가 살게 될 고향에 대해서 이야기했고, 앞으로의 직업에 대해서 그리고 결혼할 사람의 모습까지도 구체적으로 설명하곤 하였다. 그들은 자신의 꿈을 나타내기 위해서 벽에 그림을 그렸다. 심지어 어떤 사람들은 미래의 직업에 관계된 주제를 공부할 수 있는 길을 찾기도 하였다.

연구자들은, 소망을 갖는 태도는 면역 체계를 향상시키는 물리적인 변화를 가져올 수 있으며, 신체가 육체적인 어떤 문제와 싸울 때보다도 더 효과적으로 몸을 건강하게 만들었음을 발견하였다. 그것은 바로 소망의 능력이었다.

우리는 삶의 어려움 가운데 부딪칠 때 상황이 매우 절망적으로 보일 때가 있다. 이 세상의 일들이 너무나 안 좋게 보일 때에도 소망을 가져야 하는 이유는 분명 존재한다. 영국에 대한 스페인 함대의 공격을 보여주는 1930년대의 오래된 영화 속에서 두려움에 차 있던 장관은 영국 여왕에게 소망을 가져야 할 이유가 있는지를 물어보았다. 그때 여왕은 이렇게 대답하였다. "나는 어두운 두려움이 소망으로 변하는 것을 보아왔습니다. 당신이 완전히 소망을 잃어버릴 때까지 계속 소망을 가지십시오!" 그것은 바로 소망에 대한 관점이다. 소망은 완전히 잃어버릴 때까지 계속 가져야 하는 것이다.

하지만 그리스도인들은 이 세상을 넘어서 바라볼 수 있는 능력을 가지고 있다. 비록 우리가 이 세상에서 갖는 소망이 끝나게 되었다 하더라도 우리는 하늘을 바라볼 수 있다. 그곳에는 궁극적인 소망이 있다. 그리스도인들에게 소망은 결코 사라지지 않는다. 베드로는 그의 첫 번째 편지에서 이렇게 썼다.

> 찬송하리로다 우리 주 예수 그리스도의 아버지 하나님이 그 많으신 긍휼대로 예수 그리스도의 죽은 자 가운데서 부활하심으로 말미암아 우리를 거듭나게 하사 산 소망이 있게 하시며 썩지 않고 더럽지 않고 쇠하지 아니하는 기업을 잇게 하시나니 곧 너희를 위하여 하늘에 간직하신 것이라 너희가 말세에 나타내기로 예비하신 구원을 얻기 위하여 믿음으로 말미암아 하나님의 능력으로 보호하심을 입었나니(벧전 1:3-5).

그는 계속해서 말한다. "그러므로 너희 마음의 허리를 동이고 근신하여 예수 그리스도의 나타나실 때에 너희에게 가져올 은혜를 온전히 바랄지어다" (벧전 1:13).

그것이 바로 소망의 능력이자 목표이다. 바로 우리에게 현재의 시험을 이겨낼 수 있는 힘을 주고, 미래를 바라보면서 기쁨을 누리게 하는 것이다. 히브리서 12장 2절은, 예수님이 하늘에서 누리시게 될 기쁨으로 인하여 십자가의 고통을 참으셨다고 하였다. 그러므로 당신의 소망을 하늘에 굳게 고정시켜라. 하늘에 있는 우리 집에 대한 변치 않는 진리가 흔들리지 않고, 이 세상의 성공과 실패의 과정 속에서 자기 자신을 든든하게 하자. 분명히 노랑 수선화와 나팔 수선화 그리고 층층나무들이 매년 봄마다 이 세상의 창조 이래로 계속 그래왔듯이, 해마다 다시 자라나는 것처럼 우리는 죽을 때에 하늘에서 새롭고 아름다운 모습으로 새롭게 될 것이다. 예수님이 살아나셨기 때문에 우리도 살아날 것이다. 이보다 더 좋은 소식은 없다. 이보다 더 큰 소망도 없다.

기도

하나님 아버지, 죄로 인한 모든 처벌과 압제와 그 권세로부터 우리를 구원하여 주시니 감사합니다. 우리로 하여금 하늘 위에 궁극적인 소망을 갖게 하시고, 그로 인한 기쁨과 능력을 얻게 해주십시오. 아멘.

심층 연구

A. 구약 시대의 약

17장 22절은 밝은 마음이 좋은 약이라고 말하면서 구약의 다른 어디에서도 나타난 적이 없는 '약' 이라는 용어를 사용하고 있다. 이것은 구체적인 처방이나 치료의 의미가 아니라 단순히 '상처의 치료, 스트레스를 경감시켜주는 것' 이라는 의미를 갖는다.

고대 세계에서는 자신들이 겪는 질환에 다양한 처방을 하였다. 연고와 붕대가 상처 치유에 적용되었다(사 1:6). 그리고 히스기야의 병은 무화과 한 뭉치로 치료되었다(겔 38:21). 에스겔은 바로의 발이 부러진 것을 붕대로 동여매는 것에 대해서 말했다(겔 30:21). 그리고 예레미야는 '길르앗의 유향' (렘 8:22; 46:11; 51:8)을 연고로 언급하였다.

이스라엘 사람들의 위생법과 음식법은 인근 나라에서 창궐하고 있는 많은 병들을 예방하는 수단으로서 기능하였다. 그들의 의학적인 관습은 치료보다도 예방에 더 큰 중점을 두었다.

B. 만족하지 않는 눈

27장 20절은, 인간의 눈은 죽을 때까지 결코 만족을 모른다고 단언하였다. 어떤 해석자들은 이 구절을 전도서 1장 8절이 나타내는 것처럼 건강한 인간의 호기심에 대해서 말하는 것이라고 생각한다. 하지만 다른 본문들은 그것이 탐욕에 대해서 말하는 것임을 보여준다. 30장 15-16절은 충족되지 않는 네 가지를 기록하고 있는데, 그것은 무덤과 아이를 낳지 못하는 여인, 마른 땅 그리고 불이다. 이 중 두 가지는 파괴와 관련된 것이고, 다른 두 가지는 생산과 관련된 것이다. 이사야 5장 14절은 하나님의 심판의 결과로 인해 생겨나는 많은 죽은 자들을 위한 공간을 마련하기 위해서 스스로 확장되는 무덤에 대해서 말하고 있다. 그리고 하박국 2장 5절은 동일한 이미지를 자기 주변의 모든 것을 다 지배하기를 간절히 바라는 거만한 사람을 묘사하는 데 사용하고 있다.

고안

A. 들어가는 글

1. '결국 모든 것은 잘 될 것이다' 이야기로 시작하라.
2. 배경 설명: 주님을 따르는 것에는 놀라운 보상이 있다. 냉정을 잃지 않으면서도 위험 앞에서 용기를 갖는 것에는 보상이 따른다. 또 인품과 신실함에 근거한 명성에는 그에 합당한 자부심이 있다. 또한 소망 위에 세워지는 기쁨이 있다. 이러한 것들이 이 장에서의 내용들이다.
3. 적용: 이 구절들을 배워가면서 그 속에 담긴 진리의 지혜로움과 중요성을 마음속에 담을 수 있도록 노력하라. 만약 당신이 그렇게 한다면 능력과 기쁨이 바로 당신 것이 된다.

B. 본문 이해

1. 신중함으로 균형 잡힌 용기
2. 현실에 근거한 명성
3. 소망에 근거한 즐거움

C. 결론: 소망은 신학적인 덕목이다

토의 질문

1. 용기와 무모함 사이에는 분명한 선이 있다. 당신은 행동을 취하기 전에 어떤 위험이 있는지를 감안하고 합리적으로 그 일을 해나갈 수 있다는 용기를 갖는가?

2. 당신의 평판은 어떠한가? 당신은 그것을 진심으로 중요하게 생각하고 있는가? 당신의 평판을 보완하기 위해서 혹은 더욱 발전시켜나가기 위해서 당신이 해야 하는 일은 무엇인가?

3. 당신은 자신이 갖는 기쁨이 그 자체로서 정말 놀라운 것이라고 생각하는가? 잠언에 의하면, 삶 속에서 더 많은 기쁨을 경험하기 위해서는 무엇을 해야 하는가?

30장

잠언 30:1-33

평안한 삶의 근원

"날카로운 혀는 사용할 때마다 점차 날이 서는 유일한 절단 도구다."

- 워싱턴 어빙(Washington Irving)

인간의 내면을 바라보게 되면 우리는 그 마음을 만드신 하나님의 놀라운 능력과 지혜를 깨닫게 된다. 그분의 말씀은 진리에 있어서 최고의 근원이다. 그리고 그 말씀을 통해 차분하게 주위를 둘러보면, 우리는 인간 행동이 이루어지는 세계와 동물의 세계 속에서 실제적인 교훈들을 발견할 수 있다.

Proverbs

들어가는 글

한 푼 적선해주시겠습니까?

나이 많은 목회자였던 윌버 챔프먼(Wilbur Chapman)은 부유한 집에서 태어났지만 탕자처럼 방황하다가 가족들로부터 멀어진 한 중년 남성의 이야기를 들려주었다. 그는 집을 떠난 이후에 가난뱅이가 되었고, 절망하였으며, 결국에는 구걸을 하며 먹고 사는 사람으로 전락해버리고 말았다. 그가 들려준 이야기는 이러하였다.

"나는 노숙자로 펜실베이니아 역에서 지냈습니다. 그리고 수년 동안 거리에서 구걸을 하며 살았습니다. 어느 날 저는 지나가는 누군가를 붙들고 말했습니다. "여보세요, 선생님! 한 푼만 적선해주시겠습니까?" 하지만 저는 그 사람의 얼굴을 보자마자 깜짝 놀라고 말았습니다. 왜냐하면 그분은 저의 아버지였기 때문입니다. 저는 말했습니다. "아버지, 절 알아보시겠어요?"

아버지는 저를 끌어안고는 눈물을 흘리면서 말했습니다. "오, 아들아, 마침내 널 찾았구나. 찾았어. 적선을 해달라고? 내가 가지고 있는 게 전부 다 네 것이다."

"생각해보십시오. 저는 노숙자였습니다. 저는 그저 2센트를 얻으려고 아버지한테 구걸을 한 겁니다. 하지만 18년 동안 아버지는 당신이 가지고 계셨던 모든 것을 저에게 주시려고 저를 찾아다니고 계셨던 것입니다."

얼마나 감동적인 이야기인가! 그리고 그 모습은 얼마나 우리 자신과 똑같은가. 우리는 온 세계를 두루 돌아다니면서 구걸하며 살아가는 사람들이다. 바로 그럴 때 하늘에 계신 우리 아버지는 우리에게 그분이 가진 모든 것을 우리에게 주시려고 우리를 찾으신다.

우리가 하늘의 아버지를 깨닫고 그분께로 돌아오면 그분이 우리에게 주고자 하시는 모든 것을 얻을 수 있다. 그리고 지혜는 그 모든 선한 선물 가운데 하나다. 아굴의 삶 속에서 오늘날 우리가 중요한 진리에 대한 날카롭고 정확한 관찰을 할 수 있었던 것은 바로 주님께 대한 경외와 순종의 마음이었다. 하늘 아버지께 경외의 마음을 가질 수 있기를 바란다. 그러면 우리 자신뿐 아니라 우리의 사랑하는 자들의 마음을 지혜 가운데 인도할 수 있게 될 것이다.

본문 이해

평안한 삶의 근원

Main Idea	잘 알려져 있지 않은 한 잠언 기자는 자연의 세계를 궁구하면서 인생에 대한 교훈을 찾고자 하였다. 그러나 모든 노력을 다 기울인 다음에 그는 결론 내리기를, 하나님만이 진정으로 우주의 의미를 알고 계신다고 말하였다. 하나님이 인생의 비밀을 다 알고 계신다는 사실을 깨닫는 것은 인간을 겸손하게 만들면서도 큰 위로가 된다.

A. 겸손히 하늘을 우러러봄(30:1-9)

Supporting Idea	우리는 현실적인 세상의 작용 원리들을 깊숙이 파고들어 연구할 수 있지만 우리의 이해는 하나님의 끝없는 능력과 지혜에 비교한다면 그저 어린아이의 장난 정도에 불과하다. 그분의 말씀은 진리에 대한 최고의 근원이 되신다.

30:1. 30장은 잠언의 전체적인 내용과는 다소 구별되는 주제를 다루고 있어서 마치 부록과 같은 의미를 가지며, 그 첫 번째 구절은 이에 대한 서론을 보여주고 있다. 여기서의 잠언 기자는 **아굴**이며, 그의 글을 읽는 자들은 **이디엘**과 **우갈**이다. 학자들은 이 이름에 대한 흥미로운 이론들을 전개하였지만 어떤 것도 확실하게 알려진 것은 없다.

30:2-4. 아굴은 먼저 자신의 무지함을 고백하면서 서두를 꺼내고 있다. 그것은 진실한 겸손의 표현이었지만 지나치게 강조됨으로써 어느 정도의 반어법을 띠고 있는 듯해 보인다. 그는 자신이 가장 무지한 사람이라고 말하면서 자신은 보통 인간 수준도 안 되고, 동물처럼 우둔한 보통 인간 수준 이하의 동물과 같은 어리석음을 가지고 있다고 말

하고 있다. 하지만 이것은 잠언을 기록할 수 있는 사람에 대한 정상적인 표현은 아니다! 그는 자신의 모든 연구와 노력을 통해서도 오직 거룩하신 하나님만이 가질 수 있는 지식을 얻지 못하였다고 고백한다.

4절은 욥기 하반부에서 나오는 것과 같은 일련의 연속적인 수사적 질문을 보여준다. 그리고 각각의 질문에 대한 분명한 대답은 '하나님' 이다. 그는 이렇게 묻는다. "하늘에 올라갔다가 내려온 자가 누구인지, 바람을 그 장중에 모은 자가 누구인지, 물을 옷에 싼 자가 누구인지, 땅의 모든 끝을 정한 자가 누구인지, 그 이름이 무엇인지, 그 아들의 이름이 무엇인지 너는 아느냐?" 물론 그 모든 질문의 답은 하나님이시다.

마지막 질문은 그러한 설명에 부합될 수 있는 사람이 누구인지를 묻고 있다. 어떠한 인간도 이러한 기준에 합당할 수는 없다. 그러므로 하나님이 유일한 대답이 된다. 아굴이 그 아들의 이름을 물었을 때 구약 성경을 읽는 사람들은 아마 그것을 표현의 확장 정도로만 이해했을 것이다. 그러나 신약 성경을 읽는 사람들은 이것이 하나님의 아들이신 예수 그리스도를 가리키고 있다는 것에 대해서 이의를 제기하지 않을 것이다.

30:5-6. 자기 자신의 이성이나 능력으로 진리를 얻을 수 있는 사람이 아무도 없는 것이 사실이라면 하나님만이 진리에 대한 절대적인 근원이 되신다. 그분의 말씀은 순전하다. 그것은 모든 의혹을 물리친다. 그리고 주님과 그분의 말씀을 신뢰하는 사람들은 그분이 방패처럼 그들을 지키고 계신다는 것을 깨닫게 될 것이다.

하나님의 말씀이 이미 순전하기 때문에 우리는 그것에 무엇인가를 더하려고 하거나 혹은 발전시키려고 하거나 무엇을 빼버리려고 해서는 안 된다(신 12:32; 계 22:18).

30:7-9. 이 장의 많은 부분들은 이 구절과 같이 숫자에 연관된 여러 가지 말을 보여주고 있다. 잠언 기자는 하나님께 사는 동안 중요한 일이 될 두 가지를 간구하고 있다. 첫 번째, 그는 주님께 거짓된 모습인 허탄과 거짓말로부터 자신을 지켜달라고 간구한다. 그는 자신의 신실함을 어떤 경우에도 지키기를 간절히 원하는 것이다. 두 번째, 그는 하나님께 매일의 필요를 너무 많이도 말고 너무 적게도 아닌 수준으로 공급해달라고 간구한다. 그는 양 극단에 치우쳤을 때 따라오는 유혹에 대해 잘 알고 있다. 너무나 많은 물질이 있으면 우리는 하나님을 잊어버리고, 우리의 소유를 더 의지하라는 유혹을 받게 된다(신 8:12-17). 또한 너무 없으면 그 경제적인 절박함은 우리로 하여금 남의 것을 도둑질하는 유혹을 받게 만들지도 모른다. 어떤 것이든 우리는 하나님의 이름을 욕되게 할

것이다.

B. 주의 깊게 주변을 살펴봄(30:10-33)

Supporting Idea	주변을 넓게 살펴보면 인간의 행동이 이루어지는 세계와 동물의 세계를 통해서 실제적인 교훈을 발견할 수 있다. 잠언 기자는 자연과 인간 사회를 병행시켜 깊은 묵상을 하고 있다.

30:10. 다른 종을 중상모략함으로써 그 집의 일에 참견하지 말라. 그 주인은 거짓된 음해를 했다는 이유로 당신을 저주할 것이고, 그러한 저주는 합당하기 때문에 당신의 집에 실제로 임할 것이다(26:2과는 다름). 히브리어로 죄책을 당한다는 것은 문자 그대로 '유죄가 된다'는 의미다.

30:11-14. 이 단락은 네 가지 종류의 특히 더 추악한 죄인들에 대해서 설명하고 있다. 첫 번째 부류는 부모에 대해서 저주까지 하면서 욕되게 하는 자들이다(20:20 참고). 두 번째 부류는 자신들이 도덕적으로 깨끗하다고 생각하지만 사실은 너무나 더러워서 자신들에게서 나는 악취도 깨닫지 못하는 위선자들이다. 여기서 더러운 것이라는 단어는 토사물(사 28:8)과 인간의 배설물(사 36:12)을 설명할 때 사용된 것이다. 세 번째 죄인의 부류는 다른 사람들을 멸시하면서 자기 자신의 우월함을 과시하는 거만한 자들이다(이는 30:1-4에 나오는 아굴의 겸손의 말과 대비된다). 네 번째 부류는 연약한 자들을 무자비하게 약탈하는 흉악한 짐승들과 같은 자들이다. 여기서 가난한 자란 괴롭힘을 당하고, 멸시를 당하는 자들이며, 궁핍한 자는 도움이 없이는 살아갈 수 없는 자들이다. 물론 어떤 사람이 너무나 악하면 이 네 가지 부류에 모두 해당될 수도 있다.

30:15-17. 이 단락은 탐욕스러운 사람의 모습에 대한 여러 가지 묘사를 보여주고 있다. 첫 번째로 그는 사람의 몸에서 피를 빨면서 그칠 줄 모르는 두 마리의 자식을 만들어내는 거머리에 비유되고 있다. '하느니라'란 말은 히브리어 원문에는 없는 말이다. 그래서 다고 다고는 사실 그 두 딸의 이름이 된다.

다음 단락은 탐욕스러운 사람과 같이 결코 만족하지 못하는 네 가지 것을 보여준다. 서너 가지라는 표현은 앞으로 말하고자 하는 것이 구체적이기는 하지만 그것이 전부가 아니라는 것을 의미하는 히브리어 표현법이다. 두 가지는 자기 파괴적이고, 다른 두 가지는 생명을 주는 것이다. 하지만 그것들은 모두 만족할 줄 모르는 사람의 분명한 모습을 보여주고 있다. 무덤 혹은 죽음은 결코 죽은 자들을 더 이상 받아들이기를 멈추지 않는다. 아이를 배지 못하는 태를 가진 여인은 아이 갖기를 절대로 포기하지 않는다. 또한 가나안과 같은 건조한 기후에서는 땅이 내리는 비를 그 즉시 흡수해버린다. 그리고 한 번 불이 붙기 시작하면 그것은 더 이상 태울 것이 없을 때까지 계속해서 모든 것을 불태운다.

17절은 11절의 내용을 다시 한 번 환기시키면서 거만한 자들과 부모를 거역하는 자들의 종말을 보여주고 있다. 순종하라는 말을 조롱하는 것은 그것을 업신여기는 것이며, 경멸한다는 것이다. 그러한 부모의 권위에 대한 멸시는 신적 권위에 대한 반항으로 나아간다. 하나님은 그러한 자는 비참한 죽음을 맞게 될 것이고, 그의 시체는 땅에 묻히지도 못할 것이며, 까마귀와 독수리 새끼가 그것을 쪼아 먹을 것이라고 경고하신다.

30:18-20. 잠언 기자는 자신이 이해할 수 없는 기이한 것이 네 가지가 있다고 말한다. 그러나 학자들은 엄밀히 말해서 일반적인 기준으로 그것들을 모두 함께 취급하는 것에는 이견을 보이고 있다. 각각의 경우에서 그렇게 함께 취급하는 것은 불가능한 일처럼 보인다. 하지만 각각이 어떤 목표를 향해서 나아간다고 할 때 아무런 자취를 남기지 않는 것은 동일하다. 독수리는 날개를 퍼덕거리지 않아도 높이 솟아오를 수 있고, 뱀은 발이 없지만 바위를 미끄러지듯 지나가며, 배는 바람 이외에 어떤 미는 것도 없지만 바다 위를 항해하며, 남자는 이와 비슷한 기이한 방식으로 여자의 마음을 헤집는다.

20절은 좀더 다른 역겨운 것이지만 역시 놀라운 모습을 첨언하고 있다. 그것은 너무나 난잡한 간음하는 여인의 행동이다. 그녀의 양심은 죽어버린 지 오래다. 금지된 성관계가 그녀에겐 그저 밥을 먹는 것에 지나지 않는다. 그녀는 단지 입을 닦으면서 자신은 아무런 나쁜 짓도 하지 않았다고 시치미를 뗄 뿐이다.

30:21-23. 여기에서 우리가 배제하고 살아가야 할 네 가지 부류의 사람들이 있다. 그들은 너무나 많은 문제를 일으켜서 세상이 진동한다! 종이 곧장 임금의 역할을 맡는 것은 나라를 잘 다스리기 위한 훈련이나 경험이 전혀 없는 것을 의미한다. 어리석은 자(히브리어로 '나발' : 거칠고 참을 수 없는 사람)가 배부른 것은 그의 주위에 있는 사람들의 필요에 아랑곳하지 않는 것을 뜻한다. 사랑에 굶주린 여인은 자신의 깊은 욕구를 결혼으로 풀려고 할 것이고, 그렇게 되면 남편과 정상적인 인격적 관계를 맺는 것이 어려울

것이다. 계집종이 자신의 주모를 이은 것은 분명 실수투성이가 될 것이다. 이는 그녀가 다른 사람들을 어떻게 다스려야 할지를 알지 못하기 때문이다.

30:24-28. 이 단락은 자신의 작은 몸집과 힘 없음을 극복하고, 자신의 한계에도 불구하고 살아남고자 애쓰는 네 가지 동물들을 보여주고 있다. 개미는 큰 힘은 없지만 적어도 인간과 비교 대상이 되며, 하나님은 그들에게 여름에 음식을 저장할 수 있는 지혜를 주셨다. 이것은 비록 시간이 많이 흐른 뒤의 필요였지만 그들은 미리미리 준비를 할 수 있었다. 작은 포유류인 사반은 자기 자신을 스스로 보호할 수 없지만 바위 사이에 집을 만드는 지혜가 있어 적이 나타나면 재빨리 몸을 피해 숨을 수 있었다. 메뚜기는 지도자가 없는 것 같아 보이지만 본능적으로 빠른 시간 내에 곡물을 먹어치울 수 있는 매우 조직적인 체계로 무리지을 수 있다. 도마뱀은 별로 힘이 없어보여서 사람이 손으로도 쉽게 잡을 수 있지만 그것은 왕의 처소에도 손쉽게 드나들 수 있다. 하나님은 이러한 작은 동물들의 필요에 따라서 능력을 공급해주셨고, 그분의 백성에게도 같은 은혜를 베풀어 주신다.

30:29-31. 아굴은 왕의 고귀한 모습과 당당한 풍채에 대한 비교로 세 가지 특징적인 동물들을 제시하고 있다. 물론 사자는 동물의 왕이자 다른 동물들을 다스리는 자의 명성을 가지고 있다. 수탉 역시 왕의 권위의 화려함을 깨닫게 하는 자연스러운 이목을 가지고 있다. 염소 무리의 우두머리인 수염소는 자신이 대결하는 어떤 상대자에게도 당당하게 보여주기를 원하는 공격적인 위용을 가지고 있다. 왕은 동일한 복장을 하고서 본능적으로 왕권의 한 부분과 고결함을 나타내는 군대의 호위를 받고 있다.

30:32-33. 왕권을 가지고 다스리는 것은 왕에게는 당연한 일이지만 어리석은 자(히브리어로 '나발' : 사려 깊지 못하고 완고한 자)에게는 재앙이 될 수 있다. 둔감하여 스스로를 높이거나 의로운 사람에 대해서 악한 계획을 세우는 자는 마치 코를 주먹으로 얻어맞은 것과 같다! 잠언 기자는 그런 자에게 경고하기를, 그런 경우 필연적인 인과 관계에 따라 코피가 흐르는 것처럼 악한 계획으로 인해 더 큰 어려움에 빠지기 전에 자기 손으로 입을 막으라고 말한다. 이와 동일한 히브리어 단어가 휘젓고, 비틀고, 격동시키는 행동을 나타내는 데도 사용되었는데, 이러한 행동들은 모두 쥐어짜거나 억지로 꽉 잡는 것을 의미한다.

이스라엘에 사는 모든 사람들은 우유가 가득 담긴 부대를 쥐어짜서 버터를 만든다는 것을 잘 알고 있다. 그리고 어떤 사람의 코를 비틀면 코가 빨개진다는 것도 분명한 사실이다. 이와 동일하게 어떤 사람이 어리석게 이미 화가 나 있는 사람을 자극하게 되면 그의 분노가 폭발하여 맹렬한 싸움이 일어나는 것은 너무나 당연한 일이다.

Main Idea 복습	잘 알려져 있지 않은 한 잠언 기자는 자연의 세계를 궁구하면서 인생에 대한 교훈을 찾고자 하였다. 그러나 모든 노력을 다 기울인 다음에 그는 결론 내리기를, 하나님만이 진정으로 우주의 의미를 알고 계신다고 말하였다. 하나님이 인생의 비밀을 다 알고 계신다는 사실을 깨닫는 것은 인간을 겸손하게 만들면서도 큰 위로가 된다.

결론

우주의 신비

잠언에서 이 30장의 기자였던 아굴은 하나님과 자연의 신비에 대한 날카로운 통찰을 가진 자였으며, 그러한 통찰은 그 어떤 것보다도 더 쉽게 이해되는 것이다. 사람들은 그러한 신비에 대해 연구를 해보았지만 대개 실패하였다.

올리버 웬델 홈즈(Oliver Wendell Holmes) 경은 의사였고, 마취제로 쓰이는 에테르에 대해서 관심이 많았던 사람이었다. 그는 자신의 환자들이 에테르 투약을 어떻게 느끼는지 알아보기 위해서 자기 자신에게 직접 투약하였다. 그는 정신이 몽롱해진 상황에서 어떤 깊은 깨달음을 얻게 되었다. 그는 갑자기 우주의 모든 신비에 대한 열쇠를 얻게 되었다고 믿었다. 하지만 다시 의식이 회복되었을 때 그는 그 깨달음이 무엇이었는지를 전혀 기억할 수가 없었다.

그 깨달음이 인류에게 매우 중요한 것이 되리라고 믿었던 홈즈 경은 다시 한 번 더 자기 자신에게 에테르를 주입하였다. 이번에는 그가 그 위대한 깨달음을 남겨놓기 위해서 속기사를 옆에 데려다놓았다. 에테르가 투약되었고, 충분한 시간이 지나서 의식을 잃어버리기 전에 그 통찰이 다시 생겨났다. 그는 몇 마디 말을 중얼거렸고, 속기사는 그것을 받아 적었다. 그리고 그는 자신이 성공했다는 생각에서 만족스런 잠에 빠져들 수 있었다.

깨어난 다음에 그는 다급히 속기사를 찾았고, 그녀에게 자신이 중얼거렸던 것이 무엇이었는지를 읽어보게 하였다. 그녀는 다음과 같은 내용을 읽어주었다. "모든 우주는 테레빈유의 진한 향기처럼 확장되어 나간다."

그것이 우주의 모든 신비에 대한 진정한 열쇠는 아니었다!

이보다는 부족한 통찰력을 보여준 사람은 1933년도에 은퇴하기까지 41년 동안 예일대학에서 영문학을 가르쳤던 윌리엄 펠프(William Phelps)의 한 제자였다. 어느 해 크리스마스를 얼마 앞둔 때에 시험 답안지를 채점하던 펠프는 답안지에서 이런 메모를 발견하였다. "이 문제의 정답은 하나님만이 아실 것입니다. 메리 크리스마스." 펠프는 여기에 다음과 같이 기록해서 돌려주었다. "하나님은 A학점을 받으셨고, 학생은 F학점을 받았네. 해피 뉴 이어."

이러한 이야기들은 오랜 세대를 거쳐서 내려온 근본적이고 명확한 깨달음은 쉽게 만들어진 것이 아니라는 점을 분명히 보여주고 있다. 성령은 아굴에게 이 장에서 주님이 오실 때까지 모든 세대에 계승될 가치가 있는 놀라운 깨달음을 얻을 수 있는 영감을 주셨다. 우선 그는 자신을 겸손하게 나타내었고, 하나님의 놀라우심을 크게 높였다. 그러한 모습은 세대가 바뀌어도 변함없는 마음가짐이 된다. 다음으로 그는 인생과 자연 속에서 얻은 깨달음으로 어리석은 자에게 경고를 하였으며, 우리에게는 지혜로 나아오라고 부르고 있다.

■ **진리 알기**

- 하나님의 높으심을 깨닫는 것은 자기 자신의 낮음을 깨닫는지의 여부에 달려 있다.
- 가난과 부함 사이에는 각각 위험성이 있다.
- 자기 자신을 높이는 것은 스스로를 해치는 길이다.

■ **적용하기**

- 당신의 마음을 재물에 두지 말라. 성경은 반복해서 재물에 대해 경고하고 있다. 그것은 올무

와 같다. 하나님이 그분의 뜻대로 당신에게 주신 물질에 만족하라.

- 당신의 아버지와 어머니를 공경하라. 성경을 통틀어서 우리는 부모를 공경하는 자들에게 축복이 있는 것과 그렇게 하지 않을 때 좋지 않은 결과가 따른다는 것을 발견한다.
- 만약 당신이 스스로를 높이고 있다면, 어서 빨리 스스로의 모습을 고쳐라. 그런 거만한 모습은 틀림없이 좋지 않은 결과를 가져다줄 것이다.

삶의 적용

우주의 신비

척 스윈돌은 그의 책 「척 스윈들의 설교예화 1500선(The Tale of the Tardy Oxcart, 도서출판 디모데)」에서 이렇게 기록하였다.

> 삶에 관한 많은 것들은 신비다. 죽음도 그런 것이다. 아무도 돌아온 사람이 없고, 그것이 어떤지 말해주는 사람도 없다. 그래서 그것은 분명한 수수께끼이자 궁금증이며, 신비다. 바다 역시 그렇다. 파도의 높이를 좌우하는 바다와 달의 신비한 연합은 시인의 마음속에서 위대하고 변함없으며 감미로운 신비로 계속 전해 내려온다.
>
> 우리 머리 위로 펼쳐져 있는 우주 역시 그렇다. 누가 일 년 365일 하루에 24시간 계속해서 일정한 궤도를 지나가고 있는 시간의 거대한 파편의 신비한 움직임을 그대로 측정할 수 있겠는가? 만약 우리가 망원경으로 오래도록 하늘을 바라보고 있으면 우리 눈은 머리 위에 펼쳐져 있는 우주의 신비를 뒤쫓아가면서 동공은 더욱 커지고 입은 탄성으로 더욱 벌어지게 된다.
>
> 또한 우리 주변에 있는 현미경만으로 관찰할 수 있는 보이지 않는 세계를 생각

해보라. 이처럼 망원경으로 보든지 현미경으로 보든지 간에 우리 주변의 삶은 신비로 가득 덮여 있다. 당신은 전자 하나를 사과 크기로 보고자 한다면, 또한 인간의 몸이 동일한 비율로 커져서 그 사람이 자신의 손바닥 안에 모든 태양계를 놓을 수 있도록 한다면 그런 모습을 보기 위해서는 얼마나 확대된 비율의 렌즈를 사용해야 하는지 알고 있는가?

이와 같이 시간과 공간에는 신비가 있다. 당신이 시간을 생각해본다면 당신은 태초가 시작된 어느 지점으로 갈 수 없음을 알게 된다. 만약 당신이 그렇게 할 수 있다면 이런 질문을 하게 될 것이다. 태초가 시작되기 전에는 무슨 일이 일어났는가? 동일한 원리가 공간에도 적용된다. 1조 년 동안 빛의 속도의 백만 배로 북극에서부터 시작해서 우주로 곧장 나아간다고 하자. 그래도 당신은 여전히 우주의 끝에 다다르지 않을 것이다. 만약 당신이 그렇게 하였다면, 스스로 이렇게 물어보라. 그 우주 끝의 바깥쪽에는 또한 무엇이 있을까?

인생의 신비는 그저 잠깐 생각해보기만 해도 심오하고 상상을 초월하는 것들이 많다. 반드시 되어야 하는 일이 되지 않기도 하고, 절대로 될 수 없는 일들이 되기도 한다. 우리는 삶의 신비를 온전히 이해하지 못하지만 어떤 일들은 이해할 수 있다. 아굴은 그중 어떤 일들을 이해하였다. 그는 인생과 자연의 신비를 궁구하였고, 그 속에서 어떤 원리와 진리를 끄집어내었다. 하지만 가끔씩 그는 잠시 자신의 일을 중단하고 의아해하였다. 우리도 이와 같은 일을 하게 된다. 때로 우리는 삶의 신비로부터 어떤 영적인 진리를 끄집어낸다. 예를 들면, 시간의 영원성이나 공간의 무한성은 우리에게 하나님의 영원성과 무한성에 대한 모습을 그리게 해준다. 하지만 또 다른 때에 우리는 멈추어 서서 너무나 광대하시고, 너무나 놀라우시며, 너무나 엄위로우신 하나님을 우러러본다. 그리고 우리의 보잘것없는 지혜를 가지고서는 그분을 다 이해할 수 없다는 것을 절감한다.

하지만 그저 우리가 하나님에 대한 모든 것을 이해할 수 없다는 것이, 우리가 아무것도 이해할 수 없다는 뜻은 아니다. 그리고 우리가 분명히 이해할 수 있는 것은 감사와 경배로 우리 무릎을 주님께 꿇게 만든다. 이것은 우리가 이해하기에 충분한 깨달음이다. 즉, 예수님은 나를 사랑하시고, 성경이 우리에게 그렇게 말하기 때문에 나는 이것을 분명히 알 수 있다.

기도

하나님 아버지, 삶 속에서 정말로 중요한 것들을 귀하게 생각할 수 있도록 인도해주는 영원에 대한 깨달음을 얻게 해주십시오. 그리고 주님이 삶의 신비를 붙들고 주장하신다는 지식 속에서 날마다 살아가게 해주십시오. 아멘.

심층 연구

A. 아굴

잠언 30장의 미지의 기록자인 아굴은 성경의 이 부분 외에 어느 곳에서도 그 이름이 나타나 있지 않다. 그 이름의 뜻은 히브리어로 '고용하는 자' 혹은 '끌어모으는 자' 라는 의미를 지니며, 많은 랍비들과 초대 교회 교부들은 이것이 솔로몬의 또 다른 이름일 것이라고 추측하였다. 하지만 솔로몬 왕이 그러한 필명을 써야만 하는 분명한 이유는 존재하지 않는다. 어떤 학자들은 1절의 '말씀(히브리어로 '맛사' : 신의 계시)' 이라는 단어가 실제 지명일지도 모른다고 생각한다. 이스마엘의 후손 중 일부가 맛사라는 이름을 가지고 있었다(창 25:14). 그렇지만 이러한 관점에 대한 증거는 희박하다. 아굴은 대체로 열왕기상 4장 30-31절에 언급된 '현자' 처럼 이스라엘 사람은 아니지만 지혜로운 현자였을 것으로 추측된다.

B. 도마뱀, 사반 그리고 수탉

이 장에 나오는 동물들 이름의 번역에는 놀라울 정도의 많은 다양한 변형어들이 있다. 그리고 이 점은 고대 사회가 야생 동물의 각기 다른 종류에 대해서 정확한 이름을 사용하지 않았다는 사실을 반증한다.

예를 들어, 사반(30:26)은 실제로는 작은 토끼 크기의 다람쥐나 오소리를 닮은 포유류이다. 그것은 좀더 정확히 말하자면, '바위 너구리(the Syrian hyrax)' 다. 이 동물은 이로 씹은 뒤 되새김질을 하며, 바위 틈에 숨겨져 있는 공간을 서식지로 삼아 살아간다.

도마뱀(30:28)은 어떤 번역본에는 '거미' 라는 이름으로 나타난다. 어떤 것이든지 다 가능한 이유는 히브리어 단어의 의미가 실제로는 '기어 다니거나 붙어다는 것' 이라고 되어 있기 때문이다. 하지만 현대 번역본의 대다수는 '도마뱀' 의 의미를 더 선호하고 있다.

수탉(30:31)은 히브리어로 '발 빠른 동물, 잘 싸우는 것 혹은 깜짝 놀라게 하는 짐승'이라는 의미를 가진다고 해석된다. 이것은 매우 난해한 의미의 조합이다. 그 말은 '허리가 잘록한' 이라는 의미를 갖기도 하고, 고대 용법에서 명확한 의미는 확실하지 않다. '수탉' 이라는 뜻이 대체로 가장 무난한 선택이라고 여겨진다.

교안

A. 들어가는 글

1. '한 푼 적선해주시겠습니까?' 이야기로 시작하라.
2. 배경 설명: 하나님은 신비 가운데 거하시고, 그분이 우리에게 나타내시는 진리도 때로 신비로운 것일 때가 있다. 그러나 우리가 모든 것을 온전히 이해하지 못한다 하더라도 우리가 분명하게 이해할 수 있는 것들이 있다.
3. 적용: 하나님과 그분의 진리에 대해서 가능한 많은 것을 이해하기 위해서 우리는 우리 자신을 그분께 드리며, 겸손한 모습으로 그분을 바라보는 것에서부터 시작해야 한다. 그러고 나서 우리는 그분이 만들어놓으신 주변 세계를 찬찬히 살펴보아야 하고, 그분의 진리가 우리 삶 가운데 어떻게 사용될 수 있는가에 대한 통찰을 얻고자 하는 마음으로 그분을 바라보아야 한다.

B. 본문 이해

1. 겸손히 하늘을 우러러봄(30:1-9)
2. 주의 깊게 주변을 살펴봄(30:10-33)

C. 결론: 우주의 신비

토의 질문

1. 보기 위해서 믿어야만 한다는 말이 있다(믿기 위해서 보아야만 한다는 생각을 그대로 뒤집어서). 이것은 잠언 30장의 서두에 나오는 아굴의 겸손한 태도가 얼마나 중요한지를 보여준다. 그는 먼저 하나님을 바라보았고, 그 다음에 다른 모든 것을 바라보면서 가능한 최선을 다하여 하나님의 눈을 통해서 보고자 하였다. 당신은 아굴의 논리를 잘 이해할 수 있겠는가? 당신은 하나님의 눈으로 사물을 바라보고자 하는가, 아니면 그저 당신 자신의 눈으로 사물을 보고자 하는가? 당신이 이러한 부분에서 가져야만 하는 어떤 변화된 모습이 있는가?

2. 당신은 "가난하게도 마옵시고 부하게도 마옵시고"(30:8)라는 아굴의 기도에 대해서 어떻게 생각하는가? 대부분의 사람들이 분명하게 가난을 원하지 않을 뿐만 아니라 많은 사람들은 만약 그들에게 기회가 있다면 '부자가 되게 하옵소서' 라고 기도한다. 당신은 가난하게 되기를 원하는가? 부자가 되기를 원하는가? 아니면 그 둘 사이의 어떤 것이 되기를 원하는가? 당신의 대답을 설명해보라.

3. 아굴은 이렇게 기도했다. "내가 두 가지 일을 주께 구하였사오니 나의 죽기 전에 주시옵소서"(30:7). 만약 당신이 그렇게 기도한다면 주님께 구하고 싶은 두 가지의 일은 무엇인가?

31장

잠언 31:1-31

두 여자로부터 얻는 지혜

"여성은 남성의 몸의 일부로 만들어졌다. 하지만 남자를 다스리라고 머리의 일부에서 나온 것이 아니고, 남자에 의해 지배당하라고 그의 발에서 나온 것이 아니다. 오직 그의 분신이 되라고 그의 가슴 언저리에서 나온 것이다. 좀더 자세히 말하자면, 보호를 받으라고 남자의 팔 아래에서 나왔고, 사랑을 받으라고 그의 심장 근처의 갈비뼈에서 나왔다."

- 매튜 헨리(Matthew Henry)

왕은 포도주와 여인을 멀리하고 공의와 의로움으로 나라를 다스리는 데 집중해야 한다. 뿐만 아니라 신실한 여인은 자신이 이용할 수 있는 자원을 모두 이용할 수 있는 자이다. 그녀는 남편의 성공의 주된 요인이 되고, 가장 높은 존경을 받을 만한 자격을 누린다.

들어가는 글

완전한 여성

우리는 여자에 대한 관점이 변화하는 시대에 살고 있다. 극단적인 경우로 여성은 교육을 받으면 안 되고, 가문을 이을 수가 없으며, 부엌에만 있어야 한다는 구시대적 고리타분한 생각을 하고 있는 사람들이 있다. 또 다른 극단으로 여성이 남성화되어야만 한다고 생각하는 사람들이 있다. 그래서 그들은 전반적인 해부학적 차이로 본다면 남성과 비슷하며, 따라서 여성의 하는 일도 남성과 동일해야 하고, 책임감도 남성과 동일해야 하며, 심지어 화장실까지도 남성과 동일해야 한다고 주장한다.

이러한 생각은 1960년대에 여성해방주의 운동과 더불어 촉발되었는데, 여성의 권익을 향상시키기 위한 정치적인 수단을 통해서 시작되고 발전되었다. 그 당시 샬롯 윗튼(Charlotte Whitton)은 이렇게 말했다. "여성은 무슨 일을 하든지 남성이 하는 것의 반만이라도 하기 위해서는 두 배로 일을 더 해야 한다. 다행스럽게도 이것은 별로 어렵지가 않다." 하지만 많은 사람들은 그들이 평등을 얻기 위한 노력에서 너무 지나치다고 생각한다. 여성해방운동의 지도자였던 글로리아 스테이넘(Gloria Steinem)도 이렇게 말했다. "우리 가운데 일부 사람들은 우리가 결혼하고 싶어했던 그런 남자들이 되어가고 있다."

그리고 나서 거센 반발이 일어났다. 〈뉴욕 타임즈(The New York Times)〉 지의 베스트셀러 목록에서 돌풍을 일으킨 한 권의 책이 있었는데 그 이름은 「완전한 여성(The Total Woman)」이었다. 그 책은 어떤 사람들이 생각하기에는 극도의 여성해방운동에 대한 조언을 제시하는 것이었고, 또 다른 사람들은 신랄하게 그 책을 비판하였다.

이러한 문화적인 전쟁은 사회에서 여성에 대한 전통적인 역할을 주장하는 사람들과 발전적인 역할을 옹호하는 사람들 사이의 차이를 확인하면서 계속 이어져 내려오고 있다. 대다수의 관점은 다소 중도적이다. 하지만 문화적 가치가 변화하는 시대에 살아가고 있는 우리는 과연 여성은 어떠해야 하는가에 대해서 성경을 살펴볼 수 있다.

아내는 남편에게 순종해야 한다는 신약 성경의 가르침 때문에 종종 여성 운동가들로부터 비판을 받지만 잠언 31장은 전혀 수동적이지 않으며, 별로 효율이 없지도 않고, 진가를 인정받지 못하지도 않는 아내의 모습을 보여주고 있다. 여기서 우리는 놀라운 솜씨와 강한 열정과 광범위한 활동으로 남편에게 인정받고, 그녀의 행한 일들과 업적으로 인해 지역 사회에서도 존경받는 여성의 모습을 볼 수 있다. 여성과 관련된 성경의 모든 본문들을 고려할 때 그 모습은 하나님이 여성에게 원하신 것을 온전히 이룬 분명한 여성상을 보여주고 있다. 잠언 31장은 그 모습을 제시하는 중심 단락이다.

본문 이해

두 여자로부터 얻는 지혜

Main Idea	잠언의 마지막 장은 현숙한 여인에 대해서 말하고 있다. 젊은 청년에게 비유적인 표현인 지혜의 여인을 따르라고 조언하면서 시작된 내용이었던 만큼 잠언은 어머니가 주는 온전한 교훈과 아내로 맞아들일 만한 현숙한 여인의 모습을 묘사하는 것으로 끝을 맺고 있다.

A. 지도력에 대한 어머니의 조언(31:1-9)

Supporting Idea	비록 왕일지라도 어머니의 교훈으로부터 유익을 얻을 수 있다. 특히 그 어머니는 너무나 간결하게 선한 지도자의 모습의 핵심을 다음과 같이 요약하여 말하고 있다. 그것은 술과 여자를 멀리하고, 공의로 나라를 다스리는 데 마음을 쏟으라는 것이다.

31:1. 30장과 같이 이 단락은 그리 잘 알려져 있지 않은 사람인 르무엘 왕이 말한 것으로 되어 있다. 그 이름은 '하나님께 속해 있다' 라는 뜻이지만 유대 왕과 어떤 관계인지는 알려져 있지 않다. '르무엘의 말씀' 이라는 부분에 약간 다르게 구두점을 찍으면

'맛사의 왕 르무엘' 이라는 북아라비아의 한 지명으로 만들 수 있는데, 그렇다면 그는 아마 그 지역에 거주하는 한 민족의 수장이었던 것 같다. 이 구절은 그가 자신의 어머니로부터 받은 중요한 교훈이라는 점을 보여주고 있다. 이것은 아버지가 교훈을 준다는 잠언의 전통적인 형태와는 다르지만 여기서 처음으로 등장하는 것은 아니다(1:8; 6:20).

31:2-3. 어머니는 친근한 말로 아들을 부르면서 시작한다. 내 아들아라는 말은 문자적으로 '아들아 어찌된 일이냐?' 의 뜻이다. 그리고 이 말은 대개 다음과 같은 의미가 내포된 질문을 할 때 나타나는 표현이다. 그것은 "내가 너에게 무엇을 말해야 하겠느냐?" 혹은 "너는 무엇을 하려고 하느냐?" 이다. 어머니는 아들이 자신의 서원으로 얻은 자임을 언급하면서 한나가 사무엘을 하나님께 드렸듯이 자신도 그를 그분께 드렸음을 깨닫게 하고 있다(삼상 1:11).

선한 지도자가 되기 위한 첫 번째 덕목은 도덕적 순결이다. 그는 자신의 힘을 여자들에게 허비해서는 안 되었고, 자기 백성들의 필요보다는 자기 자신의 욕정을 따르는 삶을 살아서는 안 되었다. 부도덕은 육체적으로나 영적으로 비싼 대가를 치르게 만든다(2:16-19; 5:1-14; 7:1-27; 22:14; 23:27-28).

31:4-7. 이 현명한 어머니는 두 번째 교훈을 주고 있다. 그것은 술을 조심하라는 것이다. 술은 사람의 기억을 흐리게 하고, 그 판단을 어둡게 만든다. 왕은 율법의 원칙을 잊어버려서는 안 된다. 술을 너무나 많이 먹는 것은 지도자로 하여금 학대받는 간곤한 백성들을 더욱 착취하는 폭군이 되게 만든다.

아마도 술은 육체적, 정신적 고통으로 인해서 잠이 필요한 사람들에게는 적절한 것이 될 수도 있을 것이다. 특히 죽어가고 있는 자들이라면 더욱 그럴 것이다. 하지만 지도자에게 술이란 허락되지 않는다.

31:8-9. 교훈의 세 번째 단어는 긍정적인 것인데, 바로 공의를 행하라는 것이다! 왕의 역할은 자신의 억울함을 항변할 수 없는 자들과 스스로를 지키지 못하고 궁핍한 자들을 위해서 그들을 변호하는 것이다. 그는 반드시 공의롭게 재판해야 하며, 간곤한 자(위협에 놓인 자들)와 궁핍한 자들(힘이 없고 나약한 자들)과 도움이 필요한 자들(쉽게 압제받는 자들)에게 공정한 판단을 내려주어야 한다.

B. 현숙한 아내의 모범 (31:10-31)

Supporting Idea	여기에서는 이상적인 아내에 대한 시적인 설명이 나타난다. 그녀는 자신이 이용할 수 있는 것을 최대한 이용할 줄 아는 능력과 신실함을 가지고 있는 여성이다. 그녀는 남편의 성공의 중요한 요소가 되고, 가장 높이 존경받을 만한 여자가 된다.

31:10. 첫 구절은 시적인 주제를 언급하면서 시작된다. 그것은 고상한 인품을 가진 현숙한 아내의 가치다. 히브리어 단어로 **현숙함**은 강함과 능력을 의미하고, 이것은 29절에서도 반복되고 있다. 룻은 현숙한 여인이라고 불렸다(룻 3:11). 이 말이 남자에게 사용되는 것은 종종 찬양 속에서 나타나는데, '용감함' 을 지닌 능력의 사람이라는 뜻을 갖는다. 여기서 설명되는 사람과 같은 여성을 찾는 것이 불가능한 것은 아니다. 하지만 그러한 여인은 드물기 때문에 귀중한 보석과 같은 가치가 있다. **진주**라는 단어는 확실한 뜻을 가지고 있지는 않고, 때로 '산호' 나 '홍옥' 이라는 뜻도 갖는다. 하지만 그것은 분명히 매우 드문 아름다움과 가치를 의미하고 있다.

31:11-12. 남편은 11-12절 그리고 23절과 28절에서 등장하고 있다. 그는 그러한 아내에게 **전적인 신뢰**를 나타낸다. 문자 그대로 해석한다면, '그의 마음은 그녀를 신뢰한다' 고 할 수 있다. 그녀는 모든 부분에서 완전히 헌신적이다. 그리고 그 결과는 그녀의 남편의 **산업이 핍절치 않는** 것이다. 그 말은 '이윤' 이 많다는 것이고, 승리하는 군대가 풍성한 노획품을 얻는 것과 같으며, 그녀가 집으로 가지고 들어오는 모든 좋은 것들에 대한 생생한 묘사가 된다.

그녀는 남편에게 무한한 자산이 되며, 그에게 **좋은** 것을 가져다주고, **나쁜** 것을 가져오지 않는다. 그리고 이러한 신실함은 항상 지속된다. 그런 삶은 **그녀의 평생 동안**에 계속 이어진다.

31:13-19. 이 구절들은 그녀의 놀라운 덕목 가운데 하나인 근면함에 대해서 말하고 있다. 고대 이스라엘의 문화에서 여성들은 여가 시간에도 양털을 짜며 옷을 만들기 위해서 분주히 일을 해야 했다. 이 일을 성실하게 하는 것은 여성의 덕목이었고, 그런 면에서 이 여인은 매우 성실하였다. 옷을 짜는 것과 깁는 것이 그녀의 주된 일이었다(13, 19, 22, 24절). 그녀는 **양털**이나 **삼**(면류 직물로 만들어진 재료였다)으로 재료를 선택해서 부

지런한 손놀림으로 일을 하였는데, 이는 글자 그대로 하면 '그녀의 손은 기쁨으로 움직였다' 는 뜻이 된다. 분명 그녀는 아름답고 유용한 옷을 만드는 데 큰 기쁨을 누렸다.

그녀는 가족들을 위해 옷을 만드는 데 그치지 않고 자신이 내다 팔 수 있는 다른 것들도 관리하였다. 그녀는 마치 상인의 배처럼 가족들이 혼자 힘으로는 얻을 수 없는 것들을 집으로 가져왔다.

잠언에서 종종 언급되고 있는 게으름뱅이와는 달리 그녀는 새벽같이 일찍 일어나며 음식이 모든 가족들에게 충분한지를 확인하였고, 또한 여종에게 할 일도 분명히 일러주고 맡겼다. '할 일' 이란 문자적으로 '분담된 일' 이고, 어떤 해석자들은 사실 종들에게 주는 그녀의 명령이자 훈계를 의미한다고 주장하였다. 그렇지만 그것은 종들도 적절하게 돌아보는 그녀의 세심함을 보여준다는 것이 더 자연스러운 설명일 것이다.

그녀는 뛰어난 사업적 감각을 가지고 있어서 자신이 버는 것에서(문자적으로 그녀의 손의 열매에서) 충분한 돈을 벌 수 있었고, 그것으로 밭을 구입하였다. 어떤 사람들은 고대 이스라엘에서 여성이 토지를 구입할 수 있는지에 대해 의문을 제기하기도 하지만 분명 이것은 가능한 일이었다. 그리고 그녀의 남편이 필요한 법적인 문제에 대해서 도움을 줄 수 있었을 것이다.

여기서 설명되고 있는 아내는 강인한 여인이다. NIV 영어 성경에서 그 팔을 강하게 하였다는 것은 문자 그대로 하면 '허리띠를 강하게 붙들어 매었다' 는 뜻이고, 이것은 매우 강력한 힘을 갖게 되었다는 히브리적인 표현이다.

이전의 사업적인 시도도 매우 성공적이어서 그녀는 다른 것으로도 더 확장할 수 있었다. 어떤 본문에서는 등불이 고난받는 모습을 의미하는 데 사용되지만(욥 18:6; 잠 13:9; 20:20; 24:20), 여기서는 그녀가 일찍 일어났을 뿐만 아니라(31:15) 자신의 일을 마치기 위해서 늦게까지 잠들지 않았다는 사실을 보여주는 설명일 뿐이다.

근면함에 대한 단락은 그녀의 힘든 노동에 대한 또 다른 설명으로 끝맺음되고 있다. 그녀는 솜뭉치와 물레가락을 사용하기도 하고, 양털과 삼을 실로 꼬기 위해서 실패를 돌렸다. 그 모든 과정이 그녀의 손으로 이루어지는 것이었다!

31:20. 이 여인은 자신의 일에 부지런했을 뿐 아니라 도움이 필요한 사람들을 돕기 위해서 그들에게도 기꺼이 손을 내밀었다. 잠언의 모든 내용을 통해서 볼 때 가난한 자들에 대한 관대함은 지혜로움의 표시 가운데 하나로 설명된다. 그리고 26절이 말하는

바와 같이 이 집의 여인은 지혜의 모델이 되고 있다.

31:21. 그녀가 자기 가족을 위해 옷을 만들어 입히는 데 성실하였기 때문에 그들은 추운 겨울날에 잘 대비되어 있었고, 눈으로 인해 두려워 떨 필요가 없었다. 어떤 고대 사본은 홍색 옷을 '두 겹짜리 옷' 이라고 대치하고 있는데, 이는 두꺼운 옷감으로 충분히 추위를 대비하게 만든 것을 의미하고 있다. 그렇지만 히브리어 본문은 분명하게 홍색 옷이라고 말하고 있으며, 홍색 옷은 매우 비싸고 높은 품질의 것이며, 추운 날씨를 견디는 데 알맞은 것이었다.

31:22. 그녀는 옷을 만들 뿐만 아니라 침대보나 방석과 같은 더 큰 것들도 만들었다. 그리고 그녀 자신의 옷은 검소한 것이었다. 세마포는 아마에서 만들어지며 대개 애굽에서 수입되던 것이었다. 자색 옷은 조개껍질로부터 추출한 염료로 만들어지며, 페니키아로부터 수입된 것이었다. 잘 차려 입고 집을 아름답게 단장하는 이 여인은 가족에게 아름다움과 우아함을 가져다주는 여인이었다.

31:23. 이러한 아내와 함께 살 때 그녀의 남편이 그 도시의 지도자들에게 존경받는 것은 놀라운 일이 아니다. 성문 입구에 모여드는 사람들은 그 지역의 공적이며 법적인 문제들을 다루는 사람들이다. 그리고 그 아내의 훌륭한 점이 사람들에게 널리 알려져 있음에도 불구하고 그녀는 남편을 가려서 보이지 않게 하는 것이 아니라 남편의 명성을 더욱 높이고 있다.

31:24. 31장 14절과 18절은 그녀가 옷감을 만들고 파는 사업을 발전시켜 나갔다는 것을 암시한다. 그녀는 매우 재주가 뛰어나서 베나 띠와 같은 값비싼 물건들을 상인에게 납품할 정도로 많은 유익을 만들어내었다.

31:25. 이 여인은 21절에 나오는 추위를 두려워하지 않았다. 여기에서 그녀는 미래에 대한 두려움도 없다. 후일이란 대개 불확실하기 마련인데(27:1), 그녀는 확신을 가지고 미래를 준비하는 성품을 가지고 있었다. 그녀가 놀라운 덕목으로 옷을 삼고라는 표현은 매우 상징적인 표현이지만 어쨌든 여기서 말하는 것은 그녀가 '능력과 존귀' 로 더욱 굳건해졌음을 뜻한다.

31:26. 20절에서는 그녀가 도움을 주는 사람이었고, 여기에서는 1장에서 나오는 지혜의 여인과 같이 지혜를 주는 사람이다. 그녀는 자신의 지혜를 남편에게 알려주며 자녀들과 종들에게도 가르쳐준다.

31:27. 이 구절에서는 그녀의 모습의 일부만을 말해주지만 좀더 자세한 내용이 13-18절에 나타난다. 그녀는 다른 사람들(집안일을 돌보게 한 사람들)과 자기 자신에 대한 관리에서 헌신적인 모습을 보여준다. 게을리 얻은 양식을 먹는다는 것은 게으름에 대한 히브리적 표현인데, 이러한 여인에게서 게으름이란 도저히 찾아볼 수 없을 것이다!

31:28-29. 그녀는 한 가정의 아내이자 어머니로서 받아야만 하는 감사를 마땅히 누리게 되고, 그녀의 가족들은 그녀가 자신들의 삶 속에 얼마나 많은 유익을 가져다주었는지를 절실하게 깨닫게 된다. 자녀들이 그 어머니에게 일어나 감사할 때 이것은 그녀가 하나님으로부터 받은 재능을 삶 속에 온전히 나타내었고, 감당할 수 없는 짐으로 여기지 않았음을 의미한다. 그녀의 삶에 대한 적극적인 노력과 열심은 자녀들의 감사에 남편도 동참하도록 만든다. 남편은 자신의 아내에게 말하기를, 덕행 있는 여자가 많으나(10절에서 나타난 단어와 동일하다) 그대는 여러 여자보다 뛰어나다고 칭송한다. 실로 그녀는 최고인 것이다!

31:30-31. NIV 영어 성경은 이 구절을 남편의 칭송이 계속되는 부분이 아니라 결론적인 요약으로 보고 구두점을 찍어놓았지만 이 점은 확실하지 않다. 여하튼 지금까지 사람들의 칭송을 받는 여인은 매우 매력적이며 아름답다는 말을 들었지만 이 여인은 그보다 더 훌륭하였다. 고운 것은 거짓되고, 아름다운 것도 헛될 수 있다. 그러나 신실한 성품은 가장 가치 있는 것이다. 여기서 잠언은 하나님을 경외하라는(1:7) 가르침을 다시 보여준다. 그리고 하나님을 경외하는 여인의 모습을 묘사하면서 끝마치는 것이 적절했다.

그녀는 가족의 칭송을 받기에 합당하였고, 감사와 존경을 받을 만한 자격이 있었다. 사실 그녀는 성문에 있는 지도자들로부터도 인정과 존경을 받았고, 여인이 누리기에는 특별한 영예를 얻었다. 하지만 그것은 그녀 자신이 너무나 특별한 여인이었기에 가능한 것이었다!

Main Idea 복습	잠언의 마지막 장은 현숙한 여인에 대해서 말하고 있다. 젊은 청년에게 비유적인 표현인 지혜의 여인을 따르라고 조언하면서 시작된 내용이었던 만큼 잠언은 어머니가 주는 온전한 조언과 아내로 맞아들일 만한 현숙한 여인의 모습을 묘사하는 것으로 끝을 맺고 있다.

결론

남성 대 여성인가?

신학자인 도날드 블로쉬(Donald Bloesch)는 다음과 같이 말했다.

> 족장 시대에서 여성의 역할은 번식을 위한 존재였고, 쾌락주의 시대에서는 연애 대상자였으며, 여성운동주의 시대에서는 실력 있는 직업 여성이었다. 낭만주의 시대에서는 우아한 공주나 구출되기를 기다리고 있는 어려움에 빠진 하녀의 모습이었고, 성경의 믿음 안에서는 사역의 동반자다.

이러한 관점은 성경적이며 매우 유익한 것이다. 하나님은 아담과 하와를 만드셨고, 남자나 여자 모두 하나님의 형상을 따라 지으셨다는 것을 분명하게 보여주셨다(창 1:27). 또한 하와는 아담을 위해 돕는 배필로 묘사되었다(창 2:18). 성부 하나님, 성자 하나님, 성령 하나님이 삼위일체 안에서 각각 다른 역할을 행하시는 것처럼 남성과 여성은 고유의 특별한 역할을 가지고 있다. 각자가 하나님의 눈에 동일하게 보여지는 것처럼 그들이 인간의 눈에도 동일하게 보여질 때 모든 사람은 유익을 누릴 수 있다.

이와 같은 유익을 주는 잠언의 내용은 여성을 그들의 정당한 자리로 올라서게 하고 남성들에게도 자신의 위치에 합당하게 살아가도록 촉구하고 있다. 이 내용이 온전하게 이해될 때 잠언은 기독교 여성들이 추구해야 하는 분명한 비전을 제시할 뿐만 아니라 신실한 남성들이 아내를 찾을 때 사용할 수 있는 분명한 기준을 세울 수 있도록 도와줄 것이다.

■ 진리 알기

- 모든 성경적인 지도력은 도덕적인 권위에 근거하고 있으며, 공의와 의로움을 확장시키기 위한 것이어야 한다.
- 여성들은 잠언 31장에 나오는 여인의 모습을 본받기 위해서 노력해야 한다.

• 남성들은 여성들이 하나님이 주신 재능과 역할을 온전히 감당할 때 모든 여성들과 특히 자신의 아내에게 진심으로 감사해야 한다.

▣ 적용하기

• 당신의 지도력이 먼저 하나님의 뜻을 온전히 따르고자 하는 도덕적인 권위에 있는지를 살펴보고, 그 다음으로 분명한 양심에 근거하는지를 확인하라.
• 만약 당신이 여성이라면 잠언 31장을 당신 삶의 모범으로 삼아 연구하라. 만약 당신이 남성이라면 그리스도인 남성의 모습에 관한 당신 자신의 성경적인 모범을 세우고 그것을 실천하라.
• 만약 당신이 여성이라면 하나님이 당신에게 주신 재능과 역할에 자신감을 가져라. 만약 당신이 남성이라면 당신의 삶 속에 있는 여성의 재능과 역할에 대해서 깨닫고 감사하라.

삶의 적용

권위의 순환

모든 사람들은 권위의 순환 속에 살아가고 있다. 남편은 집에서 권위를 갖고, 직장에서는 권위 아래 놓이게 된다. 아내는 집에서는 권위 아래 있을 수 있지만 직장에서는 권위를 가질 수 있다. 자녀들은 부모에 대해서는 권위 아래 있지만 고양이에 대해서는 권위를 가질 수 있다. 우리는 모두 권위를 갖고 있든지 아니면 권위 아래 있다. 하나님이 그렇게 만들어놓으셨다.

성경에는 이러한 권위의 관계성을 보여주는 다섯 가지의 인간 관계가 나타난다. 남편과 아내(엡 5:22-23), 부모와 자녀(엡 6:1-4), 주인과 종(엡 6:5-9), 정부와 국민(벧전 2:13-14) 그리고 교회와 성도(벧전 5:1-5)다. 우리는 권위의 관계 속에서 빠져나올 수 없다. 그것들은 모두 하나님이 정해주신 것들이다.

하지만 성경은 분명하게 말하기를, 권위는 한 사람이 다른 사람을 학대하거나 경멸하라고 주신 것이 아니라고 못 박는다. 성경에서 권위는 오직 그 밑에 있는 사람들의 유익을 위해 권위를 행사하도록 하기 위하여 권위의 자리에 있는 사람에게만 주어진다고 말한다. 모든 권위는 유익한 것이어야 하며, 동시에 그 아래 있는 사람들의 필요를 채워주는 것이어야 한다. 또한 권위에 속해 있는 사람은 자신 위에 있는 사람의 권위를 무시해서는 안 된다. 그 필요를 채워주지 않는 경우는 포악한 정권이 되지만 권위를 무시하는 경우에는 무정부 상태가 된다. 오직 성경적인 균형만이 유익을 줄 수 있다. 물론 권위 아래 있는 사람은 만약 그 권위가 그에게 악한 것을 행하라고 강요한다면 불순종해야만 한다(행 5:29).

만약 당신이 감사하게도 당신의 유익을 위해서 권위를 행사하는 다른 사람의 밑에 있게 되었다면 그것은 너무나 좋은 상황이며 당신이 성공할 수 있는 환경이 된다. 그것은 잠언 31장에 나오는 여인의 경우다. 그녀는 권위 아래에 있었다. 하지만 그녀가 속해 있는 권위는 유익을 주며, 감사하게 생각하고 지지해주는 것이었다. 그 결과 그녀는 성공하였고, 하나님이 원하신 모든 삶을 이룰 수 있었다.

이것은 우리에게 몇 가지 교훈을 준다. 첫 번째, 우리는 유익을 주고, 격려하며, 지지해주는 권위 아래 지낼 수 있도록 노력할 수 있다. 이것은 특히 여성이 어떤 남자와 결혼할 것인가를 결정할 때 매우 중요하다. 만약 그가 성경적인 남성이라면 그녀는 성공할 것이다. 만약 그렇지 않다면 그녀는 고통을 받을 것이다. 동일한 원리가 피고용인(종)에게도 적용된다. 만약 우리가 우리를 도와주는 어떤 사람 밑에서 일을 한다면 그것은 우리의 유익이 될 것이다. 하지만 우리가 어떤 선택권이 없는 상태로 별로 만족스럽지 않은 부모나 국가에 태어난 경우도 있다. 그런 경우에도 권위에 복종해야 한다는 원리는 성경 여러 곳에서 발견할 수 있다.

그러나 여기서의 요점은 잠언 31장의 여성은 권위 아래 있었으나 성공했다는 것이다. 이것은 인생에 대한 성경적인 태도를 갖는 아내를 선택해야 하는 남자를 위한 기준이자, 여성들을 위한 태도와 행동에 대한 모범으로 사용되어야 한다.

기도

하나님 아버지, 우리가 남자이든 여자이든 간에 우리 모두를 도우사 삶 속에서 주님의 목표를 따라 살게 해주십시오. 주님은 우리가 그리스도를 닮은 자들이 되기를 원하신다는 것을 잘 알고 있습니다. 바라건대, 우리가 성경에 나오는 해야 할 일에 대한 모든 인도하심을 따르게 하시고, 성령께서 우리의 삶 속에 모든 변화의 사역을 일으켜 주십시오. 아멘.

심층 연구

A. 답관체(Acrostics)와 교차 대구법(Chiasms)

잠언 31장 10-31절에 나오는 현숙한 여인의 시적 묘사는 복잡한 구조적 형태를 띠고 있다. 첫 번째로 그것은 답관체(踏冠體, Acrostics)의 형식을 띤다. 이는 각 절이 히브리어 알파벳 순서로 시작되는 형태의 시를 말한다. 두 번째로 그것은 교차 대구법(Chiasm)이라고 알려진 형식을 따른다. 이 형식에서 작가는 절정에 도달할 때까지 일련의 생각들을 전개시켜 올라가고, 그 다음에는 단계적으로 내려오면서 올라갔던 역순으로 이전의 주제를 다시 다루게 된다. 여기서 두에인 가렛(Duane Garrtt)이 쓴 「새로운 아메리칸 주석(The New American Commentary)」의 14권인 "잠언, 전도서, 솔로몬의 아가(Proberbs, Ecclesiastes, Song of Solomon)" 에서 제시된 구조를 보도록 하자.

A 현숙한 아내의 귀한 가치(31:10)
  B 아내를 통해 유익을 얻는 남편(31:11-12)
    C 열심히 일하는 아내(31:13-19)
      D 가난한 자에게 베푸는 아내(31:20)
        E 눈을 두려워하지 않음(31:21 상)
          F 주홍색 옷을 입은 자녀들(31:21 하)
            G 방석을 만들고 세마포를 입은 아내(31:22)
              H 남편에 대한 사람들의 평판(31:23)
            G' 옷과 띠를 만들어 팜(31:24)
          F' 능력과 존귀로 옷을 입음(31:25 상)

E' 미래를 두려워하지 않음(31:25 하)

D' 지혜를 말하는 아내(31:26)

C' 열심히 일하는 아내(31:27)

B' 아내를 칭송하는 남편과 자녀들(31:28-29)

A' 현숙한 아내의 귀한 가치(31:30-31)

중심 요점은 그렇게 놀라운 아내의 남편이 되었다는 것에 대한 존경심임을 주의 깊게 생각하라. 이것은 지금까지의 설명이 아내를 택해야 할 젊은 남자와 그러한 모습을 흠모하고 따라야 할 젊은 여성에게 주어진 것이라는 점이다.

B. 옷을 만들어냄

유대인 여성들은 대체로 자기 옷을 만들어 입었는데, 그것은 여러 단계를 거쳐야 하는 시간이 많이 드는 작업이었다. 우선 그들은 면이나 마를 실패라고 불리는 막대기에 감아 물레를 이용해서 그 섬유들을 꼬아 실로 만들었다. 그 다음 그들은 그 실로 옷감을 짜기 위해 나무 틀이나 베틀기를 사용하여 수직으로 실을 엮었고, 베틀 북을 이용해서 그 수직으로 된 실을 위 아래로 움직여 천을 만들었다. 그렇게 만들어진 옷감은 잘라지고 꿰매져서 다양한 형태의 옷이 되었다. 유대인들은 자수 기술이 뛰어나기로 널리 알려져 있었다.

교안

A. 들어가는 글

1. '완전한 여성' 이야기로 시작하라.
2. 배경 설명: 솔로몬이 말한 현숙한 여인의 모습은 온화한 성품과 열심히 일하는 삶이었다.

3. 적용: 여성들은 이 장을 살펴봄으로 그것이 자신들에게 필요한 성품이자 삶의 자세임을 깨달아야 한다. 남성들은 이 장을 볼 때 두 가지 반응을 가져야 한다. 첫 번째, 그들은 자신들의 삶 속에 있는 여성들의 재능과 역할에 대해서 깨닫고 감사해야 한다. 두 번째, 그들은 성경의 다른 구절에서도 발견되는 신실한 사람의 고유한 가치관을 갖도록 노력해야 한다.

B. 본문 이해

1. 지도력에 대한 어머니의 조언(31:1-9)
2. 현숙한 아내의 모범(31:10-31)

C. 결론: 남성 대 여성인가?

토의 질문

1. 이 장의 처음 부분에서 르무엘 왕은 그의 어머니로부터 여자와 술의 유혹에 빠지지 말라는 교훈을 받는다. 이러한 두 영역의 유혹을 완전히 극복했을 때 예상되는 모습은 왕이 명철한 두뇌와 도덕적인 권위를 가지고 지혜롭게 나라를 다스리는 것이다. 당신은 당신이 권위를 가지고 있는 삶의 어떤 영역에서(일, 가정, 교회 등) 맑은 정신으로 일을 하며, 도덕적인 권위를 가지고 사람들을 이끄는 자인가? 당신의 삶 가운데 이 두 영역에 대해서 훈계를 받아야 하는 부분은 무엇인가?

2. 만약 당신이 여성이라면 이 장에서 나오는 현숙한 여인의 기준에 얼마나 잘 들어맞는다고 생각하는가? 이러한 영역에서 더욱 발전하기 위해서 당신이 할 수 있는 가장 중요한 일은 무엇인가? 만약 당신이 남자라면 성경 전체를 통해서 발견되는

신실한 남자가 되기 위한 기준에 당신 자신이 얼마나 들어맞는다고 생각하는가? 이러한 영역에서 발전을 이루기 위해서 당신이 할 수 있는 가장 중요한 일은 무엇인가?

3. 만약 당신이 신실한 사람이 되기 위해서 이 잠언의 내용과 비슷한 글을 쓰고자 한다면 무엇을 덧붙이겠는가?

■ 용어 해설

1. **아굴(Agur)** - 잠언 30장의 저자이며, 열왕기상 4장 30-31절에서 언급되고 있는 현인과 같은 비 이스라엘 사람으로서 지혜로운 사람.
2. **사반(coney)** - 바위 틈에서 살아가는 쥐나 다람쥐 같은 포유 동물.
3. **두려움(fear)** - 인간이 하나님을 경외하며 순종하게 하는 존경과 신뢰의 태도를 갖는 것.
4. **어리석은 자(fool)** - 완고하고, 고집 세며, 강퍅한 마음을 가지고 있는 사람 또는 영적인 지각이 부족하거나 거만하고, 난폭하며, 그 행동이 강퍅한 사람.
5. **폭식가(glutton)** - 과도하게 습관적으로 먹는 사람.
6. **매춘부(harlot)** - 개인적인 수입을 위해서 남자와의 관계를 가지며 살아가는 여자. 매춘부는 잠언 시대에는 일반적이었고, 어리석은 젊은 청년에게는 올무와 같은 자였다.
7. **마음(heart)** - 다양하고 복잡한 의미를 가지는데, 지성과 감정 그리고 의지를 포함하며 내면적인 속사람이나 진정한 '자신' 을 의미한다.
8. **거머리(leech)** - 빨판을 가지고 인간의 몸에 달라붙어서 피를 빨아먹는 기생성의 벌레.
9. **르무엘(Lemuel)** - 잠언 31장의 저자로서 누군지 정확히 알려져 있지는 않음. 어떤 학자들은 그가 솔로몬이었다고도 추측함. '르무엘 왕의 말씀' 에 대한 구두점을 약간 다르게 하면 '마사의 왕 르무엘' 이라는 말로 바꿀 수 있는데, 그곳은 북아라비아의 한 지명이다. 그래서 그는 그 지역 한 종족의 수장일 수도 있었을 것이다.
10. **자존심(pride)** - 다른 사람보다 자신이 더 낫다는 태도 혹은 어떤 일에 대해 지나치게 강조하는 것.
11. **의로움(righteous)** - 하나님의 가치관을 받아들이고, 그분을 기쁘시게 하는 방식으로 살아가고자 노력하는 사람.
12. **매(rod)** - 처벌의 한 도구로서 동일한 방식의 도구로는 채찍이나 막대기가 있다.
13. **지붕(rooftop)** - 야외 공간으로 사용되기에 적절한 집의 평평한 윗 천장.
14. **저울(scales)** - 물건의 무게를 재는 도구. 가운데 자유롭게 움직이는 가로대가 있고 양쪽에 동일한 무게를 달아놓아 균형을 맞춘다. 이것은 어떤 가격으로 사고자 하는 물건의 분량이 얼마나 되는지를 알아보는 데 사용된다.
15. **스올(Sheol)** - 무덤 혹은 죽은 자들이 가는 곳.

16. **게으름뱅이**(sluggard) - 자기 자신에게 손해가 올까 봐 두려워하면서 힘든 일을 하기보다는 그저 평안히 있고자 하는 습관적으로 매우 게으른 사람.

17. **깨달음**(understanding) - 선한 이해, 복잡한 여러 가지 요소들을 생각하여 지혜로운 결정에 이를 수 있는 능력.

18. **저울추**(weights) - 저울의 한쪽에 올려놓은 어떤 것이 얼마나 무거운지를 결정하기 위해 반대쪽에 올려놓는 데 쓰여지는 작은 금속 물질. 이것은 구입한 물건의 가격이 얼마인지를 결정한다.

19. **악한 사람**(wicked) - 잘못된 일을 서슴없이 행하고자 하는 사람. 그 결과가 그의 명성이나 안위에 어떤 악영향을 미치는지에 상관하지 않는다.

20. **지혜**(wisdom) - 삶을 살아가는 기술. 지혜로운 사람은 자신에게 가능한 삶이 잘 흘러갈 수 있도록 만드는 방법으로 삶을 살아가는 기술을 가진 사람.

■ 참고 문헌

Buzzell, Sid S. *Proverbs* in The Bible Knowledge Commentary. John Walvoord and Roy Zuck, editors. Wheaton, Ill.: Victor Books, 1985.

Garrett, Duane A. *Proverbs, Ecclesiastes, Song of Songs*, in The New American Commentary. Nashvill, Tenn.: Broadman Press, 1993.

Kidner, D. *Proverbs*. Downers Grove, Ill: InterVarsity, 1964.

Kidner, D. *The Wisdom of Proverbs, Job, and Ecclesiastes*. Donwers Grove: InterVarsity, 1985.

Ross, Allen P. *Proverbs* in The Expositor' s Bible Commentary. Frank E. Gabelein, editor. Grand Rapids: Zondervan, 1983.

Waltke, Bruce K. *The Book of Proverbs: Chapter 1-15* in the New International Commentary on the Old Testament. Grand Rapids: Eerdmans, 2003.

Waltke, Bruce K. *The Book of Proverbs: Chapter 16-31* in the New International Commentary on the Old Testament. Grand Rapids: Eerdmans (this volume is forthcoming as of this printing).

Main Idea 로 푸는

잠언

1쇄 발행 2007년 10월 30일
2쇄 발행 2017년 1월 20일

책임 편집 맥스 앤더스
지은이 맥스 앤더스
옮긴이 윤홍식
펴낸이 고종율

펴낸곳 주) 도서출판 디모데 〈파이디온선교회 출판 사역 기관〉
등록 2005년 6월 16일 제 319 – 2005 – 24호
주소 서울특별시 서초구 서초대로 141-25(방배동, 세일빌딩)
전화 마케팅실 070) 4018-4141
팩스 마케팅실 031) 902-7795
홈페이지 www.timothybook.com

값 26,000원
ISBN 978-89-388-1350-3 03230